U0154447

社會個案工作
——理論與實務

許臨高　主編

莫藜藜、徐錦鋒

許臨高、曾麗娟

張宏哲、黃韻如

顧美俐　　合著

五南圖書出版公司 印行

主編序

　　從事社會工作教育一晃有四十多個年頭了，在教學的過程中經常會透過各種機會和周遭教育界的前輩、同事與好朋友交換教學內容、教學心得和教學方法，獲益良多。2002年五南圖書出版公司邀請本人撰寫《社會個案工作》一書，當時考量一個人撰書要投入的時間、壓力和挑戰，另一方面也頗期待利用完成這本書的過程，能與社會工作界具個案專長的學者共同分享、討論及澄清這門專業必修課程所涉及的內涵和重要的觀點，故邀請數位社會工作界教授個案課程的老師共襄盛舉。本書順利在2003年9月完成第一版，共十刷；2010年3月我們將各章節內容簡化，並添加新的資料而有了第二版計七刷；2016年我們將書中的案例進行更新，並添加新的一章節及刪減舊的一章，而部分章節內容也作了較大幅度的更新，而有了第三版七刷；今年我們又將2016年版的資料做了些更換和調整，完成了2023年本書的第四版。

　　本書內容共分為七章，第一章為社會個案工作的意義與發展，文中分別介紹了社會個案工作的意義和發展沿革、綜融性的社會個案工作及個案工作者的基本條件；第二章為社會個案工作的過程，針對申請與接案、蒐集資料、診斷與分析、處遇計畫、評估與結案等五個階段加以介紹，最後並介紹個案工作記錄之撰寫；第三章討論社會個案工作的專業關係，文中介紹了專業關係的概念與特質、助人關係中助人者與受助者的現實反應和非現實反應，以及非自願案主的處理；第四章是探討助人技巧，針對會談的特質、會談的技巧及確保會談的品質作介紹；第五章針對社會資源的涵義、核心概念、個案的需求與資源之預估、社會資源的管理、社會資源運用的優點與限制進行探討；第六章是社會個案工作理論與實務，本章是針對實務工作較常運用的幾個理論配合實例加以介紹，其中包括社會暨心理學派、問題解決學派、生態系統理論、認知行為學派、任務中心理論、危機干預及優勢與增強權能理論觀點。而前述

七個理論，均是依據前言、基本假設、核心概念、處遇過程與原則、理論適用之實務情境，以及實例討論與應用加以介紹；第七章為社會個案工作倫理問題，針對倫理議題的意涵、類型之概述、解決倫理兩難議題的架構和實例的說明，以及解決各類型倫理議題之芻議加以介紹。

　　本書的內容乃是所有作者群累積多年教學和實務經驗結果的整理，其可作為大學部及研究所「社會個案工作」專業知識學習的參考用書，亦可作為社工實務機構及社會工作人員助人專業技術之參考資料。在眾多的工作壓力下，雖全力以赴，惟缺失難免，謹此，懇請所有社工先進能不吝指正。

許臨高 謹識

2023年8月

目　錄

第一章
社會個案工作
的意義與發展

莫藜藜

社會工作稱之為一門專業，主要在於其運用專門的知識和技術去幫助人們解決或處理社會問題。觀察世界各國的社會工作人員，皆是以提供直接服務者為最多，而社會個案工作（social case work）是社會工作直接服務中最基本和最重要的方法。無論在那一領域的社會工作直接服務，社會工作者（簡稱社工）都要先學習和運用社會個案工作（簡稱個案工作）的方法，然後再加上該領域的特殊知識，才能發揮專業助人之成效。本章將先介紹社會個案工作的意義，瞭解國內外社會個案工作的沿革與發展；接著介紹綜融性的社會個案工作，以及個案工作者（case worker）的基本條件。

 ## 第一節　社會個案工作的意義

人類社會不斷有層出不窮的問題產生，有些是政治、經濟或社會制度使得個人或家庭的生活或生存受到威脅，例如：因為地震或水災失去家園，個人或家庭需要面對並突破困境；或者因為經濟不景氣而失業的一位父親，整日賦閒在家心情鬱悶，借酒澆愁，喝醉了大吵大鬧，覺得社會對不起他、覺得家人不體諒他，因此引起家庭衝突，導致兒童虐待和婚姻暴力的問題。有些是因個人身心疾病導致家庭功能受損的問題，例如：某人因一場車禍意外導致殘廢，不但必須接受長期復健，醫療費用成為個人和家庭嚴重的負擔；又因此失去工作，沒有了收入，頓時不只是個人，其家庭的生活也成了問題。

這些個人所遭遇的心理暨社會問題，不論其原因是來自個人或社會，當他們的自我功能或社會功能健全時，他們可能會自己處理並解決了問題；但有些時候他們的社會功能缺損或較弱時，就需要專家在旁協助他們解決問題。徐震、林萬億（1986）認為，在我們的日常生活裡，經常得去面對一些個人的問題，而有些問題並非靠一己之力可以解決，有時需要父母兄姊、朋友鄰里來協助處理；但有時日常生活中發生一些問題，則需要靠專業助人者以其專業技術與經驗來協助解決。這些日常生活中的問

題包括：婚姻與家庭關係不良、學校適應不良、工作適應不良、健康問題，以及面對意外事件的困擾等。社會工作面對這些屬於個人或家庭的問題，發展出以面對面、直接提供服務的個案工作方法。

　　當個人的問題演變為整個家庭的問題時，這個家庭中的相關個人，都需要有人協助他們去瞭解問題、面對問題，以及解決問題。這些問題可能需要有人一起協助處理或解決，而社工就是其中一種專業人員，專長於協助個人、團體、家庭或社區處理其遭遇到的心理暨社會問題。因此，本節先介紹社會個案工作的定義、目標與功能，以及社會個案工作實施的特質。

壹、社會個案工作的定義

　　社工所服務的個人稱為案主（client），所謂「個案（case）」是指需要社工提供專業服務的個人及其家庭，將個人及其家庭作為整體，以提供專業的直接服務。我們常稱案主的家庭為「案家」，而一個家庭中有三位案主時，我們會稱他們為案主一、案主二、案主三。Henderson（1996）則統稱他們為「服務使用者（service users）」。但是近年發現，臺灣有名詞混（亂）用的情形，例如：個案出院了？個案不想去上學？個案心情不好？等，其實正確用法應是：案主出院了、案主不想去上學、案主心情不好。因為個案（case）不應是案主（client）的代稱，案主是「人」，個案是人和事件。我的個案，是指我所服務的案主、他的問題和他的家庭。

　　至於，什麼是社會個案工作呢？從社會工作專業發展至今都有一致的說法，例如：Harris（1970）認為，社會個案工作不只是一門科學或學科，社會個案工作也是一門藝術，是一種運用人群關係和人際關係技巧，來增進個人的能力和資源，使個人能更好的適應其社會環境。之所以稱其為一門藝術，是因為針對不同的案主，需要運用多元化知識，並透過多樣的實務操作（practice），才可能發揮服務之功效。

在社工服務過程裡，個案工作者和「案主」之間維持著面對面或一對一的專業關係，運用專業知識及技巧協助失調的個人。Blythe和Briar（1987）在社會工作百科全書中就指出，社工協助案主達成之改變可歸納為下列三方面：(1)案主環境的改善，增進實際生活適應；(2)社會關係的調適，建立良性互動網絡；(3)自我功能的調適，促進人格發展。

Skidmore、Thackeray和Farley（2000）認為個案工作是：「專業社會工作者所使用的一種自我定位、價值系統與實務方式。其中社會心理學、行為學及系統學的概念，皆被轉換成技能，經由直接面對面的關係，來幫助個人或家庭解決心靈內在、人與人之間社會經濟及環境的問題。」近幾年來，另一股推力直指融合多種文化敏感性的個案工作實務。民族、種族以及文化，皆是影響個人自我認同、選擇與機會的重要因素。Skidmore等人又繼續說：「社會個案工作是幫助人們解決問題的方法，它具有個別化的特色、科學性也含有藝術性。它協助個人處理自身的、外在的，以及環境的事務，同時也藉由接通個人與其他資源的橋梁來處理問題（引自古允文等譯，2002）。」

也就是說，社工受僱於一個社會福利機構，秉持機構的功能和社會工作服務理念，為案主們提供服務。當個人或家庭有困難，在社會福利機構服務的社工發現或接到此個案，就開始展開助人的服務，例如：家庭個案工作者協助案主處理任何與家庭有關的問題；兒童個案工作者特別對兒童案主的成長、發展、人身安全等問題的協助；婦女個案工作者特別對經濟弱勢或受到虐待的不幸婦女提供協助；醫務個案工作者協助病人與其家屬處理因疾病產生的社會問題。所以在不同領域的社會工作機構，只要是提供一對一，或針對個人與其家庭提供的直接服務，都可稱之為該領域的社會個案工作。

簡言之，社工依其所服務機構之功能，對適應不良或有問題的個人與家庭提供服務。當社工採個別的、直接的服務方式，透過專業關係的運用，經由物質的援助或心理的支持與治療，並協調與結合社會資源，以協助案主澄清其問題、發揮其潛能，恢復或增強其社會功能，適當的解決其問題，就稱之為「社會個案工作」。

貳、社會個案工作的目標與功能

社工協助個人與其家庭處理其所遇到之問題，提供社會個案工作服務的整個過程，又稱為個案工作處遇（treatment）。基本上，社會個案工作服務應有一定的目標和目的，並達成一定的功能，以下分述之：

一、社會個案工作的目標和目的

社會個案工作是社會工作中最早和最普遍的直接服務方法，其主要目的是希望使社會適應不良的個人與其家庭，重新恢復、增強或發展其心理暨社會功能，並重新適應社會（Hollis, 1977; Perlman, 1973）。

社會個案工作協助一些個人與其家庭，尋找有效之途徑，以解決他們本身力量所不能處理的社會適應之問題。因此，其主要目標是在協助個人及家庭：(1)增加社會生活之適應力；(2)發揮潛在能力及充實其社會生活之功能；(3)預防新的困難或問題之產生；(4)預防原有之困難或問題之再發生；(5)確實有效處理困難和解決問題（Strean, 1978）。

基本上，社會個案工作的目的可由個人和社會兩個層面探討。在個人層面的目的，社會個案工作是在幫助案主瞭解和接納本身的長處和限制，促進問題解決的能力和決心，有效的適應社會環境，滿足自己的期望。從而進一步發揮其潛能、建立信心，過著有意義和有滿足感的生活。在社會層面的目的，包括積極的與消極的目的。積極的目的是在社會公平與正義前提下，保障每一個社會個體的尊嚴與權利，享有應得之尊重。同時，也有機會滿足個人的需求，過幸福的生活，使社會更趨於公義平等；至於消極的目的，著重在減輕或遏止因個人或家庭功能失調而引起的社會問題，維持社會安定和發展（林孟秋，1998）。

二、社會個案工作的功能

個案工作者對於來求助的個人或家庭，提供具體的服務和社會資源，協助他們度過難關，減輕他們的困難。同時，個案工作者提供諮商服務，增強他們處理問題的能力，以期他們之後更有能力應付所遭遇的問題。

實施社會個案工作時，需注意一些基本的要素，才能符合個案工作的方法以期確實幫助案主。徐震和林萬億（1986）認為這些要素有以下幾項：(1)個案工作是一種助人的方法；(2)個案工作立基於對科學知識與技術的運用；(3)個案工作是透過一對一的關係過程；(4)個案工作是協助個人與其環境的相互調適；(5)個案工作是達到問題的解決，以及福利的分享。如今看來，上述五項仍是應把握的基本要素。

在社工服務過程中，個案工作者與其案主之間維持專業關係，運用專業知識及技巧，來協助失調的個人和家庭。因此，其主要功能在促進個人及家庭：(1)能改變生活態度；(2)能改善生活環境；(3)能改變心理動機；(4)能改變行為型態；(5)能發展潛在之能力；(6)能強化生活適應能力（Strean, 1978）。

參、社會個案工作實施的特質

我們已知，社會個案工作是社工用來協助個人及其家庭尋找有效的途徑，來解決他們所遭遇的社會適應問題。也可以說，社會個案工作是社工在協助案主對其所遭遇的問題，加以澄清，進而尋覓解決方法的程序。因此，其特性可歸納如下：

1. 採取個別方式的服務：主要以面對面或一對一的方式，配合案主實際的需要，強調個別差異之重要性，才能提供適當有效的服務。
2. 以專業關係建立為前提：個案工作需從建立專業關係著手，才能

協助案主對問題的分析與澄清，再協助案主認識其潛能，以解決其問題。如未建立良好、信任的專業關係，以上行動都難實現。

3. 與案主一起積極參與的過程：個案工作之服務並非替案主解決問題，讓案主產生依賴；而是社工與案主一起瞭解問題，發掘案主的潛能（優勢），然後執行計畫。既然彼此的角色是相互的，在解決問題的過程中是一起合作的。

4. 配合社會資源的運用：由於服務範圍包括微視面（micro system）、中介面（mezzo system）和巨視面（macro system），相當的廣泛，社工需適當有效的運用社會資源，以補足案主之需要（參閱圖1-1）。

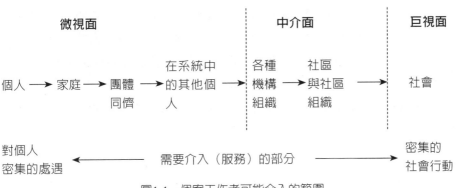

圖1-1　個案工作者可能介入的範圍

資料來源：修改自Fischer, J. (1978), p. 15.

由此可知，當人們遇到心理暨社會問題時，可能會尋求社工提供一對一、面對面的直接服務。而當代個案工作受到家庭系統、社會系統、生態系統、優勢觀點等的影響，針對案主（家）的需求與問題所提供之專業服務稱之為社會個案工作。

第二節　社會個案工作的沿革與發展

在早期慈善服務工作中雖然也有一對一的服務方式，但發展成為有制

度的、科學的工作方法之時，才是社會個案工作的開始。以下先介紹歐美社會個案工作的沿革與發展，接著介紹臺灣社會個案工作的沿革與發展。

壹、歐美社會個案工作的沿革與發展

英國牧師Thomas Charlmers在1814年於英國的Glasgow教區任職，起初他採用舊有救濟貧民的做法，訪問全體居民，晚間則在學校或公共場所與貧民晤談；然後設立主日學與每戶人家接觸，瞭解他們之工作能力、習慣與家庭經濟狀況。到了1819年在St. John教區任職，開始採用「程序指引」的救濟理論，可說是個案工作的嚆矢。他透過瞭解貧民的工作能力、親朋之有無，以及居住時間等，以瞭解、激勵、自助的原則，作為濟貧的準則，自此始有異於過去重複、僵化、例行性的救濟方式（徐震、林萬億，1986）。其後的社會個案工作發展約經過五個時期的演變，筆者參考相關文獻（呂民璿，1995；林萬億，2002；Fischer, 1978; Johnson, 1998; Skidmore, Thackeray & Farley, 1998; N.A.S.W., 2008），綜合整理如下：

一、個案工作萌芽時期——慈善組織會社（C.O.S.）的出現

19世紀中葉資本主義盛行，認為個人的失敗與貧窮必須由自己負起最大的責任，Charlmers也認為個人應對其貧窮負責，他希望貧民盡其所能維持其自身的生活。但當時的資本家基於人道精神，認為他們應負起救濟及改善社會的責任，也就是「個人責任」與「社會責任」的論辯。由於當時的社會價值體系中開始重視社會責任，於是在英國（1869年）、美國（1877年）兩地先後成立了「慈善組織會社」（Charity Organization Society），開始以有組織的行動來救濟貧民。同時，聘用了「友善訪問員（friendly visitor）」去貧戶的家庭訪視，目的在發掘那些「值得救助的貧民」。在實施救助之前，求助者必須辦理申請救助的手續，提供救助

的機構隨後進行家庭訪視及調查，以明瞭求助者之職業、收入、教育、健康與居住環境，證實求助者需要救助。筆者認為「慈善組織會社」基本上是同時著重個人責任與社會責任的價值觀，而且當時的做法已包含了現代社會個案工作的三個主要概念：申請與開案、蒐集資料，和需求預估（請參閱本書第二章）。

運用友善訪問員主要目的有二：(1)確定案主有無受助的必要；(2)以道德規勸來說服與鼓勵案主自立與自助。友善訪問員針對個別案主從事「家庭訪視」及調查的行為，在當時已有所謂「個案（case）」一詞的出現，可視為現代社會個案工作的雛形。尤其家庭訪視的成就使得慈善事業科學化的觀念逐步成形，說明與案主的聯繫是「慈善組織會社」的目標，其遠景是重建案主的生活功能。而且「慈善組織會社」後來開始訓練友善訪問員，也促成了社會工作專業教育的興起，在早期的社會工作課程中，主要講授內容都是社會個案工作的方法。

二、重視社會因素時期──Mary Richmond與社會診斷

Mary Richmond於1917年出版《社會診斷》（*Social Diagnosis*）一書，特別強調社會環境對人的影響，認為人之所以遭遇困境是因為社會制度的不健全，或是環境不良所導致的後果。而在可運用方法上則講求會談的技巧，提供善意的勸導，要求案主合作，以減少人際關係的困擾或挫折不安，這些皆成為日後社會個案工作的典範。1922年，Richmond又發表了另一本書《什麼是社會個案工作？》（*What is Social Casework?*），使個案工作更加理論化，也有更完整的體系。

此時期社會個案工作的特色，在某種程度上受到社會學者對社會問題的觀察與分析所影響，特別是重視問題之社會因素與環境因素之改善。除此之外，由於此時正值心理學發展之初期，社會個案工作亦逐漸注意個人的人格因素對案主問題發生的影響。

三、重視心理因素時期──佛洛伊德與精神分析理論

自1920-1930年代間，Sigmund Freud的精神分析理論深深的影響了社會個案工作的發展。此時，社工對案主問題的分析從原本「外在環境」的重視，轉為「內在經驗」的分析，也就是從重視社會學的因素轉為重視心理層面的因素。其後1940-1950年代，社會工作採Freud的學生Otto Rank的說法，認為人有意願（the will），可透過受助關係與過程，而將成長之潛能釋放出來，而形成「功能學派（functional approach）」個案工作，是社會個案工作的第一個實務模型。後經Jessie Taft及Virginia Robinson集大成。功能學派個案工作的三大特徵為（Turner, 1977）：

1. 認為改變的關鍵不在社工，而是在案主有意願，有求助的動機。因此社工必須能運用與案主建立的「關係」和服務的「過程」，釋放案主內在求成長與改變的力量。也就是藉由機構、社工和案主之間的專業關係，以強化並肯定案主的意志力和行動效果。
2. 個案工作主要目的不在心理治療，而是透過對案主現在心理的瞭解，並運用技巧提供社會服務，統籌各機構發揮其功能，以充分協助案主。所以，機構是使個人與社會利益相結合的地方。
3. 服務目標應是開放的，唯有經過與案主共同研商後，才能決定處遇方法；而處遇之好壞需視案主本身意願程度而定，因為案主個人的「意願」是最重要的元素，也是改變的原動力。

由此來看，功能學派個案工作強調案主有求助動機、有成長潛能，再加上社工的媒介，透過機構的功能以影響案主；然後再將各機構聯繫起來，一同幫助案主。筆者相信近年來發展的「個案管理」方法應是源自於功能學派個案工作的實施原則。因為個案管理是使來自相同或不同機構的工作人員，能彼此溝通協調，而達到以專業團隊合作方式來為案主提供所需要的服務。個案管理者（case manager）是發揮其協調與監督的功能，於社區中的不同機構間，以整合各種資源與服務提供給案主。

總的來說，此時期的特點為重視案主的主觀經驗，強調個人行為是受內在心理及情感因素的支配，加強案主自決，並強調社工在進行專業關係時必須保持絕對的客觀與中立。由於經過重視心理因素的時期，使得社會個案工作走向更深入、更專門的知識。

事實上，在1930年代以前，社會個案工作就是社會工作服務的全部。直至1939年，美國的全國社會工作會議中，確定社區組織的理論與方法；1946年，同樣在美國的全國社會工作會議中，社會團體工作被正式認可，自此社會工作的三大方法（社會個案工作、社會團體工作和社區工作）始確立。

四、融合時期——個案工作四大學派的出現

繼功能學派個案工作的確立，Gordon Hamilton於1937年提出的「心理暨社會學派」個案工作（Hollis, F., 1977），Helen Harris Perlman於1950年代提出的「問題解決學派」個案工作（Perlman, H. H., 1973），及1960年代Edwin Thomas提出的「行為修正學派」個案工作亦相繼成形（Thomas, E., 1977）。至此，社會工作四大學派於焉確立，而相關理論基礎與實施途徑，也更趨多元化及專門化。

1950年代的「心理暨社會學派（psychosocial approach）」個案工作的中心概念是「人在情境中」，用以描述個人與其環境的互動，因此心理因素和社會因素被視為同等重要。此派嚴守個別化處遇原則，認為一個人的過去經驗能影響現在，因此瞭解個人的過去經驗有助於改變案主之現狀；另外，在對問題診斷時要參考多方面的訊息來瞭解案主的問題。至於處遇方面，也強調和案主維持治療關係的重要性。我們注意到，有很長一段時間的社會個案工作實務是以「心理暨社會學派」為主流。（欲瞭解更多，請參閱本書第六章第一節）

接著發展出「問題解決學派（problem solving approach）」個案工作，認為解決問題的模式有所謂「四Ps」，即：求助者（person），帶著所遭遇到的問題（problem），來到社會服務機構（place），然後進行問

題解決的過程（process）。此學派認為社工在服務過程中從三方面協助案主：(1)引發案主想改變之動機，指引其方向。(2)激發案主之能力，並且經由重複練習，使案主的自我功能伸展，以應付問題。(3)找尋可消弭問題的資源或機會，使案主能順利的完成任務。由此可知，此學派特別看重案主健全的「自我功能」和動機，以及社工結合的資源。另外，此學派學者也常強調，解決問題需要有明確的目標，然後區分階段性任務，逐步解決問題。筆者認為此學派發展至今，仍是許多不同領域的社工常用的實務模型。（欲瞭解更多，請參閱本書第六章第二節）

「行為修正學派（behavioral modification）」個案工作基本上是採用心理學上認知行為學派的理論，運用在社會個案工作實務，主要有兩個特點：(1)所要修正的行為必須是可觀察到的行為反應，且對人的行為避免主觀的推論。(2)瞭解人的行為之基本類型（反應性和操作性行為），以及其不同的理論與修正技術。據筆者觀察，此一模型在社會個案工作發展至今尚未建立穩固的基礎，相關文獻亦較少。

五、持續發展時期──綜融性社會工作與服務績效的呈現

1980年代，隨著社會工作界提出整合工作方法的趨勢，社會個案工作方法的實施又重新做了一次調整，認為直接服務應運用「折衷理論（eclecticism）」，或綜融性（generic）的服務方法將原分屬個案工作、團體工作及部分社區組織的觀點納入一個體系，自成社會工作的直接服務的處遇過程，其整合了各個單元理論，如任務中心、系統理論、人本心理學及存在主義理論等。之後在1990年代，許多專門領域的社會工作服務，如保護性服務團隊、社區醫療服務團隊等的社會工作直接服務都開始以綜融性社會工作模式出現。

從Fischer（1973）開始探討社會個案工作的有效性之後，經數十年不斷的討論和實踐，例如：Goldstein（1992）、Lewis（2003）都持續在討論社工個人的專業判斷和機構對處遇決策的影響，期使個案工作專業技術能持續精進，以呈現個案服務之績效。後來，Gambrill（1999）提出

了「以證據為基礎的實務」（evidence-based practice, EBP），進入21世紀一時蔚為風潮，相繼有多篇文獻，例如：Howard、McMillen和Pollio（2003）、Rubin和Parrish（2007）等；然而，不久又有人為文提醒EBP有其侷限性，例如：Cohen（2011）認為EBP必須對問題有正確診斷，且處遇方式單純地適用研究蒐集資料方法才可行。然而，事實是社工面對的問題複雜又多元，並不單純，且持續變化中，所以建議「以設計為基礎的實務（design-based practice, DBP）」，其操作方式宜根據社工和案主的互動中，對每一個案的狀況產生應變智慧。總之，為了對案主（家）提供有效的專業服務，世界各國的社工都需持續精進，以求專業發展更成熟。

貳、臺灣社會個案工作的沿革與發展

社會工作的專業模式原就是從歐美傳入我國，因此在發展初期之移植性格非常明顯，此現象在其他被傳入國之社會工作亦復如此。但是後來各國的社會工作是否發展出各自的特色，端賴其各自的信念與努力。社會工作之最基本服務型態為社會個案工作服務，在臺灣社會個案工作的沿革與發展，亦與其整個社會工作的發展休戚相關，可以概分為五個階段來瞭解：

一、社會個案工作萌芽階段（民國38-49年）

在民國34年之前，臺灣雖也有部分社會福利事業從日據時期遺留下來，但多為傳統的慈善救濟。國民政府遷臺後，隨著大量移民進入臺灣，政府對這些移民的協助必須進一步加強，以防止社會問題的產生或擴大，因此從社會救濟開始了臺灣的社會福利建設。

至於社會工作方法的引進，也只仰賴少數隨國民政府來臺的大陸時期之學者零星的推動，各大學尚未有社會工作的課程。由社會工作者提供的個案工作的服務，應是由醫院開始，林萬億（2002）亦認為臺灣最早的社會工作者應屬民國38年的臺灣省立臺北醫院（今之臺北市立聯合醫院

中興院區）劉良紹所領導的社會服務部，以及民國40年由鄒玉階所領導的臺大醫院社會服務部。這兩位都是隨國民政府來臺，畢業自燕京大學而從事社會工作的先驅者。

當時在經濟、政治、社會各項條件均無法充分配合下，致使社會工作在萌芽時期，即未能獲得適當的成長背景。然而，值得一提的應是兒童福利工作在臺灣的開始，由於受到國民政府延續對日抗戰時期對兒童福利的重視，以及聯合國的經費援助，才得以發展起來，特別是兒童營養的改善及托兒服務，但多數時候是對無依兒童的個案扶助，例如：大同育幼院於民國43年開始收容孤兒，予以宗教教育和家庭式教養；又如義光育幼院於民國46年也開始收容撫養孤苦無依的嬰幼兒童個案。

二、篳路藍縷的階段（民國50-65年）

1960年代，正是臺灣經濟發展起步的階段，而聯合國和美國的慈善經費援助對正謀求經濟成長的臺灣有相當助益。此時期設立的一些大學社會學系，直接或間接獲得美國的協助，包括師資的訓練，和學系內的社會工作教學與課程多是移植自美國的理論與教材。

民國54年，頒布「民生主義現階段社會政策綱領」，學者也不斷論述社會工作專業化的重要性，並引述歐美已具規模及成果之專業制度作為參考，不斷強調建立社會工作專業制度之重要。因而，民國56年的「中華民國第一期臺灣社會建設計畫」，就提到建立社工員的制度，並由臺灣省政府社會處辦理。

民國61年，「臺灣省各省轄市設置社會工作員實驗計畫」頒布，次年正式作業。民國62年頒布施行《兒童福利法》，此法為臺灣第一個以單一對象為主的社會福利法，也同時規範了社會工作者的角色。政府機構逐漸開始發展社會工作的服務，其中多以個案工作服務為主，例如：因臺北市都市開發計畫而於民國96年走入歷史的廣慈博愛院，其於民國58年時，即以育幼、安老及不幸少女保護為主要服務宗旨，並聘用社工員提供社會工作服務，如個案輔導和生活照顧等。

此時，民間的社會福利機構相繼成立，並開始任用受過專業訓練的社工提供個案服務。例如：「中華兒童暨家庭扶助基金會（原名為基督教兒童福利基金會，C.C.F.）」，於民國53年開始在各縣市設立家庭扶助中心，對兒童及青少年的扶幼服務，當時運用國外認養制度來推展，是該機構首創扶助貧童的社會個案工作方法，並對個別家庭及其子女的需求，提供有關之輔導與專業服務。當時的省立醫院與一些教會醫院亦開始聘用社工，來協助病患與家屬解決因疾病產生的社會暨心理問題。而臺灣「世界展望會」於民國53年成立時，負責資助孤兒和痲瘋病人，其經援主要來自國外，因此普遍來說當時我們還是受助國。另外，如中華救助總會（原名大陸災胞救助總會）的「臺北兒童福利中心」創立於民國58年，主要提供兒童收容教養和托育服務。

　　然後，各縣市「生命線協會」也在這個時期紛紛成立，例如：「臺北市生命線協會」成立於民國58年，透過全天候的電話輔導服務，向求助者伸出關懷鼓勵之手，引導徬徨無助者重燃希望之火。各地生命線多是由社工訓練志工從事電話輔導服務；還有救國團「張老師」也於此時期成立（民國61年），當時主要是由專任張老師和義務張老師，特別針對青少年提供函件輔導、電話輔導和諮商會談等，協助青少年探討個人之各項適應困擾，及提供有關資訊幫助青少年解決困難。當年由於電話和交通十分不便，所以「函件輔導」成了張老師較大宗的個案服務。

　　林萬億（2001）指出，當時醫院或民間機構的社工不如政府所聘用的社工對臺灣社會工作專業的影響來得大，理由有三：一是醫院社會工作相對地封閉，且在醫療體系中也是居於弱勢；二是早期兒童福利的慈善性質高於專業性質，且當時民間力量仍然很弱，難以帶動社會工作專業發展；三是當時臺灣仍處於威權統治之下，政府帶動往往是政經發展的主要力量。筆者深感同意，但是當時的政府確實還不重視社會工作專業，使得這些民間社會福利機構在草創時期，無論在經費預算、專業認同和個案工作方法上都有不同程度的發展，他們有些已具有社會工作專業的概念，另一些還在慈善服務的觀念。此時也可稱之為社會工作開疆闢土的年代，以民間機構為主的發展，顯現出各做各的，或各管各的局面，彼此並未有連結或交集，也尚未有清楚的專業角色與方法。

三、謀求建立社會工作專業制度（民國66-86年）

　　此時期臺灣經濟發展的奇蹟，致使物質建設突飛猛進，人民生活程度迅速提高。但是相對的，在精神、文化、社會、心理建設方面未能如經濟建設般受到重視，於是發生物質文明與精神文化失調現象。因此，對社會變遷所引發社會問題的需求，形成政府和民間機構對社會工作專業知識與方法的渴求。

　　此時，政府部門的社會福利機構相繼設立，也開始任用受過專業訓練的社會工作者，例如：民國66年訂定「臺灣省各縣市設置社會工作員計畫」，民國67年將之修訂為實驗計畫綱要，逐年擴大辦理，以達到各縣市全面實施的目標，當時的社會工作員所用方法也多是個案工作方法。另外，民國74年，臺北市「少年輔導委員會」設立，及各縣市少年法庭觀護人室也多聘用社工背景的工作人員提供個案輔導。

　　民間方面，救國團「張老師」也於此時期發展「街頭張老師（約民國67-70年間）」和「工廠社會工作（約民國69-75年間）」等具本土需求的工作模式；伊甸社會福利基金會、陽光社會福利基金會和康復之友協會等身心障礙福利機構也多在此時期創立，並聘用畢業自大專院校社工科系的社工。另外，「中華兒童暨家庭扶助基金會」也針對兒童原生家庭無法提供暫時或長期的照顧，而推出替代性家庭照顧之「寄養家庭」服務方案。

　　接著，更多的民間社會福利機構相繼成立，並開始展現其專業服務的成效後，內政部於民國67年將社會工作納入編印的《中華民國職業分類典》中，並分為一般社會工作、公共救助社會工作、學校社會工作、醫院社會工作、精神醫療社會工作、公共衛生社會工作、矯治服務社會工作、團體生活社會工作、社區社會工作、其他社會工作等十類，並分別將其從事的工作與專業的任務加以描述。然後，於民國69年陸續通過《殘障福利法》、《老人福利法》及《社會救助法》，以推動社會福利服務。

　　民國77年，全國受僱於政府部門的社會工作員共計545名，這些站在第一線的基層社工由臺灣省、臺北市及高雄市分別招考，通過筆試及口試加以聘用（未經過考試院舉辦的公務人員考試）。民國79年行政院頒

布《社會工作員任用辦法》，以考試逐年將約聘之社工員納入編制，但這些社工員卻很難接受，因為事實上當年他們已經過了一次政府的考試。如此，使得最基本的政府社工員體制一直無法完成，而此時民間福利機構的社會工作員的整合也正開始努力。

　　民間社福機構也因應此社會變遷而有所轉型，例如：中華兒童暨家庭扶助基金會在民國77年，率先倡導兒童保護方案，為受虐兒童和施虐父母提供專業服務；於84年擴大服務範圍至協助身心受虐待的少年，設立關懷中心和緊急收容中心；也接受當地政府委託對不幸兒童與少年提供追蹤輔導工作。

　　而在此時期才成立的社會福利機構，則在開始服務之時就對社會工作專業發展有了很好的概念，在建立專業制度方面有了適宜的方向，例如：兒童福利聯盟於民國79年成立，然後提供收養和出養服務、棄兒保護工作、托育及保母諮詢服務、單親家庭服務，及未婚懷孕婦女服務等個案服務項目，當然還有其他包括倡導、宣導和資源整合等工作。

　　解嚴後，國內政治環境已有顯著改變，許多政治的抗爭行動紛紛出現，這對社會中的劣勢與被漠視團體爭取福利權的運動，多少有促進作用。殘障福利聯盟透過向立法委員遊說，並聯合社會福利機構以請願遊行方式，呼籲政府與社會重視殘障者的權益，於民國79年爭取《殘障福利法》修正案在立法院完成第一次修法的法定程序，然後於民國86年，第三次修法通過，並更名為《身心障礙者保護法》。這種由民間福利機構與案主群共同投入社會福利服務的發展過程，也是福利先進國家社會福利發展過程中常有的現象。在此過程中，社會工作者往往也扮演十分重要的角色，由個案工作的傳統角色，進而為案主們倡導其權益，可視之為綜融性個案工作。

　　之後，《少年福利法》於民國78年頒布通過；民國83年頒布《社會福利政策綱領》，民國84年頒布《兒童及少年性交易防制條例》。此時，依據已頒布的社會福利法規，社工開拓了一些新的服務方案，並努力謀求社會工作專業制度的建立，例如：臺北市少輔會於民國83年，進一步加強青少年外展工作，而臺北市政府社會局也於民國85年透過公設民營方式，在臺北市東、西、北三區開始積極推動青少年外展工作。接著，

民國86年《社會工作師法》終於通過，臺灣的社會工作界已開始朝專業化前進。《社會工作師法》第12條，社會工作師執行業務共七大項，其前四項是屬社會個案工作的業務，加上後三項，亦可視為綜融性個案工作的範疇，茲臚列如下：

1. 行為、社會關係、婚姻、家庭、社會適應等問題之社會暨心理評估與處置。
2. 各相關社會福利法規所定之保護性服務。
3. 對個人、家庭、團體、社區之預防性及支持性服務。
4. 社會福利服務資源之發掘、整合、運用與轉介。
5. 社會福利機構、團體或於衛生、就業、教育、司法、國防等領域執行社會福利方案之設計、管理、研究發展、督導、評鑑與教育訓練等。
6. 人民社會福利權之倡導。
7. 其他經中央主管機關或會同目的事業主管機關認定之領域或業務。

四、提供個案專業服務，塑造專業形象時期（民國87-104年）

由於國內經濟繁榮與穩定，民生富足之餘，許多原來倚賴國外資助的機構，如今已走向自立，並拓展社會個案工作的服務範圍，例如：世界展望會在臺灣的兒童案主已轉為國人資助，而且臺灣人民已開始成為外國兒童的資助人，服務範圍隨之擴大，從當年的鄉村或偏遠山區居民到貧窮且需要幫助的都市居民，同時涵蓋了高風險家庭、街頭遊童、雛妓和吸毒者等。甚至更擴大範圍至兼顧國內外災荒緊急救助工作及社區發展服務的募款，讓國人的愛普及全球。

許多育幼機構於此時期也開始轉型，例如：前述之「大同育幼院」依《兒童福利法》於民國87年開始接受早期療育通報之個案，進行家庭訪視實地瞭解案主（家）狀況，提供全方位家庭服務。救國團「張老師」改

名為「心理諮商中心」，在社會工作服務方面提供急難救助、轉介服務，及推廣員工協助方案等，同時還有推廣教育和心理衛生教育等。

《家庭暴力防治法》於民國87年通過，各縣市政府社工開始對兒童、少年、婦女和老人提供「保護性服務」。由於這個特殊的服務方案需要以科技整合團隊一起合作，社工於是學習與醫護人員、學校老師、警察、律師、法官、檢察官等溝通與協調。這些努力多是由民間福利機構的社工與案主群共同投入社會福利服務所做的努力，然後政府機構加入，共同促成的結果。

當社會變遷產生一些較嚴重的個人、家庭與社會問題，政府為回應這些問題的解決，提出多項政府與民間合作的服務計畫，並增加聘用社工提供個案工作服務，如民國91年的「弱勢家庭兒童及少年社區照顧服務計畫」（兒童局、衛福部）、民國93年的「特殊勞工家庭服務計畫」（勞委會）、民國94年的「兒童及少年高風險家庭關懷輔導處遇實施計畫」（兒童局、衛福部）等，都在提供直接服務的個案工作者努力之下，發展出臺灣本土性的服務模式，是值得驕傲的事。

為了發展社會工作的專業和提升服務績效，《社會工作師法》於民國97年修訂，其第5條增訂專科社會工作師，分為五個領域：(1)醫務；(2)心理衛生；(3)兒童、少年、婦女及家庭；(4)老人；(5)身心障礙。專科社會工作師證照考試，已於民國103、105、108年舉辦了3次，期望通過之專科社會工作師能提升社工專長領域的專精訓練，以確保社會工作服務品質，同時為了培養有效能的督導人才，而建立社工督導制度。

在個案處遇方法方面，除了傳統方法之外，也發展了新的處遇方法，例如：對兒少的兒童遊戲治療和冒險治療、對婦女的敘事治療、對老人的懷舊治療等。民國88年的九二一地震、民國92年全球性的「嚴重急性呼吸道症候群」（Severe Acute Respiratory Syndrome, SARS）疫情肆虐、民國98年的八八水災、民國103年的高雄氣爆、民國104年的新北市八仙塵爆，以及民國105年初的美濃地震等都導致亟需協助的大量災民。許多大型的非營利組織第一時間投入救援與救災的工作，在各組織內所屬之社會工作者也運用專業知能，發揮了外展（outreach）社會工作和災難救助社會工作的服務模式，以及提供長期的災後重建工作，對社會個案工

作的專業發展具有重大意義。

五、專業制度穩定發展時期（民國105年-至今）

在法令賦予公權力和規範社會工作專業角色，各領域專業服務流程和制度的建立，以及專業養成教育機構的增加，都使得臺灣的社會工作專業制度進入穩定發展時期。尤其在幫助個人和家庭的個案工作服務方面，一些原已存在的機構因應需求和變遷而轉型，或者因為社會需求而成立新的機構以提供直接服務。

社會個案工作服務所依據的相關福利法規亦與時俱進的持續做修訂，例如：《兒童及少年福利與權益保障法》（至民國110年，第15次修訂）、《身心障礙者權益保障法》（至民國110年，第19次修訂）、《老人福利法》（至民國109年，第10次修訂）、《社會救助法》（至民國104年，第11次修訂）、《家庭暴力防治法》（至民國110年，第7次修訂）等。

以身心障礙者福利服務為例，社工提供障礙者的福利服務項目如：早期療育、臨時暨短期照顧服務、個案管理、轉銜服務等方案。周月清（2002）曾指出，有關障礙福利服務之供給面，大部分由地方政府委託給民間執行，因此執行這些服務方案的社工大部分受聘於民間團體或機構。那時公部門礙於「人力零成長」的限制，社工大量投入障礙福利服務，除了與民間團體和機構的快速成長與承接政府方案有關之外，也與法案規定相關福利機構必須聘用社工有關。

有鑑於社會上脆弱家庭持續存在而造成諸多嚴重的社會問題，行政院於民國107年核定「強化社會安全網計畫」，採取以家庭為中心，以社區為基石的服務策略，透過擴充地方政府社工人力，整合相關網絡與結合民間力量，提供以家庭為中心的整合服務。至民國111年底，全臺已完成設置156處社會福利服務中心，共進用2677名社工人力。由第一期計畫成果報告顯示，各社福中心多能落實提供脆弱家庭之諮詢、家庭評估與服務。另外，各地方政府衛生局（處）也開始進用心理衛生社工，至民國109年

底，全臺已聘286人，整合加害人合併精神疾病與自殺防治服務，然後衛生福利部於112年再將核定補助人數訂為535名，採分年逐步進用。該計畫第二期於民國110-114年持續推動，社工未來仍須努力對案主和案家提供專業的個案服務。

多年來，臺灣的個案工作也發展了一種特殊的服務方式，即陪同服務，如：陪同出庭、陪同偵訊、陪同就醫等。陪同有其意義與價值，具專業性，不只是陪伴而已。Katz（2015）在其一項質性研究報告指出，兒少案主在法庭作證，需由有專業訓練的社工一起瞭解兒少最佳利益和情緒狀態，以及提供非暗示性（non-suggestive）的支持，讓兒少能自在表達其經驗和感受。臺灣的個案工作者也常表示希望在兒少成長的路上，讓其感受「愛」，陪他們走一段。此類服務具備生活模式（life model）理論，社工不以主流文化或自身經驗去詮釋案主的生命經驗，而是在案主自然生活場域中，陪同案主一起思考和實踐解決問題的方式，例如：在民國105年社工日的慶祝報導中，永齡基金會希望小學在臺灣偏鄉服務的社工們表示，她們在新北的海角山邊，在高雄「不山不市」的偏鄉，用腳走進偏鄉兒的心裡、用腳走去家訪、用耐心傾聽他們的故事，這樣孩子的未來才有其他選擇，才有機會翻轉他們的人生。社工致力於協助案主有效克服生命中與生活裡的種種難題，以適度滿足生活需求和發揮生命價值。

第三節　綜融性的社會個案工作

不論那一領域的社會個案工作服務，都需從多面向的包括微視面、中介面和巨視面，去瞭解問題與協助解決問題。因此，本節將從社會個案工作服務的核心，以及案主與社工共同努力的過程進行瞭解，之後將社會個案工作與臨床社會工作的概念做一釐清。

壹、社會個案工作服務的核心

我們已初步瞭解社會個案工作是社會工作領域中一種主要的服務方法，它是一種科學的專業知識與技術，是社工用來協助一些個人與其家庭，尋找解決問題的途徑，發揮他們自己的力量，以解決他們所面臨的社會適應之問題。

傳統的社會個案工作對個人與其家庭提供社會工作服務，幾乎完全強調微視面的方法，但是在社會變遷的過程中我們不斷發現，社會問題產生的原因和解決的方法並不單純，如果個案工作服務要更有成效的處理從個人的、家庭的到制度面的問題，需從生態理論中的微視面、中介面和巨視面的服務，即以生態觀來看問題的處遇（請參閱圖1-1，以及本書第六章第三節「生態系統理論」）。

Fischer（1978）指出，從個案工作可以發揮的作用來看，其焦點是在社會功能（social functioning）的恢復，有時社工必須採用折衷模式（eclectic approach），即視案主的狀況和需要提供不同模式的服務。另外，Johnson（1998）也認為增強「社會功能」是社會工作服務的核心。

所謂社會功能，是當一個人能適當的扮演他的社會角色（例如：父親、母親、公車駕駛、飛行員等），就表示他的社會功能發揮了作用；或者當家庭系統能正常運作，就能發揮其保護、照顧和成員社會化的功能；或者當案主所處社會中各項政策能順利執行，則發揮了經濟安全和社會保障的功能。總之，社工涉入問題的處理，是協助案主與案家各種社會功能的發揮。

貳、案主和社工共同努力的過程

社工關心案主的問題，並與案主互動產生工作的關係，以尋求解決問題的方法。Johnson（1998）曾提出社會工作的基本理念，是關切（concern）人類社會中個人的「需求（needs）」問題，因此對這些人要有「關懷（care）」的行動。但是由這兩個基本理念，引出了兩個令人好

奇的議題，一是案主為什麼會有需要社工解決的問題（亦即案主問題的來源為何）？二是為什麼社工能影響案主、幫助案主（亦即社工幫助案主的力量來源為何）？以下則探討這兩個問題。

一、案主問題的來源

Richmond在1922年第一版《什麼是社會個案工作？》的書中即指出，案主問題的來源主要是環境因素，如住宅、失業或醫療衛生等都是案主問題的根源（Richmond, 1964）。而Strean（1978）則認為案主帶來的問題複雜多樣化，例如：任何年齡、種族或貧富的人，都可能在以下的情況中需要社會工作者的協助：(1)在心理暨社會功能方面發生受傷害的情形；(2)受到情境的壓力，如失業、疾病、死亡而導致無力應付；或者(3)因為案主的性格問題使他與人相處產生困難，如婚姻、親子或雇主之間的衝突。無論這些問題的原因是內在因素或外在因素，個案工作者有興趣的是瞭解案主對他的人際困難或社會問題的看法與感受如何，進而採取有效的處理問題的行動。

徐震、林萬億（1986）則認為，案主問題的來源有以下三類：(1)個人人格之內在因素，如內在需求或挫折。(2)家庭或其他環境的要求與壓力，超過個人能力所能負荷。(3)人與環境之互動，所產生的種種人際適應暨社會功能問題。

二、幫助的力量來源——一個感受、思考和行動的整體

Johnson（1998）表示，社會工作的過程通常開始於社工「感受」到他關心某個事件，而會產生這個關心是因為他人的需求未被滿足，而產生了有目共睹的問題。因此，以一種特殊方式不斷「思考」這個問題情境（所謂的需求預估或問題診斷），繼而產生「行動」。

這些反應（即感受、思考和行動）是一個循環狀態（參閱圖1-2）。當社工和案主一起行動與思考，新的感受可能會出來，使得新的需求與關

心更明顯。當他們行動時，又會對正在發生的事產生不同的體認，使得思考（即診斷）更正確，就是這些促使社工產生幫助案主的力量。

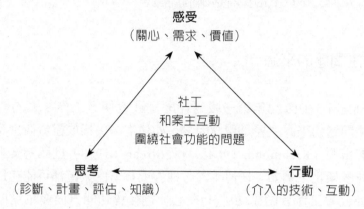

圖1-2　社會工作的過程：一個感受、思考和行動的整體

資料來源：Johnson, L. C. (1998), p. 13.

參、社會個案工作與臨床社會工作

　　從各國社會工作發展歷史來看，社會個案工作都是最早發展與使用的專業服務方法，在臺灣亦是如此。但是近年來，社工界針對直接服務方法有另一個名稱「臨床社會工作」，潘淑滿（2000）指出，近年來不少人認為「社會個案工作」一詞已過時，應該採用一些更為進步的名詞如：「臨床社會工作（clinical social work）」或「個人與家庭社會工作（social work with individuals and families）」等代替，但仍有許多學者與專業人士主張應繼續用社會個案工作一詞。

　　Dorfman（1996）指出，臨床社會工作是對個人、家庭和小團體提供直接服務，以加強和維持其社會暨心理功能為目標。臨床社會工作是運用社會工作理論和方法提供的專業服務，針對失能者、情緒或心理障礙者提供社會暨心理的治療，與預防其失功能。

由此看來，「臨床社會工作」事實上是社會工作的直接服務，包括不僅是個案工作和團體工作的臨床技術，還包括社區工作的技術，正如Strean（1978）的書上所言，臨床社會工作是提供直接服務，因為一個社工的首要職責是對個人、家庭和團體提供服務，他們才是社會問題的受害者。尤其美國在1960和1970年代，越來越多的社工開始私人開業，他們像心理師和精神科醫師一樣，在婚姻諮商、家庭治療、兒童治療、團體治療和個別諮商方面的專業技術已被認可；而許多中產階級的「案主」（接受社工服務的人）也喜歡在社工事務所看到社工，而不是在一個大型機構。

　　另外，「人在情境中」的觀念一直是臨床社會工作實務的核心，包括了人際互動的直接介入、內在心理的分析、生活的支持與生活管理等議題。臨床社會工作秉持社會工作的倫理與價值觀，執行社會工作的功能和目的，其服務主要包括了預估（assessment）或診斷、治療（心理治療和諮商）和評估。

　　本書主要是以介紹協助個人及其家庭的相關服務方法、方案和措施，所以還是採用「社會個案工作」一詞最好，因為社會個案工作從過去到現在都不只有臨床方法而已；而採用「個人與家庭社會工作」也不妥。筆者認為從上述之圖1-1社工可能介入的範圍來看，傳統的個案工作是對案主個人與其家庭所做的密集處遇，可能就此完成了服務；但如果案主或案情有需要，進一步再從中介面或巨視面參與介入行動，那時可能已需同時運用個案管理方式或社會倡導的行動了，而且社工可能已是整個協助案主的團隊（team）中一分子。否則，多數時候對案主的個別服務仍是一位社工獨立完成的部分，也是最基本的微視面的服務，這樣的基礎猶如一個大磐石，有其重要性和獨特性，因此必須以一個單獨的名詞「社會個案工作」來看待和學習。

　　總之，社會個案工作是社會工作直接服務的基本方法，此名詞沒有過時的疑慮，因為它是每一位想要從事直接服務之社工都需要的基礎訓練。筆者認為，臨床社會工作實施的方法雖已被接受，但取代傳統個案工作的可能性仍不大。因為個案工作者的案主已擴至「個人及其家庭」，個案工作仍是社會工作的基本方法，沒有學個案工作方法，無法學好團體工作及

社區工作方法。而且個案工作是從個人著手，仍強調對個人的密集處遇，是基本的社會工作方法，也強調運用個別的諮商技術，但會視需要再擴展至中介面與巨視面的服務。

 ## 第四節　社會個案工作者的基本條件

　　社會工作既然是一門助人的專業，則從事社會個案工作服務的專業人員需要具備一些特質或條件。本節首先從一般助人者應具備的特質談起，然後探討社會個案工作者的角色，之後簡介助人的基本技巧。

壹、助人者應具備的特質

　　Cournoyer（1996）認為助人者除了應該具有一些助人者的基本特質之外，同時也需要因情境之需求而具備一些特質。根據Cournoyer的看法，社會個案工作人員需具備的基本特質包括：同理心、尊重和真誠三種特質；其他特質則包括：自我瞭解、自我控制、社會工作價值、倫理義務的體認、專業知識、專業責任和自我肯定等（引自萬育維譯，1997）。

　　而Johnson（1998）則指出助人者的特質，應有下列條件：對個人和人類的行為有積極的看法、關心他人的幸福、個性開放且坦誠、能與案主分享而非控制案主、尊重人性、成熟的和務實的個性等。

　　另外，要瞭解助人工作者的特質，也可以從助人者如何向案主表現他們專業角色的方式來瞭解。Compton和Galaway（1999）是以社工與案主的對話，與對案主的保證來瞭解社工特質：

1. 關懷之心——「我深切的關心你的問題。」
2. 相互合作的態度——「我們一起計畫解決問題。」
3. 謙遜——「請你幫我來瞭解你的問題。」
4. 尊重——「我認為你是一個有價值的人，我會認真看待你的想法

和感受。」

5. 開放的——「我希望你瞭解我是通情達理、誠懇真實的人。」

6. 同理心——「我會努力感受與理解你所感受的情況。」

7. 投入——「我會努力分擔和協助你解決問題。」

8. 支持——「我會讓你體會到我的堅定，以及支持你的進展。」

9. 期許——「我對你的努力有信心。」

10. 限制——「我會提醒你曾允諾要做的努力。」

11. 面質——「我必須要求你面對自己，不要逃避。」

12. 計畫——「我會常常思考下一步的計畫，但我會希望你也一同思考。」

13. 使能——「我會陪著你，並協助你努力成長。」

14. 自我控制——「為了讓你自己努力，我必須自我控制，免得你依賴我。」

15. 工作和個人角色——「我和你一樣是個普通人，但我是代表這個機構，並且希望發揮功能的人。」

貳、個案工作者的角色

個案工作者必須瞭解其在服務過程中扮演什麼角色，才能在實際從事社會工作之前學習應具備的條件，也能在整個過程中努力做好應做的事。筆者參考相關書籍，加上自身實務經驗中的體悟，擬將個案工作者的角色分為以下五方面作說明：

一、使能者／諮商者的角色

個案工作者在提供直接服務的當中，鼓勵案主，並讓案主覺得有希望，也可以提供案主建議和勸告。他們協助案主一直往目標努力，而儘量避免分心去處理其他次要的事，因此也是個協助案主行為改變的角色。

更具體的說，社工可以是一個「使能者（enabler）」和「諮商者

（counselor）」。因為Fischer（1978）指出，個案工作者有時會直接針對個人或家庭的問題提出解決策略，例如：行為改變、提出勸告、危機干預、諮商或治療。而Dorfman（1996）認為個案工作者是個「使能者」，因為案主必須親自去解決他自己的問題，但是社工製造機會和情境，讓案主得以實踐他的改變；同時個案工作者也是個「諮商者」，根據社工所受的諮商理論與技術訓練，包括積極的傾聽和同理心等。

　　茲舉一案例說明，一個兒童福利機構提供寄養服務，社工的服務步驟可以包括如下：

1. 針對要處理的問題，應蒐集以下資料：如兒童問題行為發生的頻率、問題行為出現的場合、其他可以獎勵的行為，以及可採用之資源等。
2. 確定父母們需要服務的目的。
3. 如果兒童需要寄養，先獲得其親生父母對孩子的未來期望之書面意見。
4. 如果親生父母希望要回孩子，則在歸回孩子之前，要確定任何需要處理或彌補的問題，以做好返家之準備。
5. 選擇一個介入的計畫，並與父母簽訂共同合作契約。
6. 執行介入計畫，並持續檢討改進。
7. 如果介入計畫成功，則建議主管單位將孩子歸回原生家庭；如果不成功，則再行診斷問題，提出新的介入計畫與父母討論。

二、諮詢者／教育者的角色

　　個案工作者可以是「諮詢者（consultant）」，因為這個角色可以提供專門知識或訊息。Fischer（1978）指出，個案工作者有時會向案主提供訊息、解釋規則或相關規定、教導相關知識等，例如：提供親職教育課程之相關資訊、提供社會福利措施等相關資訊、說明相關辦法中的規定或法律條文內容等。

Dorfman（1996）認為個案工作者也是「教育者（educator）」，因為幾乎每一次的治療性介入，社工都需用到教導的技巧，例如：社工教導18歲的少年如何獨立生活，照顧自己；教導父母親職技巧；教導案主如何瞭解和處理自己的焦慮與害怕；示範解決問題的技巧；有結構地教導案主家庭或夫妻有效溝通的技巧等。

由此兩種角色來看，社工必須具備兩方面的知識：一是需要扎實的專業知識，如：親職教育、育兒知識、兩性關係等；二是溝通（或教導）的知識，如：諮商、諮詢過程與技術。

三、仲介者／倡導者的角色

美國在1960年代的個案工作中發現只有微視面的服務可能有所不足，必須有「仲介者（broker）」的角色才足以應付案主所受到壓制的處境。確實如此，常常所謂的「貧窮」的案主需要更多的協助和資源，例如：適當的醫療照顧、居住問題、經濟補助、輔導就業問題等，這些落在中介面和巨視面的資源（如圖1-1）都需要個案工作者去連結以獲得協助。所以為了要達到協助的目的，社工就必須在案主的環境中提供處遇。換句話說，社工是在案主個人與其社會環境中提供協調服務。

Dorfman（1996）認為仲介者的角色是最簡單的一種角色，主要是將案主與其所需資源做連結，因為社工熟悉社區資源，也知道需要什麼條件才能申請到資源，例如：一位案主罹患愛滋病，他希望住在自己家裡，每天晚上有朋友來為他準備晚餐和洗衣服，這沒問題；但是白天時卻沒人能來帶他去醫院看病，因此醫院社工聯絡志工，在他需要時到家裡去帶他到醫院診治。

Fischer（1978）指出，個案工作者一開始是調停（mediate）個人和社會制度之間的問題。因此也有調停者的角色，是協助有衝突的雙方談判或溝通，例如：近年來臺灣開始非常重視的早期療育（early intervention）服務，一位發展遲緩的幼兒需要多個機構的服務，剛開始機構與機構之間，或案主家庭與機構之間聯繫和協調不足而發生衝突。社

工加入此服務團隊後，對服務流程清楚，開始發揮調停者角色，以案主為中心或家庭為中心，協助各方將服務整合。

另外，有一個重要的角色是「倡導者（advocator）」，這主要是為了案主的利益。當處理多個個案的問題時，發現他們有著因權益被剝奪而產生共同的問題，於是透過社會行動的方式，促成問題的解決。這也是社工較新的角色，倡導者與仲介者有些相似，但倡導者不只知道資源在那裡，他們會想辦法去爭取相關資源，或創造案主所需新的資源。他們也會陪同案主上法庭、到警察局或政府機構為案主爭取權益。

四、個案管理者的角色

這是近年來從傳統個案工作者角色再發展出來的一種角色，Dorfman（1996）指出個案工作者也是「個案管理者（case manager）」。筆者認為個案管理者的角色應是由個案工作最初的一個模型——功能學派——發展而來（參閱本章第二節）。因為當案主有一連串相關的問題，集結起來形成複雜而嚴重問題的時候，則不是一位社工或單獨一個機構能完成解決問題的任務，而需要轉介不同資源，並監督服務的輸送，讓案主的嚴重問題得以有改善的機會。

個案管理的程序有五：(1)與案主建立關係，需求預估與確認運用資源的障礙；(2)擬訂服務（處遇）計畫，包括明確的目標，建立問題解決優先順序；(3)協調安排服務項目；(4)監督服務的輸送和成效；以及(5)再評估或結案。

五、研究者／評估者的角色

Dorfman（1996）指出，個案工作者是「研究者（researcher）」，也是「評估者（evaluator）」的角色，因為可能每一位社工都有此角色，尤其要為個案診斷問題時、要蒐集資料時、要參考文獻與理論時，以及結案時，都需有評估者或研究者的角色。

一位現代的專業社工，在個案服務的每一個階段都要懂得如何檢討並改進自己的服務，才能逐步達成問題解決的目標，所以是「評估者」。另外，一位有專業訓練的社工，也應懂得如何將實務績效或成果，結合研究方法將之整理呈現報告，讓自己及他人更肯定社會工作服務的專業性，所以是「研究者」。亦即，能夠結合實務與研究，在實務過程中建立研究的成果（build research in practice），也運用研究方法呈現實務的績效（build practice in research），這樣社會工作專業之精進才可期待。

參、社會個案工作助人的基本技巧

專業助人者會積極學習與發展有效的助人技巧，幫助那些社會適應不良或社會功能受損之個人與家庭；另一方面，希望即使社工的文化背景與案主不同，憑著基本的助人技巧，社工也能有效幫助案主。因此，Johnson（1998）認為任何一位直接服務的社工應發展下列四類技巧：

1. 與人溝通和建立關係的技巧——包括：傾聽和與人溝通、解釋、澄清、檢視、開啟話題、鼓勵、詳細敘述、談話聚焦、提問、反映、回應、摘要、歸納、說明和提供消息等。
2. 瞭解的技巧——幫助他人使之瞭解自己在情境中的狀態，包括：傾聽、引導案主表達他自己、能回應提出的問題、摘要已討論過的議題、面質案主促其面對所處之現實、解釋事實資料和提供事實資料等。
3. 能發展一種互助情境的技巧——為使案主在陌生人面前或新的情況中也覺得舒服自在，可運用的技巧如：情緒支持、危機介入、脫離混沌不明的困境，以及安排一個讓人身心舒適的互談環境等。
4. 處理問題的技巧——包括：解決問題的方法、做決定、做計畫、轉介、示範、教導，以及運用任何必要的活動等。

此外，筆者認為提供多面向服務的個案工作者，還需要三類技巧：(1)發掘與運用資源的技巧——藉著可用的物質資源或訊息資源，提供案主即時之需；(2)啟發案主優勢（strength），予以增權（empower）的技巧——相信每一個人都有其潛能，予以確認並增強；(3)協調的技巧——在有衝突或誤會時、在需要整合相關資源時，都需要有人從中斡旋，讓問題的解決得以順利完成。

上述這些只是先顯示個案工作技巧的概括範圍（本書將陸續呈現相關技巧於其他章節），社工不一定要完全具備這些技巧才能開始服務，因為專業服務技巧是在服務過程中逐漸累積而成，一個有心成為專業助人者之社工，應該保有此種持續學習和成長的態度。

結語

當社會問題仍舊層出不窮之時，許多地方需要社工的協助，例如：流浪漢、失依兒童、受虐兒童、老人養護、婚姻暴力、物質濫用等個人及家庭，仍都是社工關心和協助的對象。

臺灣的社會工作原本就具有移植的性格，經過大量採借國外社會工作方法與經驗（特別是美國的），過去往往未能消化，就運用到國內的案主身上。由於社會文化背景的不同，而使某些方法無法產生相同的效果。但社工界多年來已逐漸體驗到社會工作實施本土化應是努力的目標，亦即對本土社會的充分瞭解，從逐步實驗與修正過程中，尋找適合本土社會的策略，才是政府與民間、社會工作教師和學生、社會工作從業人員都一起戮力以赴的。這樣才能累積與創造我們自己的專業理論與專業文化，使我們的社會工作專業具有在地特色，並能因應社會與案主的需要，及適應政策與外在條件的改變。

參考書目

中文部分

古允文、沈瓊桃、詹宜璋等譯（2002）。社會工作概論。Skidmore, R. A.等原著。臺北：學富。

呂民璿（1995）。社會個案工作。收錄自李增祿主編，社會工作概論，第四章，臺北：巨流。

周月清（2002）。身心障礙福利服務。收錄自呂寶靜主編，社會工作與臺灣社會。臺北：巨流。

林孟秋（1998）。個案工作的方法。收錄自周永新主編，社會工作學新論，臺北：商務。

林萬億（2001）。展望二十一世紀的臺灣社會工作。社會工作學刊，7，1-15。

林萬億（2002）。臺灣社會工作之歷史發展。收錄自呂寶靜主編，社會工作與臺灣社會。臺北：巨流。

徐震、林萬億（1986）。當代社會工作。臺北：五南。

萬育維譯（1997）。社會工作實務手冊。臺北：洪葉。

潘淑滿（2000）。社會個案工作。臺北：心理。

英文部分

Blythe, B. J., & Briar, S. (1987). Direct practice: Trends and issues in clinical social work. In *Encyclopedia of social work* (18th ed.). Washington D.C.: NASW, pp. 393-409.

Cohen, B. J. (2011). Design-based practice: A new perspective for social work. *Social Work*, 56(4), 337-346.

Compton, B. R., & Galaway, B. (1999). *Social work process* (6th ed.). N.Y.: Brooks/Cole Co.

Dorfman, R. A. (1996). *Clinical social work: Definition, practice, and vision*. N.Y.: Brunner/Mazel.

Fischer, J. (1973). "Is casework effective? A review". *Social Work*, January, 5-20.

Fischer, J. (1978). *Effective casework practice: An eclectic approach.* N.Y.: McGraw-Hill Book Co.

Gambrill, E. (1999). Evidence-based practice: An alternative to authority-based practice. *Families in Society, 80,* 341-350.

Goldstein, H. (1992). If social work hasn't made progress as a science, might it be an art? *Families in Society, 73,* 48-55.

Harris, F. J. (1970). *Social casework.* Oxford University Press.

Henderson, L. (1996). *Learning and social work.* BASW Trading Ltd.

Hollis, F. (1977). Social casework: The psychosocial approach. In *Encyclopedia of social work* (17th ed.). pp. 1300-1309. Washington D.C.: NASW.

Howard, M., McMillen, C., & Pollio, D. (2003). Teaching evidence-based practice: Toward a new paradigm for social work education. *Research on Social Work Practice, 13,* 234-259.

Johnson, L. C. (1998). *Social work practice: A generalist approach* (6th ed.). N.Y.: Allyn & Bacon.

Katz, C. (2015). "Stand by me": The effect for emotional support on children's testimonies. *British Journal of Social Work, 45,* 349-362.

N.A.S.W. (2008). Social work practice. In *Encyclopedia of social work* (20th ed.). Vol. IV, pp. 138-164. Washington D.C.: N.A.S.W.

Lewis, H. (2003). The problem with the problem solving paradigm. In M. Reisch (Ed.). *For the common good: Essays of Harold Lewis* (pp. 39-47). N.Y.: Brunner-Routledge.

Perlman, H. H. (1973). *Social casework: A problem-solving process.* The University of Chicago Press.

Richmond, M. E. (1964). *What is social casework?* (19th ed.). N.Y.: Russell Sage.

Rubin, A., & Parrish, D. (2007). Views of evidence-based practice among faculty in master of social work programs: A national survey. *Research on Social Work Practice, 17,* 110-122.

Strean, H. S. (1978). *Clinical social work: Theory and practice.* London: The Free Press.

Skidmore, R. A., Thackeray, M. G., & Farley, O. W. (1998). *Introduction to social work.* N.Y.: Prentice-Hall.

Thomas, E. (1977). Social casework and social group work: The behavioral modification approach. In *Encyclopedia of social work* (17th ed.). pp. 1309-1321. Washington D.C.: N.A.S.W.

Turner, J. (1977). Social casework: The functional approach. In *Encyclopedia of social work* (17th ed.). pp. 1280-1321. Washington D.C.: N.A.S.W.

第二章
社會個案工作
的過程

莫藜藜、黃韻如

社會個案工作是經由一系列有計畫的工作步驟而完成的，因為其進行時需依循一定的運作程序。專家學者對於個案工作程序的劃分不盡相同，有分為三個步驟的，如Hepworth、Rooney和Larsen（1997）提出助人過程的三階段：(1)蒐集資料、訂契約、預估（assessment）和計畫；(2)執行和目標達成；(3)結案和評估（evaluation）。本章將社會個案工作的過程採五個階段來說明，即(1)申請、接案和開案；(2)蒐集資料；(3)需求預估（診斷與分析）；(4)處遇計畫；(5)評估與結案。其中(2)和(3)可視為同一階段，但本章之(2)涉及個案工作一些方法和途徑，需要特別介紹，故仍分兩個階段說明（請參閱圖2-1）；然後第六節介紹個案記錄的撰寫。

 ## 第一節　申請、接案和開案　　莫藜藜

通常一個人或家庭會來到社會工作機構求助都有其原因，也都有其求助的途徑，例如：婚姻暴力受害者可能會打電話到113專線或家庭暴力防治中心求助，然後婦女福利機構會收到家庭暴力防治中心的轉介；而想要收養孩子的夫妻，可能經過打聽，會到兒童福利聯盟主動申請成為準收養父母等。以下分別敘述個案工作第一個階段「申請和開案」的重要內容，包括：個案的來源、接案、開案或未開案。

壹、個案的來源──案主求助的管道

社工和潛在案主（potential clients）的接觸，通常有以下幾個途徑：有時是他們主動前來求助；有時是社工主動對案主提供服務，而案主被動接受服務；又有的時候是其他人將案主轉介到社會工作機構尋求服務（Compton & Galaway, 1999）。筆者將個案的來源分為三方面來說明：

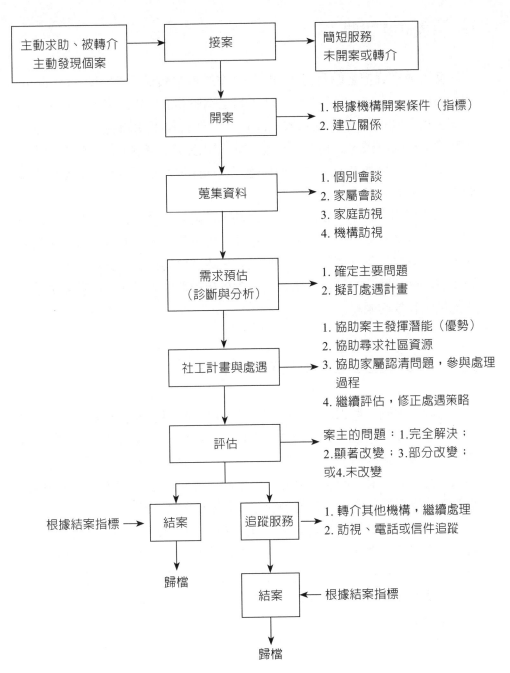

圖2-1 社會個案工作流程圖

一、主動前來求助

　　個人或家庭帶著他們認為的問題，主動前來機構尋求幫助。Compton 和Galaway（1999）認為他們此時可稱之為服務的「申請者」。社工先瞭解案主所指認的問題，以開放式問句：「你有什麼問題嗎？請你談談你來我們機構的原因，好嗎？」藉此，社工可以初步瞭解他們的問題發生多久了？經常發生嗎？他們曾經如何處理這些問題？他們現在想怎麼處理問題？等有關的訊息。

　　在我們的文化中，要求別人的幫助，可能是一項非常困難和痛苦的決定。而要接受專家（一個外人）的協助，也不是件容易的事，因為可能意味著他承認自己是一個失敗者、無能者，或者他因此會失去自尊。因此，社工需瞭解求助者的社會文化背景，對於接受幫助的看法、意願和動機，才能提供有效的服務。

二、以「外展社會工作」主動發現個案

　　當社工看到一些需要幫助的個人或家庭面臨問題困境，可主動前去幫助，例如：少年幫派分子、雛妓、中輟生、遊民、精神病患、物質濫用者等。許多這一類的個人在困境中可能對自己已放棄希望，或不認為自己有問題，而不想去解決問題。因此，專業助人者必須主動出擊，走出機構去接觸這些需要幫助的人，讓他們能接受幫助而脫離困境。

　　從事外展社會工作需要高超的溝通技術，要非常有耐心，也需要堅強的毅力去接觸「潛在案主」。同時，從事外展社會工作所提供之服務也要有「可近性」的特質，也就是盡可能讓機構或服務地點就在這些「潛在案主」居住的社區，讓他們方便得到服務，且以自然接觸的服務方式，讓他們容易接受。

三、案主被其他機構轉介（refer）而來

有機構或團體將需要幫助的個人或家庭轉介至可提供所需服務的機構。在實務經驗中，每一個轉介都秉持了案主當時的需求，這可能是社工的個案來源最多的一種途徑。相關專業機構提出轉介時，都一定要有其設計好的制式「轉介單」。

轉介是社會工作處遇的開始，社會工作的服務到什麼時候，以及以什麼方式服務，都以最初轉介的理由為依據，也就是要回答：社會工作的服務是否可以回應「轉介」的理由？是否另一個機構較可能提供服務？是否能提供所需要的訊息？（Henderson, 1996）。

社工對轉介理由的瞭解非常重要，也就是對方機構如何定義案主的問題，以及如何判斷自己的機構是否能提供對方機構認為案主需要的服務（即下一單元的「接案會談」）。如果判斷之後，認為自己的機構其實沒有他們所需的服務，則無法開案（參考下一單元的「未開案的處理」）。如果確定是機構可以提供的服務，此時才開案；然後，社工就需要蒐集進一步的訊息（即下一單元的「開案會談」）。

另有一種狀況是轉案（transfer）。有時社工接到的是在同一個機構另一社工轉來的個案，可能因為這位社工調離單位或離職，如此接到的個案稱之為「轉案」。在與案主接觸之前，社工要先閱讀此案主的記錄，然後由原先之社工會同新的社工與案主三方面有一次會面的機會。之後，新的社工開始與案主建立關係，過去的記錄和評估應作為參考，社工應重新瞭解案主此時的問題。

貳、接案、開案或未開案

當案主帶著問題而前來機構申請幫助時，社工和案主之間就開始建立起專業關係（參閱本書第三章）。機構對於初次申請幫助的人可設專門的「接案者」負責接案，或由社工直接負責接案。

一、接案會談

（一）接案會談者之職責

多數的案主都是親自來申請幫助，接案者負責接受這些申請，其特定職責如下：

1. 確定申請者的問題是否為該機構可提供之服務。
2. 確定申請者的戶籍所在地。
3. 向申請者解釋機構的政策及提供的服務。
4. 確定申請者是第一次申請該機構之服務或過去曾經申請過？如有過去的記錄，要先檢視，以瞭解當時未曾給予或繼續給予協助之主要理由。
5. 將不合規定的申請者，在接案時即予以婉辭，並說明理由；但仍需在「未開案」檔案中予以記錄；如可能，則「轉介」至其他適合的機構。
6. 如確定申請者的需要，則進一步安排可負責的社工開始協助「案主」。
7. 確認緊急的情況，並給予快速且有效的關注，或安排立即的援助。

（二）機構需訂開案的指標

所謂開案指標，指的是每一機構都要依其服務功能，列出一些可以開案的條件或標準，其作用除了有開案的依據之外，也可以讓新進社工容易進入狀況；如果不能開案，對案主也有交代，以免滋生困擾。

接受轉介的機構也需設定開案指標，特別是需要排出輕重緩急的情況，確定那些轉介必須立即處理，包括：(1)立即行動；(2)緊急行動；(3)非緊急行動等三種情況（Henderson, 1996）。立即行動應是比緊急行動還要來得迫切，試以下列情況來檢視輕重緩急情況：

1. 根據《兒童及少年福利與權益保障法》，一位兒童正處在一個明顯的危險處境。
2. 一位兒童在學校被發現手臂上有瘀傷。
3. 根據《精神衛生法》，一位精神病患需要住院。
4. 一位老人要來申請免費乘車證。
5. 向機構提出需要在下一週申請到宅服務員。
6. 一位滯留病患可以辦理出院，轉至慢性病院了。

　　由以上可看出，1.和3.是需要「立即行動」；2.和6.是需要「緊急行動」；而4.和5.是「非緊急行動」。另外，由輕重緩急來看，指標也可以是：(1)非常緊急；(2)緊急；(3)24小時內處理；(4)三天之內處理；(5)一週之內處理；或(6)不需處理。

　　開案指標的規定看起來似乎很複雜又費時，其實不然；因為這些是例行而必要的程序，一旦熟練之後通常只要幾分鐘而已。由接案會談者根據機構的「開案指標」，建議是否開案。確定可以開案之後，先予以登記；然後交由督導（主管）負責分案，或直接給輪值社工，讓負責之社工進行開案會談。每一機構根據其服務宗旨與實際功能，訂定開案指標，例如：某機構針對受刑人家屬設立家庭服務組，其所訂開案指標為：「凡是屬於受刑人家庭之相關問題，並確為本機構服務的範圍；或個案不單是純粹的法律問題，尚有其他突顯或潛藏的危機與需要。」

　　有時，機構會明確的指出其「服務對象」的條件，亦可視為開案的指標，例如：某機構為協助面臨生活、心理危機之女性單親及其子女之居住需求而設立之「單親婦女公寓」，指明其服務對象為「凡設籍於本市，年滿18歲以上之女性，因遭遇離婚、喪偶、丈夫服刑或失蹤或其他家庭變故等因素，而必須獨立照顧共同生活之18歲以下未婚子女，並符合以下規定者：(1)申請人及其子女無精神疾病及法定傳染病；(2)申請人能自理其家庭生活；(3)申請人及其子女均無自有住宅；(4)申請人及其子女之收入平均分配每人每月未達本市最近一年公布之平均消費支出60%；(5)申請人及其子女之存款平均分配每人未達30萬元者（股票及投資併計）。」所以凡是符合上述條件的人有此需求的話，都可以來申請此項服

務，則該機構社工依此指標，可以決定開案與否。

二、開案會談

　　如果是由其他單位或機構轉介來的個案，通常會有簡單的書面資料可參考，而一旦決定開案則需要進一步的蒐集資料以瞭解案主狀況。由於對問題要有充分的瞭解，才能對症下藥，因此開案會談就是在蒐集資料以瞭解案主的問題。Comptom和Galaway（1999）認為開案會談很重要，其主要任務如下：

（一）邀請案主參與會談

1. 簡單介紹自己，之後就讓案主說明他的來意或問題。
2. 要記得營造一種舒適安心的談話氣氛，讓案主覺得可自在參與。
3. 容許偶而的沉默，讓案主以他的方式和步調陳述他自己的事情。
4. 避免在初期就提出勸告或指引方向。
5. 有時可以很快的進入討論可能的解決方法，因為許多人對問題的解決，比對問題的討論有興趣。

（二）瞭解案主此時的問題

1. 從案主的觀點開始：先瞭解案主對他的問題的看法，盡可能讓案主詳細表達他的想法。
2. 部分化：在瞭解問題的大致情形之後，依其輕重緩急，開始聚焦在某一或幾項問題的討論。
3. 尋找共識：針對需要處理的問題上，社工和案主要達成共識，進一步討論。

（三）瞭解案主希望什麼

　　對問題的瞭解達到共識之後，社工必須瞭解案主希望得到什麼幫助，或他希望有什麼結果，以及希望情況如何改善等。因為社工瞭解案主

真正希望的是什麼，才能提供其所需要的服務；否則，提供的幫助不是案主希望的，不只社工白白花費力氣，案主也可能仍在困難和痛苦之中。

（四）釐清期待與初步的協議

一般的開案會談，約需1小時的時間。社工在開案會談結束前，應與案主初步確定彼此的期待，以及未來在個案服務過程中可以共同採取的行動。茲歸納會談的重點如下：

1. 明瞭案主求助的原因，是案主本人主動前來求助？還是親朋師友介紹來的？抑或經由其他機構轉介而來的？
2. 瞭解案主尋求幫助的動機、求助時的心理狀態、主要問題、對問題的看法和需求滿足的期待。
3. 案主個人的生活狀況、家庭背景、個人特質，以及可運用資源等。

例如：醫院中的社會工作開案會談，社工與家屬或病患會談，可針對以下項目作初步瞭解：病患基本資料、病情及診治經過；病患及家屬對該疾病的認識與態度如何？病患之家庭背景、家庭結構、經濟能力與社會支持系統；病患或其家屬目前最困擾的是什麼？他們期待的是什麼？病患或其家屬為解決該問題曾嘗試使用的方法與效果如何？以及對社工的期待和要求等。

三、未開案的處理

許多社會福利機構的社工都有這樣的經驗，就是「潛在案主」主動來求助或被其他機構轉介來申請服務，經過接案會談，發現並不需要開案，而成為「未開案」的情況，其原因可能是：最終發現其狀況不符合機構的開案條件，或因機構資源不足而無法提供服務，例如：經費缺乏、育幼院床位不足等；或機構的服務必須根據法令才能處理，以至於不符合法令規

定則不能開案。

　　但是，因為社工花了時間做接案會談，而且也提供了專業評估或建議。可能一天好幾個這樣的案例，當其他人質疑社工說「妳在忙什麼？」卻無法提出具體個案的處理成果。這樣一來，可能機構行政高層也有此疑問「妳在忙什麼？」因此必須將此類「未開案的情況也做摘要記錄，以備評鑑之查詢，或如果潛在案主將來再回來時也可以查詢，例如：高風險家庭服務方案的社工接受通報之個案，經過接案會談發現案家已是早期療育個案，或家庭暴力個案，不符高風險家庭服務之開案指標，必須回報縣市政府，而將已處理之個案服務列在「未開案」。又以醫院個案工作為例，對未開案的求助者就有以下的做法：

1. 雖然社工曾給予病患1次或2次簡短的服務，但下列情況發生時，得視同「未開案」處理：(1)社工所給予的服務為單純的聯絡工作，如回答病患問題，或聯絡捐血中心等。(2)當日介紹的住院病患需要鼓勵繼續就醫，經社工與病患或家屬面談後，病患仍自動出院，而社工估計此病患將來可能不會再到該院治療者。(3)病患要出院當日才轉介來，要求經濟補助。但經社工評估認為不需給予補助，且也無其他問題需作追蹤治療者。
2. 未開案的處理經過，應登記於部門「未開案記錄」內，以為日後萬一有需要便於搜尋出資料。
3. 若社工收到其他機構的轉介單，會將答覆寫在「回覆單」，並寄回給轉介機構；並按未開案號碼存於檔案中。
4. 對於未開案的案主，可視其需要協助轉介到其他適當的機構。
5. 將所服務的病患名字登記於日報表上。

　　總之，個案工作者根據以上資料進行通盤瞭解後，視機構的宗旨、服務項目、服務對象等限制，以裁定是否可以接受案主的申請，同時個案工作者應讓案主瞭解可否接受其申請的理由。對於決定接下的個案，繼續在機構內做進一步的處理與服務。

第二節　蒐集資料　　　　　　　　　　　莫藜藜

　　開案後，機構開始進入協助案主的階段。首先，我們需要蒐集與問題有關的資料，以確定個案需求或問題的診斷，同時需決定要花多久時間做深度的診斷，或是因案情的急迫性，需立即做初步診斷，以及社工處遇（treatment）的決定。以下分別探討此階段的任務，包括：獲得個案資料的來源、運用社會工作的會談技巧、家庭訪視（或機構訪視），以及其他蒐集資料的方法。

壹、獲得個案資料的來源

　　要從何處蒐集資料呢？案主本人是最重要的，他對問題的看法和他的需求，必須要從他本人那裡得知，因此必須與案主本人會談。然而，我們發現如果只詢問一個人，無法瞭解問題的全貌，我們要盡可能的詢問相關人員，由他們各自提供的資料中才可能拼湊出案主問題的原因和需求之全貌。所謂相關人員，包括：案主的家人、親戚、同事、朋友、社區中其他專業人士等，例如：一位年輕的懷孕母親來求助，因為丈夫服刑，家庭經濟陷入困境，現在即將臨盆，不知怎麼辦？我們首先要確定需要那些訊息資料，然後列出一些可以聯繫的人的名單或拜訪的機構，以蒐集資料，瞭解案主的問題。

　　此時蒐集資料主要是透過會談的方式進行，個案資料依其來源可分為：(1)與案主本人的會談；(2)與案主家人的會談；(3)與其他相關人士的會談。當然有時相關人士提供的訊息或看法，也可能使我們對問題更難理解。此時，我們還要以其他方式蒐集資料，例如：參閱機構已有的書面記錄，也可以運用觀察和測驗的方法。但是要小心使用已有的記錄，因為人們一直在改變和成長之中，而記錄上提到的問題往往已經是過去式了，所以社工應針對現在的情況蒐集資料。

　　如果在案主的家裡進行會談與觀察，則稱之為「家庭訪視（home visit）」，有時亦可能需至案主的工作地點、學校等地訪視，可稱為機構

訪視。社工須以十分謹慎的態度求其客觀，避免偏見。除了針對案主申請受助的部分進行較深入的瞭解之外，亦需對案主及其家庭進行完整的瞭解（請參閱本章第三節），有關案主的經濟狀況、家庭結構及互動關係、生長的歷程、社會適應力、可用的資源以及當前所面臨問題的實況等，都可以列入觀察和探詢的範圍，企圖獲致適切的診斷，之後才能進一步尋求問題解決的可行辦法。

貳、社會工作會談

一、何謂社會工作會談？

社會工作會談是社工與案主之間的一種有特定目標和方向的專業性談話，主要是為了瞭解問題和要完成社會工作服務的目標，不是為了交換訊息或非正式閒聊。因此可知，社會工作的會談是受到限制的，而且是有契約意含的談話，因為要完成社會工作的服務就是契約。

當一個人向社工提出求助時，社工便透過會談的過程，瞭解案主的問題、情況或需求，並藉著會談及其他方式幫助案主處理其困難。因此在整個服務過程中，會談是不可或缺的；會談是否有效，也直接影響服務的成效。

至於會談的目的，可細分為：(1)蒐集案主的相關資料，以診斷其問題與需求；(2)與案主建立良好的專業關係；(3)提供服務和治療性之會談等。因此，社會工作會談再依其目的，可分為三種不同性質的會談類型，即：(1)分析診斷性的會談，資料蒐集是為了對案主的問題進行客觀、合宜的評量；(2)治療性的會談，則是以促進案主之調適和改變為目標，也可稱為處遇性會談；(3)研究性的會談，蒐集資料以作為案主和案家社會問題研究或服務成效的參考。我們將視實際需要，有時候一次會談可以僅針對其中的一個目的，有時候同一次會談之中可以包含上述三種目的在內。

二、會談的形式

個案工作會談的形式，包括：傳統的個別會談、家族會談及夫妻聯合會談等。會談可以是在機構中的會談室進行，也可以在其他場所，如案主的家中或社區機構中進行。會談的技巧在個案工作服務中非常重要，本節僅簡要介紹，需進一步的瞭解請參閱本書第四章第二節「會談技巧」。

同時，會談與社工專業關係之間有相輔相成的意義。專業關係之建立與發展要透過會談才得以實現；而會談的效果也建構自專業關係是否良好。社工與案主之間通常必須經由會談過程才逐漸建立專業關係，案主從而獲得問題的解決。

社工在會談時必須仔細觀察案主的「身體語言」和聽取言外之意；有時案主的問題涉及其他關鍵人物，或其問題欲妥善解決和真正瞭解，有必要邀請另一位或兩位案主來談，這時就要引用聯合會談的方式了，例如：夫妻、父母和子女的「夫妻聯合會談」、「家庭聯合會談」等。

會談的主要作用是資料蒐集，會談者必須留意會談過程中蒐集資料的信度和效度（Rubin & Babbie, 1997）。雖然社會工作會談不常是在做研究性會談，但是也一樣希望蒐集到的資料符合信度和效度，才是有價值的資料，否則不堪用或不正確的資料將影響問題診斷的正確性，例如：近年來許多社工被要求在監護權訴訟案中負責做家庭評估，社工必須去訪視互有爭執的家長，但各受訪者可能會只提供對自己有利的訊息，社工必須以更專業的方式判斷資料的信效度；又例如：一位受到性侵害的孩子，在一個陌生的環境中接受會談，因為害怕與順服，可能提供一些為了取悅訪談者的訊息，這些都是值得社工要更留意於會談過程中資料蒐集的信度和效度問題。

參、家庭訪視和／或機構訪視

社會工作的會談有時可以在案主的家中舉行，此時稱之為「家庭訪視」（簡稱家訪）。這種訪視常構成個案工作的一項重要步驟，其主要功

能在於證實案主實際生活的情形，瞭解其家庭生活和社會關係，並且從中確認可用的資源，探尋可行的解決方法。社工發現有下列情形時可考慮進行家庭訪視或機構訪視：

1. 來求助者並非案主本人，即案主有疾患之時，或案主之年齡尚幼，其家長或監護人代替他們來求助，為瞭解案主狀況，社工宜親自赴案主家中訪視。
2. 有必要求證案主所陳述之事的可靠性，社工親自赴案主所在的家中或機構中瞭解。
3. 認為案主問題肇因於家庭或其社會關係，社工親自赴案主家中瞭解。
4. 亟需案主家人一起協助案主，或為確認案主家庭可作為社會資源時，社工親自赴案主家中進行處遇。
5. 為確保案主問題已有改進，社工親自赴案主家中或機構中訪視。
6. 案主與社工久未聯繫或失去聯繫時，社工設法赴案主家中以瞭解現況。

　　社工於家訪進行之後，可更有效地協助案主適應環境。訪視就是親自到實地觀察，以瞭解實際上的狀況。最常被訪視的地點是案主的家庭，其次是學校或工作場所。一般要看實際的需要而決定到那個地方訪視，所以訪視前需確定具體的目標，才不致浪費時間與精力，形成盲目的訪視。為了使一次訪視能有效的執行，必須注意訪視的基本原則：

1. **確定訪視對案主的影響與需要**：基於上述六項原因，認為確有必要則進行訪視計畫，例如：受刑人或愛滋感染者家屬來電話求助，社工需做家庭訪視以瞭解實際問題；又如有人通報獨居老人的問題，社工也需作家訪，以瞭解這位獨居老人的特定問題。
2. **釐清訪視的主要目的和內容**：對於所服務的社工領域中個案問題的類型、原因和處遇方式，應有充分瞭解。然後針對所接個案可能需要之資料，規劃蒐集資料的方向，例如：社工接到低收入戶

申請的個案，認為需要做家訪以瞭解其家庭實際狀況，因此訪視的目的是瞭解家庭經濟困難的現況、原因、生活環境，以及家庭的資源網絡等。社工最好事先擬好訪視目的，將欲蒐集之資料寫在記事本上，以提醒自己不要遺漏重要的事項。

3. 訪視前的準備和聯繫：與案主家庭做訪視的時間安排、交通的安排等，都需事前安排妥當。許多案主及家人因為上班和上學，社工需協調大家都有空的時間，不論是接近下班或下班時間，或者請案主及其家人請假在家等候。如果案主家人只在週末或假日才有空，社工宜依案家方便時間做家訪。之後，機構應予社工補休。社工如何找到案家或機構所在地，也是必須事先聯繫安排好的事。這樣不只可以順利找到案家，也要同時確保社工在外的人身安全。

4. 訪視過程中會談要領的使用：運用一般社會工作會談應有的準備及基本技巧，以及會談的語言及非語言之傳達技巧。家訪時，一般不像在會談室或治療室般的嚴肅，可以看似聊天的方式，去獲得所需的訊息；亦即，看似親近的互動關係卻帶著專業的界線。

5. 訪視時的空間安排：需留意並安排在案主的家庭中如何進行不受打擾的互動與會談；或如何利用機會觀察案家居家環境、案主家人的自然互動、經濟狀況、子女教養與照顧情形等。

6. 訪視結束和下次訪視的安排：訪視時間的控制是很重要的，也就是及時完成訪視目的，做好結束訪談摘要，讓案主及其家人都覺得會談有意義和有收穫。而且時間的控制也展現在不耽誤案主家人吃飯時間，或影響案家生活作息，或煩勞案主家人處理社工回家之交通問題等。

7. 訪視結果的評價與記錄：訪視結束，回到辦公室後，第一時間儘快寫下訪視記錄，並予以評價。

值得注意的是，如以案主個人問題為焦點，家庭訪視所獲得的訊息只能作為進一步瞭解案主的參考資料，社工宜注意不受案主家人意見所左右，因為當服務的主要對象是案主時，其主觀意識的表達宜列為優先，不

宜輕易忽略；何況有時案主家裡的人有可能並不真正瞭解案主，甚至透露的說法，並非實情。總之，切忌過於偏袒家裡某位成員的看法，因而忽略了案主本身的權益福祉，或逼迫案主再度落入他亟思掙脫的不良循環。

肆、蒐集資料的其他方法

一、觀察法

我們在每天的互動中都自然而然，甚至不自覺的會有觀察的行為，但是作為社工的我們在與案主互動中應該把觀察視為一項有意的，且精緻的技術。Taylor和Devine（1993）指出，利用不同機會觀察你的案主是有幫助的，尤其在一個家庭會談中一定會有大量的機會觀察你的案主。你可以看到他們的互動，然後你更瞭解他們原先告訴你的話；另一個好處是你在會談之後，能藉觀察所知而回饋你的案主。

社工在與案主接觸時所做的觀察，有結構式或非結構式、參與觀察或非參與觀察。社工可以在案主的真實生活情境中觀察他，以瞭解案主真正的特質。案主當然要事先同意你的觀察行動，但不需告知他某一特定點或特定時間的觀察，否則他會表現的不自然或不真實，即所謂觀察效應的問題。

對於觀察，社工也需要有事先的計畫和事後的記錄。精確的做記錄，能輔助我們口語會話所蒐集的資料，有助於將來的診斷與處遇計畫，例如：你想知道案主和案父的互動，在談到某個關鍵事件的時候，他們雙方會有什麼反應和行為，以及行為的結果是什麼？於是你留意這些並記在記錄中。有時你要記下案主非語言的行為，包括：聲調、面部表情和身體動作等，以補充對案主的瞭解。

二、測驗或問卷法

有時對於不易表達個人意見的案主，社工在蒐集資料時可以考慮以測驗或問卷方式讓案主填答，或繪圖說故事的方式，例如：兒童福利機構的社工一定要和年紀小的案主互動，有時用封閉式問卷詢問簡單的問題，或請案主以圖畫說故事方式來表達他的想法；又如：青少年機構的社工，也可以採用一些已具常模的態度問卷請青少年案主自行填答。

但是，社工運用測驗或問卷，所蒐集資料主要仍是作為瞭解案主需求或問題之參考或輔助；多數時候社工都仍會運用觀察與會談技巧蒐集資料，在持續的互動中直接瞭解案主真正的問題。如果是不易表達個人意見的兒童，則再運用遊戲治療技術來進行資料蒐集。

第三節　需求預估（診斷與分析）　　　黃韻如

Max Siporin（1975）定義預估為「一種瞭解的過程及結果，是行動的基礎」（Johnson, 1998）。個案服務過程是個持續不斷的循環系統，從資訊的蒐集、預估、診斷到處遇，而處遇結果的回饋（feedback）將成為深入預估的參考資訊。社工必須透過對案主問題與需求的瞭解，提供他們必要的協助和治療稱為「預估（assessment）」。以下就將預估分為基本概念、資訊來源、問題的探索、多面向預估的重點四部分討論。

壹、預估的概念

預估源自於1917年Mary Richmond的《社會診斷》（*Social Diagnosis*）一書中「診斷」的概念，決定了開案與否、問題歸因、處遇模式及資源提供等。

預估在直接服務中是重要且複雜的歷程，社工必須從案主本身及周圍生態環境系統中蒐集相關訊息，加以統整、思考、分析，提出暫時性診

斷，再與案主及其重要他人共同思考，提出可行的處遇計畫。也可以說，社工在預估過程中，藉由人群相關的專業知識技術（例如：家庭系統、人類發展、人際互動等），與案主共同界定生命情境中的需求、問題，並解釋其意義及歷程，才進一步擬訂計畫。當然，由於案主問題本身的複雜性，再加上生態環境隨時可能造成非預期性的處遇（例如：夫妻討論離婚的過程中，女兒突然離家出走），因此預估通常只是暫時性的假設，並與處遇形成循環性的運作歷程，也就是說運用預估結果進行處遇計畫，處遇歷程與結果都會隨時修正原有的預估，如圖2-2所示。

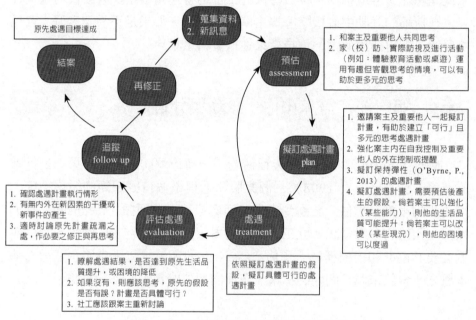

圖2-2　預估與處遇的歷程（作者自行整理）

Johnson（1998）認為社工過程，是感覺（feeling）、想法（think）、行動（action）交互影響的循環過程，也就是源自於社工對某種特別對象之關心、感動或價值預估，而引發的想法（包含預估、計畫）及行動（處遇、技術、互動），並形成一個回饋機制。預估所鎖定的層次、焦點及面向的不同，也會影響到處遇的目標及方向。

Ng和Chan（2005, p. 68-69）認為社會工作處遇範圍從人身安全到全人照顧，從治療到發展，甚至是形而上的（transcendental），基本上可以概念化為四個層次模式（a four-level model）：個人安全（personal safety）、基本需求與生理疾病（basic needs and physical illness）、社會心理的困苦與病理徵狀（psychosocial distresses and pathology）、全人照顧（holistic well-being）。Kirst-Ashman（2003）認為生態架構的預估提供整體性討論環境脈絡對人的多元及互動性影響因素，透過對案主需求、危機、優勢、資源、發展潛能的瞭解及分析以採取適當行動，是有效處遇的基礎。

因此，社工需在擬訂處遇計畫前，進行縝密的預估，預估結果影響計畫與處遇的結果，好的預估將使處遇事半功倍。當然，預估與處遇之間關係並非線性或順序性的，而是彈性地在案主及社工系統間運作之改變歷程。換句話說，處遇在社工過程中是可以不斷重複，再預估、再修正處遇計畫，並鼓勵案主成長及改變達到「幫助案主、幫助自己」的境界（Ng & Chan, 2005; Locke, Garrison & Winship, 1998; Baldwin & Walker, 2005; Parker & Bradley, 2003）。因此，O'Byrne（2013）認為預估的「過程」是很重要的，而預估並非針對單一事件（one-off event）或單一情境的思考，應該多方關係建立（relationship-building）、多元會談及思考，並且要強化與督導或同儕一同討論及反思（reflect）的重要性，以避免個人偏見及價值對於處遇計畫的影響。

彙整國內外文獻，預估主要包含下列八大內涵（謝秀芬，2002；Cournoyer, 1997; Hepworth et al., 1997; Hepworth et al., 2002; Johnson, 1998）：

一、預估是個別化的

人類的生活情境是多元複雜的。社工常常必須面對源自於不同文化背景、環境情境下的案主，因此彼此間具有差異性及個別性的特質是必然的，所以我們應該特別強調從案主的觀點探索問題情境，而非從自己的觀

點出發。特別是種族或社會文化觀點產生差異時,例如:在中產階層長大的社工,無法正確預估出低收入階層的生活模式及需求。漢人(或都會區)成長經驗的社工,也可能難以真正理解原住民(或偏鄉地區)的社會環境與文化脈絡。有時更有世代間的差異。

二、預估應強調案主的優點

每個人成長的動力,源自於正向的成功經驗,因此預估時,應該強化案主對自己優點的體察及思考,並且掌握機會激發案主潛能,有助提升及激發案主自我效能。

三、預估是持續性的歷程

助人的歷程中從接案到結案,預估都是極重要概念。而預估結果也可能在過程中被隨時修正,或經由處遇結果的回饋重新進行預估,形成循環回饋的歷程直到問題解決。

四、預估應同時著重在「瞭解案主」及「思考處遇計畫」

預估應蒐集源自於案主、生態環境系統及兩者交互關係中所呈現的需求、問題、協調、合作、助阻力、改變動機、可運用性及隱藏性資源等,以瞭解在環境中的案主(client in environment),並作為擬訂處遇計畫的基礎,所以預估時應該同時聚焦在瞭解案主,並留意處遇計畫可以介入的重點。

五、預估是案主與社工共同經歷的歷程

預估的訊息通常源自於案主和社工會談、討論及家庭訪視等互動歷程，因此案主參與，並與社工共同建構出問題情境，及思考情境所代表的意義是很重要的。案主的反應及回饋有助於充分瞭解處遇計畫的限制及可能性，並可藉此提升其成就感，有助增強案主權能。社工的預估容易受許多潛在因素影響，例如：選擇性的注意、刻板印象、價值偏見等，或社工個人背景、價值、信念而影響，當然機構、組織、團隊也像個人一樣，都可能形成選擇性的假設觀點，難以對案主的觀點及看法做到中立價值判斷（value-free）（Milner & O'Byrne, 2002; Hepworth, Rooney & Larsen, 1997; Parker & Bradley, 2003; Cree & Wallace, 2005）。

六、縱橫向探索並重

「橫向（horizontal）訊息」是指對案主焦點情境的瞭解，主要目的在於探索焦點問題，定義出問題的範圍、相關成員、關係及互動；接著，應進行「縱向（vertically）訊息」的探索深入多面向預估，例如：成長經驗、重要生態環境影響等；之後應再將預估訊息放回焦點問題情境進行「橫向」探索，如此「橫向→縱向→橫向→縱向……」的重複思考歷程，有助於案主焦點問題的預估。

七、判斷（judgement）是預估的重要歷程

判斷是決策的歷程，專業判斷應為「專業知識價值」與「處遇策略」間的橋梁，強調案主個別化差異、參與度、發展階段及其他多元因素（如種族文化）、瞭解行為隱藏的目的、系統間的互動及案主系統內的助阻力及資源。

八、預估是多面向的過程（multidimensional process）

　　預估應該包含DAC三階段，即D描述（description）、A預估（assessment）、C契約（contract）三階段，必須蒐集的資訊相當多元，詳見多面向預估（multidimensional assessment）部分（或稱為全面性預估（holistic assessment）。Milner等（2015）仍舊強調蒐集資料的跨系統性，如圖2-3，從家庭中的次系統間的互動，到家庭與擴大系統間的訊息蒐集。當然在多元文化及情境下的社會環境，單親／重組／繼親／同志／新移民等多元家庭型態都可能讓資料的複雜性及多元性增加。

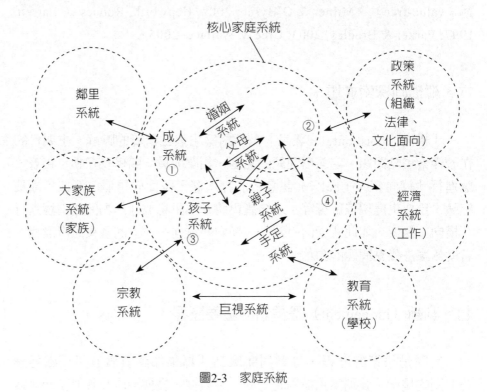

核心家庭系統

鄰里系統

政策系統（組織、法律、文化面向）

成人系統①

婚姻系統

②

大家族系統（家族）

父母系統

孩子系統③

親子系統

④

經濟系統（工作）

手足系統

宗教系統

巨視系統

教育系統（學校）

圖2-3　家庭系統

資料來源：Masson and O'Byrne (1984).

貳、預估資訊內涵來源

由於個案焦點問題的複雜性及個別化，因此在預估歷程中，必須蒐集與案主生態系統及目前焦點問題情境相關的完整資訊，以期完成最有效的預估並提出積極建議。在彙整相關文獻（Hepworth et al., 1997; Zastrow, 1995）及筆者實務經驗後認為預估資訊內涵來源，應包含下列八部分：

一、書面資料

個案於接受服務的過程中各式記錄、通報資料、測驗及預估報告等「書面資料」都是主要資訊來源，包含：個案記錄、轉介記錄、通報單、測驗結果、學生基本資料表、個案研討會記錄、病歷、驗傷單、團體輔導記錄等。另外，若案主的重要他人，也是社福機構的輔助個案時，則重要他人的個案資料也應視為重要訊息來源，例如：中輟生的母親為受暴婦女，則母親的個案資料也是重要訊息。

二、語言訊息

社工、案主及其重要他人之間的互動歷程常為蒐集訊息的主要管道，其中又以語言訊息為最主要的資訊來源，甚至有部分社工（例如：中途之家）僅能從案主語言中獲取訊息，由此可知會談能力的重要性。雖然多數案主都能夠詳細且周全描述困擾及所處情境，但是語言訊息畢竟是主觀詮釋的歷程，因此在預估及運用上，有四點常見的議題需要瞭解：

（一）隱藏訊息或曲解事實

個人常會因為困窘、難堪、偏見或強烈的情緒而產生隱藏或曲解事實的情形，例如：父母對虐待過程的輕描淡寫或迴避陳述；偏差行為學生家長曲解老師管教的善意為刁難學生。

（二）衝突或反覆不一的訊息

　　個人於不同的時間、地點、情境、空間下，對同一概念可能出現衝突或反覆不一的訊息。例如：青少年分別表示「我很愛媽媽」及「我很恨媽媽」；蹺家有「因為與父母吵架」及「同學邀約出遊」兩個版本的情境。

（三）受限於案主能力

　　語言訊息容易受限於案主的溝通能力及模式，無法完全傳達出必要的資訊，例如：兒童受限語言表達能力、理解能力、判斷能力等，無法說明受性侵害的情境及過程。

（四）多元或衝突的詮釋

　　案主與環境中重要他人由於角色定位或思考角度不同，對於同一事件、情境或關係必然產生不同的詮釋及解讀。例如：父親認為家中溝通模式很民主開放，而青少年則認為父親很專制。

（五）源自於成長經驗

　　語言訊息通常源自於我們自己的成長經驗、次文化及歷史背景等，而社工與案主則可能產生認知及解讀上的差異。例如：在經常出現髒話的社區中成長的青少年，可能以髒話為口頭禪，此時社工可能與案主產生衝突或負面情緒。

　　針對上述議題，如果社工工作職責涉及事實和責任釐清的調查性預估時，則立即性釐清真相及積極性蒐集佐證訊息則應較為重要。例如：家庭暴力暨性侵害防治中心等。但就未涉及調查性預估的社工處遇而言，則應該強調三部分重點：

（一）尊重及同理案主

　　對於案主或重要他人表達的訊息都應該充分尊重及同理，直到有其他足以推翻或質疑案主的客觀資訊出現為止，因此社工常需要蒐集客觀資料

（如：驗傷單），或向其他資源蒐集相關資料以確認訊息的正確性。

（二）著重訊息的解析

針對產生矛盾衝突或不一致的訊息時，處遇重點應著重在影響案主陳述及行為的隱藏社會心理因素，或解析衝突情境所代表的意義。例如：前述青少年重複於愛與恨的情緒中，需要釐清的重點在於情緒糾結之因素，而不是「那一個才是真實的情緒」。

（三）慎選訪談情境及運用適當輔具

慎選有利於受訪者的時間、空間及情境。必要時需提供輔具，例如：性侵害偵訊輔助娃娃、玩具積木協助兒童表達情緒等。

三、直接觀察非語言行為及互動情形

直接觀察非語言及互動訊息，亦為預估資訊內涵來源的重要管道之一，而越有經驗的社工越有能力蒐集非語言訊息，並且正確詮釋出案主的想法與感覺。例如：體驗教育活動等，直接觀察家庭動力、決策歷程、權力結構、溝通模式等，進一步有助於從客觀及從旁角度觀察家庭的互動狀況。

四、案主自我監控（self-monitoring）記錄

「案主自我監控」係由社工協助案主記錄自己的生活事件，包含情緒、感想、行為、事件等。初期可以藉由記錄提升其注意力於重要生活事件上，洞察（insight）事件內在意涵及情境，來瞭解事件發生的基礎點（the baseline of the behavior），例如：記錄情緒週期的起伏與生活事件的時間脈絡。進而產生改變的動力、目標及建議，達到增權案主（empower client）的目標。社工也可以達到「與案主一起（work with client）」的目標。當然這些訊息也可能受到案主或家庭認為「家醜不可

外揚」、「信任度不夠」、「主觀經驗的詮釋」、「家庭壓力」等影響。例如：案主可能表示「我戒酒了」，但是社工可能仍聞到酒味，此時案主的詮釋是「啤酒只是水」，這就涉及案主的詮釋，也因此社工應該常追問案主的詮釋與主觀想法。

五、案主周邊資源（collateral source）的訪視

主要包含兩部分：其一為案主周圍的非正式資源（包含：朋友、鄰里、家屬等）提供重要訊息；其二則是視個案需求與相關社福機構協調聯繫及蒐集訊息，包含：曾提供服務給案主或案家的教育、警政、司法、社福機構，但是這些訊息除應預估前述語言訊息處理的限制外，應加上資源對案主所可能隱藏的情緒及偏見。

六、評量量表及心理測驗

社會福利機構為提高接案預估的專業性，多半會針對服務案主類型及開案指標設計評估表或檢核表等，可能是由案主或其代理人自評填寫、或者是社工、心理師、醫師、復健師等專業人員評量後填寫，例如：學前發展檢核表、臺北市社會扶助調查表等，有助於社工預估案主焦點問題。另外，案主生心理情況亦可運用性向測驗、心理測驗、人格評量等測量工具協助預估，但必須注意運用此類預估工具之社工必須受過測驗工具的專業訓練，以避免誤用測驗工具。

七、個案研討

個案研討常是社工彙集相關資訊的重要管道之一，目標在於蒐集各領域預估及建議，以期提供案主更周延且專業的預估及處遇計畫，常見的成員組成包含兩種類型：(1)跨領域專家學者，係指邀請相關專家學者共同

針對處遇計畫進行討論，例如：兒保個案邀請律師、醫師、心理師提供專業諮詢；(2)機構內專業團隊，則是邀請機構內部與案主議題相關專業人員進行個案討論，例如：學校社工邀請導師、輔導老師、生教組長。

八、社工與案主系統互動經驗的體驗

社工本身與案主系統直接互動的主觀體驗，也是蒐集案主訊息的管道之一。因為社工在面對不同案主時，通常會自然呈現出不同的行為模式，而透過自我省思將有助於社工預估案主行為模式，推論或預估其他人對於案主所可能產生的情緒及行為反應；但是必須注意其他干擾案主與社工互動的情境因素，例如：案主可能會在面對觀護人時，會刻意呈現較高的配合度。

參、焦點問題預估的指標

Parker和Bradley（2003）提出漏斗式的預估層次（如圖2-4），從廣泛社會環境議題的預估，到聚焦於焦點問題核心的預估，需要逐步完成。另外，除了多面向預估或稱臨床預估（clinical assessment）外，或多或少處遇前都必須進行危機的預估（risk assessment），即為一種主觀且很多不確定的過程。Cree和Wallace（2005, p. 123）認為個案預估的重點在於預估案主的需求及問題，以提供案主必要的協助，因此概念化焦點問題系統就成為預估的重點。

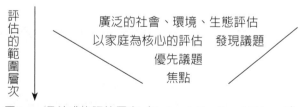

圖2-4　漏斗式的評估層次（Parker & Bradley, 2003, p. 8）

參考資料：Parker, J., & Bradley, G. (2003). *Social work practice: Assessment, planning, intervention and review*. Exeter: Learning Matters Ltd.

Hepworth及Larsen（1986）認為焦點問題系統係由案主、其他人及環境要素所共同架構而成，在三者互動下產生有困擾的情境，而定義為焦點問題系統，通常會持續膠著在案主關注及受限於生態脈絡中其他人或環境因素的循環中難以處理。針對焦點問題系統探索，有下列七部分可作為焦點問題預估的指標（Zastrow, 1995）：

一、具體化焦點問題為何？

案主問題通常涉及許多不同面向，因此在預估的過程中，必須協助案主定義較具體化的各種次問題及面向。例如：一位育有二子的太太於空難後喪夫，然而案主的問題則可能包含悲傷情緒的處理、丈夫遺產及理賠的處理、子女教養及生活安置問題、工作技能培養等多元性議題，而每個議題仍需具體化成操作性問題，例如：案主職業性向為何？可安排到那個職訓中心接受訓練？

二、案主如何看待這些焦點問題？對問題解決的期望？

社工需要注意從案主角度開始服務的歷程（start where the client is），因此不論案主為自願或非自願，都應於初次會談中瞭解他們對於議題的認定及對解決問題的期待，否則我們可能與他們主觀情緒、認知及情境產生差異。除非案主期待背離現實，例如：遊民剝奪孩子就學權與兒童福利法規相牴觸。

三、誰涉及到焦點問題系統中？如何參與焦點問題系統？

在問題系統中通常有多位案主或系統涉及其中，因此社工在界定焦點問題時必須多元考量，並釐清其在問題系統中所扮演的角色、互動情形及產生的影響，以期釐清個體間關係及問題持續延續的原因，並提供較完整

的處遇計畫。例如：青少女未婚懷孕議題的處遇，需同時預估少女及少男系統，及其兩系統交互作用的情形。

四、焦點問題的起因為何？

在問題處遇的歷程，發掘問題的起因或關鍵因素，就有利於尋求解決的方案。例如：父母因為親職知能不足導致兒童虐待事件的產生，則提供親職教育就能有效解決。

五、焦點問題行為產生的時間及地點？頻率、強度及持續性？

問題行為通常在特殊情境、場所及個體間發生，例如：兒童的霸道行為可能出現在家庭中，而不會出現於學校或其他場所，因此分析問題行為產生的情境及時間有助問題處遇。另外，頻率、強度、持續性常是定義問題行為的重要指標，例如：一年有2次酒醉經驗不足以定義為酗酒，相似情形若每次酒醉只是小睡片刻則不能被視為失功能行為，但是若出現自傷或傷人情形，則可被視為高危機指標。同樣的，如果每年1次持續一個月爛醉如泥亦同。

六、焦點問題行為的歷史發展脈絡？

探討問題行為發展脈絡，有助釐清原始的問題情境及失功能行為的引爆點，特別是對於經驗長時間累積才向外尋求協助的非志願性案主更形重要，例如：有懼學症的學童可能源自過去校園受暴經驗的恐懼。另外，釐清案主曾經嘗試的努力及經驗，有助社工對案主助阻力的預估。

七、案主本身的助力、資源及優勢？焦點問題解決所需的外在資源及技能為何？

對於案主助阻力、技能及內外在資源的預估，有助協助案主面對困境，整體提升案主解決焦點問題的能力，並有助擬訂具體且發展性的處遇計畫及目標。

肆、多面向預估的內涵

多面向預估內涵應包括：案主系統、家庭系統、社區環境及其他生態系統預估等四大部分，分析結構重點及結構建議如下，惟因視個案個別差異及機構需求不同而有所不同，而實務預估架構建議在專業督導指導下修訂之。

一、案主系統的預估

蒐集案主系統資訊是協助案主問題處遇的基礎，應包含基本資料（年齡、性別、職業）；自我概念、優劣勢特質及能力；對問題的主觀詮釋、情緒情感、內外在改變動機及能力等；個人社會發展史，含發展階段任務、社會歷史及環境現況資料的分析；案主成長歷程中關鍵事件及所帶來的影響；教育及職業經驗；信仰、人生觀、宗教或精神生活；紓解生活壓力的經驗、休閒生活、興趣、調適壓力的方法等；接受社會福利的經驗，及其他相關資訊（詳見表2-1）。

表2-1　案主預估架構（Johnson, 1998）

一、個人（The Person）
（一）依機構需要確認各種資訊 　　　姓名、地址、出生年月日、婚姻狀態、宗教、種族、轉介者（或機構）等。 　　　1.家庭：家長、手足孩子等之基本資料（姓名、出生年月日、死亡日期、婚姻史、居住地等）。 　　　2.案主在家庭中的資源，對案主的期望。

（二）教育與工作經驗

1.教育經驗：最高學歷、特殊訓練或知識技術、教育系統給案主的資源及期待。

2.工作經驗：曾有的工作經驗、時間及離職原因，對工作的期望及態度、工作系統給案主的資源及期待。

（三）多元差異性（diversity）

1.失功能因素：生心理健康史、最近心理功能。

2.對案主而言重要的文化、種族、宗教信仰或其他精神因素。

（四）環境因素

1.家庭以外的重要關係，及其給案主的資源及對案主的期待。

2.重要的鄰里或社區因素，及其給案主的資源及對案主的期待。

二、關心、需求及問題 （The Concern, Need, Problem）

（一）請求協助的原因。

（二）「關心、需求及問題」的歷史、緣起及相關因素，案主因應模式及期望結果。

（三）扮演生命中必要角色的能力。

（四）案主需求（一般性）

1.人類發展上的基本需求

(1) 生理、認知及社會心理發展階段。

(2) 在先前發展階段中基本需求的滿足情形。

(3) 現階段的需求（從目前生心理發展階段的需求及先前發展階段的不足中預估）。

2.源自於多元差異文化所產生的需求

何種主要的社會因素、態度、文化團體……，如何影響個案多元差異族群的發展階段？而在這樣的多元因素環境影響下，案主的特殊需求為何？

3.源自環境期待下所產生的需求

(1) 案主對家庭、同儕團體、工作、組織及社區的責任。

(2) 其他環境對案主的期待，及案主面對這些期待的態度。

(3) 案主的期待及責任是具有現實感的嗎？

(4) 案主源自於這些期待及責任而產生的需求。

4.案主需求與其請求協助間的關係

(1) 案主在請求協助前已經承擔那些責任？

(2) 案主對於協助的特殊需求為何？

(3) 那些因素是案主滿足這些需求的障礙？

（一）案主對於服務提供的過程與結果的期望為何？
（二）案主對於服務相關的想法、興趣及計畫為何？
（三）案主使用服務及改變的動機為何？
（四）案主因應及改變的能力？可能的衝擊？那些是個體改變的內在資源？
（五）案主的優勢為何？
（六）那些環境中的資源、責任及可能導致的衝擊，足以支持或阻礙案主因應或改變？
（七）有那些其他因素足以影響案主改變的動機、能力及機會？
（八）壓力因素的本質為何？
（九）案主的期待具有現實感嗎？
（十）統整在案主情境中，與案主需求及問題解決相關的優勢及限制為何？

　　針對案主的助阻力的預估概念部分，Cowger（1992）提出「環境與個人因素」及「優勢與挑戰」兩面向而發展出一個預估的概念，其中第一區為個人因素中的優勢及資源，第二區為環境中的優勢及資源，第三區為環境中的挑戰，第四區為個人的挑戰（如圖2-5）（Hepworth et al., 1997），有助預估案主及其重要生態系統的助力及阻力，並考量擬訂運用及增強案主助力及優勢的處遇計畫。

圖2-5　助阻力預估架構圖

資料來源：Cowger (1992), p. 139-147；引自Hepworth et al. (2002)。

二、家庭系統的預估

（一）家系圖（genograms）的繪製

家系圖又稱家族樹（family tree），係運用簡單的符號及線條，呈現家庭成員基本資料及相互關係，最好包含三代家庭成員，而生態圖則是繪製出個體及其家庭在社會網絡中的定位，以利社工於預估案家關係及功能時有整體性的概念，因此常被視為個案工作的基礎技術。

家系圖主要目標在於呈現家庭組成結構，綜合學者（Johnson, 1998; Miley et al., 1998; Sheafor et al., 1991; Darfman, 1996; Zastrow, 1995）所提供繪製方式及符號差異不大，皆以正方形代表男性、圓形代表女性，夫妻關係依男左女右繪製，兄弟姊妹關係則依年紀由左至右，而於圓形或方形圖中加注數字代表年齡、斜線標記案主、交叉線代表死亡，並於圖形旁簡單加注職業、學歷及重要特質（如：身心障礙程度），另外針對懷孕中的胎兒則以三角形表示，流產及墮胎以交叉線代表。婚姻及親生子女關係以實線表示之，同居及收養關係則以虛線表示之，分居則在婚姻線上加注一條斜線，離婚則加注兩條斜線或交叉線表示之，同時在婚姻線上加注M20××代表結婚年代（marriage）、S20××代表分居年代（separation）、D20××代表離婚年代（divorce），而在現代社會同居關係增加且常出現形同婚姻狀態的長期同居，對於案主影響性增強，因此筆者建議增加C20××代表同居年代（cohabitation）。另外，必須注意的是同性戀的同居關係也應被注意及繪製。家系圖在完成所有成員及關係繪製後，再以不規則線條標示出家庭成員結構的界線，在同一界線範圍內的成員為同住一起的家庭成員（詳見圖2-6及圖2-7）。

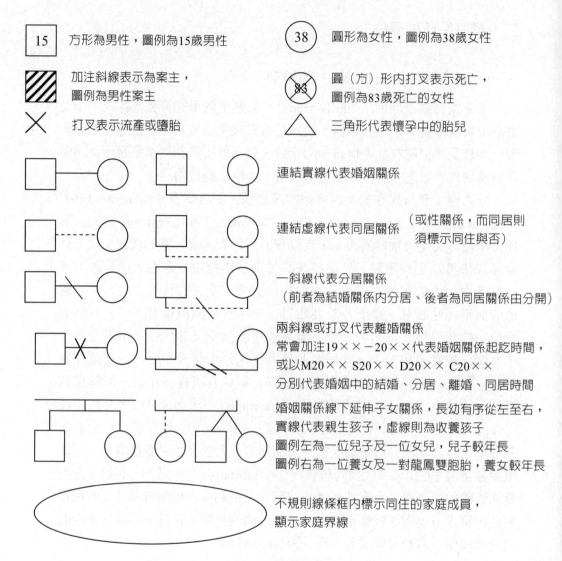

15	方形為男性，圖例為15歲男性	38 圓形為女性，圖例為38歲女性

加注斜線表示為案主，
圖例為男性案主

圓（方）形內打叉表示死亡，
圖例為83歲死亡的女性

打叉表示流產或墮胎

三角形代表懷孕中的胎兒

連結實線代表婚姻關係

連結虛線代表同居關係　（或性關係，而同居則
　　　　　　　　　　　　須標示同住與否）

一斜線代表分居關係
（前者為結婚關係內分居、後者為同居關係由分開）

兩斜線或打叉代表離婚關係
常會加注19××－20××代表婚姻關係起訖時間，
或以M20×× S20×× D20×× C20××
分別代表婚姻中的結婚、分居、離婚、同居時間

婚姻關係線下延伸子女關係，長幼有序從左至右，
實線代表親生孩子，虛線則為收養孩子
圖例左為一位兒子及一位女兒，兒子較年長
圖例右為一位養女及一對龍鳳雙胞胎，養女較年長

不規則線條框內標示同住的家庭成員，
顯示家庭界線

圖2-6　家系圖繪製圖示

案例：

案主是54歲胃癌患者，案夫58歲，兩人結婚四十一年，生有一個兒子、二個女兒、已離婚三年、育有一男一女，案長子之長子讀國三，案長子之長女讀小四，案長子目前和一位25歲女性同居；案女兒們都住在隔壁村，案長女生育有龍鳳胎，案次女目前懷孕四個月，之前曾有一胎流產，四年前因為前夫家庭暴力而離婚，與前夫育有案外孫現在2歲，二年前又嫁給現任案二女婿，現任案二女婿亦曾離婚有婚一個女兒。案二女目前與一名40歲同性戀同居。案長子32歲、

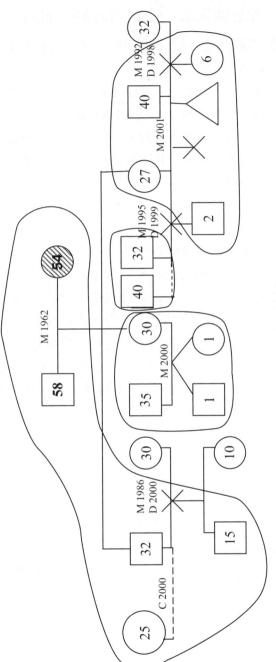

圖2-7 家系圖繪製案例

（二）家庭關係圖（family relationship）

　　家庭關係圖係以線條圖示的方式說明家庭成員間親疏遠近關係，成為預估家庭動力的資料來源，主要以家庭成員於會談中所表達的看法與界定為主，輔以社工的觀察（Dorfman, 1996；引自潘淑滿，2000）。主要線條及意義有下列六種（詳見圖2-8及圖2-9）：鋸齒線代表衝突關係，正向關係以實線表示，而線條數量一至三條代表關係親密程度，實線上加注鋸齒線代表親密又衝突的糾葛關係，另外以虛線代表關係疏離，並且以中斷的線代表溝通中斷（如圖2-8）。

　　在社工實務經驗上，有四點值得分享的重點：

1. 在案家結構單純的情形下，家庭關係圖可以融入家系圖繪製。
2. 家庭關係圖繪製目的在協助社工預估，至於線條繪製方式仍有多種變化及差異，建議機構應該達成內部共識以利記錄、閱讀及經驗傳承，或者是社工在記錄表中註記各種線條所代表的意義，而部分實務社工習慣將家庭關係圖與生態圖繪製的「線條」採取一致性的定義，以方便記錄及閱讀（參見圖2-8與圖2-9）。
3. 家庭成員間的關係為主觀詮釋過程，因此需輔以文字記錄或說明，以理解關係認定的依據。
4. 在處遇歷程中，關係將會不斷改變，因此需要於一段時間後重新預估及繪製，以預估案家成員關係的變化。

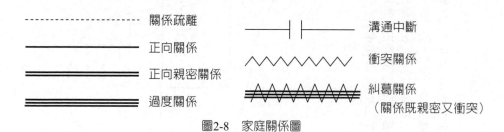

圖2-8　家庭關係圖

案例說明：

　　案家中有五位成員，分別為案祖母、案父母、案主及案弟。案祖母與案母關係較衝突，與案父關係糾葛，案祖母與案主、案弟間關係正向親密；案父母關係正向而親密，案父與案主關係良好，但與案弟溝通狀況疏離；案母與案主、案弟關係還好；案主與案弟間關係則呈現溝通中斷的情形。

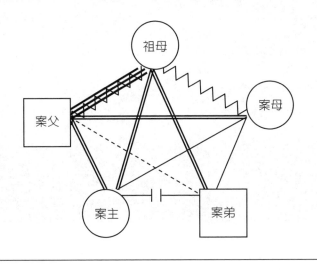

圖2-9　家庭關係圖案例

　　Lung, M.、Stauffer, G.、Alvarez, T. 及 Conway, T.（2015）的*Power of Family*書中則發展了3D家系圖的活動，讓案主透過媒材，自行詮釋案主關係及生態系統。不論案主創造的素材或選擇的媒材，都可能以不同角度說明案主所認知到的家庭關係。

　　舉例來說：

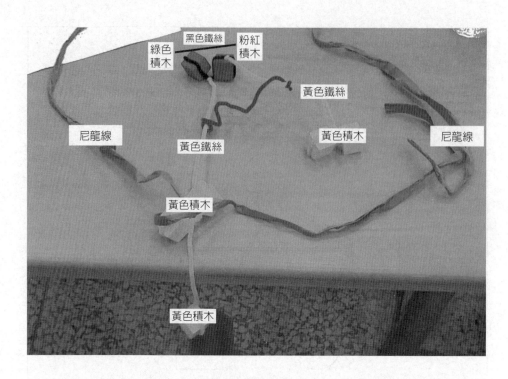

黑色鐵絲　粉紅
綠色　　　　　積木
積木
黃色鐵絲
尼龍線　　　　　　　　　　　黃色積木　　　尼龍線
黃色鐵絲
黃色積木

黃色積木

　　　這是一個少年用3D家系圖所詮釋自己的家系圖，他是這樣詮釋自己的家庭：

　　「我用每個積木來代表著家庭成員，我用黃色積木代表五個兄弟，父母則選擇使用粉紅色及綠色積木。我用繩子與鐵絲來代表家庭的一個框架跟關係。」

接著他又說：

　　「其實在我們家中，有很多的議題，從國中開始便不斷地聽爸爸在告訴我們要好好的認真聽話、要靠自己努力，他早就想要跟媽媽離婚了，要不是因為有孩子的顧慮，他早就離開了。」

所以他選擇用黑色的鐵線，來綁住屬於爸爸的積木。

「國小前我爸會家暴，媽媽也聲請過保護令……。但是不知何時，爸媽的權力關係換了……爸爸曾經想要自殺／開車撞門，媽媽則常常暴怒。」

「我用紅色的尼龍繩框住我的家，因為我家像是隨時會爆炸的鍋子，尼龍繩延展性不高卻不容易斷掉，我家常常爆炸，卻還繼續纏著彼此，誰也離不開。」

「我們越來越冷漠，五個孩子像在一個蹺蹺板上，往那兒都不對，彼此之間都很有距離，因為我們被逼迫選邊站，爸媽高頻率的恐怖衝突，卻依然無法分開，這樣的糾結關係，所以我選擇使用黑色的鐵線來象徵他們的關係。」

「長大的三兄弟，都在外地讀書，離父母有一定的距離，各自用自己的方式給兩個弟弟支援。」

「我選擇離開家裡很遠的學校讀書，我媽不同意，所以要求其他人跟我斷絕聯繫，因此，我以懸吊的積木，代表我自己。我逃離了家庭中的紅色框架，但，我兄弟依然會想盡辦法在不被媽媽發現的情況下盡可能的跟我保持著聯繫，因此我用黃色的鐵絲來象徵我現在與這個家庭僅存的聯繫。」

（三）家庭預估

Gambrill（1997）認為社工進行家庭預估時的重點問題，應包含生活環境、家庭組成及擴展網絡、家庭壓力、家庭優勢／資源、溝通型態及互動模式、規則、信念、價值及權力，現分述如下（詳見表2-2）：

1. 生活環境（living environment）

家庭所居住區域中所有軟硬體生活空間，包含社區環境、社經地位、鄰里互動、訊息流通情形等，例如：高級社經社區、中低收入貧民宅……鄰里互動情形為冷漠、熱絡或衝突。

2. 組成及擴展網絡（composition and extended）

家庭成員組成、家庭生命週期、家庭系統及次系統的結構與互動，例如：家庭為小家庭或擴大家庭（意即三代同堂或其他親屬同住）、目前正處於第一個孩子誕生或空巢期的家庭週期。

3. 家庭壓力（family stresses）

家庭壓力來源及經驗，例如：失業、生病、外遇等都可能是家庭中重要的壓力來源，而移民、結婚等情形則可能會導致原有支持系統改變引發壓力經驗，另外，主要照顧者是否承受過多壓力？

4. 家庭優勢／資源（family strengths/resources）

預估家庭內外在環境及結構所存在的優勢及資源，例如：家中奶奶或巷口的阿嬤婆可以協助臨時托兒，或家中有那些成員間關係良好願意互相協助。

5. 溝通型態及互動模式（communication styles and interaction patterns）

家庭成員所習慣的溝通及互動模式，例如：有意見不一致時採取理性溝通、爭吵抑或逃避，家庭中有沒有良好的問題解決模式？

6. 規則、信念及價值（rules, beliefs and values）

家庭成員所共同信守的規則、信念、宗教、價值等，而這些規則是否具有彈性及討論空間，對於成員而言產生何種意義？是否形成壓力？其中共同的部分為何？而個別信念是否被尊重？

7. 權力（power）

家庭中決策系統及權力核心，影響家庭個別成員想法及決策歷程，而交互影響的關係是緊密的、鬆散的、相互牽制的、緊張的，也都是影響家庭互動的重要焦點。

表2-2　家庭預估架構（Gambrill, 1997）

生活環境	家庭優勢及資源
可運用居住空間有多大？	家庭中有那些優勢？
孩子有足夠的安全空間可供運用嗎？	家庭成員互相喜歡嗎？
鄰居可以提供協助嗎？	需要的時候，家庭成員是否互相幫助？
鄰里區域安全嗎？	家庭中是否有足夠的經濟條件滿足基本需求？
交通運輸方便嗎？	家庭成員間有那些正向事件可以共同分享？
非正式訊息交換網絡通暢嗎？	誰在何時運用那些方法幫助誰？

組成及擴展網絡	溝通型態及互動模式
家庭組成為何？ 有其他人住在家中嗎？ 這是擴大家庭嗎？ 家庭發展生命週期為何？ 家庭中存在那些次系統？聯盟情形為何？ 誰花多少時間與誰相處？ 家庭花多少時間與外界環境互動？ 家庭界線為太嚴謹或太鬆散的？	家庭中慣常的溝通模式為何？ 誰在那件事情的那個脈絡上增強了誰？ 互動模式是互惠的或壓迫性的？ 家庭有那種程度的暴力行為？ 家庭成員衝突化解與問題解決的能力為何？ 父母親職效能為何？ 家庭成員間的親密程度？誰依附誰？是正向或衝突性依附？誰跟誰分享資訊？ 誰在家中負擔那種責任？家中扮演角色為何？
家庭壓力	**規則、信念及價值**
家庭中主要照顧者為何？ 經濟來源足夠嗎？ 家庭經驗中有那些外在壓力？ 有沒有那些典型的家庭支持已經離開？ 家庭中最近需要處理那些壓力？ 是否有一個或多個成員是被壓抑的？ 家庭不同世代間是否產生文化融合的問題？ 家庭主要照顧者的負荷是否過大？ 家庭有那些外在的支持系統？	家庭中有那些規則？ 那些文化規範及價值對家庭是很重要的？ 宗教在家庭中扮演的角色為何？ **權力** 誰在家庭中做那些決策？ 誰在家中可以影響誰去做什麼事？

三、社區系統預估

　　社區係指案主所居住的環境，社區環境直接影響家庭系統的運作，更深刻影響個別成員的成長歷程，因此觀察社區、瞭解社區，甚至更進一步影響社區都是社工的工作重點之一。然而從個案工作的角色而言，必須從預估社區的脈絡中尋找潛在因素、有助於案主及家庭發展的助力或是相對

的阻力、和增強潛在資源系統等，並進一步有效運用社區力量協助案主。而以社區社工角色而言，初期可以就整體社區進行預估，而個案社工僅需針對微視層面影響或個別性特質進行預估即可。

Gambrill（1997）探討預估社區應有五個重點，分別為社區界線及人口統計上的特性（community boundaries and demographic characteristics）、主要的價值（dominant values）、資源／需求架構（profile of resources/needs）、問題架構（profile of problems）、服務輸送（service delivery），詳見表2-3。

表2-3 案主社區系統預估架構（修正自Gambrill, 1997）

社區界線及人口統計上的特性

* 社區中居住的群體特質？（例如：閩南族群？商業結合？外勞社區？移民人口？）
* 確認社區中的鄰里關係，並且描述他們之間是如何相互影響？
* 社區內健康及人群服務方案、服務範疇？

主要的價值

* 那些文化價值、傳統、或信念是社區所重視的，而對於社區中不同群體的影響為何？（例如：某部落以基督教信仰為主，教堂為社區中心）
* 那些是社區居民普遍重視的？（例如：迎神廟會活動是社區年度大事）
* 那些價值及形式是相互衝突的？（例如：國中生未請假參加廟會活動）

資源／需求架構

* 描述存在的社區資源及志願服務團體。
* 社區機構提供那些服務？這些服務與案主有那些連結？
* 社區中警政、運輸、健康、休閒娛樂、社會福利資源／需求情形為何？與案主有那些程度的連結？

問題架構

* 社區中有那些問題影響案主？影響情形及程度為何？
* 有那些次系統團體對案主的影響較深？
* 那些意外事故對社區環境造成影響？對案主影響為何？
* 跟案主問題有關的社區現象、事件或環境等相關資料為何？
* 社區與案主互動間呈現那些障礙？

* 社會資源如何受社區及鄰里環境的影響？
* 那些服務方案是被案主需要的？需要倡導或其他整合嗎？
* 案主與資源結合間所呈現的障礙為何？

四、生態系統預估

　　預估生態系統的重點，在於瞭解案主所處生態系統的本質、結構及生命週期（如：家庭發展週期及任務），並考量微視系統的能量、凝聚力及適應性高低，預估系統內案主系統的需求、期望、資源及角色分配等，及其在巨視環境下所可能產生的優勢及困境。另外，更需從系統的觀點分析權力分配、系統界線、次系統與其他系統的關聯。因此，案主家系圖及生態圖的繪製，成為預估生態系統的重要工具。

　　Sheafor、Horejsi及Horejsi（1991）認為生態圖應包含：

1. 年齡、性別、婚姻狀況及家庭組成結構。
2. 家庭結構及關係，例如：生父母、繼父母、收養父母等。
3. 職業情形。
4. 社會活動、興趣及娛樂等。
5. 正式社團，例如：教會成員、俱樂部會員等（例如：獅子會、扶輪社、慈濟功德會等）。
6. 支持性資源及社會互動的壓力，包含個體間、個人及社區間的互動。

　　生態圖係將家庭視為社會系統中一部分，藉以呈現家庭於社會系統中的角色定位，也同時呈現家庭與外界社會環境之互動關係，有助於案主重新詮釋及預估其所處的社會情境。其中應該特別強調案主資源運用情形，包含醫學及經濟協助、心理健康系統、學校、社會福利系統等，及非正式資源及自然協助者，包含擴大家族、重要他人、朋友、鄰里、自助團體等。

因此，生態圖繪製過程通常由社工及案主一起完成。生態圖（ecomap）的繪製通常建構於家系圖之外，形成由家系圖繪製中央的內部系統（internal system），並將家庭以外的資源系統繪製於內部系統界線外，形成外部系統（external system），並以圓圈表示系統間的界線，而線條則表示互動關係的本質。生態圖的繪製方式略有差異，主要分為兩種類型：

1. Sheafor等（1991）、Darfman（1996）及Zastrow（1995）以單一實線代表正向關係，關係強弱則以線條粗細表示之；加注斜線代表衝突或有壓力的關係，並以斜線多寡呈現程度；虛線代表關係微弱及不明確的關係；另外在關係線上加注箭頭則代表給與取的關係（詳見圖2-10及圖2-11）。
2. Johnson（1998）及Miley、O'Melia與DuBois（1998）以雙向箭頭實線代表正向關係，加寬的空心箭頭線代表非常強烈正向關係，雙向箭頭實線加鋸齒線代表緊張及壓力關係，或僅以鋸齒線代表壓力關係，而虛線的雙箭頭線表示負向關係。

案主處遇歷程中常涉及複雜且多元的關係及情緒，因此繪製家系圖、生態圖或家庭關係圖時常會產生困擾，實務經驗建議下列五點繪製參考原則：

（一）圖形繪製需佐以文字說明

家系圖線條是依照家庭成員實質關係繪製，包含婚姻、居住、血緣關係，因此有明確基準。相對而言，生態圖及家庭關係圖繪製目的，在於協助社工臨床的思考及診斷，線條為社工預估的呈現，勢必會出現評定標準及依據不清楚的困擾。因此，必須在個案報告中佐以文字說明及相關佐證情境、語言或非語言訊息，以補充圖示的不足及個案整體呈現。

（二）以案主觀點為主，重要他人觀點為輔

家庭中不同成員對於關係預估勢必產生差異，但是預估應從案主角度

為主，社工及重要他人所預估的關係程度，則可以說明於個案報告中，例如：與未成年青少女發生性關係的男朋友，從社工或家長的預估中或許認為是高危險關係或負面關係，但是從案主主觀認知中卻呈現正向關係。如案主表示男朋友是唯一關心她的人等，此時應以案主觀點為主，以正向關係呈現於生態圖中，其他預估則呈現於書面資料。

（三）以焦點問題為繪製基準

案主生態系統成員間或資源間關係，多半呈現多元複雜狀態，甚至會因事件、時間、情境不同而產生不同變化。而繪製基準仍應以案主處遇的焦點問題為主。例如：承前案例，案母平時對案主嚴厲且高壓力的管教讓親子關係緊張，但是在案主未婚懷孕後，給予最多且積極性的支援及協助，此時社工應以正向關係呈現於生態圖中。

（四）家系圖與生態圖可以合而為一，也可以分開呈現

家系圖與生態圖的繪製依Sheafor等（1991）說明是一個整體，內部系統為家系圖、外部系統為生態圖；但是，若案家成員或資源系統繁雜時，建議將家系圖及生態圖分成兩張圖呈現，前者呈現完整的家庭結構圖，而後者則將目前家庭中主要成員抽離出來另圖呈現（參見圖2-10與圖2-11）。

（五）生態圖應該定期預估、修正或重新繪製

生態圖中資源系統可能在處遇歷程中持續增加，因此通常可以包含三部分，首先，原始生態系統的預估；其次，社工服務歷程中所引進的新資源將逐漸強化或改變原有生態系統，例如：引進心理諮商師、社會救助機構等服務。最後，在增強案主或案家權能後案主系統也可能會自然出現或主動求助正式及非正式資源，例如：受暴婦女隱藏遭受夫家受暴事實，但在事件曝光後，娘家主動介入及提供案主必要支援。因此需要定期預估後修正，甚至重新繪製以利對案主處遇的預估。

（六）資源網絡可分為「社工處遇前」、「社工轉介」、「案主及案家主動發掘」繪製

在繪製生態圖時，應該運用不同顏色線條分別表示「處遇前」及「處遇後」的資源網絡；或是將「處遇前」資源網絡集中生態圖一側，並將「處遇後」陸續增加的資源集中另一側繪製，以利個案預估，甚至可以將「社工轉介」及「案主及案家主動發掘」的資源網絡分開繪製（或分顏色繪製），更能有助預估案主及案家目前的功能程度，甚至可以作為結案預估的指標之一，例如：案主可以主動找尋正式及非正式資源，顯示案主的自我功能正在增加，詳參圖2-10以不同的框線區分之。

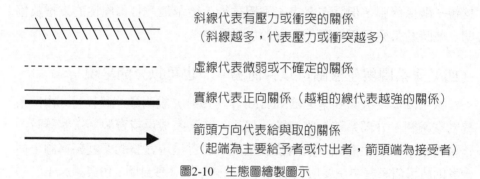

斜線代表有壓力或衝突的關係
（斜線越多，代表壓力或衝突越多）

虛線代表微弱或不確定的關係

實線代表正向關係（越粗的線代表越強的關係）

箭頭方向代表給與取的關係
（起端為主要給予者或付出者，箭頭端為接受者）

圖2-10　生態圖繪製圖示

舉例

案主為54歲癌症末期病患，有經濟困難及照顧問題，案家生態系統說明如下：

1. 案主情形簡述

   案主主要情緒支持者為案大姐、案長女及每天晨舞的土風舞隊，案二女兒因為改嫁的關係與案主關係呈現衝突的情形。社工為解決案主臨終照顧問題，逐轉介案主至安寧病房接受照顧，並聯繫案長女及案大姐提供必要的照顧協助及情緒支持。

2. 案主家庭系統

   案主與案夫、案長子一家人同住，案夫目前沒有工作也缺乏工作能力，而案長子為土木臨時工每月約有3萬元左右收入，收入不算好，還要養兩個孩子、同居人並支付前妻每月5,000元生活費，目前住所房租由案夫承擔，每月18,000元。為解決案主家庭經濟狀況，協助案家申請低收入戶，並輔導有工作能力的案長子同居人接受職業訓練學習一技之長。

3. 社工處遇

　　社工轉介案主兩個孫子女接受學校免費營養午餐及申請學雜費減免，並轉介輔導室提供必要預估及協助。

4. 案主系統主動尋求資源協助

　　處遇歷程中，案長媳主動尋找家庭代工為家庭每月增加10,000元左右的收入；而案長子也開始利用工作之虞時間學習第二專長（接受職業訓練）；經由親友協助案夫申請××基金會生活津貼每月2,000元持續一年。

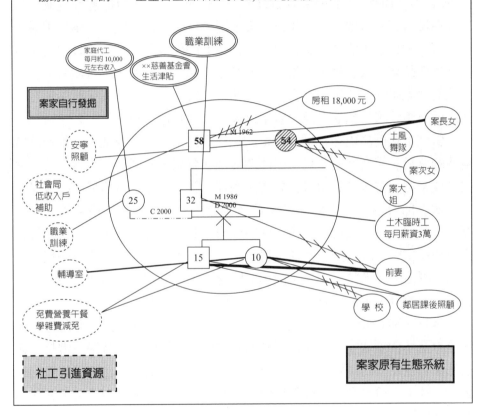

圖2-11　生態圖範例

第四節　處遇計畫

黃韻如

處遇計畫的目的，在於協助案主解決困境、滿足需求或強化權能。擬定計畫主要是依據上節「預估」所設定的處遇因果假設。

例如：「若（if）」社工可以強化案主特定能力或強化環境，「則（then）」可能提升案主生活品質，或「如果（if）可以改變某些案主行為或環境有某些改變，則（then）案主困境可能可以舒緩。」舉例來說，如果可以強化案主的就業第二專長，則案家的經濟狀況可能可以改善，以提升生活品質。或者是，如果可以改變案主抽菸的頻率，則可能有助於提升他的健康狀況。其實，社會工作不論是個案、團體、方案、社區，在工作之前都應該因為預估，找出基本假設，作為處遇目標。

當然，在擬訂處遇目標及計畫的過程中案主及其重要他人，都是非常重要的意見，因為案主才是自己問題處理的專家，共同擬訂符合其個別案主（或家庭）需求且具體可行計畫的歷程。對案主才是最佳權益的保障。

如上節所述，「預估」與「處遇」於個案工作中為循環回饋的關係歷程。藉由預估結果擬訂計畫，而在計畫擬訂及執行歷程中，又必須經常重新檢視生態系統，重新預估及思考，並進一步修正或增強原有的預估，甚至大幅變更或調整，因為不同預估將導出不同的處遇計畫「假設」，而「不斷地假設、不斷地修正」成為社工應抱持的態度。

當然，值得特別提醒的是，我們針對「危機性個案」的處遇時，無法等待全面性預估完成後才進行處遇計畫的擬訂，因為「時間」常是這類型個案產生危機的關鍵（例如：受虐兒童的緊急安置，性侵害受害者的驗傷），社工必須優先就危機狀況作立即判斷，訂定危機處遇計畫或通報相關主管機關。至於中長期處遇，則可等危機處遇完成後再進行。

Healy（2005）發展社工動力模式，認為制度脈絡、正式專業基礎、實務目標及實務工作的架構間交互影響（參見圖2-12）。強調社工嚴重受到歷史、地理及制度脈絡所影響，長期與他人不斷的在工作目標、案主、受雇機構、社會互動等方向進行磋商，並且積極理解實務環境需求。理論架構引導社工對問題採取不同觀點、目標及社工實務過程。社工專業角色

及責任受制度脈絡影響，包含專業理論概念影響下的法律、公共與組織政策及被公認的專業角色。社工的工作也應考量實務情境，雇主及案主的期待、案主生活脈絡、社工個人的實務架構。

本節將就處遇計畫分為內涵要件、歷程分析及實務處遇三部分討論之。

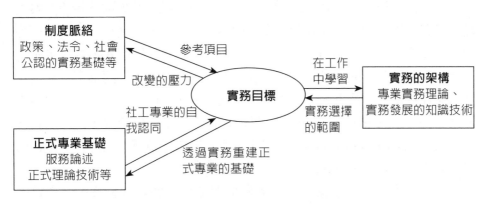

圖2-12　建構社工實務：一個動力模型

參考資料：修改自Healy, K. (2005). *Social work theories in context*: *Creating frameworks for practice*. New York: Palgrave Macmillan. p. 5.

壹、內涵分析 —— 好的處遇計畫有那些內涵？

生態系統是影響處遇計畫成功與否的關鍵，因此所有預估時考量的多面向因素都可能直接或間接影響處遇計畫，包含案主、重要他人及社工，所以擬訂歷程應該是社工與案主共同合作及集體創意思考的歷程。

一、案主vs.處遇計畫

社工過程中的「人」包含兩大主體：其一為案主，另一為社工，W. H. Cormier和L. S. Cormier（1985）認為案主責任（client responsibility）及其知後同意權（informed consent），都是社工處遇時的重要影響概

念。社工在處遇初期，必須在專業及實務經驗背景下，瞭解案主需求而設定目標，主導及規劃可能的策略及方案。然而過程中，應該逐漸加入案主意見，特別是他們之前問題解決及接受服務的經驗，並讓案主充分瞭解所有干預策略的過程並徵詢意見（引自Rose, 1995）。

從案主本身作思考時，Gambrill（1997）認為案主是否具有足夠且正向的「支援系統」，包含正向助人關係、信任、孤立狀態的解除等？案主是否具有反思、頓悟、探索新架構、轉變對自我效能的期待、校正情緒經驗的「學習能力」？及案主是否具有改變行為、面對恐懼、處理焦慮的「行動能力」？都是重要的影響因素。Miley等（1998）認為案主在擬訂計畫過程中是三方面專家，案主最清楚他們所想要的，是自己計畫內容的專家（content experts）；案主可以描述自己有意願做什麼，是自己動機的專家（motivation experts）；案主可以表明自己所擁有的能力，是自己技術的專家（skill experts）。

因此，案主於計畫擬訂過程的參與對成效有關鍵性影響，而事實上案主對於處遇計畫也有絕對的同意權及否定權，因此好的處遇計畫應該以案主為中心，並能夠引發案主的改變動機。而案主系統若為兩人或兩人以上，或者是處遇計畫涉及案主以外的其他人，則這些人都應該參與決策歷程並陳述意見，並經由充分溝通及討論的歷程中決定處遇計畫。

二、重要他人vs.處遇計畫

重要他人是關鍵影響因素，特別在中國文化重視家庭整體價值的背景下更是如此，即使是志願性案主的決策及對處遇計畫的觀點，也會在執行歷程中受到其他重要他人的影響，因此應強調重要他人參與討論的重要性，以協助案主處遇計畫的執行。當然，也必須評估重要他人本身參與的可行性，倘若其對案主發展有負面影響時，則應將其意見視為可能的阻礙，而仍應以案主最大利益為考量，特別當重要他人若為加害者時。另外，如果案主為未成年人時，除非家長為加害者，涉及到社會福利法規相關規定，例如：剝奪親權、受虐待需強制安置等外，否則所有決定仍需審

慎評估監護人意見後執行，以少女未婚懷孕為例，雖然案主與社工評估後決定墮胎，但是仍然需要經過監護人的同意。

三、社工vs.處遇計畫

Payne（2005, p. 29）認為整個社工的過程，發生在人與機構的環境脈絡中，因此對於社工而言，還包含他的個人生活、成長背景及價值觀、他們專業的發展、機構政策與規定。社工在擬訂處遇計畫中是知識、技術及資源的專家（Miley et al., 1998），必須確實同理到案主的情境，並掌握改變目標及行動計畫、協助相關成員責任分工、適時掌握及運用資源、評估處遇計畫成效等。而社工是否有專業熱忱協助案主，相較於專業經驗及學歷程度而言，是更重要的影響因素。除此之外，社工與案主間對問題觀點的差異、個案服務時間長短、現實生活經驗的支持度，也都會影響到處遇的結果。

Siporin（1975）認為好的計畫應該具備四要件（Miley et al., 1998）：

1. 有遠見的目標（goals）。
2. 擬訂具體、可測量且具優先順序的子目標（objectives），通常可分為立即的（immediate）、中期的（intermediate）及長期的（long-term）三部分。
3. 依子目標擬訂可運用及具行動性的策略及替代方案，並根據案主需求掌握資源，包含經濟補助、協助方案、專業人力等。
4. 設計執行計畫的時間架構及確認改變的焦點，清楚確認行動計畫內個人的責任分工，包含案主系統、社工及其他成員的個別責任，並列出評估基準、程式及問題解決的定義。

Gambrill（1997）提出可能導致處遇計畫擬訂錯誤的原因，包含下列十五項：

1. 對問題產生錯誤的定義，形成錯誤的問題架構。
2. 不完整的預估。
3. 忽略所需資源的缺乏。
4. 信賴不好的判斷基準，導致誤判計畫的有效性，例如：流行或傳統。
5. 缺乏或忽略問題相關的專業知識文獻，導致錯估計畫的潛在成效。
6. 時間壓力下的處遇計畫引發情緒反應，例如：焦慮。
7. 社會壓力，例如：附和同事、主管或其他重要他人的觀點。
8. 對不確定或曖昧的訊息有較低的容忍度，例如：案主對於改變產生猶豫或焦慮時。
9. 忽略案主的能力。
10. 忽略重整物理環境的機會。
11. 社工對不同案主採用相同處遇觀點（A "one-size-fits-all" approach）。
12. 低估計畫執行所需的知識技術及時間。
13. 要求太高，達成任務過多。
14. 案主及其重要他人未參與所執行的計畫。
15. 忽略文化差異對於影響案主選擇及計畫的成功。

貳、歷程分析──擬訂計畫的歷程

處遇計畫擬訂歷程具有階段性，通常包含擬訂目標、具體化子目標、選擇介入的焦點系統、架構行動策略四大步驟，分述如下：

一、擬訂目標

處遇目標就是對於處遇計畫的願景期待，成為社工與案主系統的共同努力方向。處遇目標就如同案主類型一樣具多樣性，具體而言，

Goldstein（1973）認為可區分為五大類：

1. 獲得具體的物品、服務或資源，例如：經濟補助、工作機會、健康照顧、提供輔具等。
2. 生命中重要決策的思考、解決危機、減緩立即的困擾或移除改變的障礙。
3. 藉由改變溝通模式、互動行為、角色或規範，以修正社會系統的架構，例如：家庭、組織、學校、社區等。
4. 透過理性的計畫追求具遠見的目標或實現抱負。
5. 辨識成長與改變的基本價值，並尋求社會服務以期潛能的完全發揮。

擬訂目標歷程強調提出處遇目標、選擇可行性目標及確定長短期目標三部分（Miley et al., 1998）。

（一）社工應協助案主提出或釐清處遇目標，特別是非志願案主

通常志願求助案主對於處遇目標常有較主動的表達，而非志願性案主處遇工作時，常會由社工或重要他人優先提出。社工應透過專業關係建立歷程，協助案主澄清目標並引發其內在動機，若產生困難時，則目標至少應傾向於案主期待、案主可以接受或與案主動機一致的目標，例如：加害者願意接受處遇計畫的動機或許是在於爭取受虐兒童返回原生家庭，因此，處遇目標或許可以鎖定在改變其現況，以符合家庭暴力防治中心社工的要求。

（二）選擇可行性目標

不論是案主或其重要他人都可能提出缺乏現實感的目標，有時這些過於理想或誇大的處遇目標，就是案主困擾的來源，因此，協助案主思考目標的可行性是必要的。針對案主周圍重要他人所提出的目標，應考量案主接受程度，必要時應介入減緩、降低或排除重要他人過度、繁複或不切實際的期待，有助於案主權能的增強。另外，也應同時協助案主刪減過多的

目標，因為過多的目標將會為案主帶來混亂而失敗的經驗。

（三）確定長短期目標

長期目標給案主帶來願景，但卻常因過程中缺乏成功經驗而讓案主出現挫折感；相對地，建構短期具體的子目標，可以協助案主累積正向經驗，並逐步達到長期目標。因此，完整的處遇計畫應同時包含長短期計畫。

以中輟學生為例，倘若案主間斷性逃學、逃家已有半年歷史，對於學校教育有嚴重排斥，在經過一個月蹺家後期望復學。而此時家長如果期望將處遇目標設定在期望案主能夠順利畢業考上高中，並有穩定學業發展歷程，對於案主不但沒有幫助反倒形成壓力及抗拒，甚至成為再度蹺課、蹺家的引爆點；反觀，若將目標設在返校穩定就學就成為較可行的目標。又例如：潛在吸毒習慣個案，優先提醒他們如何在派對中維持一位清醒者，以使大家於派對減少延伸的性濫交／衝突及自殘或其他延伸的加重傷害等失序行為，可能需要更優先於「應該戒毒」、「轉介機構」等。因為，短期目標在於防範立即危險，中長期目標才會是根源問題的處遇。

二、具體化子目標

具標化子目標的歷程，則是將目標延伸出明確、具體、可操作性的階段性子目標，Hepworth等（1997）認為子目標具有下列五項功能：

1. 確定社工與案主都有一致要完成的目標。
2. 在助人歷程中提供持續性方向，而避免不必要的探索歷程。
3. 協助發展及選擇適當的策略與處遇計畫。
4. 協助社會工作者與案主監控進步的情形。
5. 評估處遇方法的有效性，並作為結果的評斷標準。

目標管理量表有助於協助社工及案主管理處遇目標。首先針對具體化後的處遇子目標，思考最好及最差的結果，並在預期結果與最差結果、最佳結果間，再預估出兩個可能結果，形成目標管理的五層次量表（範例詳參第五節）。而目標管理量表有助於協助案主處遇成效評估，因為案主處遇成效並非成功與失敗的極端結果，評估上應有程度差異。

綜合文獻與實務經驗，有效的子目標應該具備下列八項特質（Miley et al., 1998; Hepworth et al., 1997）：

1. 與期望結果相關以逐步達到目標，並有助於增強案主的參與處遇歷程的動力，例如：穩定就學是期望目標，則學習第二專長以獲取較多升學機會就成為無關的子目標。
2. 具現實感及案主可達到的子目標，反之，無法達成的目標容易使案主感覺挫折而不利目標達成。
3. 明確且可操作性，例如：加強社會關係是抽象的目標，而明確且可操作性的子目標可能為主動找人對談，及妥善運用傾聽的技巧。
4. 著重運用正向的語言敘述並強調成長，例如：「消除夫妻間不和諧」即為較負向之描述，而「增加開放且有建設性的溝通經驗」則為較正向的描述。
5. 每個子目標應相互獨立且分別有其時間限制，也就是處遇過程應該藉由一連串子目標達成後，即完成處遇的目標。以復學輔導為例，可以擬訂於每星期內蹺課時數低於20小時開始逐週遞減。
6. 子目標應該是可觀察及可測量的，有助於隨時評估處遇計畫執行情形。以戒酒為例，可以定義為減少喝酒次數及總量兩種測量基準。
7. 與社工的知識技巧相對稱，也就是說社工對於目標必須負責，不能擬訂缺乏足夠資源或處遇技術的目標，同時也應避免部分具有爭議的目標，例如：同意未成年案主在隱瞞家長情形下協助墮胎。
8. 案主及社工共同接受的，反之若目標為社工自己擬訂的，則案主可能拒絕服務輸送。

三、選擇介入的焦點系統

焦點系統（focal system）或是關注單位（units of attention）係指處遇計畫介入的主要系統，預估結果仍是考量依據。Johnson（1998）將其分為個人、家庭、小團體、組織、社區五系統討論之，其中正向指標係指建議社工採取該焦點系統的評估指標，反觀反向指標則是社工應該「避免」選擇該焦點系統的評估指標（詳參表2-4）。

除非案主對於一對一協助關係產生排斥，否則問題源自於個案本身的需要或其內在心理議題時，應選擇「個人系統」為介入焦點，並著重在增強案主獲取所需資源的技能、改變案主對自己或對他人的觀點、情緒管理或表達情感等各種技巧的學習訓練、個別諮商治療等重點。

當案主問題源自於家庭，或需要透過家庭瞭解案主，或家庭成員對改變有關鍵性影響，或者問題涉及家庭選擇時，應選擇「家庭系統」為焦點，除非家庭功能嚴重受損或無法介入。家庭處遇的重點可以著重在家庭溝通型態、代間衝突、決策型態、家庭規則、提升家庭整體外在資源、增強共同分享的家庭經驗等部分。

倘若案主問題為一般性、社會性、互動性議題且有適當的小團體可以協助時，運用小「團體」的處遇模式適時提供案主必要協助，介入重點在於社會化技巧的學習、增強社會支持及其他團體過程所能給予的協助；選擇介入「組織或社區系統」，多半源自於環境對案主及其家庭的重要影響，但是若處遇歷程對個案可能造成傷害則應該避免，而介入重點為文化及環境氣氛的改變、決策型態或規範、正式及非正式溝通系統、方案計畫與發展、排除服務過程中產生的障礙、增加組織或社區連結及其他環境的改變等。

表2-4　選擇介入的焦點系統的正反向指標（Johnson, 1998）

系統	正向指標（indications）	反向指標（counterindications）
個人	* 訊息提供 * 訊息蒐集 * 具體服務 * 轉介服務 * 需要與案主初級系統相關（但家庭除外） * 沒有其他相關人士 * 內在心理（intrapsychic）問題 * 個人經由協助後就可以融入重要他人系統中取得協助，而進一步解決問題 * 個人選擇	* 案主無法在一對一的助人關係中運作 * 需要行動取向的服務（action-oriented service） * 聚焦在家庭或同儕團體的互動關係
家庭	* 主要問題存在家庭互動中 * 一位家庭成員降低其他成員對改變的努力 * 失功能成員是家庭問題的徵兆 * 需要藉由瞭解家庭互動來瞭解個人功能 * 家庭需要檢視角色功能或溝通 * 混亂的家庭需要重建秩序 * 家庭選擇	* 家庭解構情形有無法復原的趨勢 * 個人嚴重失功能，家庭成員避免參與 * 家庭阻礙個人需求的協助 * 非普遍性目標 * 工作者缺乏處理破壞性互動的能力
小團體	* 個人面對相似的情境，並且可以藉由互動得到有利協助 * 團體對個人有重大影響 * 需要發展社會化技巧 * 願意參與活動 * 聚焦在環境改變 * 可運用自然團體	* 個人嚴重受到團體打擊 * 個人對團體有破壞性 * 不存在一般性的目標 * 沒有足夠的凝聚因素 * 環境無法讓團體發揮功能 * 環境無法讓團體達到目標
組織	* 問題與組織功能相關 * 許多案主因為組織因素而無法滿足需求或受到影響 * 工作者在提供服務時有過多限制	* 對案主而言就可能產生負面結果的危機 * 案主服務可能會被疏忽或被取消

系統	正向指標（indications）	反向指標（counterindications）
社區	* 缺乏所需的資源或服務 * 服務間缺乏協調 * 社區阻礙組織或家庭滿足案主需求 * 社區對許多家庭與個案造成負面影響	* 對案主而言就可能產生負面結果的危機 * 案主服務可能會被疏忽或被取消

四、架構行動策略

目標及子目標協助案主發展出行動策略，包含任務、責任與行動，並決定達成計畫所需時間及方法，擬訂行動計畫的歷程其實也就是問題解決的循環性決策歷程，而計畫應該具有彈性並隨時依照案主狀況做適度調整。

Gambrill（1997）將問題解決歷程分為釐清問題、尋求解答、擬訂計畫、執行計畫、評估結果及再嘗試等六階段，其中再嘗試是一種回饋機制，當行動策略無法有效解決原有問題時，就必須恢復到釐清問題的階段重新開始，至於每個階段常見的問題、行動、需求資源、錯誤，則請詳見表2-4。

另外，針對選擇計畫應考量的因素，Gambrill（1997）提出下列八大議題：

1. 案主掌握訊息上的差異，可能導致不同處遇結果。
2. 案主必須參與選擇計畫的歷程。
3. 相關科學文獻足以支持所選擇的計畫，應該會有好的處遇結果。
4. 案主及重要他人同意他們的選擇。
5. 計畫不會危害案主及重要他人。
6. 計畫對案主知識技能的提升，有助於提升案主現在及未來的生活。
7. 計畫盡可能是最小的限制，盡可能與案主真實生活脈絡相結合。
8. 社工與案主可以在最接近成功的方法下執行方案。

參、實務分析——處遇計畫實務分享

社會工作在服務歷程中，不論社工著重的理論觀點為何，其所提供的專業處遇必須依對案主需求預估提供個別化處遇，因此通常不會有公式化或類似食譜的處遇計畫，即使是相同類型的個案也會有不同的處遇焦點（個人、家庭、社區、組織），運用不同的實務技術及介入模式，透過教育訓練、團體工作、家庭處遇、制度變遷等方式，協助案主情緒管理、人際互動、社交技巧、環境適應、危機處理等社會心理相關知能，以增強個案、家庭及所處團體或社區權能，協助案主面對困境，如前段所述。同時在個案處遇歷程中，也必須依案主需求配合團體處遇、社區工作、班級輔導、組織倡導等綜融性臨床直接服務工作。現就臨床專業處遇外常見的實務處遇，分為危機處遇、資源整合及運用、經濟補助、安置輔導、專業諮詢、陪同服務及轉介等七部分介紹如下：

一、危機處遇

危機處遇是直接服務者常見的處遇服務，其中較特別的則是社工面對違反《兒童及少年福利與權益保障法》、《家庭暴力防治法》相關案例時應依法通報主管機關，稱為「責任通報制」；受理性侵害犯罪有關事務時，也應依法知會當地性侵害防治中心；另外自殺、校園危機等事件，則另有相關行政命令規範之。社工面對危機時，皆應於第一時間依法逕行通報，而通報相關表格可至各主管機關網站下載或洽詢，惟於通報過程中應注意案主權益維護及保密等專業倫理。

在通報同時，社工也應積極提供案主必要的危機處遇，因此通報與危機處遇通常由兩組人員同時進行，我們在人力有限情形下，則應以危機處遇為優先考量，提供案主緊急協助，包含申請緊急性暫時保護令、緊急安置、員警機關緊急救援、物資救援、臨時避難所提供等，並注意於時效內進行通報。另外，社福機構必須與區域內醫療機構建立良好關係，以利於第一時間提供或轉介案主緊急醫療需求及驗傷；而驗傷部分，則應注意時

效性以利採證，特別是性侵害受害者必須於淋浴沖洗前進行採樣以保留相關證物。

二、資源整合及運用

　　社會工作所服務的案主常需要多元性服務提供，因此資源整合及運用也是常見的處遇，並常被其他專業認定為社會工作的專長。資源可以分為人力、物力、財力、人文與人緣，有形與無形資源、政府（公）部門與民間（私）部門資源、軟體與硬體資源、正式與非正式（自然）資源、半專業與非專業資源、物質與非物質資源、顯著資源與待開拓資源等（李宗派，2000；劉弘煌，2000）。

　　機構必須依案主需求整合資源網絡，通常包含司法與法律單位、醫療單位、緊急安置（救援）單位、警政單位、教育單位、養護單位、心理輔導單位、義務服務團隊、社政及社福單位、基金會或民間團體、社區組織與機構及其他等部分。

　　社會資源的整合與實務運用須從六個W進行研討：「What」什麼是社會資源？案主所需要的社會資源為何？「Who」誰需要協助，而其基本條件為何？誰在管理或分配資源？那（些）人是運用資源的關鍵人物？「Where」資源在那裡？「Why」為什麼案主需要這些資源？「When」什麼情境下需要動用資源？「How」如何動用資源？申請程式為何？（李宗派，2000）。

　　從實務經驗上，社工必須依照機構服務案主之需求「事前整合及管理」社會資源，以隨時提供案主必要之福利需求，應特別注意社會資源網絡絕對不是如食譜般備而不用，更不應只是篩選過的電話簿，社工應確實瞭解各機構服務對象、目標、運作情形、轉介程式、承辦人等，並定時檢視及聯繫，而可以在案主有需求時得以「緊急動員」。我們平時應將資源聯繫、案主運用或轉介資源情形逐次記錄，包含聯繫對象、討論情形、特殊狀況、未來聯繫建議等細部聯繫資料，以利資源運用歷程的「資源評估」，以瞭解資源可近性、可及性、專業化、人性化、服務成效及案主接

受服務的主觀感受等，作為未來運用資源時參考依據。

三、經濟補助

　　經濟補助對案主而言是最直接的協助項目，可以區分為特定項目經濟補助（醫療補助、學雜費補助、幼兒教育券、育兒津貼、訴訟費用補助等）、非特定項目經濟補助（急難救助、生活津貼等）及物資協助（學用品提供、輔具提供等）三部分。機構提供經濟補助，通常需要先依照案主特性，瞭解及蒐集政府機構和民間機構相關補助規定及程序，包括：法規、辦法、表單及流程等，其中政府補助通常較有明確規範、資格限定及申請流程，而民間機構則較具彈性。針對社工服務機構本身即為補助機構，則應明定補助相關程序，並針對個案進行評估後提供經濟補助，特別強調案主資源需求程度及運用情形。

四、安置輔導

　　安置輔導是指將案主帶離原生態系統進行替代性安置措施。我們在進行安置輔導時，必須特別注意評估案主隔離原有生態環境的必要性，例如：案主是否有立即危險？原生家庭短期內親職效能是否難以提升？等，以避免安置輔導對案主所造成的負面影響。

　　目前臺灣常見的安置處所，以收容人數區分，可以分為機構式安置（例如：育幼院所、收容中心、中途學校等）通常收容人數超過二十人以上，採團體式教養方式；家園式機構安置通常收容人數為十人左右，採類似家庭式的教養方式，名稱通常為××家園或××之家；最後則是寄養家庭，安置對象以兒童、少年為主，提供家庭式安置環境，通常每個寄養家庭安置以不超過三名為原則。依安置期間的長短，分為喘息性安置、短期性安置、長期性安置、永久性安置；依每日安置時間長短，分為臨時托育、日間照顧、全日照顧（24小時）；案主群則包含特殊需求的兒童、

少年、老人、身心障礙、受虐婦女、遊民等。

五、專業諮詢

社工是資源與相關知識技能的專家，而許多自我功能較佳的案主在面對危機時，可能僅需要社工提供相關訊息或資源，就能夠因應所面對之困境，因此諮詢成為社工常見的處遇之一。常見的諮詢重點有社會福利政策、法規、資源，與簡易的問題評估及建議等。諮詢的媒介通常分為電話諮詢、面談諮詢兩種。而針對其他領域專業性問題，則常由機構安排專家諮詢，例如：法律諮詢、親職諮詢、醫師諮詢等。

六、陪同服務

社工為維護弱勢族群案主相關權益常會運用陪同服務方式，協助案主面對相關議題，常見案主群有未成年少年犯罪、性侵害受害者、受暴婦女、中輟學生、受虐兒童等。主要功能在於維護案主應有權利、提供專業諮詢、情緒支援、短期心理輔導等，而社工也可以在陪同服務的過程中，瞭解現有制度體系及環境是否可以提供適切的服務，成為社會倡導工作的重要基礎之一。常見的陪同服務有陪同製作筆錄、陪同出庭、陪同就學、陪同就業、陪同就醫等，而社工在此部分所需要的處遇知能，包含對相關行政程序、法規、案主權益及危機處遇技巧的瞭解。

七、轉介

社工在預估案主需求後，受限於社會福利機構服務類型、範圍或項目，或者是社工本身專業能力，以致無法有效協助案主時，就必須要透過轉介的程序，使案主能有效解決問題。

轉介資源類型可以分為「機構內」及「機構外」轉介，前者係指轉

介到機構內其他處室或專業人員，例如：醫療社工轉介精神科醫生、心理師等，後者則轉介機構外或專家，例如：社區心理衛生中心、法院、警察局、律師等。轉介歷程主要可以分為轉介前評估、尋求受轉介機構、服務轉銜、追蹤輔導四階段（詳參第五節）。轉介通常發生在「接案評估」及「處遇歷程」時，後者又可區分為「處遇性轉介」及「結案性轉介」（即為轉介後結案的個案）。

「接案評估」轉介，主要針對案主本身特質（年齡、性別、種族、國籍等）、問題類型（家庭暴力、婚姻問題、心理問題等）、案主資格限制（社經地位、居住地等）等不符合機構服務需求，或者是社工不能提供案主所需服務，例如：醫療診斷、心理治療、課業輔導等，而轉介案主至適當機構、單位或專業人員。

「處遇性轉介」則視轉介為處遇計畫的一部分，即視案主需求轉介其至專業機構或人員接受協助，例如：針對性侵害受害者轉介心理衛生中心接受長期心理治療，或轉介律師提供法律諮詢等。但是，原社工員仍是主責社工員或個案管理者。

「結案性轉介」則與接案轉介相似，都是將案主完全轉介至其他機構，而主責社工員或個案管理者則由新機構社工員負責。差別則在於結案性轉介源自於處遇評估，認為經由轉介將使案主得到更周延且適切的服務，相較於接案轉介應更強調追蹤輔導（或是服務轉銜的輔導），並需要協助案主到穩定接受轉介機構服務後結案，以避免案主產生被遺棄感及其他延伸問題（詳見第五節）。

 ## 第五節　評估與結案　　　　　　　　　　　　　　莫藜藜

進入21世紀的社會工作專業服務，因應社會工作管理之時勢需求，應重視績效評鑑。在社會工作的服務結束時，需要確知服務的目標是否達成，以及如何達成服務的目標，有人稱此為「評估（evaluation）」，也有人稱此為「評鑑（evaluation）」（莫藜藜，1999）。

本文採用「評估」一詞，因所謂「評鑑」基本上乃用於事後由外部人員來論斷成敗是非，雖有時可以自我評鑑，但多半時候都是被他人評鑑。個案工作的「評估」，則包括了個案工作服務過程中不斷的自我檢討，和服務結束時的成果評估。因為個案工作服務的過程中，隨著時間的進展需要做階段性的評價、檢討並改進，才能繼續服務，一直到結束階段。

壹、服務成果評估

我們每一個人的人生都在一個回顧和評價的過程，例如：我們會在不同的情境發生時，自問：「冰箱裡有吃的東西嗎？要不要到超市去買一點什麼？」、「我去應徵那個工作，好嗎？」、「如果我沒被錄取，怎麼辦？」、「如果我被錄取，怎麼辦？」等。一項個人計畫，不論簡單或複雜，可能經常被評估，但不一定需要精密的思考；而社會工作的計畫卻需要翔實且細緻的思考，並對所有工作計畫的執行都有清楚評估的過程。

一、評估的意義

社會工作的評估，是針對問題解決的服務之最後一個階段。透過評估，社工和案主一起決定那些任務達到目標，以及是否繼續執行處遇計畫等。在評估的基礎上，社工和案主可能需改變對問題的診斷、改變處遇目標、改變服務計畫，或完全以一種不同的服務計畫繼續進行處遇。

社工與其他助人專業一樣，必須確定服務的成果和其有效性。社會工作的評估是確保服務品質的必要措施，也是加強社會工作的責信（accountability）和服務品質的保證。所謂責信，可說是一種責任，是社工負責達成對案主提出或同意的服務（莫藜藜，1999）。

基本上，評估是檢討整個個案進行過程的成功或失敗、有效或無效，以及社工所用的技巧如何，是作為日後處遇的參考。因此，社會工作的評估需建立制度，必須從開始服務就建立起來，社工要查核以下幾個問

題，即：為什麼要評估？要評估什麼？誰負責評估？如何管理評估的進行？運用那些指標（改變的或過程的）？如何蒐集評估資料（透過詢問、觀察或閱讀）？如何與最初的診斷做比較？是否有評估的理論依據？設計的評估方式是否適合實務中的狀況，或符合服務目的？評估的摘要何時呈現？簡單的說，評估工作必須提出的證明包括：問題是什麼？採取了什麼行動？結果如何？曾使用那些資源？等（Taylor & Devine, 1993）。

以醫院社會工作為例，其社會工作服務之績效評估也日益重要，主要來自內在和外在的需求，因為：(1)衛生行政單位預期醫院中每一單位都應提供有效率的服務，所以期待社會工作部門要做績效評估；(2)醫院社工因為曾與其他醫療專業合作順利，頗有貢獻，致繼續被這些醫療專業所期待合作，而有需要維持專業水準的壓力；(3)醫院社工養成教育的素質逐年提高，亦將更有提升服務品質的動機。

社會工作服務的評估不能等到個案服務結束才做，事實上從接案後就必須不斷的檢討改進，甚至隨時檢查反省。因此，評估可包括社工的自我評估、結果評估和過程評估。除了自我評估外，透過定期的督導討論，更是可以幫助自己發現錯誤，得到正確的指導，而幫助自己在專業上更成長。

二、服務過程中的評估

當個案工作的服務計畫一旦確定，社工就要開始著手評估這個計畫的完整性和實用性。社工在服務過程中宜不斷的檢討改進，因為我們是在處理人的問題，隨著時間的推移，問題情況和人的情況都可能不斷的改變，因此我們應不斷的檢視工作計畫，以符合改變中的問題情況和個人的需求。而檢討的時候不只相關工作人員，同時還可能包括案主與其家屬一起來檢討。

個案工作的服務特別關心正在進行的服務中每一部分如何影響產出的結果，評估的重點在於藉此提出改進工作計畫的意見，以具體積極的建議，協助個案工作服務的推展與改善。Henderson（1996）指出，在檢討

社會工作服務時，除了對已執行之處遇內容加以檢討之外，還需對案主的需求和社工的角色重新評估，然後再擬出新的計畫。

因此，社會工作服務必先訂定服務計畫，而其中必先有服務目標，因為沒有目標不足以成事。服務目標可能有階段性，即初期的、中間時期和最終的目標。這樣的目標，已考慮了時間因素，亦即每一階段完成或做了什麼，然後是如何做到或形成的結果。

處遇進行到一個階段的時候，由社工和案主共同檢討已執行的服務成效，藉以調整未來的服務計畫。評估的項目包括：服務處遇之目標是否達成、社工的服務方式（工作方法）是否合適，以及案主改變的進度是否令人滿意。此外，由於社工與案主接觸時間較長之後，對案主及其社會資源已有更深入的瞭解，所以評估可促使社工修訂過去所做的診斷，然後繼續服務，使服務達到滿意的結果為止。

至於檢討的時間，也應該在做初步計畫時就決定，如果沒有事先規劃，有時很難找出一個檢討的時間點。例如：兒童及少年保護性服務常有法律規定何時需檢討服務，如24小時、三天、一個月等；而其他一般長期服務的個案，可能需每三個月或六個月檢討一次，例如：高風險家庭服務、受刑人家庭服務或愛滋感染者社區照顧之個案。有時需要一段長時間的服務，則需有固定時間檢討個案服務，以準備進一步的處遇計畫或準備結案，所以檢討的時機也可能是需要結案的時候。

針對服務方案執行過程中和執行後的效率與效果的評估，資料可能早已蒐集完備，或還要針對後來修訂的特殊目標再蒐集資料，此時蒐集資料的技術可能是研究性會談、問卷法，以及觀察法。當以評估或研究為目的之研究性會談，通常是比較結構式的（不像社會工作實施過程中治療性的會談），有一定的日程和一定排序的問項。社工者是要尋求特定的資料，不可因與受訪者討論某事而改變了會談的主題（即需評估的項目）。問卷法是另一個蒐集資料的工具，例如：為瞭解案主的滿意程度而設計的簡單封閉式問卷，以簡短的語句，由案主作答，俾瞭解其對接受服務的感受和看法。觀察法也是另一種蒐集資料的方法。社工必須有能力觀察所評鑑事項的具體事實，並知道如何記錄下來。亦即，社工以原具備的理論與技術，設計觀察表格和記錄表格（莫藜藜，1999）。

三、準備結案前的評估

（一）追蹤服務

　　有時案主可能因其問題已減輕而離開機構，如住院病人出院、受暴婦女遷出緊急庇護中心、受虐兒童遷出安置機構等，此時尚不宜結案，因其仍有需要協助的部分，社工需繼續提供服務，稱之為「追蹤服務」（參閱圖2-1）。甚至有醫院的社工接受醫師照會（即轉介）個案，在初步處遇並給予醫師照會回覆單之後，社工繼續對該住院病患提供之服務，也可稱為「追蹤服務」，這是在初步處遇之後的追蹤服務，直到結案。

　　事實上，多數的個案都應有一個追蹤服務時期，在一段密集的服務之後，案主的問題情況緩和，但不能立即結案，需要有一段時間讓案主在自己的努力和適應之下，身心都恢復得更好，那時才予以結案。如果社工已經做了結案的動作，卻在此時又說要追蹤六個月，這種狀況就不能稱之為「結案」。

　　追蹤服務期間，就可以開始考慮結案，一旦做了結案的動作，就不需要再處理個案的問題了，因為「結案」表示對個案的服務結束了，案主可以獨立自主了，讓案主自己繼續發揮其潛能。除非後來案主又認為需要社工的協助，再來申請服務，社工重新做需求預估（needs assessment），有需要則重新開案。

（二）結果評估

　　評估的活動對社工來說並不是現在才有的新東西，此時的評估係對已完成的個案工作服務進行檢討評價。前面已說過，社工在服務過程中不斷檢視其服務是否滿足了案主的需求，是否當案主需要服務時就可以獲得（即服務的可近性），是否符合案主最佳利益等。在服務告一段落需要考慮結案時，關心的則是服務的成果和效果（effectiveness）的問題。

現代的社會工作服務輸送系統，受機構管理的趨勢和以量化評鑑的使用所影響，但是並非所有的社會工作服務資料都可以用量化方式來處理，其中仍有許多應以質性資料的方式處理。因為社會工作的服務輸送常需處理心理和情緒的問題，而即使「行為」可以被測量時，「感受」和「情緒」卻常常不能，因此需要質性工具來處理較妥當（莫藜藜，1999）。

　　此時，處遇結果的評估可採用Kiresuk和Geoffrey（1979）所提出的「目標達成尺度（goal-attainment scaling）」，這個方法需要先訂立明確的目標，使用五點尺度測量服務的結果。試舉一個案為例說明如下：

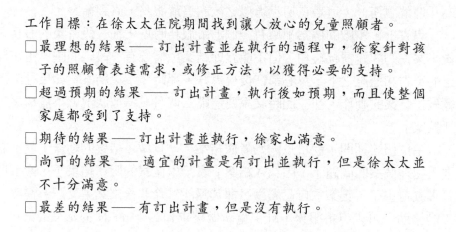

　　工作目標：在徐太太住院期間找到讓人放心的兒童照顧者。
　　□最理想的結果──訂出計畫並在執行的過程中，徐家針對孩子的照顧會表達需求，或修正方法，以獲得必要的支持。
　　□超過預期的結果──訂出計畫，執行後如預期，而且使整個家庭都受到了支持。
　　□期待的結果──訂出計畫並執行，徐家也滿意。
　　□尚可的結果──適宜的計畫是有訂出並執行，但是徐太太並不十分滿意。
　　□最差的結果──有訂出計畫，但是沒有執行。

　　此外，社工也可使用研究方法，例如：研究性的會談──針對需評估的項目，做質性或量化資料的蒐集與分析；以及問卷設計──針對需評估的項目，做量化資料的處理。這些在社會工作研究法的課程中皆有述及。如以系統理論的觀點來看，評估前的工作是投入（input）時期，服務成效是結果，即產出（outcome），茲以圖2-13說明之。

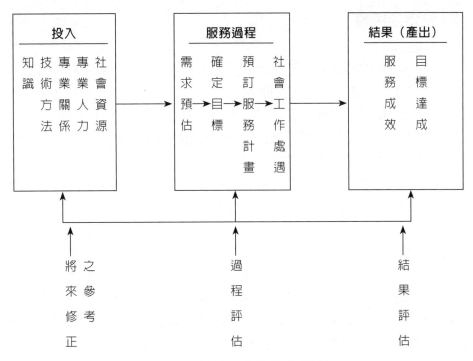

圖2-13　社會工作評估策略系統圖

資料來源：莫藜藜（1999）。全民健保與醫院社會工作。臺北：雙葉。

貳、結案時的工作

　　結案（termination）是個案工作的最末一項程序，是指社工與受助者專業關係結束的處理工作（廖榮利，1986）。當案主的問題解決了，或者案主已具有能力應付和解決他自己的問題時，就可以結案。因此，所謂「結」案，即表示該社會工作機構與社工暫時不需再對某位案主提供任何服務，案子就此告一段落。

一、結案的種類

依Compton和Galaway（1999）的看法，結案的類型可歸納為四種：(1)案主和社工都滿意已完成了彼此同意要進行的服務，且案主沒有其他的需要。(2)服務目標雖沒有達成，但雙方都認為可以結束工作了。(3)關係停止，是因為案主離開，或社工離開機構。(4)已完成了計畫中的服務，但案主所需要的服務，機構無法提供，所以必須轉介，然後結案。

結案也可分為有計畫的結束和沒有計畫的結束。有計畫的結束是在開始處遇之時就告訴案主服務的時間、時數，以及何時處遇將結束。通常在對案主提供一個不算短時間的處遇時，需要有計畫的結束。如果是隨著問題情況改變，而使案主或社工在沒有心理準備的情況下必須結束，是沒有計畫之下的結束，常會引起許多情緒。但是短期的社會工作處遇，因為時間短，專業關係尚未深厚，則可能案主和社工之間結束關係時的情緒較不明顯，例如：醫院急診室社工接了一個企圖自殺的個案，前後處理二個鐘頭後，病人就離院並轉介至另一機構，醫院社工不需再有後續的服務，其專業關係的結束自然也不太會有明顯的情緒。

二、結案的指標

結案前，社工應就案主情況仔細並審慎研判，事先與案主及其家屬討論，使其有心理準備。每一社會工作機構對於個案是否可以結案的考量，都應有具體的結案指標或條件，這也是社會工作的專業倫理。以醫院社會工作為例，一般來說，下列情況發生時，社工可考慮結束其個案服務：(1)病患主要問題已獲解決；(2)問題的解決已告一段落，病患或其家屬顯然有能力可自行解決問題；(3)所餘問題非屬社工部門的服務範圍，應由其他機構提供協助且已經給予妥善安排者（此時需填寫「轉介單」）；(4)除上述因素之外，考慮結案者需與督導或主任商討。

另以前述服務受刑人家屬的機構為例，可以下列的指標為結案之參考：(1)求助問題已趨穩定，案主同意結案；(2)個案需轉介至其他機構，

以繼續接受服務；(3)與案主失去聯繫已逾三個月；(4)案主認為不需本機構繼續協助，拒絕再聯繫；(5)案主死亡；(6)個案已由相關資源接手服務，並擔任個案管理角色；(7)其他未列舉之因素，可考慮結案了。

三、結案時的任務

社工在結案時，也有一些任務要執行，主要是和案主一起回顧整個個案進行的過程，確定他已改善或成長的部分，並提出以後繼續努力的方向或該注意的事項；如果尚有其他方面的需要，則可轉介至合適之機構（莫藜藜，1998）。以下提出在服務告一段落可以結案時，社工所需擔負的任務包括：瞭解案主與社工的正向反應、瞭解案主與社工的負向反應，以及協助案主準備結束。

（一）瞭解案主與社工的正向反應

通常人們的相處，經過一段時間會產生依附感，此與嬰兒與母親的依附感相似。我們都知道，當嬰兒受到母親的照顧而感到安全時，他會回報母親以信任和有感情；而母親會因此而得到激勵，更努力的回應嬰兒的需求。這在案主與社工的互動關係中，有些時候也像這樣產生類似依附的關係。

當案主與社工的關係已發展為夥伴關係時，雙方都滿意又驕傲。透過處遇的過程，讓社工更瞭解環境與個人的互動，以及人類行為的特質。除了社工對案主的改變和自己的助人技術感到欣慰，其他的正向反應還包括：成就感、成熟感、良好的助人經驗和依附感，且對自己的未來充滿信心（Epstein, 1980; Garland, Jones & Kolony, 1973; Northen, 1982; Palombo, 1982）等。

另外，Fortune和他的同事們（1992）對六十九位臨床社工做了一次調查，詢問他們對最近一次個案工作結案的經驗和感受，他們發現社工們結案時多數都有強烈的正向經驗，對案主和對自己都感到滿意，而少有或完全沒有負向的反應出現。

（二）瞭解案主與社工的負向反應

　　人生早期的失落經驗，會影響後來離別情境的情緒和身體反應。這些反應在成年人身上也有相似的地方，如在失去配偶或離婚者的身上，可能會看到他們以早年失落經驗來反應現在的失落。而案主在與社工關係結束時，有時也會看到這樣的反應。

　　所以，社工要瞭解案主在結束關係時的反應，同時也要瞭解自己的反應，尤其是要瞭解負向的反應。以下提出十項個案工作結案時，與案主負向反應有關的情況（Dorfman, 1996; Hepworth & Larsen, 1993）：

1. 爆發情緒行為（acting out）：案主不是只有表達憤怒的言語，且表現自我傷害的行為。
2. 否認（denial）：案主對結束沒有表現任何反應。
3. 症狀再出現（return of symptoms）：案主回到原來的問題症狀或新的問題出現。
4. 沮喪（sadness）：案主表現深沉的沮喪。
5. 逃避（avoidance）：案主選擇先離開，沒有任何解釋。
6. 要求多做幾次治療（ask for extra sessions）：案主表現依賴和自認只有一點點的改變，所以要求多做幾次治療；或已達成目標但要求繼續治療以維持治療關係。
7. 突發事件（drop a "bombshell"）：在結束時的最後一次談話中，案主突然丟出一項重要且關鍵的求助訊息，讓社工為難不知是否該結束。
8. 要求成為朋友（offer dual relationship）：案主要求以後與社工不只有專業關係，也希望發展私人關係，成為朋友。
9. 再體驗過去感受（a rekindling of feelings）：案主再次體驗到與以前生命經驗中曾經歷的分離和失落。
10. 感覺背叛（feelings of betrayal）：例如：案主說：「你怎麼可以說結束？你知道沒有你的協助，我不可能有改變。」

以上這些反應有其個別差異性，要看案主的問題性質、案主的特質和其與社工的關係而不同。如果是一位有情緒困擾的人，結案可能會勾起他過去對離開與結束情境的痛苦感覺。

另外，Compton和Galaway（1999）也指出，案主在個案服務結束時的負向反應和有關因應方式，如表2-5。然而社工本身有時也會有負向反應，例如：(1)罪惡感（guilt），尤其是因為社工本身要離職，而必須將個案結束的情況。(2)逃避（avoidance），社工可能延遲告知結束的時間，使案主沒有充分的時間來反應對結束的情緒。(3)主動增加服務次數（offer extra sessions），尤其在非必要或沒有理由的情況下。(4)延遲結束時間（delay the termination），社工想要再多做一段時間，多提供一些服務。

表2-5　案主對結案的反應與因應（Compton & Galaway, 1999）

案主的反應	案主的因應方式
1. 假裝還沒要結束。	企圖否認。
2. 回復到早先的行為狀態，或製造出新的問題。	藉著製造新問題，來試圖控制社工和結束的情境。
3. 衝動的說社工錯了，因為他還沒有好到可以自己處理問題。	直接對社工表達被拋棄（放棄）的感覺和憤怒的情緒。
4. 雙方關係凍結，不讓社工有離開或結束的藉口。	以逃避、缺席，間接的表達其憤怒。

無論如何，社工需為結案做準備，同時也有職責協助案主有所準備，尤其處理結束時的情緒反應（包括社工自己的），才能達到正向的成長性的結束經驗。因此，以下討論如何協助案主準備結束。

（三）協助案主準備結束

Compton和Galaway（1999）強調，社工要事先預防案主在個案服務結束時的負向反應，例如：提前告訴或提醒案主，讓他有心理準備，則比較不會產生負向的反應；或者當因為需「轉案」而結束時，必須安排案主

與接手的社工一起見面。然後，協助案主適當的處理因結束而有的反應。

關係結束時會有情緒，這是人之常情。如果開始處遇時就已決定結束的時間，則在將結束前需提醒案主。當在約定的時間結束時，雙方多會欣慰又開心。但是如果因為事先沒約定結束時間，在經過一段處遇過程，服務成果已達到目標之後，社工才有了結案的決定，也必須事前告訴案主。Dorfman（1996）特別提出以下各項作為可茲參考：

1. 明確指出所有之前約定要完成的目標都達到了。
2. 處理案主負向的反應，協助案主表達他們的感受。有時不情願結束的案主，在有機會表達感受並獲得理解之後都能釋懷。Fortune和他的同事們（1992）也認為，最好的方式是讓案主說出他們的感受，不論是正向或負向的反應。
3. 處遇的結果顯示所花的時間和精力都是值得的，社工宜特別指出好的成果，並予以強化。
4. 讓案主體察其問題解決能力增強了。
5. 讓案主更瞭解自己的行為和動機，也更知道怎麼討論和觀察自己。
6. 案主已感受到自我的成長和效率，然後社工和案主一起探討他是如何達成這些結果的，讓他更有信心，將來也可以發揮他的能力。
7. 讓案主覺得自己是有價值且受人尊敬的。
8. 如果需要，發展一個維持成果的計畫。
9. 做整體之服務成效評估。

（四）結案時的轉介（refer）

一個機構的功能往往是有限的，有時機構的服務或社工的能力也無法有效協助案主解決所有問題，必須再向其他機構申請服務時，就必須要透過轉介的程序，使案主能獲得問題的解決。轉介是以案主需要和有效資源的評估為基礎，而採取的一種連絡和協調的服務，而非推諉責任的方式。

由於轉介工作在接案時、個案處遇過程中，以及結案時都可能發生，因此轉介工作應被視為一項重要的技術。要做好轉介工作，必須注意下列五點：

1. 確認轉介的需要：評估案主的能力和動機，以誠懇的態度向案主說明轉介的必要，並確認案主已經準備好被轉介。
2. 決定何種資源最能滿足案主的需要：尊重案主的自決，但亦要提出社工對案主最佳利益的建議。
3. 協助案主與轉介機構接觸：填寫「轉介單」，向被轉介機構說明轉介理由和案主的問題與需求。
4. 避免替被轉介機構對案主做不確定的承諾或不實際的保證。
5. 要求被轉介機構填寫並寄回「轉介回覆單」。

 ## 第六節　個案記錄的撰寫　　莫藜藜

做記錄是對案主服務的一個重要事項，也是一個完整的個案工作服務之重要構成部分。個案工作者用文字將他與案主接觸的過程，以確切的方式記載下來，此類資料稱為「個案記錄」。以下分別說明個案記錄的特質及個案記錄的方式。

壹、個案記錄之特質

一、個案記錄之目的

個案記錄可提供問題診斷的資料，以及評估服務成果的資料。因此，記錄在整個個案服務中占有重要的部分。個案記錄之目的有：

（一）為正確的診斷和有效的處遇

社工針對整個服務過程，撰寫具體的和詳盡的資料，對於案主的問題反覆思考和分析，以求得正確的診斷，進而採取合適的處遇。

（二）保障案主的權益

個案記錄可用以避免在處遇過程中有所疏失或混淆，讓案主獲得適切的服務。如果必須轉案的時候，記錄可以幫助新的社工瞭解案主，及其過去曾接受的服務，藉以保障案主的權益。

（三）教學和研究的工具

良好的個案記錄可以提供督導時的參考，作為指導社工服務技巧的依據。若用在學校的教學上，則可作為教材和範例，啟發學生學習社會個案工作實務；亦可提供研究者作為研究之資料，進行深入的探討和發現。

（四）提供服務的證明

個案記錄可以反應機構服務之內涵及品質，記錄保存的資料可供方案評鑑或機構評鑑之用，並協助行政決策的修訂或改革。

二、個案記錄之層次

（一）初步調查的記錄

初步調查即是對個案各方面基本資料之蒐集，例如：姓名、性別、年齡、出生地、居住地點、家庭成員、教育程度和工作類型等，是一種最初步的調查與瞭解，通常是接案時的記錄。此時社工必須提醒自己勿僅視表面資料，而導致對案主的偏見或歧視心理。

（二）分析探討個案的記錄

乃是針對案主做專門性及整體性的瞭解，往往是開案時的記錄，其涵

蓋的範圍可以很廣，目前按照一般的需要可分為五方面：(1)蒐集健康方面的資料，及身體狀況的觀察；(2)心理狀態的評估，藉以瞭解其人格特質及潛力；(3)職業及教育狀況的瞭解，將案主受教育的過程、專長及技藝加以瞭解；(4)社會生活的總體瞭解，主要是指案主的生活方式及生活背景方面的狀況；以及(5)價值觀與文化的體察，對案主個人的價值觀、所屬的次文化領域，或其特有風俗習慣等加以考察。

（三）以案主問題為導向的記錄

社工將案主所陳述的問題，以及案主對其問題的感受、看法和期待記錄下來；同時，描述社會個案工作者對案主問題的分析和診斷，以準備提出解決問題的計畫。

（四）處遇經過的記錄

社工將提供給案主的服務加以敘述，即描述服務過程之細節，並記錄案主對任何一項處遇的反應及回饋，也要反應個案工作過程中處遇方式的演變。

（五）工作檢討與自我認識

良好的個案記錄的最末部分應包含服務過程與成果之檢討，以促進社工瞭解自己專業能力的強弱與優劣之處，作為將來專業服務改進之參考。

貳、個案記錄的方式

一、做記錄應有的共識

近年來，社會工作界發展一些較新穎的記錄方法，盡力講求科學化及精確性，尤其電腦化與電子公文的發展對社會工作記錄已產生衝擊。但是做個案記錄仍有一些共識，茲敘述如下：

1. 不論是誰來做記錄，其時效性非常重要，因此記錄要在一定時間內完成，且要有正確資料。
2. 記下相關的、必須知道的事項，如日期、人物、地點。
3. 記錄可以具體簡短，但不要遺漏重要訊息，且根據所見和所聽的事實。
4. 記錄應避免含糊的字眼或句子，例如：還好、瘋狂的、奇怪的、不怎麼合作等。但此處的「避免」並非絕不可用，而是要儘量少用，否則要接著以更具體的事證說明。
5. 記錄應清晰地描述所關心的事項，及其影響因素。
6. 做推論時，一定先提出充分的證據。
7. 一定要記下社工和案主共同決議要做的事，以可靠的、具體的訊息，使人很快明瞭「有效處遇計畫」之由來，以便追蹤查核是否執行。
8. 隨時確定所記下的資料與處遇目標的關聯性。
9. 做記錄時也要注意社會工作強調的倫理考量，例如：案主隱私權的尊重，尤其是誰能察看記錄，必須設立權限，以及記錄檔案的安全保存問題。

二、記錄方式

一般來說，我們不建議所有機構都以一種統一的記錄格式，因為每一機構都應設計自己合用的記錄格式。至於記錄的方式，除了因應社會工作管理所需，而寫在固定的表格方式外，一般的臨床服務以下列數種方式做記錄：

（一）對話式記錄

又稱逐字稿記錄，通常需在會談時錄音。此方式是將案主與社工在會談過程中，口語的對話和非口語之互動過程，全部按順序以當事人的話語忠實地記錄下來，這種方式對實習學生、新進社工的學習很有幫助。

（二）過程式記錄

又稱敘事記錄。此方式的特色在於社工以回顧或說故事方式，敘述案主與社工及機構間互動之過程，並將案主接受治療服務期間所發生的事具體描述。這類記錄會以特定標題對事情發生的前因後果清楚地陳述，其對實習學生、新進社工的學習很有幫助。

（三）摘要式記錄

此方式的特色在於社工將服務過程中發生的事，用最簡明的文字做扼要的敘述，通常可先依重點分類，之後再分段摘要記下來（請參閱下一單元「摘要式記錄」舉例）。這類記錄對工作繁重又人力不足的社工機構而言，常是較能保持服務記錄的完成，以及服務結果的呈現；但是，社工需將其服務過程中有關的社工專業概念和理論，融入在記錄的字裡行間，才能讓閱讀記錄的人瞭解其服務過程、專業性和服務成效。

（四）研究問卷式記錄

有時候為了特定的研究計畫可採用這類記錄方式，此法是配合研究目的和研究問題而設計的問卷或記錄格式，將所得之資料填入已設計好的格式內。

總之，不論選擇何種方式，均須力求做到「精確忠實」，如此個案記錄的功能才得以彰顯，並具有實質上的意義。然而，如何才能夠做到這種地步，社會個案工作者可考慮養成做筆記的習慣，其中包括記下若干從案主口說的原本語句；更重要的是，記錄能力需由個案工作者累積每一次會談後做記錄的經驗，久而久之鍛鍊出來的。

三、摘要式記錄舉例

摘要式記錄較常為許多社工使用，不論是以什麼途徑成為社會個案工作者的案主，他們都有一個主要求助的問題，或必須幫助他們的問題。所

以個案記錄的最開始都會注明「個案來源」，以及「轉介原因」或「求助原因」。以下介紹近年來常用的一種摘要式社會工作記錄格式，即「問題導向式（PAP）」記錄：

基本資料：

問題編號和項目：

轉介來源和事由：

家系圖和／或生態圖：

P：（problems）問題陳述

案主或家屬對問題的看法和期待，即當事人主觀的（subjective）問題敘述；以及其他相關人士（objective）對問題事實的看法。

A：（assessment）心理暨社會診斷（需求預估）

社工對案主或其家庭問題的專業判斷，對案主或其家庭需求的預估，以及列出需要介入的問題（從案主的角色功能、人際關係、反應和資源入手）：

1. 案主目前的社會「角色（role）」：社會功能和有關背景資料。

2. 案主的人際「關係（relationship）」：與重要他人或相關人士之間的關係。

3. 可運用的「資源（resources）」：案主所擁有經濟的、環境的、機構的、個人的資源。

4. 所觀察到案主或家屬的「反應（reaction）」：態度、行為、動機和能力的事實。

P：（plan）計畫與處遇

社工擬介入的具體計畫，和之後提供的處遇，以及處遇之後對此個案繼續的建議。

上述之「問題編號」乃是由各機構對其個案問題之種類予以彙整，並加以編號。在此試舉一醫院社會工作的一次PAP個案記錄為例：

姓名：林太太　　　　　　　　　年齡：32歲
轉介來源：婦產科陳○○護理師　　日期：2015年2月14日
病情資料：子宮切除　　　　　　　住院：2015年2月12日
問題陳述：病人生病住院期間孩子的照顧問題。
　　　　　案主表示，案家在這個城市沒有其他親人，目前在
　　　　　白天商請一位隔壁鄰居暫時照顧2歲的女兒，晚上則
　　　　　由案夫和臨時保母看顧，但他們夫妻對白天的安排不
　　　　　放心，而案主至少還要住院五天，且出院後至少一個
　　　　　月內家務需要幫手。
診斷分析：案主的疾病適應良好，惟對孩子的照顧問題擔心。
　　　　　雖然目前有鄰居的資源可用，只可視為暫時，還需要
　　　　　更適當和滿意的安排。案主有溝通能力，且應該是一
　　　　　個非常關心孩子的母親。她和先生關係良好，先生於
　　　　　工作之餘願意分擔照顧之責，但也無法長期固定照顧
　　　　　孩子，而林家對社區有關的照顧資源並不知曉。
計畫與處遇：從社區照顧資源中找出幾項可以幫助案家的服
　　　　　　務，與案主夫婦立即討論往後一個月可行的方式，
　　　　　　一起擬訂計畫，並將案夫亦需考慮在照顧計畫中。

　　這種記錄有其簡潔明快的特性，容易掌握重點，它同時容易存檔於電腦、病歷或社會工作的服務記錄。在接案後，每一次的接觸，只要記上日期，再依次按PAP的概念記錄。然後每隔一段時間（三或六個月）如果尚未結案，則再彙整一次，仍以PAP概念，將所有PAP各自歸納，形成摘要記錄，則隨時可以提供作為機構評鑑資料，又易掌握重點，不需為評鑑再另做記錄。

　　個案工作在結案後也必須完成結案記錄，應寫在個案記錄的最後一頁，其內容包括：(1)個案來源：轉介者、轉介經過與原因；(2)主要問

題：記載案主於此機構中曾經診斷出的所有問題；(3)個案工作服務：簡述對案主主要問題所提供的個案工作服務內容；(4)結果與評估；(5)結案理由及後續安排事項；(6)注明結案日期並簽名。然後，在個案記錄首頁封面上注明結案日期，以及在日報表或月報表上注明結案，便於工作單位的行政祕書或社工自己做統計之用。

參考書目

中文部分

李宗派（2000）。探討社會資源之開發與管理原則。社區發展季刊，89，53-61。

莫藜藜（1998）。醫務社會工作。臺北：桂冠。

莫藜藜（1999）。全民健保與醫院社會工作。臺北：雙葉。

廖榮利（1986）。社會個案工作。臺北：幼獅。

劉弘煌（2000）。社區資源的開拓、整合與分配。社區發展季刊，89，35-52。

潘淑滿（2000）。社會個案工作。臺北：心理。

謝秀芬（2002）。社會個案工作：理論與技巧。臺北：雙葉。

英文部分

Baldwin, N., & Walker, L. (2005). Assessment (Ch3). In Adams, R., Dominelli, L. and Payne, M. (eds). *Social work futures: Crossing boundaries, transforming practice.* New York: Palgrave Macmillan.

Compton, B. R., & Galaway, B. (1999). *Social work process* (6th). N.Y.: Brooks/Cole Co.

Cormier, W. H., & Cormier, L. S. (1985). *Interviewing strategies for helpers: Fundamental skills and cognitive behavioral interventions* (2nd ed.). Monterey, Calif.: Brooks/Cole.

Cournoyer, B. (1997). 社會工作實務手冊（*The social work skills workbook*, 2nd ed., 萬育維譯）。臺北：洪葉。

Cree, V. E., & Wallace, S. (2005). Risk and Protection (Ch8). In Adams, R., Dominelli, L. and Payne, M. (eds). *Social work futures: Crossing boundaries, transforming practice*. New York: Palgrave Macmillan.

Dorfman, R. A. (1996). *Clinical social work: Definition, practice, and vision*. N.Y.: Brunner/Mazel.

Epstein, L. (1980). *Helping people: The task-centered approach*. St. Louis, MO: C.V. Mosby Press.

Fortune, A. E., Pearlingi, B., & Rochelle, C. D. (1992). Reactions to termination of individual treatment. *Social Work*, *37*(2), 171-178.

Gambrill, E. (1997). *Social work practice: A critical thinker's guide*. Oxford: Oxford University Press.

Garland, J., Jones, H. E., & Kolony, R. L. (1973). A model for stages in the development of social work groups. In Bernstein, S. (ed.). *Explorations in group work*. Boston: Milford House.

Goldstein, H. (1973). *Social work practice: A unitary approach*. Columbia, SC: University of South California Press.

Healy, K. (2005). *Social work theories in context: Creating frameworks for practice*. New York: Palgrave Macmillan.

Henderson, L. (1996). *Learning and social work*. BASW Trading Ltd.

Hepworth, D. H., & Larsen, J. A. (1986). *Direct social work practice* (2nd ed.). Chicago: Dorsey Press.

Hepworth, D. H., & Larsen, J. A. (1993). *Direct social work practice: Theory and skill* (2nd). N.Y.: Brooks/Cole Publishing Company.

Hepworth, D. H., Ronald, H., Rooney, R. H., & Larsen, J. O. (2002). *Direct social work practice: Theory and skills*. Brooks/Cole-Thomson Learning.

Hepworth, D. H., Rooney, R. H., & Larsen, J. A. (1997). *Direct social work practice: Theory and skill* (5th). Brooks/Cole Publishing Company.

Hepworth, D. H., Rooney, R. H., & Larsen, J. A. (2002). *Direct social work practice*: *Theory and skill* (6th). Brooks/Cole Publishing Company.

Johnson, L. C. (1998). *Social work practice*: *A generalist approach* (6th). Allyn and Bacon.

Kiresuk, T. J., & Geoffrey, G. (1979). Basic goal attainment scaling procedures. In Compton, B. R., & Galaway, B. (ed.). *Social work processes*. Homewood, ILL: Dorsey, 412-420.

Kirst-Ashman, K. K. (2003). *Introduction to social work and social welfare: Critical thinking perspectives.* Pacific Grove, CA: Brooks/Cole-Thomson Learning.

Locke, B., Garrison, R., & Winship, J. (1998). *Generalist social work practice: Context, story, and partnerships.* Pacific Grove: Brooks/Cole Publishing Co.

Lung, M., Stauffer, G., Alvarez, T., & Conway, J. (2015). *Power of family: An experiential approach to family treatment.* Wood 'N' Barnes.

Masson and O'Byrnep (1984). *Applying family therapy.* Oxford. Pergamon.

Miley, K. K., O'Melia, M., & DuBois, B. (1998). *Generalist social work practice: An empowering approach* (2nd). Boston: Allyn and Bacon.

Milner, J., Myers, S., & O'Byrne, P. (2015). *Assessment in social work.* Palgrave Macmillan.

Ng, S. M., & Chan, C. L. W. (2005). Intervention (Ch5). In Adams, R., Dominelli, L. and Payne, M. (eds). *Social work futures: Crossing boundaries, transforming practice.* New York: Palgrave Macmillan.

Northen, H. (1982). *Clinical social work.* N.Y.: Columbia University Press.

O'Byrne, P. (2013). Assessment. In Worsley, A., Mann, T., Olsen, A., & Mason-Whitehead (Eds.). *Key concepts in social work practice* (pp. 20-25). Los Angeles, California: Sage Publications.

Palombo, J. (1982). The psychology of the self and the termination of treatment. *Clinical Social Work, 10,* 15-27.

Parker, J., & Bradley, G. (2003). *Social work practice: Assessment, planning, intervention and review.* Exeter: Learning Matters.

Payne, M. (2005). Social Work Process (ch2). In Adams, R., Dominelli, L. and Payne, M. (eds). *Social work futures: Crossing boundaries, transforming practice.* New York: Palgrave Macmillan.

Rose, S. D. (1995). Goal setting and intervention planning. In NASW (eds). *Encyclopedia of social work* (19th). pp. 1124-1129. NASW.

Rubin, A., & Babbie, E. (1997). *Research methods for social work.* Beverly Hills, CA.: Sage Publications.

Sheafor, B. W., Horejsi, C. R., & Horejsi, G. A. (1991). *Techniques and guidelines for social work practice* (2nd). Allyn and Bacon.

Siporin, M. (1975). *Introduction to social work practice*. New York: Macmillan Publishing Co.

Taylor, B., & Devine, T. (1993). *Assessing needs and planning care in social work*. England: Arena.

Zastrow, C. (1995). *The practice of social work* (5th). Brooks/Cole Publishing Company.

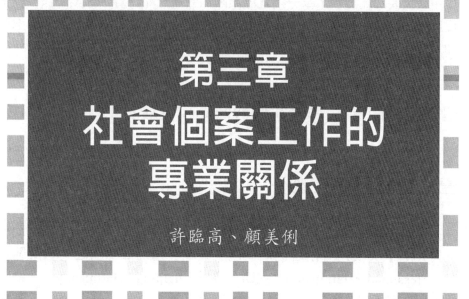

第三章
社會個案工作的
專業關係

許臨高、顧美俐

社會個案工作過程從接案、調查、診斷、處遇到結案所有的階段皆會受到專業關係的影響。專業關係會影響服務的成效與品質、決定案主改變的可能性以及助人的工作是否可以持續，所以說專業關係的建立是助人歷程中最重要的關鍵。本章分別就專業關係的概念和特質、專業關係中現實反應及非現實反應，以及助人過程中常會面對非自願案主抗拒問題的處理加以介紹。

 第一節　專業關係的概念和特質 許臨高

壹、專業關係的定義

當案主遇到困難無法解決而前往助人機構尋求專業工作人員協助，此時助人者與受助者兩者之間便產生關係，這種關係稱之為專業關係（professional relationship）或助人關係（helping relationship）。換言之，專業關係建立的目的是為了讓有適應困難的案主能以有效的方法解決其問題；或是協助當事人能善用自己的能力及社會資源，達成其期待的目標。

參閱相關的文獻資料，因助人專業人員訓練背景的差異，而使用不同的名稱來表示這種關係。統整相關學者對專業關係所提出的定義和重要內涵，所謂「個案工作的專業關係」是一種動態的、持續的互動過程所產生的助人關係。它在助人過程中是必要的媒介，透過專業關係的建立，社工人員得以運用助人的專業技巧，協助有困難的案主解決問題並對環境作較佳的適應（Biesteck, 1957; Hollis, 1990; Brammer, 1993; Johnson, 1995；廖榮利，1997；謝秀芬，1994、2002）。

貳、專業關係的特質

專業關係的形成與發展是案主與社工人員之間感受和態度交互反應的一個過程。要對專業關係的內涵有一個較完整的概念，則必須對此過程有所瞭解。由於社會工作者與案主均是具有獨特性的個體，這些獨特性將在互動的過程中影響雙方的態度和情感。隨著互動不斷地發展和變化，也使得關係的性質具有動態性（曾華源，1985）。換言之，在助人過程中，案主的心理感受與態度表達，引發了社工人員對這些感受和態度的回應，展開了「動態交互反應」的過程，只要專業關係繼續存在，互動將永不停止地變化著。而雙方互動的方向有下列三種（徐震、林萬億，1993）：

1. 來自案主對社工人員的部分：案主帶著他的基本需求和問題向社工人員求助，一方面陳述自己的困難和無助；另一方面帶著不安與懷疑，擔心社工人員是否願意聆聽其經歷？是否能幫助自己解決困難？是否會尊重自己？是否會為自己保密？是否會視自己為一個失敗者？或會強迫自己做不想做的事？
2. 來自社工人員對案主的部分：社工人員敏銳地察覺案主的需求與感受，並瞭解其中所含的意義，而後予以適當地回應。社工人員向案主傳達對其問題、優點與弱點的瞭解；尊重案主是一個「人」，不會批判案主，只想幫助案主，案主能為自己作決定；表達對案主接納等訊息，並期待案主能明瞭。
3. 案主向社工人員傳達收到的訊息並予以回饋：案主回應出對社工人員的態度與反應的瞭解，以語言和行為，向社工人員傳達其所接收到的訊息和對該訊息的詮釋。

三種互動實際上是交錯地發生於案主與社工人員接觸的過程中，以上說明只是概念性的劃分。總言之，案主的心理需求與反應，和社工人員態度與回應的品質，都會影響整個助人關係的建立與發展。

根據Perlman（1983）的觀點，專業關係與每天自然發生的關係有很大的差異，其認為專業關係是有時間限制的；其存在是為了案主；在專業

關係中包含權威及支持權威的存在；專業關係也具有控制關係的存在，換言之，個案工作專業關係之建立是有目的的、有時限的、以案主利益為優先考慮的，及具權威性的。在整個助人過程，助人者得依據專業知識和助人技巧來加以處理（張振成，2001）。Keith-Lucas（1986）指出助人關係必須具有以下八個特質：

1. 助人關係是一個雙向而非單向關係，需要助人者與受助者兩方的投入。
2. 助人關係不一定是令人愉快的，因為在助人過程需要處理及解決問題，而這些問題往往是令人沮喪、難以面對及充滿矛盾痛苦的。
3. 助人關係包括兩個同等重要的關係，助人者一方面要立基專業知識以分析受助者情況和規劃行動；另一方面需要情感反應與投入，使案主感受到同理與支持，而有意願改變。
4. 助人關係建立的目的是唯一的，那就是以受助者願意接受的方式予以協助。
5. 助人關係強調的是此時此地應該做的事，協助案主從過去的經驗抽離出來，避免責備過去的錯誤，也避免不斷環繞在過去的挫折中。
6. 在助人關係發展的過程中，要能提供一些新的資源、思考方式和溝通技巧等，使案主有能力自行解決問題。
7. 助人關係是非批判的、接納的、尊重的關係，允許受助者表達負面的感受和情緒。
8. 助人關係必須能提供受助者經驗抉擇的自由，不剝奪受助者經歷失敗的機會，但助人者能從旁提醒，適時伸出援手。

總言之，專業關係的本質和形成，事實上係由同理接納和指導監督二者間相互融合或交替使用而成。助人者必須確定案主已經信任和接納其本人，並在處遇過程中不斷地向案主解釋指導監督的用意和必要性，以使案主不致對前述兩者看似相互矛盾的關係感到困惑，同時鼓勵案主儘早學習

自我指導和監督，以利適時終止此一助人的專業關係。另，細心檢視助人者與受助者在處遇過程中可能產生的扭曲關係，也是處遇專業關係中極為重要的課題（施教裕，2002）。

參、臨床社會工作學派對專業關係的觀點

關係的建立是助人過程中的心臟，關係的品質決定了助人工作是否能夠繼續，案主是否能有所改變。關係的功能與重要性在每一個臨床治療理論中都有其地位，只是每個治療學派注重的程度不同而已（Brammer et al.,1993）。事實上，社會工作所服務的案主有許多是非志願性的案主，沒有良好關係的建立，治療工作將難以有效地進行。

在社會工作的發展史上，臨床社會工作的各種理論主要是來自實務經驗的累積，其深受心理學三大主流學派的影響。早期受心理分析學派的影響很大，後來又受行為學派和人文主義學派的影響。

以下將以表格簡要說明五個實務理論對助人專業關係的觀點（見表3-1）。這五個社會工作實務理論是傳統以來社會工作實務理論之主流，也是臺灣社會工作者實務運作重要理論的依據（張振成，2001）。

表3-1　臨床社會工作學派對專業關係的觀點

理論學派	助人專業關係
診斷或動力學派 （Diagnosis or Dynamic School）	1. 較不重視助人的專業關係。 2. 該學派對於個案工作者與案主關係的觀點，主要是受心理分析學派的影響。 3. 個案工作者與案主之間的關係是專家對案主的關係，個案工作者必須保持客觀、控制自己的情緒來幫助案主，使其能頓悟和解決內心之衝突。
功能學派 （The Functional Approach）	1. 因反對診斷學派不重視助人關係而產生的觀點，其認為專業關係在助人過程中是非常重要的。 2. 改變的重點不在於社會工作者，而是受助者本身；個案工作者可以善用專業關係與助人過程，來協助案主增強自我意志力，以達到自我改變、自我成長的目標。

理論學派	助人專業關係
	3. 在求助的過程中，個案工作者僅從旁協助，使案主發揮自我負責與自我接受的能力。案主運用「自我」以達到求助的目的，此不但是案主的權利，同時也是案主本身的責任。 4. 認為個人的生命本身是一種過程，存在著不可預測的危機，而社會工作專業是藉著社會工作的機構，以及個案工作者與案主之間的專業關係，幫助案主度過危機。
問題解決學派 （The Problem-Solving Approach）	1. 認為「關係」是助人的核心，有意義的關係在助人過程中是很重要的，必須透過專業關係才能達成目標。 2. 專業關係是指案主與個案工作者基於信任與關懷而建立的一種關係。 3. 個案工作者利用這種關係來減輕案主壓力、促進其安全感，並和案主的重要他人聯繫合作，以共同解決問題。個案工作者也期望透過此一協助關係，促使案主改變自己及其所處的環境。
生態系統個案工作理論 （Ecosystems Theory）	1. 重視專業關係的建立，認為在提供專業服務的過程，首先應建立個案工作者與案主的專業信任關係。 2. 個案工作者在提供專業服務的過程，必須尊重案主的個別差異及案主自決的基本原則。 3. 在進行個案問題評估與提供服務過程，應儘量鼓勵案主參與整個過程。
心理暨社會學派 （The Psychosocial Approach）	1. 非常重視，且強調個案工作者與案主之間的專業關係。 2. 認為個案工作者與案主之間的關係是心理暨社會治療的基石，關係的發展與運用之程度決定案主受助的功效，成功的治療依賴著關係建立的品質。 3. 在助人過程中，常會涉及情感轉移與反情感轉移的現象，專業人員不應忽略或逃避這個現象，且要有目的的及時發覺，並善加運用到案主情緒與社會適應態度的改變上。

資料來源：整理自張振成（2001）。臺灣臨床社會工作者建立助人關係經驗之敘說分析，pp. 28-37。

肆、個案工作專業關係建立的原則

針對受助者的心理需求，Biesteck提出了七項原則，茲介紹如下（Biesteck, 1957；張振成，2001；謝秀芬，2002）：

1. 個別化：每一個人對於其所面對的壓力、挫折和挑戰，會有不同於其他人的看法和感受。個案工作者能充分認識和瞭解受助者心理上、生理上和社會環境上的獨特性質，能以適合受助當事人的工作原則和方法提供不同的協助。

2. 有目的的情感表達：受助者希望助人者能充分認知到自己有自由表達內心感受的需要，能被有目的的傾聽而不受到責難。而這些表達有時是為了宣洩情緒；有時是為了減緩壓力、釋放緊張；有時是為了尋求支持、解決問題等。

3. 接納：助人者應接受受助者為一個真實的人，接納其優點和缺點、其所具有的特質、其所表達的各種觀點、態度和行為，視案主為一個有尊嚴和有價值的人。不過，「接納」並不代表「贊同」不合理或不良的態度和行為。

4. 適度的情感介入：個案工作者要能敏銳地察覺受助者的感受，並對受助者的反應和情緒，表達出有目的且適當地瞭解和接納。

5. 非批判的態度：在助人的過程中不當的面質，會讓案主感覺受到批判。個案工作者不對案主本人或行為加以批評或譴責，不過這並不是說個案工作者不可以對案主的態度、行為作專業的評估。

6. 案主的自我抉擇：個案工作者深信案主有自我抉擇的權利和能力。當案主求助於專業人員，不意味著其要放棄自我決定權，但是受助者的自決權並非毫無限制的，當其自決權有可能導致自傷或傷害到他人時，此時的自我抉擇權將由個案工作者基於保護職責而暫代。

7. 保密的原則：個案工作者應善盡專業倫理之職責，對案主的相關資料予以保密。當個案工作者因協助上之必要，得與相關人等討論時，應以獲得案主同意或合法授權的案主代理人之同意為原

則。由於保密並非絕對的，個案工作者應告知案主資料保密之限制及其可能產生的結果。

伍、專業關係中有效助人者的特質、態度與行動

綜合Brammer等人（1993）提出有效的助人者要具有下列特質：

1. **處理問題的智慧和能力**：助人者必須要具有超越平均以上智力的能力，以及處理抽象混亂的問題和案主複雜人格的能力。
2. **自發性**：由於助人的過程沒有一套固定且機械化的公式，是以助人者必須能敏銳地洞察案主行為，並對案主的陳述及情感作整體和立即性的反應。
3. **接納與關懷**：所謂「關懷」是對案主福利給予無條件積極的關心，通常案主能有效改變多是經驗一種正向接納的態度和無條件的瞭解、愛與尊重；若想透過建議、說服及威脅來改變案主的態度，一般而言可能性較低。
4. **瞭解與同理**：有效的助人者似乎更能瞭解及同理其案主，事實上，許多研究支持同理是助人成功的一個關鍵變項。
5. **溫暖與人性的接觸**：助人者人格中敏感的、友好的、體諒的等特質是溫暖的要素，而溫暖的表達是建立有效關係的基礎。
6. **自由與自在**：助人者在助人過程所呈現的自由與自在，以及不具「權威及批判」的態度，可以使受助者更自然地表達、洞察及接納自己的感覺。
7. **一致性與透明性**：助人者必須在與受助者會談和互動中突顯這些特質，呈現其是一個真誠與真實的人。當助人者的「真誠」及「自我一致性」分數越高，則其所服務的案主進步與改變則會越多。而「透明」則是讓案主清楚知道助人者的想法與情緒，以降低案主對不可預知所產生的焦慮與不安。
8. **彈性**：助人者應對案主問題的處理，使用一種具有創造性及具整

合觀點的彈性態度。

欲與受助者建立良好關係，Boer等人（2006）針對助人者的態度和行動，提出以下兩項建議：

一、溫暖的、小心的和深思熟慮的運用權力（Soft, mindful and judicious use of power）

1. 覺察自己的權力展現，以及案主的恐懼、防衛和憤怒。
2. 以瞭解和支持取代敵意和壓制，面對案主的負向態度。
3. 傳達尊敬和不批判的態度。
4. 提出清楚和誠實的解釋其之所以「涉入」受助者問題的原因。
5. 以受助者所能理解的語言，說明其會有的擔心和害怕，以減緩非現實的恐懼。
6. 針對在接案、轉介所蒐集到的正確和真實的檔案資訊，進行預斷（prejudging）。
7. 傾聽和同理受助者的故事。
8. 指出受助者的優點並傳達可敬之處。
9. 不斷地確認訊息，以確保雙方的瞭解和共識。
10. 在下結論之前，需不斷的探索和討論彼此關注的事件。
11. 以支持的態度，面對受助者新揭露或是故態復萌的問題。
12. 貫徹個人的責任和承諾。

二、展現傳統專業人道關懷的態度與作風（Humanistic attitude and style that stretches traditional professional ways-of-being）

1. 運用面對面、真實而非戴著專業面具的態度對待受助者。
2. 運用小型的晤談，以建立舒適和融洽的氣氛。
3. 從社會和生活史的脈絡，以全人的觀點去認識和瞭解受助者。

4. 將受助者視為一般人，其或多或少會發生一些問題。

5. 對受助者的長處加以認同，並肯定其長處可以成功地因應所面對的困難。

6. 能設定符合現實的目標，並對受助者的進展有耐心。

7. 對改變的可能性，抱之以真摯和樂觀的展望。

8. 審慎地自我揭露，以發展有意義的個人連結。

9. 能真實地感受到受助者的痛苦和所顯現出的情緒。

10. 能實現所交付的責任，完成專業任務和嚴守專業界線。

另，根據Patterson的觀點，一個有效助人者不僅能向內探索，也能向外探索；會認同與尊重自己，且不會利用幫助案主機會來滿足私慾；會嘗試瞭解案主的行為，但不會有預設的價值判斷；能對人類行為有深度的瞭解；能夠有條不紊地推論，做系統性的思考；能跟得上潮流所趨，並對人類所發生的事件採取超出地域的觀點；能讓求助者對他們產生信任、信賴和信心；能傳達關懷與尊重給需要協助之人；能夠協助案主辨識自我挫敗的行為模式，和改變此種行為模式，代之以對案主有利的行為模式；能夠區分健康和不健康的行為模式，並協助他人發展出健康的行為模式（張振成，2001）。

綜言之，助人關係是很複雜的，助人者不要假設可以用相同的態度與行為去影響所有案主，而是要盡其可能地去評估，其在助人過程中，每一個行為對案主所可能造成的影響（Brammer et al., 1993）。

陸、專業關係中的界線

有效的實務處遇是立基於清楚的專業角色，專業的助人者與受助者之間維持一個清晰而不模糊的界線，有助於瞭解彼此關係的本質與目的。關係上的混淆，或是雙方有雙重或是多重關係，例如：受助者視助人者為其朋友、情人或是事業夥伴等，將不利於專業關係的發展和運用，明顯地影響處遇的目標和過程。本節將就雙重或多重關係的概念等分別說明之。

一、雙重或多重關係的概念

雙重或多重關係是在描述助人者與專業工作場域外的服務接收者有各種不同形式的接觸與互動，其受到心理治療者、諮商者及社會工作者大量的關注（Syme, 2003）。較受非議的雙重或多重關係，包括雙方有金錢借貸、透過提供服務以滿足個人情緒上的需求、非正式的社交互動、贈送或交換禮物、追求個人的利益，包括錢財和物質等來往、有性關係等（包承恩等譯，2000；Jayaratne, Croxton, and Mattison 1997; Reamer, 1998）。

但是，雙重或是多重關係在某些情況下很難避免，例如：在非城市地區，像是鄉下小鎮、農村社區等，社工人員與受助者在許多生活面向會有許多正式與非正式互動的機會；城鄉之間潛存著文化差異，像是交通運輸、孩童照顧、各類服務，以及工作機會和聘僱等，導致地方組織、社區工作和實務期待上的緊張；小社區或是鄉村的社會工作者很難保有個人生活的隱私及專業界線，如何在社區中「管理」個人生活、專業形象和保密問題，實為一個重大的挑戰（Pugh, 2006）。

二、雙重或是多重關係議題的評估（assessing）與管理（managing）

欲有效處理專業界線的議題，社會工作者必須清楚瞭解符合倫理（ethical）和不符合倫理（unethical）雙重關係間的區分。目前在美國或是加拿大等國，已有許多學者接受不可避免的雙重或是多重關係，其相信若是助人者能持續注意並對此種關係所可能涉及到的利益和風險不斷地加以評估，將具有潛存的助益（Reamer, 2003; Galbreath, 2005）。

針對雙重或是多重關係議題，倫理學者Galbreath（2005）提出以下五個處理階段：

1. 檢視個人、社會、機構、案主和專業等的價值觀。
2. 考量可運用在雙重或多重關係議題上相關的專業標準和規定。

3. 假設各種可能採取的行動方向，並考量相關的優點和長處。

4. 針對社會工作人員採取的行動，確認可能的益處或是傷害。

5. 向其他專業人員、機構的管理者或是督導尋求諮詢。

另，有一些從事心理治療的學者針對雙重關係提出以下的檢視，以利專業工作人員與服務對象在可能產生雙重關係前進行評估（Younggren's, 2002）：

1. 雙重關係是否有必要？

2. 雙重關係是否恰當？

3. 雙重關係中誰會得利？

4. 雙重關係是否是一種風險？是否會對病人造成傷害？

5. 雙重關係是否是一種風險？是否會對治療關係造成干擾？

6. 在進行評估時，是否有處在客觀的立場？

7. 在處遇的記錄中，是否充分地將決策的過程如實撰寫？

8. 案主是否有被告知且瞭解涉入雙重關係可能遭遇到的風險？

而Gripton和Valentich（2003）針對社會工作實務也提出類似的檢視，其建議社工人員針對雙重關係做決策時，應評估以下十個因素：

1. 案主易受傷、脆弱（vulnerability）的程度。

2. 社會工作者與案主間權力的差異。

3. 案主的風險（risks）。

4. 專業人員／社會工作者的風險。

5. 對案主的好處（benefits）。

6. 對專業人員／社會工作者的好處

7. 專業界線的澄清。

8. 專業角色的明確性（specificity）或擴散性（diffuseness）。

9. 替代資源的可近性（the accessibility of alternative resources）。

10. 社區價值和文化規範。

總之，有關專業關係界線的議題，社工人員必須特別小心地考量文化和種族規範可能造成的影響。為保護案主，將可能造成的傷害降至最低，以及減少社工人員和案主間因行為不當，或是專業上的疏忽，所導致倫理上的抱怨，或是法律上的訴訟問題等，社工人員應建構明確的「風險管理」之標準和程序。一個健全專業關係界線的風險管理條款，應包括以下六項重要元素（Reamer, 2003）：

1. 要警覺潛存或實際上有關利益的衝突。
2. 告知案主和工作上的夥伴，有關潛存或實際利益上的衝突，並探詢合理的改善方法。
3. 為確定適切的界線和做出建設性的選擇，社工人員可以向同事和督導進行諮詢，以及閱讀相關的專業文獻、規則、政策和倫理守則。
4. 針對專業關係界線的議題，設計適切的行動計畫。
5. 針對專業關係界線的議題，詳載所有的討論、諮詢、督導和其他所採取的任何步驟。
6. 發展出一套有效的策略以監控行動計畫的執行情況。

 ## 第二節　助人關係中助人者與受助者之現實反應

許臨高

　　在整個助人的過程中，助人者或是受助者均不可避免會將個人的認知、價值觀、經驗、需求等帶到服務的過程中。助人者或是受助者的態度和反應，有些是屬於現實的反應、有些則是屬於非現實的反應，不論是屬於那一種，對助人過程都會有所影響。本節將分別就助人者與案主的現實反應與需求，作一簡要的介紹。

壹、助人者的現實反應產生之原由

綜合學者的觀點，茲簡要整理助人者的現實反應主要原因有以下五項（Hollis, 1990; Woods & Hollis, 2000）：

1. 源自人性的弱點：例如：面對具吸引力的異性案主；出自於個人的優越感；不可避免的加之以個人主觀價值判斷等。
2. 來自案主及其問題：面對不同年齡層的案主，或表現出較有自信，或感到壓力缺乏信心；面對有嚴重困擾、問題複雜、凶殘暴力等的案主，會引發助人者的焦慮、害怕、緊張、逃避和挫敗的感受等。
3. 來自工作環境：例如：組織氣氛凝滯低沉、工作要求過重不合理、工作環境吵雜等，易使助人者無法專注，情緒浮動、耐心不足以致影響助人之成效。
4. 源自個人因素：助人者個人除面對工作挑戰外，也可能要面對其他的挑戰和壓力，例如：親人生病或意外死亡、個人患疾不適、失眠等，導致身心俱疲，無法全心全意協助案主解決問題。
5. 來自專業訓練及實務經驗累積的因素：助人者受到專業訓練的影響，對很多現象所作的診斷與詮釋，以及對案主問題的理解與接納，自會與一般人有所不同，是以此種反應是屬於助人者的現實反應。

貳、助人者的現實反應出現之類型

根據Woods和Hollis（2000）的說法，出現在助人過程中工作者的現實反應，可分為以下八種：

一、工作者的訓練（The Worker's Training）

　　助人者不會認為案主所表現的行為是一個單獨的事件，其習於將案主的反應解釋為是受其個人生活史的影響，而案主的防衛行為是為了因應個人的焦慮。除注意到案主外顯的行為，助人者亦嘗試解釋導致這些問題的複雜原因，即便是缺乏明顯的理由，其也相信必定是有造成其發生的原因，也許是案主生活經驗或是體制所造成。

　　一般而言，受過良好訓練、有正確自我認識的實務工作者，所出現的自然反應常會受到個人專業訓練的影響。舉例來說，專業人員解讀很多現象常有別於一般的門外漢，例如：「生氣」（anger）可能會被解釋為「防衛性的敵意」（defensive hostility）或是焦慮（anxiety）；至於「防衛」（defensive）可能會被解釋為「過於嚴屬的超我」（overly severe superego）或可能是案主害怕受到批評。

二、診斷上的詮釋與理解（Diagnostic Understanding）

　　對案主進行診斷性的思考模式，可以協助實務工作者瞭解並以現實的態度有效地去回應案主防衛行為背後所代表的意義。舉例來說：一個曾遭受情緒剝奪而具強烈依賴性的案主，其背後的意義可能是源自於過去未被滿足的關係，以至於對助人者有著不切實際的期待；一個具有同性戀傾向的案主可能會輕描淡寫地描述其性方面的喜好，其背後的意義也許是害怕社會工作者看不起他（她）或嘗試改變其性的傾向。所以實務工作者若能將案主的許多行為解釋為是受助者對其個人痛苦與害怕所出現的反應，那麼助人者就比較容易克服對受助者某些特質或行為上的不喜歡或厭惡。

三、對苦難的瞭解（Understanding of Suffering）

　　在工作的過程中，助人者不斷地接觸和面對帶著失望、悲傷、挫

折、無望、飽受身心疾病折磨的案主；聽他們敘述過去的生活歷史，理解到這些被扭曲的人格是如何在幼年的時期被不當的對待、摧殘剝奪，一步一步地走向不幸和苦難。透過專業訓練和提供服務的過程，實務工作者觀察到案主許多生活的苦痛，隨著經驗的累積，這些助人者會不斷地修正其面對案主時的各種反應，而這些回應有著更多自發性地理解和接納。

四、反治療的反應（Countertherapeutic Responses）

儘管助人者的感受，可能對處遇過程帶來「反治療」的效果，但下述的例子都屬於助人者的現實反應。例如：面對帶有敵意、抗拒或具攻擊的案主時，社會工作者會感到惱怒；面對生氣或對其有負面感受的案主，社會工作者會感受到威脅；案主的問題超過專業能力之所及，社會工作者會感到焦慮不安；偶而可能會遇到極度憤怒、精神失常的案主，引發社會工作者心生畏懼，害怕自己遭受傷害等。

一個成熟且稱職的社會工作者，會依據其專業的價值觀適度地表達其個人的感受。事實上，一般學者們都同意在專業關係發展的過程中，社會工作者真誠、坦白、平易的態度是必要的，但適度地抑制情緒的表達並非是不真誠的表現。

實務工作者的專業訓練使其可以充分覺察到自己的反應，並有效地「控制」自己的表達。甚至當其出現敵意、反感或一些其他「反治療」的情緒，而無法創造出瞭解和接納的氣氛和態度時，通常實務工作者都會試著避免將此種負面的感受轉換成言語或行動，主要的原因是實務工作者相信受情緒的影響所做「衝動」的表達，會傷害到案主也會破壞治療的目的。

考量是否會影響目標的達成，而非基於個人需求考量的情況下，特別適合實務工作者選擇作自發性地或是明確地表達個人正向或負向的情緒。實務工作者的客觀性和適度的保留，並不會妨礙助人者溫暖和真誠的展現，如何持續地及有意識地和案主維持距離和親密之間的平衡，對實務工作者而言才是處理其「現實反應」該有的態度。

五、分享工作者的反應（Sharing Worker Reactions）

在特殊的情況下，實務工作者可以讓案主理解其個人在處遇過程中對案主正向或負向的反應與感受，以協助案主瞭解其個人態度行為對他人所造成的影響和所可能導致的結果。專業助人者的回饋可以刺激受助者反省其習慣性的行為模式，和重複出現的感受或思想所具有的意義。但是，此種介入方式，時間的選擇是非常的重要，必須基於工作者正確的診斷並確定案主已準備妥當，而非為滿足實務工作者的需求所產生的自發性反應。

舉例來說，一位患有邊緣性人格失調的中年已婚女性案主，在初期會談時，會週期性地向社會工作者抱怨並未受到足夠的重視，工作者將此抱怨視為源自於案主幼年父母情感上的剝奪，所導致案主的不滿和生氣。之後，案主開始拖延每一次晤談的時間，甚至纏著社會工作者要求其擁抱，這樣的行為導致其他預約案主的等待，工作者認為案主不會為他人著想，也造成諸多的困擾。然而，工作者不論是用堅決態度拒絕案主的要求，或是懇求案主說明如此做之理由，案主仍持續此種行為。經過好幾個禮拜的會談，最後社會工作者決定誠懇地和案主分享她的感受，她告訴案主說自己開始對延遲晤談的結束感到厭惡，並表示一直以來她都是準時開始晤談，她希望這樣的態度不只是針對這位案主，其他的案主也應該獲得相同的對待。自此，雙方才算建立了一個真正穩定且完整的關係，而案主也才能開始面對並願意去處理其「永遠無法被滿足」的感受，也讓實務工作者有機會去協助案主面對其人際疏離真正關鍵之所在。

六、工作者的反應被視為診斷的工具（Worker Reactions as a Diagnostic Tool）

有時候工作者對案主主觀的反應可能會成為一個診斷的工具。每一個助人者在面對即使是同一個案主行為時的反應不一定相同，但隨著經驗的累積，實務工作者在面對某一種特質的案主時，會有一個相類似特定的回應模式出現。就如同一個經過驗證的理論對案主和其情境所做的預估，

我們「主觀的反應」會告訴自己對所服務的受助者一個診斷思索的方向，但在作成完整的評估前，還需要檢驗其他相關資料以確認此項預估的正確性。

　　舉例來說，社會工作者在與一位案主會談完之後，會覺得力量耗盡、有枯竭之感，也許意味案主是一個意志消沉、憂鬱沮喪、過度依賴，或具消極被動，或具攻擊性特質的人；當社會工作者會談時，有急躁、惱怒、挫折或罪惡感之情緒，可能面對的是有過多要求、操縱型、過於逢迎拍馬的案主。

七、處理「不經心」所造成「反治療」的失誤（Handling Countertherapeutic "Slips"）

　　不論是多麼的有經驗或是有很清楚自我認識的實務工作者，仍是無可避免地出現「並非故意地」或是「突然衝動地」向案主表露出「反治療」的反應。不論此種反應是針對案主行為所出現的現實反應，或是源自於工作者內在的某些問題，都可能意味著不是為案主最佳利益所做的「表達」。總言之，當助人者與受助者彼此間的互動，明顯地出現反效果時，實務工作者不可逃避，應將該情況作適當地處理。

　　舉例來說，當案主覺察到社會工作者生氣的情緒而加以詢問時，工作者不應加以否認，而是自省對案主行動是否為合宜的反應，或是作了過度反應，工作者應思考該如何針對實際情況加以處理。

　　讓案主知道工作者是人也會出錯，鼓勵案主表達對工作者真正的看法，並給予誠實或誠懇的回應，此舉會讓案主覺得實務工作者有真正在傾聽和瞭解其感受，將有助於強化案主對工作者的信任。此外，實務工作者此種行為亦不失為一個良好的示範，讓案主理解到人際間即便是如此的複雜，若能以開放真誠的態度去探討彼此間的困難，通常可以導致問題的解決和彼此之間關係的成長。

八、正向的感受（Positive Feelings）

　　實務工作者對案主的成就、能力或人格特質表示敬佩或讚許，對受助者而言，通常會是一個很好的支持。此種來自真誠、經過篩選而非隨工作者高興所做的回應，有時會對案主產生永恆的意義，並促進其情緒的成熟。但有時實務工作者若過於欣賞某些案主而作了可能造成治療的反效果的不當回應，此時，可運用「我」的陳述加上「直率的」解釋說明，對案主而言是支持也是尊敬。

　　舉例來說，當助人者過於「慷慨的」給受助者許多的稱讚，雖然促成案主的進步，但可能是案主覺得有義務讓工作者「開心」，即使案主本人並不同意治療師的做法；也或者會讓案主誤以為社會工作者不夠真誠，根本認為其能力弱，是以需要不斷地給予鼓勵；亦有可能將社會工作者的行為解釋為想要與案主建立社會關係等。當社會工作者覺察到案主有前述的想法時，可直率地向案主表示：「你是否擔心如果重新回到先生的身邊，會引發我的不快？因為我曾經鼓勵你並稱讚你離開他？」或「我猜想我對你又有了新的工作機會過於興奮，以至於向你提供了許多你根本不需要的建議！」

　　總言之，面對來自前述五種因素所產生的現實反應，工作者能加以覺察且盡量避免表現出有不當的情緒和反治療的態度。如果案主感覺到工作者的異狀而向其詢問時，實務工作者應以真誠的態度適度地向案主表露，讓案主瞭解工作者有此反應的原因所在，必要時亦可徵得案主同意，結束會談。如此做法，將具有治療的意義。

參、受助者的需求與現實反應

　　一般而言，受助者在面對問題情境，通常會產生二種情緒，一個是對所發生的困難產生無力、無助、無望、無奈等複雜感受；另一個方面是在向外尋求助力時所產生的各種複雜矛盾的情緒。

每個案主均會基於其個人心理的需求，而在受助過程中，表現出各種態度和情緒反應。Biesteck歸納了以下七種案主會出現的現實性心理需求（Biesteck,1957）：

1. 期望被視為是一個獨特的個體：是一個擁有不同的生活背景、生命經驗、思想、感受、人格特質和生理條件的人，而不是一個個案或問題類型。
2. 期望能表達感受：期待能與他人分享和表達恐懼、焦慮、憤怒、仇恨、歡喜、舒適、快樂和高興等的感受。
3. 能被視為有價值的人：不論當事人是如何的無助、曾經犯過什麼錯、生理上有何缺陷等，都需要被他人視為一個有價值的人，是一個與生俱來有尊嚴的人。
4. 能獲他人的關切與瞭解：不管當事人所表達的感受為何，都有能獲得對方的關切和瞭解的需要。
5. 不受批判：當事人對自己的問題或行為的表現，期望不受他人的責備或評價對錯，只有當事人可以評判自己的表現和行為。
6. 具有自我決定權：當事人對自己的生活有充分的抉擇權和決定權，期望能適時得到別人的協助，而非受控於他人。
7. 獲得保密：當事人希望個人的隱私權或祕密能得到充分的尊重和不外洩。

綜合前述之說明，我們必須小心地避免將受助者的現實態度與反應視為「非現實的反應」。以下參閱Woods和Hollis（2000）的觀點，針對受助者現實反應提出五點說明：

一、害怕尋求協助（Fears about Seeking Help）

當事人前來尋求幫助，不論是因為個人的問題、或人際間問題，或甚至是當下情境中所發生的問題，他們幾乎都會經驗某種程度的焦慮。以下

說明可能產生的原因：

1. 部分原因是求助者通常會知道問題的本身或問題的解決與否，多少是與其個人有關，所以在意識上或潛意識中會產生羞愧感、自責情緒。

2. 求助者也可能意識到為解決問題所必須做的任何改變，包括：內在及外顯行為或態度，這些改變多少會導致案主的緊張和不舒服感，此種感覺對任何求助者而言是普遍存在的，但是，程度卻會隨著處遇（treatment）是否進入問題的核心或只是環繞在周邊非關鍵事件（peripheral matters）而有所不同。

3. 會讓求助者覺得不舒服的另一部分原因，是在受助的過程，似乎意味著對社會工作者的依賴，案主感到失去獨立感。所以，我們常會聽到案主表示「我對自己前來求助感到不好意思」或是「我想要自行解決自己的問題」。

4. 對某些案主而言，求助意味著「懦弱」、「無能」，代表著自己沒有能力解決問題，此種感受會引發兒童時期失敗的感受，進而使案主喪失自尊和失去對自己能力的自信，面對助人者，受助者更可能會感覺到自己「低人一等」。當然在面對一個全然陌生的助人者，所可能出現的批評和責備，更是令案主害怕。

二、非自願型的案主（Involuntary Clients）

不論前來求助是完全被迫或稍微被逼，這些案主多半會伴隨著生氣和焦慮的情緒。此種類型的案主會視「求助」是對他們能力的否定，是對其獨立自主的干擾。是以，在被迫接受服務時呈現出憤怒、不信任或感到受批判和被責備等，是預料中的事情。

例如：對被父母或重要他人強迫去接受臨床工作者會談的青少年而言，由於其正掙扎於獨立和依賴的衝突階段，想要發展出自我認同，故會視社會工作者等同於他們的父母、師長，是一個想要控制他們的權威者。又如，老年人被家人強迫接受輔導，以改變長久以來「不當」的生活態度

或方式，會引發失去老人最重視的尊嚴和獨立自主的焦慮；或是針對兒少保護所提供的服務，案家擔心「不合作」所可能帶來的後果而不得不配合。前述所舉的例子，在助人關係中可被視為「現實反應」。

三、受過去經驗或認知的影響（Effect of Prior Knowledge）

事實上，任何一位受助者都會深受以往被協助，不論是好的或是不好的經驗所影響。此外，來自其親朋好友、同事所提及的個人受助感受，或是媒體對專業工作者相關助人報導等，均不可避免地會引發案主對至少是初次見面的社會工作者有先入為主的印象。

四、案主和工作者彼此間的差異所產生的不同期望（Expectations Based on Differences Between Client and Worker）

案主對社會工作者或某一特殊機構的態度，會受其原生家庭、社經地位，或文化環境的影響。一般案主在面對可能是來自於不同的性別、年齡、宗教信仰、膚色、穿著打扮、性傾向、教育背景、生活經驗、經濟收入，以及擁有資源、權力和專業權威的助人工作者，會產生憂慮、擔心和不安。更何況對有些曾經經歷過歧視、社會迫害和文化剝奪的受助者而言，在面對助人者會產生害怕、不信任、懷疑或憤怒，絕對是可以理解的，不可以將這些案主的反應與「情感轉移」加以混淆。

五、助人者的態度（The Worker's Manner）

專業工作者的一言一行也是影響案主現實反應的要素之一，所以在對受助者的行為反應界定為「情感反應」或視為「抗拒的行為」之前，助人者應審慎的反省自己是否有做些什麼或說些什麼，而使得案主有負面的反應。

舉例來說，有些助人者有時會因工作過度、不良的健康情況、情緒不佳、私人問題等，而對案主失去耐心或是無法專注、言語中多有批評譏諷，在態度上出現敵意；有些助人者可能因個人的人格特質上具有批判的特性；有些工作者會不自覺出現優越感或是支配案主的言行，置受助者於不必要的依賴或處於低劣的地位；也有些工作者會表現出需要被愛或是案主的肯定；或經常有約會遲到或遺忘答應案主的事；不幸的是，甚至有些案主會因性別、年齡、性傾向、生活方式、生理的失智、失能或情緒的失調等因素，受到某些個案工作者以某種「僵化」（fixed）的態度對待。

　　事實上，即使是風評甚佳的工作者亦可能出現不該有的「非治療者」的反應。所以當助人者有前述不當的態度或行為，而導致受助者有負向的反應時，應將其視為案主的「現實反應」。

第三節　助人關係中助人者與受助者之非現實反應

許臨高

　　助人工作是一種人際互動的過程，在這個過程中，常可見到情感轉移和反轉移及抗拒等的反應，其可能協助或阻礙關係之建立（Brammer et al., 1993; Woods & Hollis, 2000），以下針對助人者與受助者之非現實反應加以介紹：

壹、助人者非現實的態度與反應──情感反轉移

一、定義

　　「情感反轉移」為工作者對案主的非現實性（unrealistic）反應，Woods和Hollis（2000）解釋所謂的「情感反轉移」為「工作者將案主視為早期或目前生活中的人物，或是將與他人相處之不當方式可能是其人格

特質的一部分，帶入助人的關係中。」如果以更寬廣的角度來看反轉移，它可能只是一種兩個人之間剎那感覺的反應而已；它也可能是助人者投射的一種型式；換言之，它包含助人者面對真實存在或想像中的案主。

總言之，情感反轉移是助人者在治療或真實生活中，因過去重要關係中的某些事件而被激起的反應，他們可能在滿足自己的需求，且多於對案主提供服務上的努力（Brammer et al., 1993）。假如這種反應是負面的，這種被案主激起的負面反轉移將對所有助人關係產生破壞性的效果。如果所產生反應乃是正面的反轉移，諸如情愛的感覺，由於它們不易被確認，使得案主更顯混亂，造成更大的傷害（Brammer et al., 1993）。

二、來源

依Brammer等人的觀點，助人者的焦慮是情感反轉移的主要來源，而助人者的焦慮又可分為以下三種型式（Brammer et al., 1993）：

1. 源自於助人者個人過去未被解決的問題。
2. 自我期許和情境的壓力：工作者對案主情況的改善和問題的解決承擔相當大的責任；害怕因處遇上的失敗有損專業形象；或因過重的工作量，長久的工作時間，呈現出挫折、冷漠、沮喪和動機上的匱乏，形成所謂的倦怠效應（burnout effect）。
3. 助人者對受助者過度的情感涉入：例如：助人者對受助者表現出強烈的同情心和過多的關切；受到案主焦慮情緒的影響，工作者也表現出相當程度的憤慨和擔心等。

三、調適與處理

根據Brammer等（1993）學者的想法，所有助人關係中都會發生情感反轉移的現象。Woods和Hollis（2000）認為為了將反轉移現象降至最低，發展工作者的自我認識是工作者專業訓練中非常重要的一部分，但是

此種現象是無法完全被克服的，因為此種情況也或許是受助者所引發的現實反應中的一部分。然而情感反轉移往往有礙於專業關係的發展與服務的成效，所以工作人員對如何更增強對自我的認識，以及對反轉移的覺察與控制是非常重要的。Woods和Hollis（2000）針對自我認識，強調工作者必須針對下列的問題提高警覺（見表3-2）：

表3-2 自我認識檢視表

1. 源自原生家庭脆弱，易受傷害的部分。
2. 可能會被觸發反轉移現象的相關事件，例如：離婚、失去所愛之人等。
3. 各種偏見和刻板印象，傾向使用類似「邊緣性」（borderline）或「操縱的」（manipulative）等字眼，去概述一個人而非以具體的情況或特質加以描述；或形容一個家庭具有「多重問題」但末說明是那一些系統出了問題，所存在的困難又是什麼？
4. 急於去拯救案主，或「鼓勵」案主依賴。
5. 傾向於否認痛苦。
6. 過於認同案主的痛苦和創傷。
7. 無法忍受案主的「共生」和「依附」的情感轉移現象。
8. 不合理的害怕來自案主的憤怒，特別是針對工作者本身。
9. 慫恿案主強加入自己認定的討論議題。
10. 當案主的改變是很緩慢的或是不明顯時，工作者自己會感到挫折或對案主失去興趣。

資料來源：Woods & Hollis (2000).

Bramme（1993）等人提供了情感反轉移癥候的自我檢驗之指引（見表3-3）供助人者參考，以增進助人者對反轉移反應的覺察和掌控。

表3-3 情感反轉移的癥候

1. 發現自己愛打睏，無法傾聽和集中注意力。
2. 發現自己否認焦慮存在。
3. 發現自己容易感到緊張，例如：坐姿很僵化。

4. 面對案主的問題，與其說是具有同理心，毋寧說是有同情心。
5. 發現自己對當事人所說的內容採取選擇性的反應或解釋。
6. 發覺自己經常對當事人做了太快、太早且不正確的反應或解釋。
7. 發現自己對於案主的深層感受不予應有的重視或加以遺漏。
8. 對案主毫無理由地厭惡或被吸引。
9. 發現自己不能站在案主的立場為其著想，無法認同案主。
10. 發現自己過分袒護當事人與認同案主。譬如：當案主說上司對他不公平的時候，同情他而產生攻擊其上司之念頭。
11. 發現自己常傾向與當事人爭辯，並對當事人的批評產生過於防衛，或心生責難的態度與反應。
12. 覺得眼前的當事人是自己「最好的」或「最差的」案主。
13. 發現自己思想被案主所盤據，甚至對此有誇大的反應。
14. 發覺自己對某些案主會故意延遲會談時間，會談過程會有敷衍的現象，或草草結束會談。
15. 發覺自己會嘗試說些話，俾使案主產生強烈的情緒反應。
16. 發覺自己過分注意當事人的隱私資料。
17. 發覺自己會夢及案主。
18. 藉故太忙無法與案主會談，並歸咎於行政工作。

資料來源：Brammer et al. (1993)；廖榮利（1997）；潘淑滿（2000）；張振成（2001）。

　　欲改善專業工作的成效，必須要先提升自我覺察的能力，找出造成「反治療」的來源，不斷地對自己所進行的工作加以檢討與批判，以測知自我專業的成熟度（見表3-4）。

表3-4　情感反轉移自我檢視指南

1. 我為何對這位特定的案主之特質、言詞、行為做此反應？其背後的意義何在？
2. 案主的什麼特質觸發了我內在緊張的反應？
3. 在陳述意見時，我是針對什麼做反應？什麼訊息是我想傳達給案主的？有沒有因為個人成見，而影響自己對問題的反應？

4. 為什麼第一次會談時，我會說太多話而沒讓案主清楚表達？是不是因為自己認為需要讓案主瞭解我的專業能力，期望他能再來呢？
5. 我有沒有試著誘導案主讚賞或感激我，以滿足自己的欲望？或者用一些方法，讓案主利用我呢？
6. 我為什麼認為非那樣建議不可？是我認為案主期待我回答一切嗎？我回答得夠明智嗎？
7. 為什麼案主未能遵守諾言時我會感到混亂呢？我的情緒反應是否過度？是不是我對於自己的專業知識和技術缺乏信心？
8. 為什麼要問案主這個問題？我所問的是否符合協助案主的目的？還是只是基於我個人的好奇心？或是對他的批判？還是為了幫助案主釐清問題？
9. 是否案主的「抗拒」會威脅到我對自己能力勝任上的自信？
10. 為什麼我想把案主的父母、丈夫或妻子拉進諮商情境（或拒絕他們進入）呢？是基於專業的需要？或是擔心對案主過度涉入？
11. 是否這位案主「母性的」態度或長處，引發了我渴望有人可以依靠的傾向？
12. 身為社會的一個成員，我是否有受到這個社會文化因素的影響，因為我是屬於某種種族、具有某種社經地位，而感覺自己比案主優越或自卑？
13. 我是否過度同情那些因社會不公平、不正義所導致的受害者，而使我失去真正去理解這些與我有關聯之特定案主的獨特性？
14. 應當終止專業關係時，我會不會有不願終止關係的感受？為什麼？
15. 前述的各種反應是屬於現實反應？或是源自於我其他的生活經驗，或是我自己的人格特質？
16. 假使上述的反應是屬於現實反應，那麼在何時用何方法，基於治療上的考慮能和案主分享這些反應？
17. 假使是屬於非現實反應，那我究竟是受自己生活中的那個人或那件事引發所導致的反應？

資料來源：Brammer et al. (1993); Woods & Hollis (2000)；潘淑滿（2000）；張振成（2001）。

　　除了自我檢測與省思外，也可以透過外力的協助，例如：尋求機構督導或相關專業人員的諮詢；接受心理治療；參加成長團體、專業訓練或在職訓練；運用同儕督導等方法協助自己察覺是否有反轉移的反應出現，並

進一步釐清產生的原因，以去除個人專業關係中非現實之反應。如果經由努力仍無法消除對專業關係的干擾，則應將案主轉介給其他合適之專業人員（黃惠惠，1991；潘淑滿，2000）。

貳、受助者非現實的態度與反應 —— 情感轉移

一、定義

　　「情感轉移」是指案主將早期所經驗到的特殊感受或情緒經驗投射到助人者或其他重要他人等的身上。就助人過程而言，受助者對助人者錯誤的知覺，將會以許多型式呈現。例如：工作者可能被愛、被厭惡、被理想化、或被依賴等，助人者與受助者二者間的關係可能會重新呈現出過去案主所經驗到的類似情境（Brammer et al., 1993；潘淑滿，2000）。

　　不同的理論學派對情感轉移現象的觀點解釋是有差異的，因此助人者很重要的工作是要能夠去瞭解情感轉移的各種概念並應用到工作中。總言之，情感轉移對協助及被協助的雙方，有很強的影響且可能導出助人者的反轉移行為（Brammer et al., 1993；張振成，2001）。

二、類型

　　情感轉移依據Woods和Hollis（2000）的觀點，可分為以下四種：

（一）早期生活的情感轉移（Early Life Transference）

　　意指案主將其幼年對原生家庭多為父親或母親的經驗，投射到專業工作者的身上，通常這種情感轉移的現象是屬於一種前意識或潛意識的過程，然而，受助者可能會意識到其對治療者的反應有不尋常的緊張，例如：對工作者過度的生氣、愛慕、強烈的渴望或依賴等情緒。一般而言，案主是無法覺察到自己的反應是源自於早年經驗到被剝奪的人際關係之

「非現實」的一種現象，可能會誤以為是自己針對工作者真正的人格特質或行為之「自然反應」。

（二）替代的反應（Displacement Reactions）

會有像早期生活的情感轉移之類似情況的發生，但工作者替代的對象由父母轉變為案主生命發展較後期之重要關係人，例如：太太或先生。

（三）被移轉的人格形式（Transferred Personality Style）

與前述情感轉移一樣重要，但較為少見的特有現象，其亦被視為情感轉移反應的一種，例如：被帶入治療情境且源自於早期經驗與人互動之特殊行徑的行為方式，這些已經成為案主人格的一部分，不管案主是否將工作者直接與其早年家庭之重要人物加以連結。舉例來說，案主的原生家庭是以開玩笑的方式面對生活中的苦難和悲傷；或家庭成員間彼此基本的關聯是透過焦慮的方式來表達，而這些風格也會帶入治療的關係中。

（四）認同的情感轉移（Identificatory Transference）

Wachtel（1993）對情感轉移增加了另一個有趣的觀點，並以「認同的情感轉移」稱之。在此種情感轉移的過程，案主回應工作者是用案主早期生活重要核心人物對案主的反應方式。舉例來說，即使一位女性案主本人在日常的生活中大部分是呈現依賴、好相處的特質，但其自小是被父親以威脅恫嚇的方式支配掌控，是以在治療的過程，這位案主可能亦會以相同的態度對待工作者。

三、功能

案主對工作者的情緒反應與態度，可分為正向和負向兩種。正向的情感轉移是指案主對工作者投之以愛慕、依賴、理想化等的感受；而負向的情感轉移則是案主對工作者投之以敵意、攻擊和憤怒的情緒，有時也會有愛恨交織的矛盾情緒。情感轉移是有治療功能的，在個案工作過程中頗具

意義，工作者應善加處理與運用。情感轉移若處理得當會具有下列之功能（Brammer et al., 1993; Woods & Hollis, 2000）：

1. 可以使案主表達其扭曲的情感，如果助人者能以非一般人因應的態度加以回應，將可使案主的防衛降低，減少不當的態度投射到工作者的身上，有助於專業關係的強化。
2. 可以促使案主對工作者的信任，使關係的進展更為順利。
3. 可以使受助者洞察其情感轉移之起源及含意。

四、調適與處理

既然情感轉移對助人關係有其影響與功能，工作者不能忽視這種反應，也不應該將其視為一種干擾。在助人的處遇過程中，鼓勵案主向工作者開放討論其正向或負向情感轉移的感受，將扮演一個重要的角色。若能適度地加以處理，不僅可以讓工作者更加認識案主，也可以協助案主自我瞭解。因此如何妥當地處理受助者的情感轉移，就成為工作者介入的重要課題。以下說明情感轉移處理的原則（Brammer et al., 1993; Woods & Hoolis, 2000）：

1. 尋求適當機會處理。當案主出現非現實反應，經專業判斷案主若能對此情況有所理解將有助於處遇的功效，工作者可尋求適當機會進行處理。
2. 對案主的情感轉移表示接納。透過會談讓案主自由表達，協助案主瞭解情感轉移產生的主要原因源自於案主本人。
3. 針對案主焦慮之處提出質問，使其明朗化。例如：「談完這些事情之後，感覺上你好像卸下重擔，你認為何以會如此呢？」
4. 針對案主情感轉移加以語意上的反應。譬如說：「你是否覺得這件事情可能會惹我生氣，所以認為不應該談它。」
5. 直接解釋移情情感。譬如說：「有時人會覺得自己講太多，而陷

入不安，你認為你現在的情形是否為這樣？」

6. 治療者不重視「為何」，而重視「何事」。因為能夠瞭解「何事」，必然可以瞭解「為何」。

另針對前述四種情感轉移的處理，Woods和Hollis（2000）舉例說明如下：

（一）早期生活的情感轉移的處理

當工作者判斷是處理案主情感轉移的良好時機，且協助案主自我瞭解也是當下處遇之目標，此時工作者可以說：「當你認為我在批評你時，你是否會有你父親指責你時的感受出現？」、「你是否希望我能拿起電話為你詢問相關的資訊，即使你本人有能力為自己做這件事？這是否會讓你想起你和母親之間的互動關係？」

（二）替代反應的處理

「你是否希望得到有關我對於你是否應該離開你太太的建議？」或「你是否希望我告訴你該如何做，就如同你說你太太對你所說的方式？」運用反應式的溝通，工作者提出這些問題將可以鼓勵案主去思索，進而修改或拒絕使用。

（三）被移轉的人格形式的處理

如同前面所述，當時機合宜，工作者可以問：「不知你是否注意到當你感到非常悲傷時，你會開自己的玩笑以掩飾之？」或「我注意到你時常會表達對我個人健康狀況的擔心，事實上我健康情況十分良好，你認為這是怎麼一回事？」

（四）認同的情感轉移的處理

Wachtel建議可以以一種較為溫和的介入方式，例如：「當你使用如此強烈的語詞告訴我，你認為該如何布置我的辦公室，或如何重新安排等待室時，你是否在嘗試向我說明當你的父親對你指揮掌控時，你所經歷的

一切是什麼？」

　　總言之，在案主與另一位具有某種權威意義助人者的互動過程中，案主可以發現這種關係可以迥然不同於自己與父親之間人際反應，從中學習到過去未曾體會到新的人際關係，透過對情感轉移有效地處理，將可以協助案主從焦慮或罪惡感之中得到解脫，案主並可以因不同的對象，選擇不同的行為模式。值得注意的是，並非案主所有的情感轉移現象，都必須要予以治療，因其有時是來自於助人者過分的同情或涉入，所以，助人者應時常自我檢討是否有鼓勵案主產生情感轉移，這是相當重要的課題（Perlman, 1983；張振成，2001）。

 第四節　非自願的案主　　　　　　　　　　顧美俐

　　前來機構會談的案主，有自己決定要來、有意願求助的案主，也有所謂「不情願」的案主。但是案主的自願性並不是這麼簡單的二分法，而是一個連續性的從熱切地想要接受服務、猶豫但能忍耐接受服務、不情願、抗拒，到反對、有敵意地接受服務，這類不情願、抗拒的案主被歸類為「不合作」的案主。社工人員發現在提供服務的過程中，很難將「不合作」的案主帶入治療情境，或是決定他們感興趣或欲達成的目標。本節主要在介紹如何服務這類型的案主，首先針對非自願性案主的定義與類型作一介紹，其次再針對非自願性案主常出現的行為特徵，以及對與非自願性案主工作的知識來源作一說明，最後針對如何有效的協助非自願性案主提出一個整合的干預模式。

壹、非自願性案主的定義與類型

　　「非自願性案主」可分為兩大類型：第一類型是指被法庭命令要到機構接受幫助被迫要找社工人員協助的案主（mandated client），此類案主的人數一直在成長中。這些案主包括：酗酒者、藥物濫用者、假釋犯和

疏忽、或在身體上、情緒上、性方面虐待兒童的父母。這類案主來見社工人員是因他們不來的話會導致更不利的情況，如：入獄、終止父母的監護權、或回去矯治機構等；有些是案主來的話則可保存他們重視的個人資源，如：帶回已被寄養的孩子、或可繼續就業等。

第二類型是被他們的配偶、老闆、學校的行政人員強迫來見社工人員的案主（coerced client），案主並不願意，但他們並不是被法庭命令來的。被迫的非自願案主與法庭命令的非自願案主並不相同，因為法庭命令的案主是非自願案主的極端，本章主要是聚焦在如何幫助法庭命令的案主，其原則大致可運用到被迫的非自願案主群身上。

貳、非自願案主常出現的行為特徵

一、拒絕合作與參與

對社工人員的權威反應，案主是「身體」到，但是「內心」卻拒絕合作和阻斷任何工作者想要帶領進入互動的努力。因沒有權力選擇被轉介、選擇治療者、選擇治療的方式，或治療的時間，所以案主只能運用他們可運用的權力——拒絕參與。

二、自覺沒有問題

對案主來說，他們對失去自主性的反應是憤怒與放任自己。案主對他們的偏差行為、不合邏輯或是自我傷害的行為也有不同的定義。他們覺得自己沒有問題，別人認為他們有問題的行為，案主卻認為那是滿足需求的方式，例如：嗑藥時的愉悅、虐待他人或自己時的攻擊釋放、或是性慾上的滿足等。

三、維持現狀逃避改變

　　他們不確定他們要不要放棄舊有的行為模式，甚至當案主想要改變他們某些行為時，或是因為對機構沒有信心，也可能覺得需要付出的心理成本和危險會太高，因為他們必須承認自己的失敗，並且犧牲自己的自主性，而把自己的控制權交給別人，進入一個不熟悉的治療情境。若是以前有失敗的治療經驗的案主，他們更害怕與機構的合作會帶來另一次的挫敗。

四、將行為合理化

　　非自願性案主可能表現出他們是無可指責的，他們否認任何責任並給許多托詞，例如：「我當時病了」、「沒有人告訴我」、「他們激怒我」、「我的朋友強迫我」，非自願性案主並不認為自己是需要接受幫助的，反而認為他們是受到別人操弄的受害者。

五、不願延遲需求的滿足

　　對非自願性案主來說，做計畫應沒有太大的意義，因為他們都已學習到未來是不可預測的，他們對基本需求的滿足方式都是「馬上滿足」。延遲馬上的滿足來保證將來有機會獲得更大的滿足，對他們來說沒有吸引力，因為他們對是否能控制從目前到將來這段時間實在沒有多大的信心，而他們這種致命的被動性，可能是從他們無法控制的剝奪環境的一種學習來的適應方式，他們的反對是用漠視的方式來表達，如「那沒什麼大不了」或是「我沒有受到任何干擾」。

六、表面順從自承錯誤

用承認錯誤的方式來敷衍。例如：「那只有一次」、「我很抱歉，我學習到了一個功課，那不會再發生了。」他們外表看來是抑鬱的且會自白認錯，保證一定會改變，相形之下似乎社工人員的會談卻變得沒有必要。

七、運用防衛性的技巧

非自願性案主會用許多逃避或轉移的技巧來避免認真的談論他們的問題，他們可以喋喋不休一些無關緊要的事情或暫時拒絕談論。社工人員的干預常會面對的是案主模糊的反應、簡短的回答、模稜兩可的評語、缺乏注意力、轉移到不相關的話題，或是冗長的沉默。雖然有些案主會公開的承認「若是我不是必須來，我根本不會來」或「我根本不想來」，有些則是隱藏的抗拒者，他們可能抱怨很多，或出奇的合作；或逃避，或不合作拒絕討論。

參、與非自願案主工作之知識來源

一、社會衝突模式

在1984年發展出來，主要是實務工作者由一家庭成員或法律賦予權力來幫助案主克服社會問題，結果案主覺得無權力而怨恨情境控制在實務工作者的意願之下。這個模式是根基於關係建立的政治過程上。三個重要的觀點與社會衝突模式相關：第一個是關係的本質。實務工作者要定義好關係的本質，角色是強制執行者角色，就是由實務工作者運用結構的權力，使不情願案主同意順服。第二個是協商。實務工作者的角色是協商者，這是勞動關係模式，透過協商的角色，實務工作者試圖與不情願案主

談交易，經由認可他的權益和信任，相信他／她能做一勝任的選擇。若他／她不遵守承諾，實務工作者則被迫當起強制執行者的角色。若案主決定改變他／她生命的某部分，實務工作者就當在一治療情境下提供專家的服務。第三個是倡導。實務工作者的角色是倡導者，目標是透過改變案主社會情境的要求來處理衝突。實務工作者是個政治主動者，但反對機構而傾向案主這一邊。實務工作者角色可為倡導者或教練。若為倡導者則是根基於案主的利益而行動；若是教練則是導引或輔助支持案主與機構的互動，教練的角色是比較隱密也比較不為他人所知。

這個模式的挑戰是它將實務工作者置於一個脆弱的位置。Randall（2015）提出這個模式的弱點是假設社會機構與案主的利益是相似的，但實際上，至少從案主的觀點，是有一很大的鴻溝在兩者之間的。

二、動力混合模式

這個模式強調如何說服非自願案主來參與及完成階段進步，而達一有意義的結果。所以耐心與信任的建立是引進參與過程最重要的，然後持續的認可小小的成功或成就。在建立好信任後，實務工作者再放焦點在個案的關鍵面，而致力於溝通和訊息的分享。

以關係建立為中心的模式，也在處遇方案中用了許多技巧。大部分使用這個模式的學者認可了社會工作者多面向的角色在於聯合律師，監控案主，提供治療服務與問題解決（Trotter, 2015）。這個動力的模式用了多種不同理論，例如：認知行為模式、優勢治療和動機一致取向。這是因為靠單一的模式，並沒有考慮到社會工作的多面向本質。這個模式成為西方國家的主流，是因它以證據為基礎的實務取向。

在Rooney（2013）和Trotter（2015）的研究中，兩位作者都報告了社會工作者很能反應案主的問題，這個模式結合了從研究案主的可用證據到運用了社會工作對案主的各種不同知識、經驗和信念。Trotter（2015）也探討了社工實務工作者在直接實務的運用。因此這個模式例如：在澳洲成為主流，並且也包括近來許多提供問題解決的元素。

這個模式的主要限制在於缺乏有關非自願案主不同結果的說明，而Trotter也提出這個模式對評估方案的可測量結果是很受限制的。

肆、如何有效地協助非自願性案主

由前面所述可看出案主的動機不盡相同，要如何影響案主，改變他們的動機使其從抗拒到接受會談，並接受當案主的角色及參與任務的執行。

Trotter（1993, 1995, 1996, 2006, 2015）是動力混合模式的代表人物，他根據一些實證研究統合出一個明確的、有效的整合干預模式來幫助這些非自願性案主，並且透過他自己在澳洲對矯治社會工作的研究，證實這個整合模式是有效的。Trotter的整合模式包含了四個要素，分述如下：

第一個要素是社工人員要清楚地、坦誠地，並經常地討論其與案主在個案工作過程中的角色。

第二個要素是社工人員要聚焦在示範，並且鼓勵案主符合社會價值觀的言談及行動。

第三個要素是要採用問題解決的模式。

第四個要素是技巧地建立與案主的關係。

此外，Trotter也提出與非自願案主的家庭一起工作的模式。

Trotter對這個整合模式的評估研究指出：接受這個整合模式訓練的社工人員（實驗組）的案主報告指出，他們的問題在觀護期間減少了，並且他們一年後、四年後的再犯率比控制組（即沒有接受整合模式訓練的社工人員）的案主的再犯率低了許多。下面來討論這個整合模式：

一、正確的角色澄清

社工人員在工作的過程中，應不斷地與案主討論工作的目的、相關法律責任的細節與各自的角色。以下是介紹在與非自願案主工作的過程中，社工人員要特別注意角色澄清的五個議題：

（一）社工人員的雙重角色：社會控制與幫助

Trotter（1999）提出，若社工人員能採取平衡的社會控制角色與幫助角色，對非自願案主的助益最大。社工人員必須瞭解他們扮演社會控制與幫助雙重角色的困難，並且必須幫助案主瞭解這個雙重角色的本質，且經常與案主討論這件事。

（二）什麼是可協商與什麼是不可協商

非自願性案主應該清楚對他們的要求是什麼，並知道如果他們不符合要求時可能的後果，案主應清楚這些到底是法律的要求、機構的要求或是社工人員的要求。

Owen和Richards（1995）指出，案主必須瞭解不可協商的要求是基於法律的命令，或是機構的期望，或單純的只是工作者的期望。

在與非自願案主工作時，案主必須瞭解可協商和不可協商的部分，以及法律及非法律的干預。在許多情況下，案主可能很在意這些問題，但沒有足夠的瞭解或自信來談它，所以，在多數情況下應是由工作者自動提及並幫助案主瞭解。

（三）保密

在與非自願案主工作時，保密可能會誤導。工作者幫助他處理問題時應瞭解到那些應該是要保密的，或者至少與其他工作人員討論前，要事先與案主討論並得到他的同意。到底誰能知道？應該要詳細的與案主討論，開放的探討是與非自願案主有效工作的要件之一。

（四）案主的期望

案主可能以前有接受過個案工作服務的經驗，他們可能已經對社會工作者角色的本質發展出一些期望，要探討案主的期望才能幫助工作者及案主澄清社會工作者角色的本質，例如：一個接受觀護的案主說：「我上次的社工人員根本沒興趣談我的問題，她只關心我與她有約時有沒有遲到或有沒有來。」此時，社工人員可以說：「我也認為遵守約定是很重要的。

但是，我也關心你做的其他事情。事實上，我也希望談些使你必須接受保護管束的一些問題，有沒有其他的工作者在幫助你的過程，曾談到這些問題？」

（五）幫助案主瞭解專業關係的本質

案主若分不清社工人員是朋友或是專業人員，可能會造成問題。社工人員得清楚自己與案主的關係是有限制的，同時應與案主討論這個限制。另外，社會工作者要讓案主瞭解干預的過程是有清楚的計畫與策略，並且有預定的結案時間，即使在長期的處遇當中，工作亦應分成不同階段。

二、示範與增強符合社會價值觀的言談與行為

社工人員必須示範和增強的技巧，來加強案主符合社會的價值觀與行為。Trotter（1996, 2006, 2015）提到這種示範與增強符合社會價值行為的技巧，在矯治社會工作中是最有用的。在他的研究中，常用此類技巧之社工人員的案主再犯率（回監獄的比）是不常用此類技巧的社工人員的案主的二分之一，甚至在經過四年之後仍是如此，下面來介紹這些技巧：

（一）指認出符合社會價值觀的言談與行為

在會談的過程中，社工人員應該試著指認出案主符合社會價值的言談與行為，舉例來說，兒虐父母承認他們特定行為對孩童的傷害；陳述他們承認孩子有感覺及有發展需求；承認孩子有生理的需求，例如：孩子得經常換尿布；承認社工人員是以孩子的利益為第一優先；承認他們必須增強親職技巧，或支持社工員對家庭的處遇計畫。

案主符合社會價值觀的行為，例如：父母固定的更換孩子的尿布、用非身體體罰的方法來管教孩子、修親職技巧的課程。

有時，不太容易區分是否符合社會價值觀，例如：一個疏忽孩子的母親有了新的男朋友，她對社工人員說她的男友幫她管教孩子，並且揍了其中一個孩子，這個母親有了男友及男友對她的孩子有興趣是正向的，但是

社工員可不願鼓勵對孩子身體的處罰，尤其是母親的新男友。

（二）獎賞符合社會價值觀的言談與行為

第二步是對案主符合社會價值觀的言談與行為提供獎勵。社工人員最有力的增強物是讚美，讚美必須自由但有目的性，社工人員也要記住讚美要有效的前提是，你必須是誠懇的。

另一種可用的獎賞是用紀錄或書信。社工員可與案主分享他在記錄上記下案主所做的正向的事情，例如：案主都規律的前來會談、參與個案計畫會議、去參與藥物濫用復健等，可以減少與社工員會談的次數。另外社工人員可在見面的間隔中寫信給案主，這是敘事療法發展出來的辦法（White & Epston, 1989），為的是增強案主正向行為的步驟，同樣的在最後的報告或最後一封信中，可加重強調案主所做的符合社會價值的行動。

透過這些增強過程，案主可學習到工作者所想提升的行為與態度。研究已證實了犯罪者，透過此種方式可以很快地學會這些行為，並且能持續地維持很長的時間。

（三）示範符合社會價值觀的行為

社工人員必須示範他想要案主做的行為，例如：一個從事兒童保護的社工人員，當他應當要在的時候他一定要在，或者會事先打電話更改會面時間，他對案家有適度的尊重。如果他希望這些家庭成員對他們的孩子有適度的尊重，他會正向的談及案家的孩子，會表達孩子應當接受良好照顧的觀點，他會同理孩子的狀況，也會同理父母的狀況；適度的表露也是適當的，如：工作者談及他養小孩有很大的困難，儘管如此他卻都能設法避免對孩子做身體上的懲罰，但這些做法只是因應問題的需要所做的示範，而不是說社工人員對所有問題都要有答案。因應問題的示範顯露出社工人員也是有弱點的，而社工人員承認自己所經歷的困難，似乎對案主較為有效。

（四）挑戰反社會的言談與行為

反社會的言談包括案主合理化他們的反社會行為。社工人員要很小心不正向的增強反社會的言談，尤其在肢體語言上，Burns（1994）發現觀護人員經常不自主透過肢體的語言，例如：微笑，在無意間增加反社會和贊同犯罪的言詞。

社工人員不要用同理來反應案主的合理化藉口，但是最重要的是要清楚的讓案主知道雖然社工人員可以理解，但社工人員並不認同他們把它當成他們行為的藉口。

研究指出（Keissling, 1982; Trotter, 1993, 2006, 2015）：社工人員要做一個負向的言談之前，一定要做出四個正向的言談。澳洲的研究（Burns, 1994）也指出較常用正增強的觀護人員，他們的個案成功率比常用負增強的觀護人員來得多。人們比較容易透過正增強而有所學習，這點是社工人員要注意並值得做的。

三、採用問題解決模式

Trotter（1993）透過分析個案記錄，發現澳洲的觀護人員用問題解決模式減少了案主再犯的次數。Schulman（1991）也發現了部分化案主的問題得到了正向的結果。這個模式包含了以下的七個步驟：

（一）問題的調查

目標是要寫下案主不快樂或想要改變的問題的清單，這些問題可能是就業、住屋、家庭狀況、醫藥、休閒與財務等。當案主在指認問題時，工作員要案主談論每個問題，為什麼它是個問題？問題有多嚴重？問題有多久？必要時可將問題部分化。

（二）問題的先後次序

與非自願案主工作需有些準則，來決定那個問題該先處理。首先，有些危機狀況是需要立即行動的介入，通常是在工作員有時間做問題調查或

列出問題的先後次序之前。

再者，工作員可建議先處理一個特定的問題，並告訴案主理由，但最重要的是要案主同意這個問題是個問題，同時最好應先從較有機會完全解決的問題開始。

問題解決模式的焦點應是實際的問題，而不是案主內心所感受的問題。一個案主若覺得自己不好並且是低自尊的，最好問她這是因沒有朋友、沒工作、或因法庭的命令而覺得有汙名，或是因沒錢而覺得自己沒能力。工作員不需要處理如低自尊等這類不明確的問題，而應選擇一個較明確的問題處理之。

（三）問題探討

例如：觀護人員與案主同意處理案主沒有工作的問題。觀護人員必須知道案主有多久沒工作？若工作過，是什麼樣的工作？做了多久？是自願離職，還是被要求離職？離職的情形到底是怎樣？這些資料可能在問題調查時已談過。但是在這個階段，仍需要儘量去得知這個問題與周遭相關的問題。

（四）設定目標

目標的發展是工作員與案主同意他們要一起達成的，工作員與案主可能對目標有不同的解釋，所以目標要有很清楚的定義且不留有不同解釋的空間，這個清楚的目標應該寫下來，並且工作員與案主均要有一份複本。

（五）發展合同

一份合同應該寫出案主的問題與目標，通常是由工作員與案主一起寫出合同，合同的舉例如下：

1. 問題

(1) 小張沒有工作。

(2) 小張的房子對她和兩個孩子而言太小了。

(3) 小張沒有朋友。

(4) 小張很擔心她的兒子（7歲）對女兒（5歲）的暴力行為。

開始時，工作員與案主同意處理問題(3)與(4)。

2. 目標

(1) 小張要與住在附近的一位朋友固定聯絡（一個星期至少1次約30分鐘）。

(2) 在一個禮拜內不讓兒子打女兒。

3. 其他同意事項

(1) 下個月由社工人員開始每星期拜訪2次，星期二與星期四早上。

(2) 社工人員要去拜訪之前，需打電話給小張。

(3) 小張於每次社工人員拜訪時，一定要在家。

(4) 每個星期四社工人員拜訪時，兩個孩子一定要在家。

（六）發展策略與任務

目標是案主想達成的，而策略或任務是達成目標的方法，策略或任務最好是由案主發展出來的，不然則是案主同意的，而任務必須是特定且清楚的，一個任務有沒有被完成應很容易看出。另外，社工人員的任務是代表案主與學校、保險、法庭、或其他組織接觸。社工人員也可能要轉介案主到其他機構，如：轉介案主到處理憤怒情緒的團體、婦女團體、親職教育團體、或是勒戒團體等。

（七）持續的評估

當社工人員與案主可能在為一個問題發展目標，或甚而在執行某任務時，才發現另一個問題應優先處理，這可能是案主處於否認的狀態直到新問題出現，在這種情形之下重新回到問題調查與排優先順序的階段是適當的。

但是，社工人員最好要跟著問題解決的步驟，規律的評估案主是否確實清楚任務，並確保案主達成目標。

四、社工人員與案主關係

社工人員應該對案主持開放誠實的態度。下面所提幾項技巧是與非自願案主建立關係的關鍵：

（一）結合同理與角色澄清及增強社會認同

範例是一個母親打了她兩個2歲的雙胞胎孩子，致使二子必須入院治療，這個家庭被放在兒童保護觀察名單中。

母親：他們那時真是頑皮，我要他們上床去睡午覺，但是他們
就是躺在那裡吵鬧，我都快被氣死了。

一個同理的反應可能為：

工作員：你看起來很受挫，孩子們真是很難管教，不是嗎？

但是一個同理加上角色澄清與增強社會認同的反應則為：

工作員：你聽起來很挫折，我很高興你能告訴我你的感覺，這
是不是當你打孩子時候的感受？我很願意和你一起想出
一些方法來管教你的孩子。

這個反應認同了案主的感受，加強了案主願意談她個人感覺的事實，也指出了工作人員的助人角色，並且表明了社工人員必須和案主一起為案主的行為找到一些其他替代方法。

（二）樂觀的態度

非自願性案主很少有理由覺得樂觀，一般人認為他們是偏差行為的一群，他們也會自覺被汙名化了，而對他們的未來覺得悲觀，甚至許多社工

人員也會對案主的未來持悲觀態度。社會工作者，應向案主表達他對自己能力的信心和他可協助案主幫助自己，社工人員可簡單的表示，我想我可以幫你釐清你的問題；而當案主對事情持悲觀的論點時，社工人員則應挑戰他。當然，社工人員持正向、積極、不責備的態度時，要注意不要太過度，否則會失去案主的信任。

（三）適度的幽默

幽默可以提供面質的動力基礎，可以刺激領悟，可以重新建構問題的整個狀況。建設性的幽默可使案主自覺被對待為一個人，而不只是案主而已。

（四）自我表露

自我表露應到什麼程度才能幫助非自願案主仍然未明，但是以下臚列幾點指導通則能幫助社會工作者決定是否做自我表露（Anderson & Mandell, 1989）：

1. 如果不是太私人的問題，例如：社會工作者是否結婚了？或有沒有小孩等？通常是適當的。
2. 社會工作者也可做些個人的評斷，如：「當我小孩還小的時候，我覺得日子很難過」、或「當我失業的時候」、或「當我與太太（先生）分居時」來鼓勵案主說出更多有關私人的事。
3. 太私密的事情則不宜透露，例如：社工人員本身目前也因婚姻失敗而患了憂鬱症等。但如果是好幾年前的事，社工員說他發覺很難適應婚姻破裂的事實則是適當的。
4. 一般來講社工人員所經歷到的困難之自我表露，比社工人員的成就之自我表露對案主更有幫助。

五、與非自願案主的家庭一起工作

（一）何時適合與家庭一起工作

當案主提出的問題與家庭的互動模式相關時，即是當其互動模式顯示出為什麼案主是案主的原因。應當先與案主個案會談後，發現問題與家庭成員相關時，就是與家庭工作的適當時機。但是當案主是暴力加害人（不管是性暴力或肢體暴力），而另一家庭成員為受害者時，則不適合家庭工作。此外，當家庭中的權力很不平衡時，或當社工員與家庭中某人價值觀相衝突時，均不適合與家庭一起工作。

（二）合作的家庭諮商

在家庭當中的諮商比辦公室的諮商效果較好（Trotter, 2006），而合作的家庭諮商的過程與前述的問題解決模式相同。在準備瞭解家庭目標，對他們的期待和確定工作過程需要多少時間後，則可開始下列的步驟：

1. 角色澄清

一開始工作員就要澄清中立的角色，目標是要達成家庭成員間的彼此同意。此外，工作員可能有明確的法定角色，如確定兒童疏忽的情形不再發生。工作員要討論諮商的次數及誰應來參與，並且要討論保密的問題，在諮商過程中討論的話題要留在家庭團體中，還有澄清每個想要從家庭諮商當中得到什麼？教導成員遵守諮商規則。

2. 問題調查

家庭成員關心的議題要一一記下來，給家庭成員過目。要先問家庭中較弱勢的成員，但是每個人都有一段時間可提，確定家庭中沒人能支配他人。問題的形成要不責怪他人，工作員要幫助成員重新架構（reframing）他們的問題，也要談為什麼家庭成員會成為不情願案主的問題。有些問題仍在個人層次，則用個別的方式處理。

3. 問題排序

問題是要能改變的，也有資源可運用的。最重要的是家庭定義的問題，工作員可建議從那一個問題開始，而家庭也同意要處理的、重要且可

解決的問題。問題解決模式是聚焦在實際的問題，而不是內在心理的問題。所以危機類的問題應優先處理，如家人失去住屋、無經濟收入等。

4. 問題探討

在這一階段要蒐集更多的訊息，要問問題的歷史，例如：問題何時開始？如何開始？家庭做了些什麼？所做的是否有所助益或有所阻礙？為什麼這個問題會持續？有沒有什麼情況下沒有顯示？這些顯示與不顯示的情況有何不同？而問題不顯示的情況可否增加？

5. 目標設定

清楚的與問題有關的目標，應由案主與工作員針對問題彼此同意之。目標要回答家庭中希望發生的是什麼，例如：讓自強在兩個星期內搬離家庭。

目標應儘量明確，以便日後社工員與案主可知目標是否達成。

6. 合同

當家庭成員同意他們想達成的目標時，應簽下合同簡要說明要解決的問題、想達成的目標，或在問題解決過程當中相關的規則與期望，例如：針對艾美，因在與19歲男友私奔後犯了偷竊而被判緩刑，可簽的合同如下：

(1) 問題

A. 艾美與林太太（艾美的母親）都憂慮艾美在家不快樂而想要再逃離家庭。

B. 艾美與林太太經常口角，彼此無法平靜的溝通。

C. 艾美與林太太彼此無法同意艾美是否可以或可以多久一次見她的男友。

D. 艾美與林太太都擔心學校。艾美覺得學校不能給她什麼，但她也想不出來她能做其他什麼。林太太則擔心艾美若不在學校系統中，她會失去將來可能的機會。

(2) 目標

A. 讓艾美持續的住在家中，與母親及哥哥一起。

B. 艾美與林太太每週至少2次聆聽對方講5分鐘的話，並且要友善的對話。這個目標要在第三週達成。

C. 艾美與林太太要達成協議，評估艾美是否可以繼續見她男友。若可，多久可見一次，和在那裡見面。這個目標要在第七週達成。

D. 艾美與林太太得決定艾美是否應繼續留在學校或找些可充實時間的代替方案。這個目標要在第八週達成。

7. 策略任務

策略或任務應由工作員與家庭成員一起針對目標發展出來。

有時候簡單的任務就可能很有影響力。在Trotter（2006）的一個研究方案當中，有一個案逃家後偷竊、打架樣樣來。在家庭的腦力激盪如何讓他不再逃家時，他提出如有人能陪他下棋，他會較享受家中的氣氛。後來約定由父親每週陪他下棋1次，之後增為每週2次。結果對案主留在家中很有效，因這個任務容許案主得到父親的關注，他們的關係有很戲劇化的轉變，而案主也不再犯案了。這是很簡單的任務，卻解決了案主與父親的關係。這個任務很容易執行，而且不指責案主或父親的任何一方。

8. 持續的評估

合作的家庭諮商過程的最後步驟是持續的監控或回顧，即社工意願持續的在問題解決過程中修正家庭諮商過程到那一個階段。因為步驟是很直接的，家庭通常不會用問題解決過程來認知到他們的問題。工作員應當用問題解決結構來讓案主瞭解諮商的過程，而這個結構應是具彈性的。

（三）示範符合社會價值觀的言談與行為

在家庭諮商的過程中，工作員示範符合社會價值觀的言談與行為是很重要的。工作員要增強家庭成員符合社會價值觀的行為，挑戰偏向贊成犯罪或反社會的言談——與在個人工作時相同。工作員持中立的立場與家庭成員工作，不偏袒某一成員，同時試著發展合作，且鼓勵符合價值觀的言談與行為。這些也包括鼓勵和獎賞家庭成員參與問題解決的過程，如參與諮商、指認問題、完成任務等。

工作員要小心在挑戰偏向犯罪或反社會的言談時，不要被認為是在偏袒任何一方或專門挑剔某一人。不忽略符合社會價值觀及反社會的言談，也同樣重要的是在挑戰時要根據「面質」的基本原則。

（四）工作員與案主的關係

工作員應當傾聽與瞭解每個家庭成員的觀點，應當持家庭有可以改變的潛能且具樂觀的態度，並相信合作的家庭諮商可使家庭有所不同。工作員應不害怕使用自我表露及適度的幽默，來使家庭成員覺得輕鬆與舒服。至於其他建立關係的技巧與上述和個人建立關係的技巧雷同。

以上是Trotter所提出的整合模式。但是Trotter也指出整合模式並不保證對所有非自願案主均有效，因為Trotter僅以實證研究的發現作為發展整合模式的根據。這種用研究來引導實務的方式有它的限制性。在這種情況下，社工人員必須就整合模式對案主是否有效做個別的判斷。畢竟何時用面質或幽默是有效的研究資料非常有限，同時如何在同理、聚焦於符合社會價值觀的行動與挑戰案主的合理化中取得平衡是滿困難的。直接服務不可避免的會要求社工人員做困難的個別判斷。個別判斷則要靠社工人員做單案設計評估及個案分析。評估與分析可幫助社工人員獲取案主對他們進步的意見，及得知社工人員對案主的幫助到底有多少，而使社工人員考慮到底要如何做才能更有效。

伍、結語

Evidence-based practice是用研究發現來作為實務工作的主要知識來源。本章使用的實務架構是根據研究證驗什麼樣的方式是可行的，而成一整合的處遇模式來與非自願案主工作。而這個模式的特色是聚焦在角色澄清、符合社會價值觀的示範言談與行為，以及採用問題解決模式。研究亦證實了這種多重元素的整合模式是有效的（Andrews et al., 1990; Reid, 1997; Andrews & Bonta, 2010; Trotter, 2013）。同時在檢視本模式與社工理論之間的關係，亦發現在示範符合社會價值觀時強調了案主與大環境的關係及生態系統理論的環境系統連動關係有相似的觀點，在改變案主的認知模式與認知行為治療是相同的。本模式強調工作者應思考什麼是符合社會價值觀而什麼不是，同時不把工作者與機構的觀點強加在案主身上，鼓

勵案主從自己的觀點定義問題，這些與批判理論的觀點是一致的。問題解決模式則來自Reid的任務中心模式。最後，同樣的與優勢理論強調即使有許多問題纏身的案主亦有內在的資源可發展出來，是樂觀的、看案主目標與提出解決方法的。但願這個模式能影響臨床工作者運用在非自願案主身上，讓他們較少再犯、較少虐待他們的小孩、較少再回醫院與經驗較少的家庭解組。

參考書目

中文部分

王仁雄等譯（1984）。社會個案工作的專業關係。臺中：向上兒童福利基金會。

王文秀等譯（2000）。助人者的晤談策略。臺北：心理。

王永慈（2002）。方案評估的倫理議題。收錄於王永慈等主編，社會工作倫理應用與省思，頁197-220。臺北：輔仁大學。

王慧君（1999）。助人的歷程與技巧。臺北：張老師。

包承恩、王永慈、郭瓅灔、鍾曉慧譯（2000）。社會工作價值與倫理。臺北：洪葉。

呂民璿（1995）。社會個案工作。收錄於李增祿主編，社會工作概論，第四章，頁101-148。臺北：巨流。

呂俐安、張黛眉、鄭玲宜與楊雅明譯（1997）。諮商過程。臺北：五南。

李玉美（1993）。輔導關係中的「改變」相關要項。輔導季刊，5(29)，28-32。

李亦園（1992）。文化與行為。臺北：台灣商務印書館。

李亦園、楊國樞（1973）。中國人的性格。臺北：中央研究院民族學研究所。

李沛良（1982）。社會科學與本土化：以醫緣為例。收錄於楊國樞、文崇一主編，社會及行為科學研究的中國化。臺北：中央研究院民族學研究所。

李保悅著（1989）。臨床社會工作會談的理論與實務。臺北：中華民國社區發展研究訓練中心。

李增祿主編（1996）。社會工作概論。臺北：巨流。

周永新（1996）。社會工作的哲理基礎。收錄於周永新主編，社會工作學新論。香

港：香港商務印書館。

周永新著（1994）。社會工作學新編。香港：香港商務印書館。

林孟平著（1996）。輔導與心理治療。香港：香港商務印書館。

林孟秋（1996）。個案工作的方法。收錄於周永新主編，社會工作學新論。香港：
　　香港商務印書館。

林萬億（2002）。當代社會工作——理論與方法。臺北：五南。

邱汝娜（1978）。社會工作人員的反轉移傾向與差異性之比較——當前臺灣社會工
　　作從業人員之分析。臺灣大學社會學研究所碩士論文。

金耀基（1993）。中國社會與文化。香港：牛津圖書公司。

施教裕（2002）。認知行為理論。收錄於宋麗玉等著，社會工作理論——處遇模式
　　與案例分析，第四章，頁67-122。臺北：洪葉。

胡慧嫈、曾華源（2002）。社會工作專業告知義務倫理議題之探討。收錄於王永慈
　　等主編，社會工作倫理應用與省思，頁141-164。臺北：輔仁大學。

徐震、林萬億合著（1993）。當代社會工作。臺北：五南。

徐靜（1996）。中國人的家庭與家族治療策略。收錄於曾文星主編，華人的心理與
　　治療。臺北：桂冠。

翁毓秀（1995）。諮商中抗拒的處理。輔導季刊，4(31)，54-59。

高劉寶慈（2001）。心理社會治療法。收錄於高劉寶慈、區澤光編，個案工作：理
　　論及案例，第一章，頁1-33。香港：香港中文大學出版。

張振成（2001）。臺灣臨床社會工作者建立助人關係經驗之敘說經驗。香港：中文
　　大學社會福利博士論文。

許臨高（2002）。中國文化與社會工作倫理——以青少年實務工作為例。「2002年
　　兩岸四地社會福利學術研討會」，中華文化社會福利事業基金會，香港。

許臨高主編、顧美俐等譯（1999）。社會工作直接服務：理論與技巧。臺北：洪
　　葉。

費孝通（1973）。鄉土中國。臺北：文化。

曾華源、王慧君、黃維憲合著（1985）。社會個案工作。臺北：五南。

黃惠惠（1991）。助人歷程與技巧。臺北：張老師。

黃維憲、曾華源、王慧君合著（1987）。社會個案工作。臺北：五南。

楊國樞（1973）。中國式接觸——關係、人情、報、緣、面子。張老師月刊，
　　12(2)。

楊國樞（1992）。中國人的蛻變。臺北：桂冠。

廖榮利（1997）。社會個案工作。臺北：幼獅。

潘淑滿（2000）。社會個案工作。臺北：心理。

蔡漢賢（1986）。社會工作國情化與國際化。臺北：中國文化學院社會工作系。

謝秀芬（1977）。案主自我決定原則的再探討。東海學報，18，183-198。

謝秀芬（1985）。人際關係對社會工作專業關係的影響。社區發展季刊，29。

謝秀芬（1994）。傳統文化對發展社會工作專業關係的意義。發表於「亞太社會工作教育協會：華人社區社會工作教育的發展研討會」。北京：亞太社會工作教育協會。

謝秀芬（2002）。社會個案工作──理論與技巧。臺北：雙葉。

英文部分

Anderson, S. C., & Mandell, D. L. (1989). The use of self-disclosure by professional social workers. *Social Casework*, *70*(5), 259-267.

Andrews D. A., et al. (1990). "Does correctional treatment work? A clinically relevant and psychologically informed meta-analysis". *Criminology*, *28*(3), 369-404.

Andrews, D. A., & Bonta, J. (2010). *The psychology of criminal conduct*. Anderson Publishing, Cincinnati.

Biesteck, F. (1957) . *Ethics and values in social work*. London: Macmillan.

Boer, C. de & Coady, N. F. (2006). Good helping relationships in child welfare: Learning from stories of success. *Child and Family Social Work*, 2007, *12*, 32-42.

Brammer, L. M. (1993). *The helping relationship: Process and skill*. Boston: Allyn and Bacon.

Brammer, L. M., Shostrom, E. L., & Abrego, P. J. (1993). *Therapeutic counseling and psychology* (6th). Englewood Cliffs, N.J.: Prentice Hall.

Burns, P. (1994). *Pro-social practices in community corrections*. Honors Thesis, Monash University. Department of Social Work, Melbourne.

Chan, D. W. (1985). Psychotherapy: Some practical considerations. *Hong Kong Journal of Mental Health*, *14*(2), 42-46.

Corey, G. (1991). *Theory and practice of counseling and psychotherapy* (4th). Pacific Grove: Brooks/Cole Publishing Company.

Corey, G. (1996). *Theory and practice of counseling and psychotherapy* (5th). Pacific Grove: Brooks/Cole Publishing Company.

Corey, M. S., & Corey, G. (1989). *Becoming a helper*. Pacific Grove: Brooks/ Cole Publishing Company.

Galbreath, W. (2005). Dual relationships in rural communities. In Lohmann, N. and Lohmann, R. (eds.). *Rural work practice*. New York, Columbia University Press, pp. 105-23.

Gripton, J., & Valentich, M. (2003). Making decisions about non-sexual boundary behavior. *Canadian Social Work*, 5(1), 108-125.

Goldstein, A. P., & Higginbotham, H. N. (1991). Relationship-Enhancement Method. In F. H. Kanker & A. P. Goldstein (Eds.). *Helping people chang* (4th). New York: Pergamon.

Hepworth, D. H., Rooney, R. H., & Larsen, J. A. (1997). *Direct social work practice: Theory and skills* (5th). U.S.A.: Brooks/Cole Publishing Company.

HMSO (1995). *Child-Protection--Messages From Research*. HMSO, London.

Ho, D. Y. F. (1985). Cultural values and professional issues in clinical psychology: Implication from the Hong Kong experience. *American Psychologist*, 40(11), 1212-1218.

Hollis, Florence (1990). *Casework: A psychosocial therapy*. N.Y.: McGraw-Hill.

Hsu, F. L. K. (1970). *Americans and Chinese*. Garden City, N.Y.: Doubleday.

Huang, K. (1977). Matching needs with services: Shoes for the Chinese feet. *Hong Kong Journal of Social Work*, 11(1).

Jayaratne, S., Croxton, T., & Mattison, D. (1997). Social work professional standards: An exploratory study. *Social Work*, 42(2), 187-199.

Johnson, L. C. (1995). *Social work practice*. Ally and Bacon.

Kadushin, A., & Kadushin, G. (1997). *The social work interview: A guide for human service professionals* (4th edition). New York: Columbia University Press.

Keissling, J. J. (1982). *The problem solving dimension in correctional counseling*. Ontario Ministry of Correctional Services, Ottawa.

Keith-Lucas, Alan (1986). *Giving and taking help*. Chapel Hill: The University of North Carolina Press.

Ko, G. P. (1990). Working with Chinese individuals and families: Some reflections. *Hong Kong Journal of Social Work*, 24, 60-69.

Leung, Anna (1992). Reflections on cultural issues in the field instruction experience.

In *Conference on Social Work Education in Chinese Societies: Existing Patterns and Future Development.*

Ma, J. (1987). The practice of family theory in Hong Kong: A cultural dilemma. *Hong Kong Journal of Social Work*, *16*(2), 56-62.

Owen, L., & Richards, D. (1995). Social work and corrections. In the *Shadow of the Law*, ed. P. Swain, Federation Press, Sydney.

Patterson, C. H. (1973). *Theories of counseling & psychotherapy* (2nd). New York: Harper & Row.

Perlman, H. H. (1983). *Relationship: The heart of helping people.* Chicago: The University of Chicago Press.

Peterson, V., & Nisenholz, B. (1991). *Orientation to counseling.* C.A.: Allyn and Bacon.

Pugh, R. (2006). Dual relationships: Personal and professional boundaries in rural social work. *British Journal of Social Work*, 2007, *37*, 1405-1423.

Reid, W. (1997). "Evaluating the dodo's verdict: Do all interventions have equivalent outcomes?" *Social Work Research*, *21*(1), 5-16.

Reamer, F. G. (1998). *Ethical standards in social work: A critical review of the NASW code of ethics.* Washington, D. C., NASW Press.

Reamer, F. G. (2003). Boundary issues in social work: Managing dual relationships. *Social Work*, *48*, 121-133.

Randall, E. J. (2015). Book review: Evidence-based practice in clinical social work. *Research on Social Work Practice*, *25*(2), 291-292.

Rooney, R. H. (2013). *Strategies for work with involuntary clients.* New York: Columbia University Press.

Schulman, L. (1991). *International social work practice: Toward an empirical theory.* F.E. Peacock, Itasca, Illinois.

Syme, G (2003). *Dual relationships in counseling and psychotherapy: Exploring the limits.* London, Sage.

Trotter, C. (1993). *The effective supervision of offenders*, PhD dissertation. La Trobe University, Melbourne.

Trotter, C. (1995). *The supervision of offenders-What works?* First and Second Reports to The Criminology Research Council. Department of Social Work, Monash University, and Dept. of Justice, Victoria, Australia.

Trotter, C. (1996). The impact of different supervision practices in community correc-
tions. *Australian and New Zealand Journal of Criminology*, *29*(1), 29-46.

Trotter, C. (1999). *Working with involuntary clients*. London: Sage Publication.

Trotter, C. (2006). *Working with involuntary clients* (2nd ed). London: Sage Publica-
tion.

Trotter, C. (2013). "Reducing recidivism through probation supervision: What we
know and don't know from four decades of research". *Federal Probation*, *77*(2),
43-48.

Trotter, C. (2015). *Working with involuntary clients* (3rd ed). New York: Routledge.

Wachtel, P. L. (1993). *Therapeutic communication*. New York: Guilford Press.

White, M., & Epston, D. (1989). *Narrative means to therapeutic ends*. Dulwich Centre
Publications, Adelaide.

Woods, M. E., & Hollis, F. (2000). *Casework: A psychosocial therapy*. New York: A
Division of The McGraw-Hill Companies.

Younggren, J. (2002). *Ethical decision-making and dual relationships*. Available online
at *http://kspope.com/dual/younngren.php*.

第四章
社會工作會談

曾麗娟、顧美俐

會談（interview）是社會個案工作的主要工作方法，個案工作者在蒐集資料、進行診斷與處置的過程中，都以會談為主要工具來進行工作。國內學者對於會談有不同的翻譯，如晤談、面談、協談、約談等（林萬億，2002），本書採用「會談」一詞來進行相關的說明與討論。

　　社工者要能發揮會談的功能，需要具備兩個條件，第一個條件是需要清楚知道會談的特性，以便清楚拿捏自己在會談中的角色定位；第二個條件是要有清楚的會談路徑與方向，並在適當的時候說出具有特定功能的話語（即適切運用會談技巧），以便讓會談的節奏與發展具功能性。本章針對會談的意義、特性、會談技巧及會談架構等進行說明，並配合實例討論會談技巧的運用。

 ## 第一節　會談的特性
曾麗娟

　　會談是個案社工者重要的工作方法之一，本節說明會談的意義、會談與一般談話的區別、社會工作會談與其他專業會談的差異、會談的種類、會談的發展歷程及會談注意事項等。

壹、會談的意義

　　社會工作學者對會談的定義有下列幾種：

　　一、會談是由參與者共同接受，一種有計畫、有特定目標的談話（Kadushin & Kadushin, 1997）。

　　二、會談是一個包含社會心理學與社會學的歷程，社會工作者運用有關人在社會環境、人的動機、人在人際關係中的反應之相關理論、資訊來瞭解情境中的個人，獲得相關資訊，提供適切的支持（Coulshed & Orme, 1998）。

　　三、會談是有要領、技巧性的運用語言，進行有目的的溝通、交流（Davies, 2000）。

四、會談為有特定目的的對話，其目的為達到預先規劃之目標（Barker, 2003）。

五、會談為工作者與案主之間一連串交互的專業性對談，此對談有其特定之目標（Cameron, 2008）。

綜合以上的定義，可以知道會談是社會工作者與案主之間有目的、有計畫的談話，社會工作者運用人類行為與社會環境等相關知識為基礎，技巧性的運用言語與態度，進行有目的的溝通與交流，以達成協助的目的。

貳、會談與一般談話的區別

社會工作會談為一特殊性的談話，其形式雖與一般人際談話有相似之處，但其性質與一般談話有相當大的差異，具有以下四項特色：1.具有情境脈絡；2.有目的性與方向性；3.有限制性與契約性；4.涉及專業的角色關係（Compton & Galaway, 1989）。其與一般人際會談之差異，如表4-1所示（張隆順譯，1985；Kadushin & Kadushin, 1997；林萬億，2002）：

表4-1　會談與一般談話的區別

比較層面	會談	談話
目標	有清楚的目標，任務取向	沒有具體的目標或計畫
角色	清楚的角色界定	沒有清楚的界定
運作	清楚界定會談場合、時間、次數	沒有具體界定
互動方式	以專業互動規則進行	以社會期待與社會規範進行
表達方式	正式、結構、有組織	非正式、結構性、組織性弱
溝通	單向的以受談者為中心、不均等、非互惠	雙向的、均等的、互惠的
責任	社工者承擔引領會談的責任	談話雙方不需承擔引領對談的責任
權威與權力	社工者擁有較多的權威與權力	雙方均等

一、目標的差異

社會工作會談有清楚的目標（例如：協助案主處理問題、做決定、學習技巧、回歸社會生活等；促使重要他人協助處理案主的問題），會談的內容、議程有一定的規範。

談話則不一定有具體的目標或計畫，內容依雙方的興致、想法而定，也沒有一定的議程。

二、角色的差異

社工者扮演主導者、協助者的角色，主導會談的進行；受談者在社工者的引導之下參與會談，是受助者。

談話雙方的角色則沒有清楚的界定，具有較大的彈性，參與談話的雙方可以自由決定是否要主導談話的進行。

三、運作方式的差異

會談進行的場合、時間、次數都經過事先的規劃，目的是為了讓會談進行順利，達到預期的目標。

談話的場合、時間、次數隨會談雙方之方便或喜好而定，可能是事先安排，也可能是臨時決定或更動。

四、互動方式的差異

會談的互動遵循專業規則進行，為了達到會談目標，社工者會修正（甚至違反）一般社交談話的規則，在某些時候可能是個「粗魯無理」的人，會問一些讓受談者難為情或不舒服的問題（Kadushin & Kadushin, 1997）。

談話遵循社交禮儀、規則進行，參與談話者會考量社會期待或社會規範來進行談話，注重和諧、愉悅，為了氣氛的活潑、愉快，或避免尷尬、不愉快，可能會保留某些意見或想法，刻意避免某些話題。

五、表達方式的差異

會談是任務取向、目標導向的，社工者會掌握會談焦點與會談結構，依據一定的步驟進行會談（Coulshed & Orme, 1998）。

談話為社交導向，交談的內容可能是片段、重複、迂迴、模糊、跳躍的，談話的進行也沒有一定的程序、步驟。

六、溝通的差異

會談的目的是要提供必要的協助，因此，以受談者的利益為焦點，溝通互動以受談者的思考為主軸，整個會談以受談者為核心。

談話雙方為對等的主體，彼此的思考或情感需求均為溝通互動的主軸，雙方在談話進行中都可能成為談話的焦點。

七、責任的差異

社工者負有開啟會談、持續會談、終止會談的責任，並且要記住會談的重點，作為後續協助之用，以確保協助目標的達成（Kadushin & Kadushin, 1997）。

談話雙方對於談話的進行沒有明顯的責任，在談話結束後也不必為對方負後續責任。

八、權威與權力的差異

社工者運用其在機構中的職位、專業知識、技巧與溝通協調能力所產生的權威，影響會談的進行（Coulshed & Orme, 1998），是產生、引導影響的一方；受談者在社工者的主導之下參與會談，是受影響的一方。

談話雙方在權威、權力上是均等的，彼此可以相互影響。

由以上的分析可以看出來，社會工作會談的表象雖與談話相似，都是參與雙方運用口語、非口語等方式進行交流，但實質上有顯著差異，這些差異突顯出社會工作會談的特色。

參、社會工作會談與其他會談的差異

會談並不是社會工作獨特的服務方式，許多助人專業工作者（例如：醫生、律師）都會運用會談來提供服務，由於各個專業的服務內涵與重點各有不同，使得其進行會談的方式與內容互異。社會工作所關心的是個人的社會角色的執行功能及個人與社會環境之關係，因此，主要的服務目標有兩個，第一個目標以服務對象為著眼點，協助個人、團體或社區恢復受到傷害、減損的社會功能，或增進其社會功能；第二個目標是由環境著手，創造滋潤、建設性的環境，讓個人、團體或社區因著環境的豐富與建設性，而增進或恢復其社會功能（NASW, 1967）。這兩個目標與著重點決定了社會工作會談的特殊內涵，建構出社會工作會談的特色，突顯出社會工作會談與其他專業會談的差別。

以醫院中針對婚姻暴力的受害婦女所進行的會談為例，醫生所關心的是當事人生理功能，包括受傷程度、需要醫療的性質與程度等，以便擬訂出治療計畫，協助當事人恢復其生理功能。律師著重於瞭解婚姻暴力的相關細節，如暴力發生的情況、當事人所採取的反應等，以便準備訴訟。社工者著重於婚姻暴力對當事人的社會功能所造成的干擾（例如：當事人受傷、離家後孩子的照顧問題、婚姻暴力對夫妻關係的影響、婚姻暴力對當

事人的人際關係所造成的影響），以及心理功能的影響（例如：婚姻暴力對當事人自信心的打擊、對人的信任、對生活的信心所造成的衝擊等），以便作為提供協助之參考。

透過上述比較分析，能夠清楚瞭解社會工作會談的特性，有助於工作者在進行會談時，掌握會談重點與方向。

肆、會談的種類

社會工作者所服務的對象涵蓋各個年齡層（從兒童至老人）及各種特殊族群（如身障者、受暴婦女、遊民等），許多案主是被轉介、非志願性的。社工者進行會談的地點需要配合案主的需求或特殊情況作彈性調整，會談的目標也因工作內容與需求之不同而異，因此，在實際運作當中，出現許多不同形式的會談。以下針對會談的地點與目標探討會談的種類：

一、依會談地點分

社會工作會談依會談地點的不同，可區分為辦公室會談與非辦公室會談兩類（Zastrow, 2007）。

辦公室會談在機構的會談室進行會談。這一類會談多由受談者主動求助，透過正式的程序安排，受談者可能為自己所面臨的困擾或問題而求助（例如：受暴婦女），也可能為重要關係人的問題而求助（例如：未婚懷孕少女的家長），站在機構的立場，受談者即為案主。

辦公室會談的優點為會談場所經過安排，有助於會談氣氛及會談效果的提升，是社會工作會談常用的方法。

非辦公室會談不在機構的會談室中進行，基於某些現實性的考量，社工者可能會在會談室以外的場所進行會談，如在案主的家裡（包括：寄養家、收養家）、學校、日照中心、社區中心、醫院的病房中、街角或餐廳等（Trevithick, 2005）。

非辦公室會談有其功能，以家訪為例，工作者可以對受訪者的生活情況有較直接的瞭解，也可以觀察案家的家庭互動方式及家人關係，甚至參與受訪者生活（例如：幫忙移動家具、抱抱哭鬧的娃兒）（Zastrow, 2007）。非辦公室會談的缺點，包括：容易受外在因素干擾、受談者可能不清楚正在進行會談而心不在焉，因此，進行非辦公室會談時，工作者要特別留意會談重點的掌握與干擾因素的化解。

二、依會談性質分

社會工作會談依其目的、性質之不同，可區分為資料性會談（information interview）、預估性會談（assessment interview）、治療性會談（therapeutic interview）等三種，三種會談之功能與性質有其重疊之處，通常在實施上依序先實施資料性會談，再實施評估性會談，接著再進行治療性會談（林萬億，2002；Zastrow, 2007），以下說明三種會談：

（一）資料性會談

又稱為社會調查會談（social study interview）（Kadushin & Kadushin, 1997）、社會歷史會談（social history interview）（Zastrow, 2007）。主要目的為蒐集案主個人或其問題之相關背景資料與生活歷史資料，以便瞭解案主及其問題，作為案情研判、決定具體服務方案的參考依據。社工者選擇、蒐集與社會功能有關的生活背景資訊，包括：客觀事實及案主的主觀感覺、態度等（張隆順譯，1985；Kadushin & Kadushin, 1997; Zastrow, 2007）。

社工者所蒐集的資訊，基本上有下列幾項：基本資料、主訴問題、心理暨社會歷史（psychosocial history）（包括：案主的幼兒經驗與發展、家庭背景、學校成就、健康、情感婚姻、工作經驗等）、與其他機構之接觸經驗、工作者在會談過程中所獲得的印象等（Faiver et al., 1995; Zastrow, 2007）。會談的對象可能包含案主本人、家長、親人、朋友、雇

主、與案主接觸之單位（社會服務機構、警察局、醫院、學校等），他們可能提供不同角度的訊息，有助於瞭解案主及其問題（Zastrow, 2007）。

（二）預估性會談

預估性會談有兩個意涵，第一個意涵是依據會談大綱蒐集相關資訊，對申請者進行預估、決定是否提供服務、提供那些服務，此種預估性會談稱之為決策會談（Kadushin & Kadushin, 1997; Trevithick, 2005; Zastrow, 2007）。例如：保護機構工作者瞭解案主受暴後是否有離家的需要與想法，以決定是否提供機構的中途之家作為暫居之所；兒童福利中心的社工者與申請領養者進行會談，瞭解其領養動機、領養能力等，以決定是否接受其申請。

預估性會談的另一個意涵為瞭解案主個人狀態（例如：案主的能力、資源、需求、困難或限制等），以便對案主及其處境做出客觀的解讀，擬訂因應的處遇做法（Cooper & Lesser, 2008; Cameron, 2008）。

（三）治療性會談（therapeutic interview）

或稱之為處遇性會談（intervention interview）（Zastrow, 2007），重點有兩個，第一個重點是協助案主改變或改變案主的環境，以提升案主的功能；第二個重點是同時引發案主及環境之改變（張隆順譯，1985；Kadushin & Kadushin, 1997; Zastrow, 2007）。說明如下：

1. 協助案主改變

主要重點為協助案主改變觀念、想法、感覺或行為，美國社會工作學會將此治療性會談定義為諮商（counseling）（Palmer & McMahon, 1997）。Zastrow（2007）分析美國心理治療師的專業背景，發現社會工作背景的心理治療師多於心理師或精神科醫師，因此呼應此觀點。本書採取此種說法，將治療性會談與諮商／心理治療視為同義字。

治療性會談為許多領域的社工者之重要工作內容，例如：婦女服務機構的社工者協助案主面對受暴後離婚的心路歷程、少年服務中心的社工員協助中輟青少年探索自己的人生規劃、心理衛生機構社工者協助案主面對焦慮、憂鬱等問題，幫助害羞的案主改善自我肯定的程度、幫助有自殺傾

向的案主面對問題、學校社工者協助案主適應學校生活。

2. 改變案主的環境

改變案主所處的社會情境，降低其對案主所造成的壓力或不良影響，提升其對案主建設性的影響力。此種會談為社會工作會談的特色，工作者走進案主的生活，以仲介者（broker）、提倡者（advocate）之角色出現，與重要他人進行會談，透過改變重要他人來爭取或維繫案主的權益（Kadushin, 1972）。例如：育幼院社工者與學校教師會談，增進教師對案主的瞭解，改變教師對待案主的負向態度；身心障礙服務機構社工者與廠商會談，為案主爭取就業機會。

伍、會談的發展歷程

會談是一個具有發展性的連續歷程，專家學者們對於此歷程的發展階段各有不同的分法，Kadushin 與 Kadushin（1997）將會談歷程分為介紹、建立關係、探索問題與問題處置等四個階段。Hepworth 等人（2010）將協助歷程分為三個階段，第一個階段包含探索、投入、預估與規劃，第二個階段為執行與達成目標，第三個階段為結束。Shulman（2012）將會談階段區分為四個階段：準備階段、開始階段、工作階段與結束階段。本書採取 Shulman 的觀點，將社會工作歷程分為準備、開始、工作及結束等四個階段。

每一個個案從開案到結束都會經歷上述的幾個階段。每一次的會談也都會經歷上述階段，本節將綜合陳述各個階段的重點。

一、準備階段

這個階段的重要工作之一是做好同理的準備，將自己的身心調整好以便能夠感受當事人可能帶出來的情緒或關切的課題。工作者如果受到某些因素的影響而身心狀況不佳，則需要將與個案無關的事物暫時放在會談室外面，盡量讓自己以最佳狀態面對當事人。當事人基於某些顧慮或擔心而

採用間接溝通表達，或對於工作者這個權威帶有某些情緒，工作者如果做好身心準備就可能捕捉到這些間接訊息而做出直接的回應，讓會談順利進行（Shulman, 2012）。

二、開始階段

社工者與案主的第一次會談是個重要的起始點，重點在於建立良好的合作關係、建立協助結構（Northen, 1994; Cameron, 2008）。

（一）建立關係

案主與社會工作者接觸之初，帶著許多情緒（例如：焦慮、懊惱、擔心）與需求（例如：被瞭解、被視為一個獨立有尊嚴的個體等）（詳見第三章），工作者要能瞭解這些情緒與需求，做出適當的回應，發展出溫暖的專業關係，讓案主安心、準備好接受協助。

（二）建立協助結構

透過協助結構的建立，可以清楚界定與案主互動的結構與方向，使案主能夠藉由參與會談的過程朝目標而努力。工作者建立協助結構的重點，有行政作業與專業服務兩個層面。

1. 行政作業結構的建立

建立行政作業結構有兩個重點，第一個重點是確認政策與程序，包括：服務的目標、時間的運用、會談的頻率與時程（會談要持續多久）、費用（如果服務要收費的話）等，讓案主瞭解機構的政策與運作程序。

第二個重點是說明限制與規則。清楚說明在服務期間對案主的行為要求或限制（例如：準時出席、講髒話、抽菸的規定）。說明之後，邀請案主回應，以瞭解案主的態度。如果案主對限制的內容不甚瞭解，需進一步說明；若案主對限制內容有意見，則需進行溝通與澄清。

機構的限制與規則有兩種性質，有些限制是機構運作的配套要求，例如：(1)要等到申請協助的相關資料都齊全之後，才進行後續作業程序；

(2)初次會談後一個禮拜要到機構聽取審核結果；(3)社工師不會接受案主的要求，以非專業身分「巧遇」被認為需要輔導的叛逆小子；(4)必須親子同來接受會談等。有些限制是為了協助案主自我控制及自我引導，例如：要作社工者所給予的「作業」，每天記錄自己在生活中所表現出來的五項正向行為表現、必須在某個期限之內完成與解決問題有相關的事情。不論是那一種類型的限制，除了有助於協助會談效果及服務品質的提升之外，還能夠協助案主適應外在環境需求，提升其行為效率及適應能力。

2. 專業服務結構的建立

工作者說明會談的目的、自己的角色（如：會做什麼、不會做什麼、怎麼做）、即將進行的重點等，讓當事人對於即將要進行或發生的事情與工作者的身分角色有所認識，有助於關係的建立（Ivey & Ivey, 2008; Patterson et al., 2009）。

工作者與案主的第一次會談的開始階段要進行上述兩項重點，後續的每一次會談，開始階段的重點與第一次會談不同，每次的會談開始階段從社交寒暄開始，回顧上次會談後的生活情況及問題或需求的發展，再設定此次會談的重點，正式進入會談。

三、工作階段

工作階段是會談的核心，所要進行的重點包括：探索、瞭解與處遇等三項。

（一）探索

協助案主探討問題／需求的客觀情況、與其問題有關的觀念、情緒或行為、對問題／需求的看法等。工作者遵循案主的思考架構，從案主的觀點來延續案主的陳述，蒐集詳細的資訊以便對案主的問題／需求與處境，有清楚的認識（Hepworth et al., 2010），同時協助案主釐清其處境及所面對的議題（Egan, 2002）。

（二）瞭解

　　協助案主對其個人、問題／需求及其與環境的關係有新的瞭解，跳出案主既有的思考架構，提出不同的觀點或挑戰，促使案主客觀瞭解自己與問題，開始設定自己的目標或想要深入處理的範圍。

　　工作者先檢核專業關係是否已建立好、案主是否已準備好要進行自我瞭解，再用試探性的口吻提出在會談過程中的觀察、看法或感覺，保留核對、修正的空間，讓案主思考先前未曾想過的角度（曾麗娟，2010），同時衡量案主的接受程度，採取必要的後續回應，以強化當事人對於自己的瞭解、欣賞他們所擁有的能力或資源、支持當事人思考自己想要達到的目標為何、想要做怎麼樣的改變（Cameron, 2008）。

（三）處遇

　　又稱之為行動或改變（Hepworth et al., 2010），目標是協助案主擬訂行動計畫、採取具體行動以改變其個人之觀念、情緒或行為，或針對其所處的環境作處遇（Cameron, 2008）。工作者以案主本人或重要他人（如：家人、雇主、同學、朋友等）為對象進行處遇性會談，針對案主本人的行為、想法或情緒作處遇，或對其重要他人進行溝通、要求配合、調整。工作者在此階段的處遇重點及會談做法會因其所採用之派別取向而展現出不同的特色，例如：採用短期焦點解決的工作者著重於找出具體的因應做法，採用薩提爾冰山理論作會談架構的工作者則著重於案主自我價值的提升。

　　這個階段首先將目標拆解成數個一般性的目標，再將一般性目標轉化成具體任務，具體呈現出工作者與當事人在會談結束後到下次會談前的這段時間當中需要執行的事項。所謂的任務可能包括：當事人個人的功能、當事人與重要他人之間的互動、與其他資源系統的互動等。這個階段的重要事項包括：促進當事人的自我效能與自我覺察、觀測工作執行狀況等，要順利執行這些項目，工作者要能夠維護與當事人之間的互動、妥善運用自己（Hepworth et al., 2010）。

四、結束階段

　　單次會談的結束階段做法不同於最後一次會談結束的做法，分述如下：

　　單次會談結束時，工作者與當事人共同對於本次會談進行摘要，確認本次會談的收穫、鼓勵當事人將所學應用於日常生活中、確認下次會談前所要進行的練習或執行的事務等。如果在即將結束會談之時浮現出需要時間處理的議題，這個議題對當事人而言是重要的，卻遲遲無法提出討論。面對這樣的情境，工作者可以用開放的態度肯定該議題的重要性，並詢問當事人是否覺得難以啟齒，同理當事人的尷尬難為，將此情況一般化（一般人要談論這個議題都會覺得不自在），並建議下次會談時討論。

　　整個會談結束時，表示工作者與當事人共同工作的時間即將告一段落，此時可做的事情包括：1.處理當事人的情緒。當事人面對這段被協助歷程的結束可能會有複雜的情緒，非自願案主可能覺得解脫、輕鬆，自願案主可能產生複雜的情緒，一方面鬆了一口氣、一方面很感謝社工。如果協助的時間長，案主對社工發展出依賴的情感，則關係的結束會包含情感割捨的痛楚、失去依靠的不安或焦慮。這些情緒可能反應出當事人個人面對離別的生命課題，需要妥善處理。2.評估目標達成的程度。3.回顧協助歷程的收穫，摘要整理當事人的重大收穫、突破或成長。4.展望：與當事人討論維持改變與成長的做法、如何將新的觀念、態度或行為運用到往後類似情境中，未來可能面臨的挑戰與因應（Hepworth et al., 2010; Shulman, 2012）。

陸、會談注意事項

　　本小節以機構會談為例，說明會談應注意的事項。一般而言，會談前的接待、第一次會談及後續會談等三個不同時間點各有其需要注意的事項，分別說明如下：

一、會談前接待的注意事項

案主面對會談的經驗從其著手準備安排會談（例如：打聽相關資訊）便已開始，包括：安排會談時間、被接待、等待等。這個歷程中案主與相關人員的接觸經驗（包括：接待人員及社工者）都會影響其受助的動機與意願。以下為社會服務機構中的接待情景：

> 案主決定要打電話至機構預約會談時，不自覺地開始感到焦慮，電話的那一頭傳來溫和的聲音，讓他心情穩定不少。接電話人員除了回答案主的詢問、安排案主所要求的事項之外，還主動說明案主原先沒有預期要瞭解的事情、肯定案主撥打電話是很正確的作為、鼓勵案主依時間前來會談。這樣的第一次接觸經驗，讓案主心情放鬆，期待會談的到來。

> 案主按照所約定的時間，懷著忐忑的心情來到機構，櫃檯的接待人員正低頭看報紙，對於案主的出現並沒有任何反應。案主怯怯地表明來機構的目的，接待人員公式化地要案主稍坐，使得案主十分不悅，興起打消會談的念頭。

上述歷程可以分作兩段來討論，案主打電話預約會談時機構的做法能夠回應案主的情緒狀態，為案主做好會談的準備。但案主來到機構後的接待做得不好，對後續的會談造成不利的影響。

理想的做法是當案主進入機構之時，接待人員起身招呼（或迎向前），引導就坐並奉茶，詢問來訪之需求，並簡要說明後續程序。這樣的溫暖做法有助於舒緩案主的焦慮、擔憂等負向情緒、化解過去負向的受服務經驗，並建立良好印象，為即將開展的會談做好準備（Trevithick, 2005）。

二、第一次會談的準備

第一次會談對於整個服務工作具有關鍵性的影響，要注意許多事情，包括：溫暖的寒暄交談、請案主就坐、表達出專注關懷、簡要自我介紹、瞭解案主為何來進行會談、說明會談的做法、保密原則、邀請案主說說會談結束時希望自己有什麼收穫等（Cooper & Lesser, 2008; Cameron, 2008）。若案主詢問工作者個人性的問題，則需要瞭解其用意，再考量如何回應（Cooper & Lesser, 2008）。在第一次會談開始前，工作者針對這些重點作簡要瀏覽，將會使初次會談進行得順暢、有重點，讓助人歷程有好的開始，對於會談有重大的助益。

三、後續會談的準備

案主與工作者可能會有連續幾次的會談，工作者需要在每次會談前都做一些準備，準備重點包括：庶務性的準備及進行會談的準備。

庶務性的準備包括：會談場所的準備、時間的安排、工作者的穿著儀表、會談筆記或輔助器材的準備，以及會談相關資料的準備等（曾麗娟，2010）。

進行會談的準備即為會談準備階段的工作內容，已於會談發展階段中詳述，詳見前一小節。

第二節　會談技巧

曾麗娟

會談技巧是社工者提供服務的重要工具，因此，被美國社會工作協會列為實務工作者的核心技巧，美國社會工作教育學會也強調學生溝通技巧的訓練（Zastrow, 2007）。透過會談技巧的運用，社工者可以讓會談具有清楚的結構與目標，發揮會談的功能，因此，工作者需要瞭解每一個會談技巧的意義，並能靈活運用。

社工師確保會談品質的關鍵在於能夠精準運用會談技巧（每一個技巧的運用都精準、到位，同時靈活運用具有共通性功能的技巧），同時要有具體的會談取向（選用特定的派別作為指引會談前進的地圖）。

　　社工者在會談中運用的技巧可分為兩個層面，社工者與案主對話時所運用的各項溝通技巧，稱之為初級技巧（first-order skills）。另一個層面的技巧為社工者思考、掌握會談過程所運用的技巧，屬於隱藏性的運作，是社工者在會談過程中，外顯的言談舉止表現背後的引導、支持基礎，稱之為次級技巧（second-order skills）（Koprowska, 2000）。本節將先對初級技巧做說明。

　　社工者在會談時所運用的每一個技巧都有其意涵與特質，有些性質相近的技巧具有共通的功能，稱之為系列技巧。社工者需要清楚瞭解每一個技巧的特性，以及系列技巧的功能，下面會分別做說明：

壹、個別技巧簡介

　　會談技巧依其性質可分為單一性技巧及複合性技巧（composite skills）（Lang & Molen, 1990），以下分別說明：

一、單一性會談技巧

　　單一性會談技巧指的是藉由單一做法發揮功能的溝通技巧，如同理、簡述語意等，以下介紹十七個單一性會談技巧：

　　1. **些微鼓勵**（minimal encouragements）

　　用簡短的話語且輔以肢體語言（如：點頭、微笑等），讓案主知道工作者在心理上是投入的，對案主所說的事情有興趣，以鼓勵案主繼續表達（Lang & Molen, 1990; Ivey & Ivey, 2008）。社工者經常使用的些微鼓勵包括：「嗯」、「你繼續說」、「後來呢」、「喔」、「原來如此」、「我瞭解」等，這些話沒有什麼內容，對案主的思考與表達不造成干擾，又能顯現出工作者的關心與興趣，對案主的表達具有鼓勵性作用。

2. 同理（empathy）

同理是正確瞭解會談對象所說的內容及感受，用適當的言語表達出來（Hepworth et al., 2010），以展現對會談對象的關切、溫暖、信任與尊重。在這個大前提下，態度遠較表達技巧重要，工作者有意願想要從會談對象的觀點去瞭解其想法、感覺與經驗（Trevithick, 2005）。

同理的運作包括兩個階段，第一個階段是內在的運作，站在當事人的立場去感受其感覺，聽懂、瞭解其所表達的內涵與情緒。第二個階段是外顯的表達，用適切的言語表達出來（Kadushin & Kadushin, 1997; Shulman, 2012；邱珍琬，2007）。當事人被正確瞭解之後，可以確認、釐清自己的經驗，受到鼓舞而肯定開放情緒、探索情緒的意義，為後續持續探索做好準備。

3. 簡述語意（paraphrase）

工作者針對案主所陳述的內容作瞭解反應，用詢問的聲調，運用當事人的主要詞彙濃縮其陳述重點（Ivey & Ivey, 2008），以便幫助當事人瞭解自己的問題或處境，展現對於案主所談論議題與情緒的關切（Cameron, 2008）。

4. 情緒反應（reflection）

將案主在陳述過程中所流露的情緒（而不是事情發生時的情緒）反應出來（Lang & Molen, 1990; Cormier & Cormier, 1991; Kadushin & Kadushin, 1997；王文秀等，2000），可說是對案主情緒的同理反應。例如：當事人在陳述自己如何在氣急敗壞的情況下控制住自己的怒氣，沒有做出讓自己後悔的事情。工作者所要反應的不是事發當時的氣急敗壞，而是在說那段故事的現在所流露出來的安慰或得意。

當事人的情緒經常蘊藏在文字、想法與行為當中，情緒反應的目的是讓這些隱晦或隱藏的情緒浮出檯面、清楚呈現。反應情緒有三個步驟：觀察（注意當事人的情緒）、命名（清楚辨識情緒的本質）與回應（說出該情緒）。做情緒反應時可以用「我感覺到你……」做開頭，加上一個適切的情緒字眼，描述當事人當下的情緒狀態，接著留一個空間給當事人核對。

5. 意義反應（meaning reflection）

這個技巧是將當事人經歷或情境中所蘊含的意義呈現出來，可以由工作者提出，也可以請當事人自己整理，以鼓勵當事人從自己的觀點出發，深入探索事件或情境對他們的意義與價值，對話中會運用意義、價值、目標、理想等字眼（Ivey & Ivey, 2008），例如：你剛剛說經歷過先生外遇、離婚，你走過那段痛苦的歲月好像沒有白過，可以說說這段經歷對你的意義嗎？

6. 轉移（transition）

轉移有兩個意涵，一個是轉換談話的主題，另一個是將來不及討論的重要議題預留在下次會談中（Kadushin & Kadushin, 1997; Shulman, 2012）。

轉換談話主題時，先簡單摘述案主剛剛所說的重點，再提出新的議題，用開放式的探究鼓勵案主針對新議題做陳述（Cameron, 2008）。

有時候在工作過程中隱約浮現的課題，可能在會談結束的最後幾分鐘浮出檯面，這時候已經沒有足夠的時間針對此問題做討論，便需要做轉移。例如：少女來討論一個朋友的問題，在會談結束前透露自己懷孕。社工者可以告知對其問題的關切與現實情況不允許立即討論，並與其約定另一個會談時段。

7. 再建構（reframing）

又稱之為正向再詮釋（positive relabelling）（Lang & Molen, 1990），意即用新的、正向積極的觀點重新描述負向的處境、想法、情緒、行為或問題，賦予「有問題的部分」光明面的意義，讓當事人用不同的觀點看自己的課題、瞭解自己或重要他人，繼而有機會引發新的反應（Northen, 1994; Patterson et al., 2009; Francis & Rowe, 2013）。再建構會帶出案主原先忽略的個人特質、資源或優勢，有助於調整案主的自我形象、建立自信心，因此，當工作者想要透過認知的調整植入希望，引導當事人用不同的角度看問題，將問題轉化成機會時，就要運用再建構來進行會談（Cullari, 2001）。

具體做法分三個部分，首先從案主的陳述當中找到正向的意涵，接著簡要陳述當事人的話語，整理出當事人負向思考的模式及其對個人

的影響，再用不同的角度敘述，帶出希望、優勢或資源（Cullari, 2001; Cameron, 2008）。

8. 解釋（explanation）

又稱之為詮釋（邱珍琬，2007），工作者以其所具備的相關學識理論為基礎，針對當事人行為模式、想法或行為的內在意涵提出暫時性的假設，讓當事人瞭解行為（或情緒、想法）下面的本質，對於其所面臨的困境、歷史脈絡與動態發展有較寬闊、深刻的理解，而發展較正向、建設性的自我概念與自我價值（Trevithick, 2005; Francis & Rowe, 2013; Langer & Lietz, 2015）。適當的解釋能夠展現社工者的專業能力，提升其與案主的專業關係，又可以提升案主自我表露的程度引發改變。

9. 示範（modeling）

藉由用具體操作，呈現出某個行為做法的程序，讓當事人學習（邱珍琬，2007）。示範可能是不著痕跡地讓服務對象耳濡目染地學會，也可能經由刻意設計的示範歷程來教導。

刻意的示範程序，包括：清楚界定所要示範的行為、具體操作，並要求服務使用者立即依樣畫葫蘆地操作，操作完之後針對其操作進行討論或修正，再進一步練習（Trevithick, 2005；邱珍琬，2007）。

10. 面質（confrontation）

面質是挑戰案主發展新觀點、改變內在或外在行為的負責任做法（Egan, 2002）。具體描述案主情緒、想法或行為方面的不一致、矛盾或混雜的訊息，協助案主用不同的觀點瞭解自己的課題，擴展其自我覺知、引發行動動機（Trevithick, 2005; Ivey & Ivey, 2008；邱珍琬，2007；謝秀芬，2010）。

面質的重點可以是當事人個人的不一致，也可以是當事人與環境之間的不一致（Kadushin & Kadushin, 1997；邱珍琬，2007）。針對當事人的不一致所做的面質，包括：受談者正向、負向的言行表現（Kadushin & Kadushin,1997；王文秀等，2000；邱珍琬，2007），雖然面質的重點不同，但目的都在挑戰案主看待自身的觀點。

面質的重點是具體的行為、態度，而非整體人格，因此，要以尊重的態度，具體提出所面質的行為、表現或想法，避免說教、批評，並給予

案主充分的支持，就好像是「搭著案主的肩」（Northen, 1994），懷著溫柔的心，用同理、尊重的態度，帶著「暫時性」的實驗性質（邱珍琬，2007）提出觀察。

11. 詢問（questioning）

邀請當事人針對問題做較多的陳述，五個W（誰、什麼、什麼時候、那裡、為什麼）對於探索細節很有幫助（Shulman, 2012）。例如：媽媽為了女兒半夜回家而與女兒鬧僵，工作者可以藉由：發生了什麼事、你擔心她會發生什麼事、她回到家時你對她說了什麼話、她怎麼回答你等問題，引導當事人較具體地陳述。

問句依其開放給案主的空間、自由度，可分為開放式詢問與閉鎖式詢問兩種。開放式問句有助於勾勒案主的故事，閉鎖式問句可以瞭解細節而提升會談的結構（Langer & Lietz, 2015）。

開放式問句的適用時機很廣，在會談初期可以讓案主選擇討論的主題、回答的內容，以及陳述的深度（Shulman, 2012）。在探索階段，希望案主具體敘述、探索其感覺／想法、發掘當事人所擁有的資源、或想要對會談內容聚焦時，也採用開放式問句，給予案主較大的反應空間（Kadushin & Kadushin, 1997；邱珍琬，2007）。

當案主焦慮不知如何談下去、所描述的情境很模糊、有意規避某個議題、對某個話題難以啟齒、思考快說太多時，可以運用閉鎖式問句來讓會談進行順利。當社工者想要獲得有關事情的資訊或細節性、明確的資訊、核對所聽到內容之正確性、設定會談的焦點時，也可以運用閉鎖式問題（Lishman, 1994; Kadushin & Kadushin, 1997; Trevithick, 2005；邱珍琬，2007）。

12. 自我表露（self disclosure）

自我表露指的是社工者透過口語、非口語的方式，有意且有目的的透露自己的相關訊息讓案主知道（Hepworth et al., 2010）。

表達的重點有兩種，一種是表達與案主互動過程中對案主的感覺或看法、推測案主（或重要他人）可能的思考或感覺、或對個案未來發展的關切（或稱之為立即性、直接、回饋）（Lang & Molen, 1990; Ivey & Ivey, 2008；邱珍琬，2007），例如：我發現在我們相處的過程中，只要我說

話的聲音大一些，你就顯得很不安，會說出討好的話，對我很客氣；我覺得你一直都沒有辦法接受事情演變成今天這個局面，所以對任何處理方法都沒辦法接受。這一種表達可以促使當事人，對於自己有不同角度的看見或反思。

第二種表達的內容是分享自己曾經經歷或正在面臨的與案主類似的掙扎或問題，讓案主感覺到社工者的真實性，具有示範、肯定、鼓勵的作用，有助於提升當事人對工作者的信任及對自己的信心，可引發案主的自我坦露，促進溝通、降低阻礙（Shulman, 2012; Francis & Rowe, 2013）。

不論那一種自我表露，都是以當事人的利益與福祉為核心，要在適切的時間點、簡要分享之後，把焦點回到當事人身上（Shulman, 2012）。

13. 沉默（silence）

沉默可以充分表達出工作者的興趣、關切及對當事人的尊重，增加當事人對工作者的信任，對於專業關係的建立與協助成效有密切關係。

這個技巧包含兩個層面，一個是運用沉默，一個是打破沉默。

運用沉默包括選擇沉默與鼓勵案主沉默，兩種做法都可以催化當事人反思，在一段辛苦的對談之後有一個沉澱的空間，或思考自己說過的話，或即將表達的內容、選擇會談的主題與方向（Cameron, 2008; Francis & Rowe, 2013）。

過久的沉默對於會談的進行有負面的影響，因此要適切處理。第一個步驟是瞭解沉默的原因（沉默是會談所引發的效果、當事人禮貌性的表達，還是當事人想要掌控）。

瞭解當事人沉默的原因之後，可以採取的打破沉默之做法包括：

(1) 針對沉默做回應。例如：可否讓我瞭解你沉默的原因、你的沉默跟我剛剛說的話有關嗎？

(2) 針對引發沉默的議題做回應。例如：剛剛談到交男朋友的議題好像讓你很害羞、談到婚前性行為的事好像讓你覺得尷尬？

14. 提供資訊（providing information）

提供資訊是社工者把自己所擁有的資訊（與案主所面臨處境相關的資源、經驗、選擇性做法等）或事實呈現給案主參考，在案主想要瞭解的

時候提供案主無法從他處獲得的資訊，用簡單易懂的語句，客觀呈現資訊（Kadushin & Kadushin, 1997; Ivey & Ivey, 2008；王文秀等，2000）。

15. 出聲思考（thinking aloud）

出聲思考指的是說出社工者話語或提問背後的思考或緣由，想要避免不必要的誤解、不讓自己難為、做示範或促進與案主之間的合作關係時，就可以運用出聲思考（Lang & Molen, 1990）。

例如：案主對於自己的問題作了敘述之後，詢問社工者有何看法或建議。面對這樣的情境，社工者可能做出下面兩種反應：

第一種反應：你要不要說一說，你希望事情有什麼樣的改變。

第二種反應：聽你說了許多，我對這件事情是有一些看法，不過，你對事情的瞭解最清楚，也是處理問題最重要的人，你的看法和期望是最重要的，要不要說一說，你希望事情有什麼樣的改變。

社工者的第一種反應並沒有表達出其不直接回答案主問題的原因，案主無法瞭解社工者的想法、考量，只能依照社工者的引導行事，可能會感覺到被拒絕、被忽略，也可能感受到其與社工者之間是有距離的、不對等的。這些感覺會影響到其與社工者之間的合作關係。第二種反應則呈現出社工者的思考，有助於案主瞭解社工者的內在想法與用心，也感受到自己的責任與重要性，可能引發其合作意願。

16. 摘要（summary）

摘要（或稱之為總結）指的是針對截至目前為止所進行的重點（包括：口語討論的重點與實際採取的行動）做一個總整理。適切的摘要提供一個機會，讓工作者與案主放慢步調，回顧實務情況，讓到目前為止已完成的目標更扎實、確保社工者與案主對於雙方共同的努力有相同的瞭解，作為未來工作的信任基礎（Bisman, 1994; Kadushin & Kadushin, 1997）。進行摘要的時間點包括：會談剛開始時、會談進行中，以及會談結束時（Egan, 2002; Trevithick, 2005）。

在會談開始時作摘要可以回顧上次會談重點或進行新話題，會談中作摘要可以結束或開啟話題，會談結束時的摘要則綜整討論重點，為下次會談作準備。

工作者可以自己進行摘要，也可以藉由開放式的問題來引導當事人

做摘要。例如：會談經驗有什麼意義、在瞭解與他人的關係上有什麼新發現、接下來的重要任務是什麼、那些議題需要花多一些時間討論。

17. 幽默（humor）

幽默是一種創意的表現，不僅可以從不同的角度看同一件事情，也可以提供不一樣的思考與解決方式。幽默傳達了不批判的瞭解，是與當事人連結的有效方法之一（Martin & Dobbin, 1988）。

幽默可以帶出愉悅、有趣，提升交談經驗的能量，也可以化解、舒緩緊張與敵意，有助於專業關係的提升。透過幽默的試探與支撐，可以讓案主抒解挫折、焦慮等負向情緒，減弱壓力情境的可怕程度，而能夠面對棘手或讓人感到焦慮、難堪的話題（Falk & Hill, 1992; Trevithick, 2005；邱珍琬，2007）。

幽默的表達很難用條列式的方法來描述，學習幽默需要由生活中去體會玩笑、幽默、隱喻的說詞，從看見與接受自己的缺點或限制開始，以「自我解嘲」作為學習幽默的出發點。

二、複合性技巧

複合性技巧指的是可以透過多種做法發揮某一特定功能的溝通技巧，如具體、澄清、探究等，以下分別說明會談中常用到的複合性會談技巧：

1. 專注（attending）

專注就字面上來說，可以解讀為「專心注意」（張德聰，2001），是工作者表示對案主有興趣、尊重、重視，把注意力放在案主身上的外顯行為表現，是整個協助歷程中基本的態度表現。

專注的呈現方式包括：用非口語行為顯示（即「生理專注」，藉由眼神、肢體動作、態度等非口語行為把注意力集中在案主身上）、積極傾聽（即「心理專注」，運用簡短的口語反應讓案主知道工作者正專注傾聽），或保持沉默（在會談過程中適當地保持沉默，讓案主思考自己說過的話或即將表達的內容）。

2. 傾聽（listening）

傾聽是一個選擇性、有目的的動態性主動歷程，其運作包括兩個部分：第一部分是傾聽的顯示，工作者透過專注讓案主知道自己很專心地在聽。第二部分是傾聽的呈現，讓案主知道工作者聽到了、聽懂了。傾聽不只要聆聽當事人所說的，還要能聽到當事人所沒有說的或只說部分的內容（Francis & Rowe, 2013）。傾聽可藉由鼓勵、專注、情緒反應、意義反應、簡述語意、同理、摘要等技巧進行。

3. 澄清（clarification）

澄清包含有兩個層面的意涵，一個是針對案主的表達作澄清，以提升案主的自我瞭解（Cormier & Cormier, 1991; Northen, 1994；張德聰，2001），另一個層面的澄清是針對社工者的角色、社工者與案主的關係進行情境澄清（situation clarification），以化解期待落差（Lang & Molen, 1990）。

在會談過程中，案主往往會想到那裡就說到那裡、用詞模糊（如：他們、有時候），或是表達的內容籠統（如：他們說我再這樣下去一定會完蛋），工作者把案主所敘述的內容作一個整理，邀請案主釐清社工者所整理的重點是否符合其原意（Lishman, 1994；許淑穗譯，2005）。

有時候當事人的表達有失偏頗，錯誤連結相關層面之間的關聯性或對重要他人有錯誤認知，透過澄清可以協助當事人對於各層面之間的關聯性有清晰的瞭解，或調整對重要他人的看法（Francis & Rowe, 2013）。

釐清可以運用簡述語意、開放式問句、連結、確認行為模式與再建構等方式進（Northen, 1994）：

> 在協助歷程中，社工者的立場、原則與案主所期待的往往有落差，這些落差會影響案主對社工者的情感與信任，對協助歷程造成不必要的干擾。因此，需要進行情境澄清。具體做法分為三個步驟：先提出對案主期待的瞭解，接著提出工作者立場的說明，最後邀請案主針對此澄清做回應。例如：我瞭解你對我的期待，你希望我幫你把問題解決掉。但是，我對你的問題的瞭解還沒有你對自己問題的瞭解多，就算我完全瞭解你的

情況，還是必須透過我們一起討論才能找出好的處理方法。而且，這些方法要由你去執行才能有成效出現，因為你是解決這個問題的核心人物。你對這一點的看法如何？

4. 探究（probe）

會談過程中，案主經常會採用一般性、模糊的描述，這些描述無法讓人對案主及其情境有清楚、具體的瞭解，為了要讓會談有效果，工作者可以運用探究協助案主的表達（曾麗娟，2010）。

探究與詢問很相似，簡單地說，所有的詢問都是探究，但探究不一定以問句的形式出現（邱珍琬，2007），可以發揮探究功能的技巧包括：詢問、直接陳述、請求或建議、簡述語意及非口語提示等（Cameron, 2008），說明如下：

(1) 詢問：以開放式的問句提出問題，讓案主針對自己覺得重要的部分加以詳述。如：你剛剛說你已經忍耐很久了，你所指的是什麼？

(2) 直接陳述：直接把工作者的不確定、不清楚說出來，引導案主把話講清楚。例如：我不清楚你這句話要說的意思是什麼。

(3) 請求或建議：直接說出希望案主做的事情或說清楚的重點。例如：我想請你針對你所說的「快受不了了」這個部分多說一些。

(4) 用困惑的語調複述案主所說的一、兩個詞語：例如：案主述說夫妻關係很糟糕，社工者可以用困惑的語調強調「糟糕」兩個字。

(5) 情緒反應：強調案主敘述內容所蘊含的情緒，引導案主深入表達。例如：案主提到被女兒送到安養中心的過程時，用「錐心」兩個字形容自己的情緒反應，工作者可以說：你說你被女兒安排到中心來時的感覺是「錐心」之痛。

(6) 非口語的提示：用非口語的表情、動作來表達工作者的不解或有興趣，引導案主多說。如：皺眉、睜大眼睛、歪頭。

隨著會談所進行的階段不同，探究的著重點也隨之調整，整體而言，會談初期的探究著重於協助案主針對所探討的議題有較具體、詳細的陳述；會談中間階段的探究要鎖定案主的優勢、需求與目標作探索；問題

處置階段的探索則強調所要採取的行動或行動成功後所呈現出來的差異（Cameron, 2008）。

5. 聚焦（focusing）

聚焦是運用選擇性專注把會談聚焦在當事人本身、當事人的問題與關切、重要他人、當下的互動或工作者的經驗與回饋等課題上，協助案主關注最重要、最相關的片段（Bisman, 1994; Ivey & Ivey, 2008）。

聚焦可以找出案主真正關切的課題，透過聚焦挑選出關鍵性的主題，接著持續深入探討該主題，有助於提升會談效率，讓有限的會談時間發揮最大功能（Hepworth et al., 2010）。

可以產生聚焦功能的技巧，包括：開放式問句（引導案主選擇自己想要探討的主題，例如：我們剛剛談到你的感情、工作、健康、經濟等問題，看起來這些問題都很重要，你現在最想談的問題是什麼？）、具體（將一般化的訊息轉化成具體的內容，例如：你剛才說你已經仁至義盡了，能不能再說清楚一些？）、同理（讓案主接續社工者的同理反應作深入的探討與表達）。

6. 具體（concreteness）

具體是明確指出所經驗的事件、所感受的情緒，或所採取的行為的做法（Hepworth et al., 2010；張德聰，2001；曾華源等譯，2006）。具體可以呈現案主的感覺、想法或行為，以及會談過程中的關鍵性要素，運用的範圍包括下列幾個（Gambrill, 1997）：

(1) 呈現與問題有關的原因及其影響。例如：你懷疑先生有外遇而顯得歇斯底里，放下孩子與工作來跟蹤他，讓你們的關係更緊繃惡化。你的這些感受、行為似乎跟你小時候所看到媽媽、爸爸的婚姻有密切關係，他們兩個的相處讓你覺得婚姻很不可靠，認為女人只有在獲得男人的疼惜之後，生命才有意義。這樣的想法讓你現在活得很辛苦。

(2) 呈現為達成目標所要採取的計畫。例如：為了舒緩你處在這樣緊張的婚姻關係中所產生的痛苦，我們把會談的目標鎖定在你的情感需求，整理你內在的生命狀態，在沒有辦法改變先生來符合你期待的現實情況下，找尋照顧自己的方法。我們每個禮拜會談一

次，先安排6次的會談，再看看我們一起努力的情況如何，來決定會談要進行多少次。

(3) 確認衡量進展的指標。例如：我們衡量會談進展的指標，設定在你情感上的放鬆、跟自己貼近、怎麼看待自己等幾方面。

(4) 舉出處置重點與結果。將服務過程中所強調的處置重點及成果，作清楚呈現。例如：我們會談到現在你很清楚的在自己生命狀態上作回顧整理，看到自己心中那個小女孩對於情感的依賴與需求，能夠跟她對話、疼惜她，透過自我照顧與疼惜滿足被愛的需求，也找到作為一個人的價值，可以不依賴先生的愛來證明自己，找到自己可以發揮展現的光點。

具體的做法有兩種，一種是運用傾聽、些微鼓勵、情緒反應、簡述語意、澄清、開放式問句、聚焦、探究、幽默等技巧協助案主作具體表達（Land & Molen, 1990; Kadushin & Kadushin, 1997; Hepworth et al., 2010；曾華源等譯，2006）；另一種是社工者運用明確的字彙具體說出所要表達的內容，以其自身的表現作為直接示範，讓案主學習作具體的表達（Land & Molen, 1990；曾華源等譯，2006）。

7. 建議（advice）

建議是社工者以專業知識為基礎，針對解決問題與個人改變等議題提出的非強迫性推薦意見（Kadushin & Kadushin, 1997; Ivey & Ivey, 2008）。

適切的建議對案主達成目標有幫助，對其情緒、認知也有激勵作用，要對當事人做建議時可以用試探性的口吻提問〔例如：如果你……（具體說出工作者的建議），那情況會不會有所改變？〕、用自我表露的方式提出（例如：我曾經遇到跟你很類似的問題，我所採取的做法對我很有用，我的做法是……），或是直接說出自己的看法（例如：我不覺得你應該為這件事情感到愧疚，你真的應該告訴你的太太你的檢驗結果呈陽性反應）（Northen, 1994; Kadushin & Kadushin, 1997）。

8. 支持（support）

工作者透過口語、非口語表達出對案主的支持，支持的重點包括：對案主能力、努力的肯定、欣賞與鼓勵（Kadushin & Kadushin, 1997）。

案主在接受協助的初期，不清楚即將面臨的情境及社工者的反應會如何。在接受協助的過程中，難免會產生不確定、焦慮、疑惑等負向情緒，影響案主繼續接受協助、努力改善情境與問題的動機。要化解這些不良的影響，社工者要能表現出對案主的支持，透過支持可以降低案主的負向情緒、修補案主受損的自尊、提升案主的自我功能、提升案主處理問題的動機、增進案主能夠處理問題的自信（Kadushin & Kadushin, 1997）。

　　社工者可以用來表達支持的做法，包括：專注、積極傾聽、再保證、一般化（讓案主覺得別人也會面臨類似的問題）、表達對案主的信心等（Northen, 1994; Patterson et al., 2009）。

9. 再保證（reassurance）

　　當事人往往會陷落在自己的處境中，沒有辦法對於自己在生活中所遭遇的情境有一個較均衡的觀點，因此，需要從別人那兒獲得保證，告知雖然他很焦慮，但事情維持在基本的運作軌道中（Trevithick, 2005）。社工者企圖降低案主焦慮及不確定感，增加其舒適感的作為，即為再保證。

　　再保證可以降低不安全感與焦慮，讓案主知道在工作者的協助之下，他有能力因應所面臨的處境，因而提升其面對問題、處理問題的動機。如：對於擔心檢查結果的病人，社工者說「即使診斷出來是癌症，只要是早期發現、早期治療，還是有可能會完全康復的」，顯示社工者瞭解等待的焦慮是正常的反應，可理解的，且提出可期待的希望，對於案主而言，能安定焦慮的情緒。

　　社工者表現出對案主的興趣或關心、專注傾聽、對案主所表現出來的尊重態度等，都是會讓對方安心的再保證（Trevithick, 2005）。除此之外，工作者適切地運用各種會談技巧，讓會談有具體的主題、方向與進展，都是展現再保證的具體行動。

10. 鼓勵（encouraging）

　　鼓勵的主要意涵是要協助案主採取（或放棄）某一行為、經驗、想法或感受，此做法在不同的學派中有不同的說詞，人本中心學派稱之為「無條件正向尊重」，認知行為學派則稱之為「正增強」，有些實務工作者稱之為「支持」。不論其名稱為何，當案主缺乏自信、經驗不足或對自己即將面對的情境擔憂時，工作者需要給予必要的鼓勵。工作者可以透過表達

關切、積極傾聽、同理、表達對當事人的信心與尊重、支持、聚焦在當事人的優勢、資源或努力等做法來鼓勵當事人。

以上分別介紹每一個單一技巧的性質，這些技巧就像是一支支的鑰匙，適切運用可以打開會談路上的一道道門，讓當事人得以往前進展。

貳、系列技巧簡介

具有共通功能的會談技巧可稱之為系列技巧，將這些技巧分門別類的整理可以建立整體性的概念，有助於會談時靈活運用。具有共通性功能的技巧依其特性可分為三類，分別是會談技巧的次第（基本技巧與進階技巧）（Langer & Lietz, 2015）、會談技巧的處理重點系列（處理情緒技巧與處理問題技巧）（Shulman, 2012），以及會談技巧的功能（專注觀察技巧、聆聽技巧、影響技巧）（Ivey & Ivey, 2008），可以將之設想為金字塔的三個面向，建構起金字塔型的會談技巧百寶盒，以下分別說明：

一、會談次第系列技巧

可將之想像成兩層樓，第一層樓是基本會談技巧，第二層樓是進階會談技巧。

基本會談技巧是有效會談的基礎功，包括：導向（orientation）、專注、提問、反應情緒或內容、具體及摘要等，這些技巧是會談過程中隨時都會運用到的，因此，又稱之為非選擇性技巧（Lang & Molen, 1990）。有些案例的服務上社會工作者僅需運用基本會談技巧即可達成會談目標，例如：醫院社工師可能會面對當事人要決定是否需要安養照護，會談由定向開頭（說明會談的目的及社工師的角色），接著運用開放式問句詢問病患在會談中想要完成什麼。社工師先看著病患、對病患說話，把精神專注在病患身上，促使病患自己做決定，同時展現對病患的尊重。當病患回答社工師開放式提問時，社工師反應其所表達的情緒與內容，呈現出病患的

觀點。病患充分回應社工師的問題後，社工師針對病患所說的重點做結論，接著轉向病患的成年子女，詢問他們在旁邊聽這些對話的感覺。這個會談在具體目標的引導下，運用基本技巧催化出有效的對話，引導當事人做決策。

　　進階技巧在基本技巧所奠定的基礎上，接續發揮功能（促進當事人對自己、情境或重要他人有較深刻的瞭解，同時激發思考與行為的改變）。進階技巧包括：面質、立即性、解釋、分享資訊與自我表露等。

二、處理重點系列技巧

　　可將之想像成左右並排的兩個房間，分別代表處理情緒技巧及處理問題技巧。

　　協助當事人處理情緒的技巧，最重要的包括：專注、傾聽、處理沉默的意涵、簡述語意、情緒反應、同理、自我表露（重點在分享工作者自己的感覺）等。當事人陳述其困境時往往會否認因困境所引發的情緒，他們之所以會這樣做，可能是因為情緒太強烈、太痛苦，而將之壓抑下去，以至於自己都不清楚那個情緒到底是什麼；也可能是他們覺得那個情緒是奇怪的、無法接受的，因此不敢跟工作者討論。直接處理情緒會有三方面的影響：首先，可以釋放隨著情緒一起被壓抑的重要能量泉源；其次，當事人可以直接體驗到情緒如何影響其思考與行為；第三，當事人可以因此學習到瞭解情緒、照顧情緒、表達情緒的方法。

　　這一組技巧讓當事人感覺到工作者對自己的關切，進而覺得工作者能夠幫上忙。其中關切當事人的沉默有助於關係的建立與維繫，服務成效也較好，但卻是工作者不常運用的技巧。

　　協助當事人處理問題的技巧，包括：建立協助結構、釐清當事人的需求，以及面質、再建構、聚焦、建議、提供資訊、將問題部分化、支持（特別是在禁忌議題上的支持）等，其中建立協助結構與釐清當事人需求是會談一開始就要做的兩件事，對於關係維繫與工作成效都有重要的影響（Shulman, 2012）。透過建立協助結構，工作者簡要陳述與當事人會面

的目標、機構所提供的服務、工作者將如何提供服務等，釐清工作者的目標與角色，讓當事人瞭解工作者及其所代表的機構，也彼此知道即將共同努力的重點。釐清當事人的需求則可以瞭解當事人的期待與想法，服務的供需雙方有機會看清楚彼此的位置與方向。

三、會談功能系列技巧

會談技巧依功能可區分為專注觀察技巧、聆聽技巧與影響技巧三類，可將這些系列技巧想像成三層樓的建築，第一層是專注觀察技巧，第二層是聆聽技巧，第三層是影響技巧。

1. 專注觀察技巧

這一系列的技巧單純涵蓋專注與觀察，專注行為可以鼓勵當事人說話，工作者運用專注行為可以促進當事人敘說，同時減少自己說話的時間，當然也可以反向操作，忽略破壞性或非建設性的話題，讓當事人減少對這些話題的談論。專注技巧包括：眼神的接觸、口語品質（如聲調、速度、聲音表情等）、口語追尋（如緊跟著當事人的話題）及肢體語言（如身體微傾、點頭、微笑等）。

觀察技巧可以瞭解工作者與當事人的口語及非口語訊息意涵，有助於做出適切反應、建立良好關係，同時為後續進行面質、自我表露、再建構等較深入處遇做準備。所要觀察的重點包括：工作者自己及當事人的口語、非口語語言（例如：當事人的眼神、身體晃動情況、聲音變化情況）、肢體動作（如抱胸、翹腿等）、聲音（如速度、順暢度的變化）。

2. 聆聽系列技巧

聆聽系列技巧可以有效建構會談的進行，是聆聽當事人敘述其故事所倚重的技巧，包括：提問、鼓勵、簡述語意、摘要、情緒反應等。其中鼓勵、簡述語意與摘要等三個技巧是同理性瞭解的基礎，用當事人的詞彙簡述，讓當事人知道他的陳述被聽到了、聽懂了，協助當事人釐清其議題，進一步探索其關切的重點。這些技巧交替運用可以帶出當事人的故事（包括：事實、想法、感覺與行為），如果同時搭配運用正向的觀點來協助當

事人確認自己所擁有的資產與資源（而不只是在談論困難、問題），有助於協助功能的發揮。

有些社工師在與當事人互動的過程中，好像什麼都沒有做，但當事人持續回來會談，關鍵就在於社工所展現出來的積極傾聽、關切與支持，讓當事人獲得往前的力量（Worsley et al., 2013）。

3. 影響技巧

影響技巧可以促進當事人的自我瞭解、激發其思考及改變行為，這一系列的技巧包括：面質（在支持的同時提出挑戰）、聚焦（將複雜的議題再建構，使之成為可處理的具體事件，提升當事人的因應動機）、重新敘述生命故事、把當下帶入對話、向行動前進等。

其中重新敘述生命故事的技巧有兩種，一種是從當事人的角度出發，運用意義反應引導其深入探索事件或經驗的意義；另一種是從工作者的角度出發，運用解釋或再建構等方法，提供當事人新的觀點、參考架構或思考方式，促使當事人跳脫自己的框架，發展新的視野。

把當下帶入對話主要運用的技巧為自我表露（包含立即性），社工師將會談歷程的所見、所思、所感、覺得當事人當下可能的思考／感覺，或覺得重要他人可能有的感覺或看法呈現出來。這些具體描繪呈現出當事人個人特質、行為模式、人際關係品質、真實生活樣貌或正在面臨的挑戰與課題，具有強大的能量的當事人，可以促使其老實面對真實。

向行動推進是會談最終的目標，可運用的技巧包括：討論邏輯結果、提供資訊、建議、指導等。其中討論邏輯結果鎖定各種選擇性做法，具體討論每一個做法可能的正向結果或負向結果，之後再用非批判性態度摘述各個選項，鼓勵當事人做決定。如果會談重點牽涉到自我肯定、社會技巧訓練或放鬆訓練等行為層面的學習，社工所給予的具體指導讓當事人可以按部就班地操作、練習。

這三個系列的技巧隨著會談歷程的發展各有其發揮的空間，就像是要上三層樓的階梯，在第一層階梯時著重於運用專注、觀察技巧，上到第二層階梯時，除了第一層階梯時所用的技巧之外，還要加上聆聽的技巧，上到第三層階梯時，除了持續運用前面兩個階段所著重的技巧之外，需要再

加上促使行動的影響技巧。

表4-2　會談功能系列技巧

目的／功能	技巧系列名稱	包含的技巧	
建立關係、為後續談話做準備	專注觀察技巧	專注	
		觀察	
聆聽當事人的故事、引導表達與探索	聆聽技巧	提問	開放式問句、閉鎖式問句
		積極傾聽（同理性技巧）	鼓勵、簡述語意、摘要
		情緒反應	
重新詮釋、開啟行動	影響技巧	面質（支持與挑戰）	
		聚焦	
		重新敘述生命故事	意義反應、解釋、再建構
		把當下帶入對話	自我表露、立即性
		向行動前進	討論邏輯性結果、提供資訊、建議、指導

小結

　　表4-2的整理將會談技巧歸納成三種面向，使會談技巧出現立體的架構，瞭解每一種面向所包含的系列技巧之特性與功能之後，就可以視會談當下的條件與目標等，開啟會談技巧金字塔不同面向的門，見樹又見林地靈活選用適切的技巧（鑰匙）來協助當事人前進。例如：預估當事人的問題只需要運用基本會談技巧即可提供服務，就可以專注於基本技巧的運用；想要著重於處理當事人的情緒或問題時，就可以選用相對應的技巧；要影響當事人時，就可以視其情況選用相關的技巧。

發展會談技巧運用能力需要採取一連串的學習歷程，首先要清楚瞭解每一個技巧的意涵、特色與功能，接著透過閱讀逐字稿、聽錄音檔、看錄影帶或觀摩臨場示範，學習會談技巧實際運用的要領，有了這些實際運用觀察經驗之後，進一步閱讀、參加課程訓練加深對於會談技巧的瞭解，接著運用角色扮演的方式練習技巧，等到這幾個歷程扎實走過之後，就可以進入實際情境中運用各項會談技巧。

 第三節　一個幫助「改變」的會談技巧——動機式會談（Motivational Interviewing） 顧美俐

　　本節擬舉一個治療性會談（幫助改變）的例子，讓讀者對會談有進一步的瞭解，即動機式會談。動機式會談是一個合作性的會談方式，為了強化案主個人的動機到認同到改變，是一個「以人為中心」的諮商方式，是針對改變過程中矛盾、搖擺不定的通常問題而設計的。動機式會談並不是指導性會談（directing style），而是一個指引性會談（guiding style），意涵著「我會幫助你解決你自己的問題」。

壹、動機式會談的意義

一、動機式會談四個面向

　　動機式會談根源於Carl Roger，但是為一個延伸。在動機式會談中包括四個面向：夥伴、接納、憐恤和喚起。這四個面向的每個面向均不只有經驗的成分，還包括行為的成分。這些面向會互相重疊，也因此重疊形成了動機式會談的中心，分述如下：

　　1. 夥伴的意義是包含了案主他們自己的專長，他們的歷史與情境及

他們在改變之前的一些努力。實務工作者對案主專長的尊重是夥伴關係中經驗的元素，而行為則顯示在主動引發案主的渴望和目標，最後創造出一個改變是可能的正向環境。

2. 接納不僅包含夥伴的元素且更向上延伸，接納有四個元素，是根據Rogers 的傳統而來的，說明如下：

(1) 絕對的價值反應出一個信念，就是每個人不僅有價值且有潛能高於他人或他自己，因此我們接納並敬重人們，甚至當他們有我們不贊同的行為時，這特別挑戰實務工作者當案主選擇負面影響他人（如虐待兒童）的途徑時。

(2) 自主反應出的信念，是人們必須對他們生命的方向做出自己的決定。我們可「影響」，但不可「控制」案主。我們在案主做決定的過程中幫助他瞭解內在的自己，也幫助他自己做最後的決定。

(3) 正確的同理，就是有能力與渴望見案主所見的世界，但仍保有自己的看法而不迷失。

(4) 肯定是一個尋找案主內在的能量與資源的觀點，即能主動的喚起案主對這些能源的注意，而有行為的元素。

3. 憐恤不只是一般關愛與關心別人的受苦，還包括為案主的福利而努力，即是追尋他人的福利與最佳利益的承諾。

4. 喚起則與導出案主內在的想法與解決方法相關。案主是自己的專家，他經歷過當企圖要改變時的挑戰，知道什麼會幫忙和什麼會阻礙他的改變。我們對案主可有「教育性的猜測」，但不知道案主真正想要和需要的是什麼。我們的目標是要激起案主潛在改變的方法和理由，並給予案主一些思考的理念。

二、核心技巧

核心技巧與許多其他治療方法的技巧雷同，其中包括：開放式詢問、肯定、反映式傾聽、摘要與訊息交換等。這些基本技巧在前面已有概述，此處不再重複。

三、引出案主改變的談話

　　這是動機式會談最獨特的地方，主要目標在幫助案主說出他們要改變的理由。加強這種談話次數，而強化了案主要改變的意圖。一個良善意圖的諮商者，常是試圖勸導案主向一個有用的方向改變，但經常得到的案主反應是「是的，但是……」。若這情況持續了一陣子，通常案主會告訴自己不要改變了，留下實務工作者深信案主根本不想改變。下面則介紹諮商者應如何引導案主，到實際幫助改變的步驟。

貳、使案主「改變」的會談

一、引導出改變的準備

　　案主需要資訊、動機和能力的結合才能做出改變，因為案主在會談過程中是情感矛盾的，對改變可能認為是好主意，但也可能認為是困難的，所以會覺得維持現狀而放棄改變是較好的。他們的內在與行為常是矛盾的，所以諮商者要對案主的言語特別注意，並給予不同的反應。案主的言語大致包含三類：1.談論關於改變；2.談論維持平衡現狀，包括：爭論（不一致）；3.中性的談話。改變的談話顯示出案主在考慮改變的可能性，這是矛盾的一面。維持的談話顯示案主在考慮事情停留在不改變。爭論是一個維持不改變的特殊形式，表示案主不只考慮避免改變，也感受到改變的壓力而對諮商者反彈。我們不再使用「抗拒」這個語詞，因抗拒是指只存在案主的內在，而不是在一個人際的過程當中。我們把「爭論」認為是在壓力下的矛盾，把維持談話與爭論認為是矛盾的另一面，而中性談話則是不贊成，也不反對改變的敘述。例如：

1. 我不認為吸菸是什麼大事 —— 維持現狀的談話
2. 你不瞭解，我試過，但它對我無效 —— 爭論

3. 我沒怎麼從各方面去思考──中性的談話
4. 我會在某個時間點停止，我知道那對我不好──改變的談話

瞭解了案主的矛盾及他們的談話型態後，諮商經過一段時間後，幫助案主組織他們的經驗，但不只是他們告訴我們的，而是透過較深度的反應和摘要、肯定、有目標的提問與資訊，來幫助案主用新的觀點來看和瞭解他們的狀況，然後看到一個往前的可能方向。他們會說：「哦，那是個問題！」或「哦，那是個挑戰！」

二、指認出改變與維持現狀的談話

改變的談話大約是案主說出他想改變，看到改變的好處，觀察到目前的困難狀態，承諾改變或採取步驟來改變。所以，通常他們會有方向性的、確定的改變敘述，如：避免使用藥物、減少人際暴力等。

研究也指出當案主談及維持現狀時，會刺激酬賞他們的腦部細胞模式，而使他們繼續喝酒等，而談及改變時則不會。我們已知案主所說的及我們如何與其互動會支持維持現狀，或加強改變的可能性。所以，我們的目標是要引發和加強改變的談話，並減少或軟化維持現狀的談話。

維持現狀的談話是當案主1.想要維持現狀平衡；2.目前有能力維持平衡；3.目前現狀是有好處的；4.需要維持現狀或有問題去改變。案主要維持現狀的理由有許多，如他們能在一個物質濫用的環境中維持功能──如何去找錢、如何拿到藥物、如何閃避執法者等。這樣的案主很難有改變，尤其當他衡量利益大於改變時，所以會有下面的「爭論、不一致」發生。

爭論是指直接反對實務工作者，也包括：消極的方式。消極方式是不與實務工作者爭論，而是以行為消極的反對之。爭論是他看不見實務工作者的看法，我們常會把這行為稱為「否認」，但實際上我們可能低估了他們環境影響的難處。

三、引發改變的動機

　　關鍵的提問例如：「這個問題你如何思考？」、「如果你決定要改變，什麼讓你覺得你可以做到？」、「如上述所說的，你下一步想做什麼？」此外，要幫助案主回憶起問題發生前的好時光（looking back），例如：「你記得你較好過的時光嗎？是什麼改變了它？」以及幫助案主看未來會如何（looking forward），例如：「如果沒改變，你看五年後會如何？若你決定改變，又將會如何？」有些實務工作者會給案主一些回饋，例如：與正常人比較「你每個禮拜平均喝28次酒，但一般人最多平均每個禮拜喝23次酒。」另外，可看案主是否準備好了要改變，「你有信心要改變，從1-10你的信心落在那裡？」、「是什麼使你選擇6？」、「要怎麼使你從6移到7？」最後，要與案主探討他們重要的價值觀，以及他們現在的行為如何吻合他們的價值觀，如不願改變是因一個問題行為是位在案主價值觀的後段。因此，要問案主這個價值觀如何幫助他們達到自訂的目標，例如：改變親職技巧不只是做較有效率的事，而是一個價值觀的宣示：「我是孩子的好父母」。這類價值觀驅動的行為改變，比一個衡量成本效益的考量較有力量來維持改變的努力。

四、回應「維持現狀的談話」及與「爭論」共舞

　　對於維持現狀的談話，實務工作者可以深層的反應回答之，如案主說：「我會喝酒喝到死！」可以做的回應為「目前你覺得如此，但你並非總是會覺得如此」，或者「現在，你期望喝到死，但另一方面，你知道你可改變主意。」一般來說，有兩個關鍵：1.認可個人的選擇及控制權；2.轉移焦點。另外，就是讓明顯的更明顯（make the obvious），即是讓未被公開承認的被直接面對。在上述的例子，即是提醒案主只有他們能選擇改變他們的行為。至於轉移焦點則可能是：「這就是你現在覺得的，即使你知道只有你能決定是否接受治療。」、「是的，是如此」、「所以，你看起來決定要繼續喝酒一陣子。我在想今天有什麼對你是有幫助的，需要發

生什麼事讓你覺得今天從這裡有些收穫？」

　　另一個策略是用「重新建構」的技巧使之有轉折，如從過去改變行為的失敗，被重新建構為使生命更美好的承諾，例如：「這看起來對你是個糟糕的選擇，你想要怎麼做？」、「我想我要做」、「你並不眞的想做」、「那麼明顯嗎？」、「所以，你是那種看什麼需要做，你就做的人，即使你不喜歡。這看起來絕對是個長處，也可能在你的生命當中有很大的幫忙。」這樣的轉折使案主的能量聚焦在一個新方向——做一個好選擇。

五、計畫——改變的橋梁

　　計畫是使案主從可能改變的討論，轉移到眞正的改變。這個治療的過程，在於對的良好時機。實務工作者必須在案主準備好時回應，或在案主覺得有風險時回應，而使他轉回到先前的準備狀態。案主準備好的徵兆有六點：1.增加改變的談話；2.減少維持現狀的談話；3.採取步驟；4.決心；5.面對改變的問題；6.想像透視改變後的景況。之後，實務工作者要做重述要點（摘要）的工作，即把案主所說的全部整合在一起，簡單的說明案主的矛盾，尤其在開始時，再說案主現在於那裡和浮現的改變的談話，最後問下一步會是什麼。關鍵的提問在於問案主他們是否準備好要進入改變過程的下一步，這樣的提問在於使實務工作者一邊與案主維持夥伴關係，一邊是有方向性的引導。同時，留點沉默的空間給案主，讓案主有時間回顧他們曾經在那裡和他們要往那裡去，這沉默的時間認可了生命下一步要去那裡。雖然我們有許多理由要案主移往改變的方向，但是記住案主本身對改變的論點才是最有說服力的。

六、發展出改變計畫，加強承諾並支持改變

　　在發展計畫過程中，核心技巧仍是重心，過程本身則可分為五個步驟，說明如下：

（一）訂定目標

目標從明確性到被案主渴望到可行性，都是必須的。此外，1.一般目標與明確的次目標必須有所區分；2.案主要認為目標是重要且可達到的；3.目標要聚焦在自主、提升，而不在於預防（即是要向前方前進，而不是避免一些事的發生），並要有一些學習來引發導向目標的行為。例如：一個青少年的目標為「不讓父母管我」，則可透過討論形成一個明確的目標──「我在星期五下午會與父母協商我何時做家事，而讓我對我的週末有較多的控制權。」

（二）分辨選擇的可能性

實務工作者的經驗在這部分最能讓案主受惠，但我們要小心不要過度的指導，而是用引導─提供─引導的模式，看案主想要做什麼再加些想法，也要讓案主腦力激盪一系列的想法，以利發展出計畫。若案主沒想法，則提供一些可能的選擇，讓案主選擇對他最有利的方法。

（三）達成一個計畫

實務工作者要協助案主思考每一個選擇的步驟，可能遇見的困難，如何面對挑戰，帶進何種資源和如何評估結果。這通常由開放式的問題開頭，如「你要先做什麼？」、「需要進行那些步驟？」、「你的計畫是什麼？」若案主的計畫不可行──如當計畫太多任務時，因怕案主達不到任務而氣餒，實務工作者可說：「你有太多的點，你選擇同一時間達成，我可否與你談一談？」或當案主沒有發展出什麼計畫任務時，可與案主談「我知道你較願『做』而不願『想』，但我覺得你應有『做』之前的全盤結構思考，才可達到成功。我可否與你分享這是為什麼嗎？」若案主的回答是「不」，這時可說：「你好像不擔心，你覺得可在需要時再臨時決定，我想是不是你下次來時，我們再查核一下你的決定，我們可看它是否可行，也可談談你計畫的其他部分，這聽起來如何？」

（四）再確定並加強承諾

　　若案主猶疑時，這是自然的，是案主矛盾的一面，案主會用「希望」、「試試」、「考慮」的字眼，這不見得是個問題，但卻需要實務工作者的回應。案主不確定，則須再確定他的承諾或探討其矛盾搖擺的根源，這時可用一個「反應」，如「你擔心當已開始這計畫時你所要放棄的，同時你也清楚你不能再繼續這些行為。」案主的「執行意圖」很重要，這些意圖指出何時、何地和用何方法，案主努力達到他的目標，尤其他會說出：「若……則……」來處理一些特殊情況。有三個元素很重要：1.一個明確的行動計畫；2.案主說出對計畫的行動意圖；3.案主會考慮阻礙或挑戰，而說出「若……則我會……」。在這個過程中，實務工作者要善用核心技巧，例如：提問的技巧——「你打電話給我，已證明了你知道如何，也願意找精神專業人員，你想找個精神科醫師對你有什麼困難？！」

（五）支持改變

　　若案主沒準備好選擇承諾，實務工作者千萬要避免掉入催促案主的陷阱，而應回到核心技巧，認可案主的狀態，如「聽起來你尚未準備好做這個，你看未來你何時會讓這件事發生？」、「你要有什麼轉變而讓此事件發生？」或「關於這個決定，你想你現在在那一點？」這些談話可開啟與案主討論的可能性。

　　對已準備好的案主，我們要繼續支持他的動機、鼓勵他的行動，並幫助調整計畫。當情況、需求或結果有所變動時，這階段有四個元素：再計畫、再提醒、再聚焦和使再參與。再計畫則是修正案主的計畫來因應情況的改變或無效的初步嘗試，記住要認可案主的部分成功，這是很重要的。

　　再提醒則要注意不要變成面質，音調和態度很重要，可說「讓我們退一步和看看並回顧，你現在在那裡和引導你到現在這裡的一些考量。」或「在你開始這個計畫之前，你提過你可能會有的挑戰……看起來現在正是那些情況之一，我在想你之前提的計畫對你現在是否有效，你覺得如何？」

　　再聚焦很重要，因初步目標已達到、優先考慮的已被轉移、其他問題

已顯現、案主逃避改變等，所以這裡要有直接的討論——「目標似乎已失去對你的重要性，我在想你現在在那裡？」若案主決定不再追求目標，要小心，不要說：「但你忙了老半天，才到達這裡！」我們要接受案主的決定，是他的決定，不是你來爭論這個決定，他的目標才是最重要的。

使再參與有兩個元素，一是當案主曾參與但開始顯現不參與的徵兆，如約定時間不出現、不完成會談與會談間的任務，或在會談中顯得不感興趣。這時要直接談「似乎你有些事已改變，我在想你有沒有注意到你的作業任務？」第二個情況是案主已完成與我們的工作，因改變是困難的，所以使案主維持在改變後是重要的，我們只要給案主一些個人鼓勵的語句，對案主的行為就會具有利的影響。

最後，實務工作者需要深化並廣化自己的技巧，尤其要加強在改變的談話、發展改變計畫、鞏固承諾等。其中最關鍵的是反映式傾聽的使用，聽多一點，仔細的聽再做反應，來來回回才可加強改變的談話等。至於開放式問句、肯定、深度反應、方向性的反應、支持性的反應、摘要、資訊分享、改變談話、支持性談話、計畫改變、鞏固承諾等技巧要了然於心，才能收放自如。

總之，在夥伴關係方面，實務工作者在起始階段通常會陷入給案主建議（在案主沒有允許的狀況下），要到熟練後才會主動尋求案主的熱望，並鼓勵案主選擇對他們有用的方法。在絕對價值方面，剛開始會認可並溝通絕對的價值，但當案主選擇負面影響他自己或他人時，工作者會相當掙扎，熟練後，則能用正確的同理來溝通，甚至當案主做有問題的抉擇時，仍能認可案主有改變的能力。在憐恤方面，開始時工作者會認可憐恤，但當案主做高風險的抉擇時，則發現很難維持，在熟練後，當認知是傷害案主本身的決定時，仍能持續為案主的最大利益而工作，尊敬他們的自主權。實務工作者在開始時，可能引導出案主一些想法後會很快進入計畫而給予不同的意見，熟練後，則會持續引導出案主的想法，僅在需要時給案主意見。在開始時，實務工作者的感覺是介入並謹慎地把事情做對，好奇心催促自己要把談話往前推，掙扎著要全然與案主同在，直到熟練後，才放鬆並介入，也對好奇案主談話要往何處去，感覺平和與平靜。

若讀者要對動機式會談有進一步的認識與瞭解，請參閱Rosengren（2018）建立動機式會談──實務工作者手冊的書，可先自我練習，再繼續精進的找教練協助。

參考書目

中文部分

王文秀、李沁芬、彭一芳、黃鈺敏、吳青蓉、謝淑敏譯（2000）。助人者的晤談策略──基本技巧與行為處遇。臺北：心理。

林沈明瑩等譯（1998）。薩提爾的家族治療模式。臺北：張老師。

林萬億（2002）。當代社會工作──理論與方法。臺北：五南。

邱珍琬（2007）。諮商技術與實務。臺北：五南。

張隆順譯（1985）。社會工作會談。臺北：桂冠。

張德聰（2001）。諮商技術。新北：國立空中大學。

許淑穗譯（2005）。系統諮商：實務指南。臺北：心理。

曾華源、李自強譯（2006）。社會工作直接服務──理論與技巧。臺北：洪葉。

曾麗娟（2010）。會談技巧。收錄於許臨高主編，社會個案工作──理論與實務。臺北：五南。

謝秀芬（2010）。社會個案工作：理論與技巧。臺北：雙葉。

英文部分

Barker, R. (2003). *The social work dictionary*. Washington, D.C.: NASW Press.

Bisman, C. (1994). *Social work practice: Cases and pinciples*. Brooks/Cole Publishing Company: Pacific Grove, Ca.

Cameron, H. (2008). *The counseling interview—A guide for the helping professions*. Palgrave Macmillan, N.Y.

Compton, B. R., & Galaway, B. (1989). *Social work processes*. Belmont, Ca.: Wadsworth.

Cooper, M. G., & Lesser, J. G. (2008). *Clinical social work–An integrated approach*. Boston: Pearson.

Cormier, W. H., & Cormier, L. S. (1991). *Interviewing strategies for helpers: Fundamental skills and cognitive behavioral interventions* (3rd ed.). Pacific Grove: Brooks/Cole Publishing Company.

Coulshed, V., & Orme, J. (1998). *Social Work Practice—An Introduction*. London: Macmillan.

Cullari, S. (2001). *Counseling and psychotherapy: A practical guidebook for students, trainees, and new professionals*. Boston: Allyn and Bacon.

Davies, M. (2000). *The blackwell encyclopedia of social work*. Malden, Mass.: Blackwell Publishers.

Egan, G. (2002). *The skilled helper: A problem-management and opportunity-development approach to helping* (7th). Pacific Grove, Ca: Brooks/Cole.

Faiver, C., Eeiseengart, S., & Colonna, R. (1995). *The counselor intern's handbook*. Brooks/Cole Publishing Company.

Falk, D. R., & Hill, C. F. (1992). Counselor interventions preceding client laughter in brief therapy. *Journal of Counseling Psychology, 39*(1), 39-45.

Francis, J. T., & Rowe, W. S. (2013). *101 social work clinical techniques*. Oxford University Press.

Gambrill, E. (1997). *Social work practice-A critical thinker's guide*. Oxford University Press.: N.Y.

Hepworth, D. H., Rooney, R. H., Rooney, G. D., Strom-Gottfried K., & Larsen, J. A. (2010). *Direct social work practice-Theory and skills*. Brooks/Cole. Belmont, Ca.

Ivey, A. E., & Ivey, M. B. (2008). *Essentials of intentional interviewing: Counseling in a multicultural world*. Thomson Brooks/Cole.

Kadushin, A., & Kadushin, G. (1997). *The social work interview—A guide for human service professionals*. N.Y.: Columbia University Press.

Kadushin, A. (1972). *The social work interview*. N.Y.: Columbia University Press.

Koprowska, J. (2000). Interviewing in Martin, Davies (ed.). *The blackwell encyclopaedia of social work*. Blackwell Publishers.

Lishman, J. (1994). *Communication in social work*. London: Macmillan Press.

Lang, G., & Molen, Henk van der (1990). *Personal conversations: Roles and skills for counsellors*. London: Routledge.

Langer, C. L., & Lietz, C. A. (2015). *Applying theory to generalist social work prac-*

tice: A case study approach. Hoboken, N.J.: John Wiley & Sons Inc.

Martin, R. A., & Dobbin, J. P. (1988). Sense of humor, hassles, and immunoglobulin A: Evidence for a stress-moderating effects of humor. *International Journal of Psychiatry and Medicine, 18*(2), 93-105.

National Association of Social Workers (1967). *Model statute social workers' licensing act*. National Association of Social Workers News.

Northen, H. (1994). *Clinical social work knowledge and skills*. N.Y.: Columbia University Press.

Palmer, S., & McMahon, G. (1997). *Handbook of counseling*. London: Routledge.

Patterson, J., Williams, L., Todd, M. E., Chamow, L., & Grauf-Grounds, C. (2009). *Essentials skills in family therapy: From the first interview to termination*. The Guilford Press, London.

Rosengren, D. B. (2018). *Building motivational interviewing skills—A practitioner workbook*. The Guilford Press, New York.

Shulman, L. (2012). *The skills of helping individuals, families, groups, and communities*. Brooks/Cole Cengage Learning, Belmont, Ca.

Trevithick, P. (2005). *Social work skills: A practice handbook* (2nd ed). Open University Press.

Worsley, A., Mann, T., Olsen, A., & Mason-Whitehead, E. (ed). (2013). *Key concepts in social work practice*. Sage, LA.

Zastrow, C. (2007). *Introduction to social work and social welfare: Empowering people*. Belmont, CA: Thomson/Brooks/Cole.

第五章
社會資源

徐錦鋒

從綜融取向（a generalist approach）的角度來看，個案工作者負有諮詢（consultancy）、資源管理（resource management）、教育（education）三種主要功能（B. DuBois & K. K. Miley, 2010）。在助人過程中，個案工作者最常運用來協助案主的工具，主要有兩種：1.內化的知識和技巧（internalized knowledge and skill）；2.外在資源（external resource）。可見，專業知識和技巧以及外在資源，都是個案工作者最常運用來協助案主的主要工具。

其中，外在資源係指具體的物質或服務，它可以提供有關的物資或人員、機構。外在資源不論是屬於物質的或非物質的，只要能善加運用，增強其效能，對於個人及家庭均頗有助益。

本章主要以社會資源的涵義與運用為議題，介紹社會資源如何運用在社會個案工作實務。

 ## 第一節　社會資源的涵義

壹、社會資源的意義

學者對社會資源所下的定義，往往在看法上，未必一致。茲列舉說明如次：

1. 社會工作辭典之定義認為，社會福利資源係指對社會環境不能適應的那些人，提供人力、物力、財力、社會制度或福利設施及個案工作者，提供使其過著正常的社會生活的事與物而言（郭江北，1989；潘淑滿，2000）。
2. 梁偉康、黃玉明（1996）將社會資源分為廣義與狹義兩方面，加以定義。廣義的資源泛指方案、人力及策略三種資源，它是社會服務機構用來達成其「衝擊性目標」（impact objectives）的主要工具。狹義的資源則係指社區內任何有助於社區居民發展或困擾

解決之人員或機構，包括內部資源和外部資源。

3. 潘淑滿（2000）認為社會個案工作往往對社會資源採用廣義的定義，社會資源係指協助案主發揮潛能、解決問題、滿足需求、增進其適應力之相關資源謂之。

4. 黃維憲、曾華源、王慧君（1995）認為社會資源係指個案工作者在提供專業服務過程中，一切可動員的力量；這些力量可以進一步協助個案工作者完成助人的目標或任務。

據上所述，從社會個案工作的觀點來說，拙見認為社會資源的定義自以採用狹義的定義為宜。因為在社會個案工作的過程中，往往為了滿足案主需求的不足或缺乏，經常會提供個案有關的物資、人員；或從機構中，取得具體的物質或服務，從而協助案主解決其所面臨的問題。

貳、社會資源的種類

學者對於社會資源的定義不同，延伸而來，其對於社會資源之種類的劃分也會有所不同。茲列舉說明如下：

一、廣義的與狹義的社會資源

梁偉康、黃玉明（1996）將社會資源分為廣義與狹義兩方面，來劃分社會資源的種類。茲分述如下（梁偉康、黃玉明，1996；徐錦鋒，1999）：

（一）廣義的社會資源

廣義的社會資源的種類，包括：

1. 方案資源：係指各機關（構）所能提供的重要服務和方案謂之。最常採用方案資源的方式，例如：社會資源協調會議、個案研討

會、臨時性的個案協調、提供社區服務、轉案或轉介、轉介輔導或安置輔導、合辦活動、資訊的交換。

2. 人力資源：係指本機關（構）以及其他相關機關（構）的專任人員、志工，以及個案的朋友、鄰居、親屬而言。目前社會網絡所連結的人力資源，最主要計有：政府機關、學校、民間社團、志工、自然助人系統。

3. 策略資源：係指獲得或發展上述方案與人力資源的所有明確和無形的方法，包括基金、設備、供應品、政治影響力、社會地位、專業知識與技能，以及合法地位等。目前連結策略資源較常採用的方式，例如：成立基金會、業務研討會、經費的籌措、分享資源、互惠服務、觀摩訪問。

（二）狹義的社會資源

狹義的社會資源的種類，包括：

1. 內部資源：舉凡同事、各處室行政人員、機關（構）負責人、社團活動組織等皆是。

2. 外部資源：舉凡家庭及其社區、當地社會服務機構、醫療機構等皆是。

二、有形的與無形的社會資源

李宗派（2000）認為，社會資源可分為有形的與無形的兩大類。有形的社會資源，包括人力資源、物力資源、財力資源；無形的社會資源，則包括人文資源、人緣資源。茲進一步說明如下：

（一）有形的社會資源

1. 人力資源：係指勞力、勞心，以及個人的人緣關係。此包括個人的體力、腦力、技藝、心智、情感、助人意願，以及人際關係在

內。人力資源所重視的人員，包括社區領袖、各行業之專家、學者、個案工作者、志工。另人力資源所延伸出來的，尚涵蓋有社團組織、機構組織、社區居民之組織動員。上述組織動員，若能得到組織及成員的參與、支持與合作，將能充分發揮社會服務的功能。

2. 物力資源：係指天然資源、生態資源。它包括可以運用於社會服務活動之土地、水源、公園綠地、機關學校、場所、現代之教學及媒體器材在內。

3. 財力資源：係指社會服務之經費籌措。經費的籌措，一則可採用自籌方式，如義賣、募捐，藉以鼓勵社會大眾參與；再則可向政府機關或向民間機構、基金會、協會，申請經費補助、贊助，或購買服務。

（二）無形的社會資源

1. 人文資源：係指人民愛護自己鄉土、同胞，及回饋鄉里之心理。人文資源可以激發人員具有愛心之尋根運動，推動各種社會服務工作。

2. 人緣資源：又稱人際關係。人緣資源所強調在於一個人的親切感與人情味，它是人類生活互動最重要的媒介因素。一個人若缺乏良好的人緣資源，再好的社會資源也將無法運用。

三、以案主與以機構為主體的社會資源

潘淑滿認為資源常被運用於個案服務過程，主要分為以案主或以機構為主體的兩大分類（王玠、李開敏、陳雪眞合譯，1998；潘淑滿，2000）：

（一）以案主為主體

資源如果以案主為主體，又可分為內在資源與外在資源兩種：

1. 內在資源：係指個人潛力、人格特質與家庭中的某些有助於解決問題或滿足需求的特性，包括知識、能力或態度。

    (1) 個人：有些內在資源是天生的，例如：智力、體力；有些內在資源則是後天養成的，例如：善於傾聽與表達。

    (2) 家庭：家庭成員之間的忠誠度、同理、情緒支持，以及互動與溝通方式。

2. 外在資源：係指具體的物質或服務，通常它可以提供有關的物資，以及服務的人員或機構。外在資源又可分為正式資源和非正式資源兩種：

    (1) 正式資源：係指政府或民間資源。政府資源是指由稅收支持，它是受到法令的規範，一般案主不需直接付費；而民間資源則多由募款捐助，也可能需要付費，並有正式的政策與程序。個案工作者在提供服務過程，往往需要斟酌機關（構）經費來源，以及案主申請條件、服務內容與種類而定。

    (2) 非正式資源：係指自然助人者或助人者。自然助人者與案主的關係，通常並非以問題的出現做前提，他們都是案主的親友、鄰人。至於助人者多半對案主是陌生的，是在問題出現而亟待協助時，才會被引進來協助案主。當任務達成後，助人關係也就宣告結束。非正式資源因所提供的服務範圍廣、限制少，故比起正式資源更能自發且彈性地滿足案主的個別需求。

（二）以機構為主體

專指以社會福利機構為主體，將社會福利資源區分為有形資源與無形資源兩種。個案工作者在提供專業服務過程中，主要是以有形的物質資源為主，以無形的精神資源為輔。有形的社會資源，包括人力（專業工作者、地方領袖、志工）、物力（土地、設備、房舍、器材）、財力（政府機關或私人機構所提供之經費）。而無形的社會資源，則包括社會價值、意識型態、信念、專業技術、知識概念、社會關係或社團號召等要素。

四、內在與外在社會資源

中華育幼機構兒童關懷協會（2008）認為，資源可分為內在資源與外在資源兩大類。內在資源是指幫助解決問題的個人或家庭特質；而外在資源則是指可以提供物資或服務的人或機構。其中，外在資源又可以再細分為：正式及非正式資源兩種。正式資源往往透過政策、法令提供服務或加以約束，包括機構、組織、專業人員在內。非正式資源則往往沒有明文的申請條件，服務範圍也涵蓋較廣，此包括親友、鄰居、志工均屬之。非正式資源較正式資源存在更久，和案主聯繫也更密切。

綜上所述，資源主要可分為內在資源與外在資源、有形資源與無形資源兩種類型。其中，外在資源又可分為正式資源和非正式資源兩種。個案工作者在運用資源時著重以案主為主體的外在資源，通稱「社會資源」。

 ## 第二節　核心概念

社會資源的運用，是根據社會資源的理論架構作為基礎發展而來，茲僅就理論基礎與社會資源的運用，敘述如下：

壹、理論基礎

個案工作者在運用社會資源進行全面評估過程中，主要係根據下列五種理論作為其知識論的基礎（黃維憲、曾華源、王慧君，1995；潘淑滿，2000；曾華源主編，2013）：

一、差別潛力的功能論

由於每個人的專長不一、可運用的資源不同，以及各機關（構）的功能也不相同。所以個人或機關（構）於面對問題時，尤其需要藉由截長補短、相輔相成，以達到最大的效能。所以，資源的運用除了首先要瞭解個案的需求與機構的特性外，資源擷取的互補性也是很重要。

二、互為資源的互動論

資源是需要充分運用以及共享資源，以增進個人的社會適應。所以，個案工作者與機關（構）之間在協助個案及其家庭解決問題時，除應本著協同合作的態度外，不妨主客易位、相互支援；或者互通有無、互為資源。

三、優先順序的行動論

由於個案的需要性與急迫性，均有不同。個案工作者在提供服務時，需要先就個人或機關（構）現有的各種資源優先運用，然後再斟酌是否運用其他的資源。

四、教育動員的過程論

資源的運用通常應該有一套完整的運用過程，這個運用過程是具有系統性、制度性。因此，凡個案工作者在運用資源時，都需要事前經過資源預估，才提供個案相關服務。唯有如此，資源的運用才能符合效益與效率的原則。

五、系統運用的結合論

各機關（構）的資源是有限的、狹隘的，所以資源的運用除需要經過資源的預估外，並應該結合各機關（構）之內在、外在的現有資源以及潛在資源，予以綜合規劃才行。

貳、社會資源的運用

由於社會資源的存在，不是「取之不盡，用之不竭」，往往也會受到社會大環境變化而影響其供需情形。故個案工作者在運用社會資源時，自應事前有所規劃，而且在運用上務必能有所拿捏。此種拿捏不僅需要個案工作者瞭解社會資源如何運用的原則與方式，而且更期盼個案工作者能規劃如何建置及擴展可用的社會資源，以備因應協助個案解決問題之用。

一、運用社會資源之原則

個案工作者如何妥善運用社會資源，往往涉及資源管理的問題。資源管理並不只是如何使用資源，也包括對資源的品質與數量進行評估。因此從管理資源的立場，來探討社會資源的運用時，不妨考慮下列幾個重要因素（郭靜晃主編，2001；曾華源主編，2013）：

（一）瞭解個人所擁有的所有資源

個案工作者為了妥善運用社會資源，必須先瞭解案主所擁有的各項資源，以及瞭解每一種資源的可近性、可用性與可能使用方法。Payne（1995）認為，若要求讓案主本身的資源，化成為行動，其有效的做法需要考慮到下列幾個重點：1.讓案主能運用其未能發揮之資源空間；2.對目前尚未有效運用的資源之指導；3.強調案主更有幫助的活動力（Payne, 1995；黃源協、陳伶珠、童伊迪，2004）。

（二）訂定個人目標與需求的優先順序

在瞭解案主的所有資源後，接著，就必須把案主的「目標與需求」按優先順序排列，然後根據此優先順序來分配資源、使用資源。有效的資源管理，往往可幫助案主達成大多數的目標與需求，並在心理上獲得較高的滿足。

（三）考慮機會成本的因素

當案主利用某項資源來完成一件工作、目標與需求時，也同時減少了此資源未來的可近性與可用性，故個案工作者在分配及使用資源時，尚需考慮到「機會成本」的因素。

（四）瞭解資源在分配與使用時的限制因素

個案工作者在分配與使用資源時，應注意以下幾種限制情形：

1. 個人對資源的分配與使用，有時只有「極少」或「有限」的掌控權。所以，為了做好資源管理的工作，個案工作者就應瞭解各項影響資源分配與使用的限制因素。
2. 個人在生活中所隱含的「角色期望」，也會對資源的分配與使用有不同之影響。
3. 沒有研擬標準化的成效評估標準，使得服務成效難以彰顯。
4. 專業人力的數量、歷練與督導，無法達到標準。
5. 發生可用資源、裁量權與建議權有所不足的情形。

（五）發展一套資源分配與使用的計畫

在資源運用過程中，個案工作者要發展一套資源分配與使用的計畫是非常重要的。因為計畫可幫助個案工作者確立資源的分配與使用方式，如此資源才能被使用在一種最有效率的方式下，達到預期的目標。計畫應隨時視情況調整內容，而在執行時如遇到一些限制，例如：資源可近性與可用性受到限制，便應該適度改善或修訂計畫，以達到預期的目標與結果。

對於資源的使用，最近司法院為使少年法院能與相關機關、學校、醫療機構或其他機構、團體密切合作，特別發布《少年法院與相關機關處理少年事件聯繫辦法》。該辦法具體說明少年法院不僅需要相關機關、團體提供協助，包括提供與處理少年事件有關之資料、少年及其家庭所需之資源、保護措施或其他必要事項，被請求之機關（構）、學校或團體應積極處理之外，而且訓示規定相關機關、團體，本於權責持續提供少年及其家庭必要之福利服務、保護、安置、輔導、自立生活、衛生醫療、教育、職業探索及訓練、家庭處遇計畫等措施，保障少年就養、就學、就醫及就業之權益，以及對特殊教育提供支援、輔導與服務。此辦法可說是司法院對少年法院未來資源使用的藍圖，自有其可取之處。但似乎失之於忽略資源網絡建置的相互性、共享性，頗為可惜。

二、常用社會資源的建置

個案工作者可以經由下列幾個途徑，來建置現有的社會資源系統（Ballew & Mink, 1996；王玠、李開敏、陳雪真合譯，1998）：

（一）從專業刊物蒐集

國內外社會工作刊物，經常會刊載有關社會資源的文章，個案工作者可以從中瞭解作者的專長、所屬機構的職掌與服務情形，以及接受轉介與否等訊息，個案工作者可以蒐集上述資料後予以整理建檔備用。例如：國內《社區發展季刊》第62期、第89期、第115期、第126期，對於社會資源開發、倡議、整合，以及資源網絡與行銷等方面理論，多所著墨，頗值得一睹為快。

（二）從機構簡介瞭解

個案工作者尤其是督導人員經常會參加機構外部會議，或者參訪當地的社會福利服務機構，因而可以蒐集到一些社會福利服務機構的簡介，從而可以瞭解並篩選與本身工作有關的社會福利服務機構，以作為未來資源

連結的夥伴機關（構）。

（三）購買或索取社會資源手冊

坊間有些專業機關或社團已有發行社會資源手冊，可供個案工作者查閱社會資源之用。上述手冊有些是需要購買，有些則是免費贈送的。但目前因考量環保概念以及顧及網路的方便性、經濟性，坊間已較少發行社會資源手冊，取而代之的是上網查閱。例如：全國性人民團體名冊[1]、臺南市財團法人名冊[2]、蕃薯藤社區資源手冊[3]、花蓮政府社會處社會福利法規及資源工作手冊（2019年）[4]、桃園市社會福利服務工作手冊（2022年）[5]、臺北市政府社會局早療服務手冊（2020年）[6]、臺北市政府社會局早療綜合服務網[7]。

（四）自編社會資源手冊

社會資源雖屬有限，但對一所社會福利服務機構而言，坊間的資源是足敷運用的，因而一位實務個案工作者最好能將與其工作有關的社會資源加以抉擇後予以彙整。自行整合社會資源資料的最大優點在於有些資源尚未被開發或被濫用，因而運用上頗為實用。簡要的社會資源資料，其主要

---

[1] https://data.gov.tw/dataset/13603

[2] https://data.gov.tw/dataset/106263

[3] https://921.yam.org.tw/community/internet/internet_01.htm

[4] https://sa.hl.gov.tw/Detail_sp/9f313bc61e794cd99a4d84b05a4c64de

[5] https://sab.tycg.gov.tw/home.jsp?id=30786&parentpath=0,30487,30782&mcustomize=multimessages_view.jsp&dataserno=201803260008&aplistdn=ou=data,ou=publish,ou=ap_root,o=tycg,c=tw

[6] https://www-ws.gov.taipei/Download.ashx?u=LzAwMS9VcGxvYWQvNTg5L2NrZmlsZS84MjZkYzI1Yy0xMTJhLTQzZmItYTNlYy1iZjM0NzY0NTgyOTEucGRm&n=MTEw5bm06Ie65YyX5biC5pep5pyf55mC6IKy5pyN5YuZ5omL5YaKLnBkZg%3d%3d&icon=.pdf

[7] https://www.eirrc.gov.taipei/cp.aspx?n=9A9EA69C37BA30E5

項目，至少包括：機構名稱、服務電話、行政電話、傳真電話、地址、網址、電子郵件信箱、服務對象、服務項目、服務時間，以及簡要評述。上述資料如繪製成表格填寫，便成為「資源資料表」，將便於查閱。

三、運用社會資源的主要方式

個案工作者運用社會資源常見的主要方式，計有（王玠、李開敏、陳雪真合譯，1998；宋麗玉，2011；Ballew & Mink, 1996）：

（一）資源會談（調查資源）

當個案工作者開始接觸個案時，可藉由資源會談瞭解案主以往使用資源的經驗，以及案主對資源的想法和行為模式，從而幫助個案工作者發展資源運用計畫。個案工作者進行資源會談時，不妨事先準備好會談綱要。會談綱要可包含提供滿足需求的資源、目前所用的資源為何？過去曾用過的資源為何？需要但尚未使用的資源、案主對過去資源的印象。另會談內容可從案主最迫切的問題及需求著手，並可採用問題清單或生態圖來輔助對案主問題的瞭解（王玠、李開敏、陳雪真合譯，1998；Ballew & Mink, 1996）。

（二）實地訪視或座談會

個案工作者亦可實地訪視案主的家庭、學校、工作場所，以及資源提供者，以瞭解與案主有關的生態環境與社區資源。個案工作者實地訪視不僅可以使資源的連結更符合人文色彩，且更容易受到資源提供者的支持。此外，也可以邀集可資提供之個人或團體召開座談會，說明工作內容及推動方式。此種做法的優點在於，一者廣為宣導，再者能鼓勵積極參與。

（三）專業團隊

此類型的團隊可以透過不同學科的背景，隸屬相同機關（構）的人員一同處理同一案例。此外，也可以採跨機關（構）的合作方式。

（四）轉介

將個案轉介至處理該個案問題更為適切的機構。例如：偏差行為少年（兒童），目前各直轄市、縣（市）少年輔導委員會、社會局所屬各社會福利中心（少年福利中心）、教育局（處）之學生輔導諮商中心，皆有負責承接所轄偏差行為少年（兒童）的輔導服務事宜。

（五）諮詢與被諮詢

個案工作者對於因故未能轉案或轉介的個案，不妨透過運用其他資源的投入，而提高對個案的服務或處遇的效能。例如：臺北市光智基金會設置有精神醫師駐診，提供心理疾病少年的諮詢與診療，個案工作者不妨能就近善用此類資源。

（六）個案研討會議

個案研討會議是以個案案情為中心所召開的會議，係屬非經常性的工作型態。個案研討會議的優點，在於召集與個案案情有關之專家、學者、實務人員，共聚一堂、集思廣益，共同探討個案問題的原因與對策。

（七）聯繫會報

個案工作者可透過出席聯繫會報的機會，與相關單位建立一個溝通管道與互動模式，俾能儲備並掌握各政府機關及民間資源。

（八）志工的參與

設置志工制度，可以協助或補充專業人員在時間、人力、物力等方面之不足。晚近國外發展網絡治療（network therapy），此模式認為有些失功能的心理疾病，其實只是一個孤立於自然社會網絡而產生的感受。故不妨動員志工，來協助案主度過危機（曾華源、翁毓秀、趙善如、李自強合譯，2010）。

（九）社會支持網絡的開發

社會支持網絡的成員，包括親戚、朋友、鄰居、同事、志工和專業

人員在內（黃源協、陳伶珠、童伊迪，2004；Davies, 2000）。個案工作者平時就需要想辦法與個案常用或可能用得到的社會福利服務機構保持聯繫，以備不時之需，這是一種正式支持。然而，機構之間的互動有時尚涉及到資源互換的依存關係，而且此種依存關係所衍生機構間的互動，又常建立在董事會成員的聯繫、法律的關係、契約的關係之上（黃茂榮，1990）。故個案工作者在連結社會福利服務機構時，仍需注意瞭解機構間互動所根據的基礎所在。

第三節　個案需求與資源的預估

　　個案工作者針對個案的需求，如何適時且適切地提供個案所需的服務或處遇，才是符合個案的最佳利益。因此，個案工作者應依不同領域、不同發展階段或生活轉變、不同家庭生命週期、所提供服務或處遇的不同階段等方面，針對個案的需求，提出一套個別服務計畫。對於社會資源之運用，個案工作者在協助案主解決問題時，必須先要評估案主和環境之間的互動關係，是否達到一種連續的狀況。需求與資源之間要達到持續有效的連續關係，便需具有下列四項特質（王玠、李開敏、陳雪真合譯，1998；潘淑滿，2000；宋麗玉、施教裕，2010；Rapp & Goscha, 2006）：

1. 可用性（availability）：係指達成案主的目標所需的資源是否存在。資源沒有可用性，就沒有聯繫的必要，例如：失業的人苦無就業的機會。
2. 可近性（accessibility）：係指資源的限制、地點，或相關服務的規定，是否方便案主使用。例如：交通過於不便、申請條件過於嚴苛。
3. 資源可信賴性（reliable）：資源的連結需要穩固且持續的，因而短暫的、偶發的資源，對案主需求的滿足，往往是不足的。例如：賑災的臨時物資。

4. 配合性（compatibility）：係指服務提供者與案主的關係內涵、互動和溝通是否符合案主的期待。例如：服務過程令案主無法感受到被尊重，或是無法配合案主的特殊狀況，而在職務與規定方面加以修改配合其狀況，案主將不會持續使用。

5. 適切性（adequacy）：係指服務能否滿足案主的特殊需求。例如：在就業安排方面，不僅客觀層面能考量案主的才能和興趣，而且在主觀層面也能令案主有滿足感和自尊感。

壹、瞭解個案的資源需求

案主通常不會主動告訴個案工作者其所使用的現有資源，除非個案工作者主動詢問此事。通常個案工作者從蒐集案主現有或過去的資源時，可以找到案主熟悉但不使用的資源。個案工作者也可以從資源會談、問題清單、生態圖等方式中，瞭解到案主需求與資源的配合情形。此時，如果個案工作者簡單繪製一張需求和資源表，在實務上的運用價值還蠻高的。需求和資源表主要分成三部分，亦即案主需求、內在資源、外在資源，來進行資源的整理工作。

例如：未婚懷孕少女時常面臨孩子健康問題的隱憂、社會經濟因素威脅、孩子的父親無法提供物質上的支持、孩子的母親的教育終止、失去親友的支持、貧困等問題。因此，從需求面來看，未婚懷孕少女的主要需求，至少包括母子健康、育兒暫時住宿（accommodation）、貧困、復學、情緒管理、社會支持、法律，甚至其他的特殊需求（specific needs），例如：戒酒、戒毒（徐錦鋒，2012）。

案主通常是基於自身的問題與困難，而前來尋求個案工作者的協助。因而經常導致個案工作者過於強調案主的病理與失功能，而忽視案主的優勢經驗或低估案主的優勢。所以C. D. Cowger（1994）發展二維坐標的四象限（第一象限－個人與優勢因素、第二象限－環境與優勢因素、第三象限－環境與阻礙因素、第四象限－個人與阻礙因素）評估架構，來幫助個案工作者如何從案主的需求與優勢來評估案主與環境的優勢（Cowger, 1994; Hepworth et al., 2010；曾華源等，2010）。

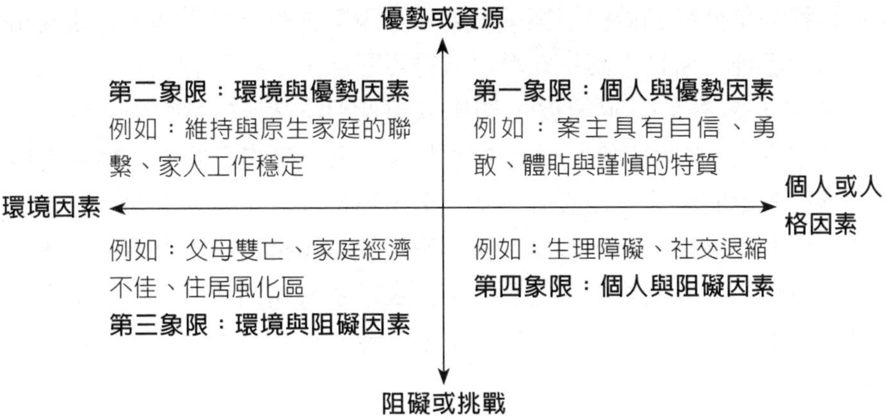

圖5-1 資源評估架構

資料來源：修改自曾華源、翁毓秀、趙善如、李自強合譯（2010）。社會工作直接服務——理論與技巧，第169頁。臺北市：洪葉。

貳、個案需求與社會資源連結的實例

一、基本資料

　　小惠（以下簡稱案主）現年14歲，她是案母17歲未婚懷孕時所生，旋由案姑收養。然而，案姑在案主6歲時因病去世。案祖母原本打算將案主歸還交由案母扶養，但卻遭案母以另有婚姻不便扶養為由，加以拒絕。於是，案主便由案祖母撫養長大。由於案祖母年邁，已年過80歲，行動不便，故實際管教責任落在案舅身上。案舅對於案主一向管教嚴厲，以致案主從小就無法聽從案舅的管教。

　　案主自國小三年級開始偷竊案舅錢包的金錢，每次十元、百元、千元不等；升上五年級時，案主曾一次偷走案舅二萬元，導致案舅不想再全力協助撫養案主。家人表示案主也曾偷案祖母的身分證，私自去買新型手機，在外也會勾搭學校學長或者校外人士，以及在學校教唆學弟妹去向其他同學勒索。由於案家無人可以約束案主的偷竊行為，最後案舅表示只好

採取自稱公事公辦的做法。案舅只要一發現案主有不良行為，一律交由警察派出所處理。所以，案主在派出所警員眼中，小有汙名。

後來，案主又因犯竊盜與妨害家庭事件，被移送轄內少年法院處理。法官在第1次開庭時，便認為案主有緊急安置的必要，遂協調當地社會局進行安置的處置。在安置期間，案主趁機構放年假返家期間，便一直規避返回安置機構，在外遊蕩不歸。旋經警方尋獲，交由所轄少年法院處理後，再轉由主責家防中心處理。案主表示離家期間曾與二位成年男友發生性行為並先後同住，而且她每次都是自願與男友發生性行為，目前已懷孕十二週。

二、接案的預估

（一）個案及其家庭的需求分析

1. 案父：身分不明。
2. 案母：已經再婚，另組家庭。案母自案主出生後不久便與案主分離，從未負起管教責任。
3. 案姑：案主出生後便由案姑就近撫養，然而案姑在案主6歲時因病去世。
4. 案祖母：年過80歲，行動不便，難有管教能力。
5. 案舅：案舅實際負責案主的管教責任。但案舅對於案主一向管教嚴厲，一直到最近，因為仍然無法約束案主的偏差行為之後，遂改採自稱公事公辦的做法，一律都交由警察處理。
6. 案主：案主小時候很受家人寵愛，案家都會儘量滿足案主的需求。但後來案主由於自幼缺乏父愛、案母漠不關心、案姑早年過世、案舅管教不得法、案祖母年邁無力管教，以及其後案主交友不良，乃導致案主偏差行為不斷地產生。例如：案主會竊取家中的現金，購買昂貴東西，並向同學炫耀。又案主也會在外勾搭成年男子，以尋求依附。案主目前除因案在少年法院接受調查中之外，現又已懷孕十二週。案主表示由於案家反對未婚生子，所以案主請求社工員協助安排進行引產的處置。

（二）個案的生態圖

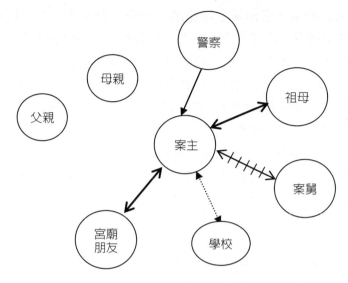

圖5-2　個案過去的生態圖

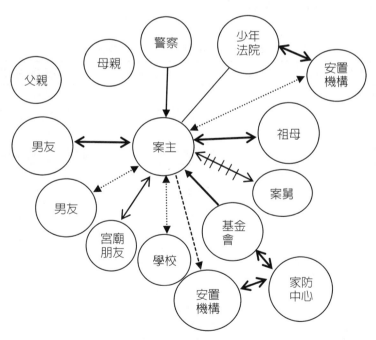

圖5-3　接案當時個案的生態圖

（三）個案需求與所需的社會資源

案主過去經常在家偷竊金錢花用、就學意願低落、在學校教唆學弟妹向其他同學勒索、結交不良朋友受不良影響。但在個案工作者接案時，案主不僅有保護性社工員正在調查中之外，另因觸犯逃家、妨害家庭等少年事件，少年法庭的少年調保官也在調查中。所以案主所面臨的問題與需求，可以歸納為需要緊急安置、陪伴與照顧、處理懷孕議題，以及偏差行為、陪同出庭、法律服務等。

另案父身分不明，從未與案主接觸。案母於案主出生之後，便很少與案主接觸，故社工員只能暫時先對其祖母與案舅的主要需求加以預估，俾能建立案主的非正式資源。社工員可以歸納出案祖母與案舅的需求，計有：

1. 能增加案主的外控因素。
2. 能扮演替代父母的角色。
3. 充實親職教育的知識與技巧。

表5-1　案主及案家的需求與社會資源的預估

對象	問題與需求	內在資源	外在資源	需要提供的服務
案主	緊急安置	追求安全感	案舅 緊急安置機構、安置機構、自立宿舍、少年觀護所	生活照顧 替代性服務／寄養家庭、收養家庭／育幼院、少年調保官
	陪伴與照顧	自我照顧能力	基金會社工員、學校老師、志工 案舅、案祖母、案堂兄弟、學校學長及其母親、朋友	支持性服務／家庭服務、社會支持網絡 自然支持系統
	懷孕（醫院引產）	自我覺察能力、復原力	家防中心、醫院、社工員、醫療社工員、案舅、案祖母	一站式服務
	避免偏差行為	自我控制	男友、少年調保官、社工員	個別會談或諮商、觀護監督

對象	問題與需求	內在資源	外在資源	需要提供的服務
	陪同出庭	責任感	社工員、案舅、案祖母	社會局／福利服務、社工員／危機處理、法律扶助
	法律服務	法律常識	社工員、法律扶助基金會、少年調保官	
	自立生活	自立能力	社會局、社工員	補充性服務／生活津貼
案母	（行蹤不明）			
案父	（行蹤不明）			
案舅	增加外控因素	親情	家庭教育中心	1.支持性服務：家庭服務機構網絡、心理諮商、家族治療 2.補充性服務：家庭津貼、健康保險、親職教育
	扮演替代父母的角色			
	需要親職教育	管教經驗	家庭教育中心	
案祖母	經濟扶助	親情	社會局／經濟扶助	寄養補助、社會福利服務（身心障礙、低收入）

 ## 第四節　社會資源的管理

壹、社會資源的管理策略

在社會資源的管理方面，個案工作者往往扮演仲介者（broker）和倡導者（advocator）的角色，並運用個案管理（case management）的策略，來協助案主取得資源。個案工作者扮演仲介者時，需要提供案主合宜且有用資源的資訊，並就資源的取得，與案主就下列事項進行協調一致：1.預估案主的特定情況；2.協助案主選擇不同資源；3協助案主連結其他

資源；4.評鑑過程（B. DuBois & K. K. Miley, 2010）；而個案工作者扮演倡導者時，則著重從事補償案主被不公平對待的活動，從原本只關注個案，轉移到形成原因的倡導，同時也開始著重不同系統之間的密切聯繫。

　　個案工作者在開發與運用資源的同時，資源管理的概念相當重要。資源管理牽涉開發（development）、連結（linking）與維持（maintaining）三個步驟。個案工作者透過資源管理的策略，可以更容易解決個案的問題。郭靜晃等人（2000）認為建構資源網絡的策略如下：

一、個案管理策略

　　以整合或開發案主所需之服務，尤其透過瞭解實際情況之所需，以協調方式，或是財物與法規為手段，完成資源網絡建構。此模式偏重在連結正式與非正式的支持網絡，並且尋求新資源，因此專業人員著重在資源統整、系統內與系統外的連結，以及服務之管理的角色。

二、「家庭照料者之增強」模式

　　此模式乃是針對案主的主要照料者，期待拓展其支持網絡以減少照料責任帶來的負面影響。另，專業人員提供照料者諮商、連結非正式網絡成員，並提供資源給照料者。

三、「臨床治療」模式

　　此模式的對象是個案本身，協助者以專業人員為主，經由專業人員的努力，將家庭、鄰里和朋友納入對案主的協助，工作地點保持彈性，期待達到治療和預防的功能。在各模式當中只有在「臨床治療模式」中，專業人員是扮演直接服務角色，其餘則大多是扮演諮商、促進、連結的角色。

以上所述，主要著重如何運用個案管理策略在社會資源的實務運用。

貳、個案管理與資源管理

個案管理常為個案工作者所運用，它主要是針對遭遇多重問題且需多方資源的個人和家庭所提供的一項服務。由於個人或家庭問題的形成，往往牽涉到多元的原因，因而個案經常需要藉由多方資源或多種機構的共同協助與處理，才能滿足其需求。根據黃源協（2006）的看法認為，個案管理在社會資源運用上，具有下列幾項的實務效果：1.可避免服務的片斷性及資源使用的重疊，而且可彌補個案工作者專業能力不足之處。2.有助於對案主的服務狀況做追蹤，並避免案主對服務有不當的期待。3.所需的資源網絡建構，因個案管理的推動而產生良性的擴散作用。4.個案管理的全人服務模式，讓實務個案工作者可具體檢視資源整合狀況，以及資源的可近性和可用性。

另Ballew與Mink（1996）更具體地指出，個案工作者為改善及維持個案與環境間之平衡，可採取連結、協商、倡導、協調、監督等策略（Ballew & Mink, 1996；王玠、李開敏、陳雪真合譯，1998）。上述策略中，連結、協商、倡導在維持個案與助人環境間合宜的連結；至於監督與協調則在確保該個案與助人環境間的進展是否順利，以及是否有衝突或重複之情事發生。可見，針對多重性問題的個案，以及個案的問題往往牽涉到數個機構間的協調與聯繫；此際，個案工作者如何運用個案管理的理念，誠屬必要的。

茲以偏差行為的中輟學生為例，說明個案工作者如何運用個案管理的理念，來從事資源管理。茲敘述如下（Ballew & Mink, 1996；王玠、李開敏、陳雪真合譯，1998；徐錦鋒，2006）：

一、連結

　　個案工作者常扮演偏差行為學生與中輟所需資源之間的仲介者的角色,因此個案工作者如期待案主與資源能達到成功的聯絡,運用連結策略是很重要的。個案工作者如何與案主和學校連結,下列協助方法,將有助於彼此成功的連結。茲分兩方面加以說明:

(一)與案主連結的協助方法

　　與案主連結的協助方法,包括:

1. 將資源告知案主:例如:提供案主或案家有關復學的資訊。
2. 案主自行回報:例如:叮嚀案主於其決定復學後,進一步與個案工作者聯繫。
3. 協助案主明瞭可預期發生:例如:當面告訴案主或案家強迫入學的法律規定。
4. 打電話給資源提供者:例如:打電話或當面協調學校相關人員協助案主復學事宜,或請其提供相關的協助。
5. 教導案主:例如:教導案主如何去準備復學事宜等。
6. 陪伴案主前往:例如:個案工作者親自或委請志工陪同案主前往學校辦理復學,以增強其信心。

(二)與資源連結的協助方法

　　與資源連結的協助方法,包括:

1. 正確瞭解資源的最近需要、受案程序及目標維持:例如:在中途學校未設立前,個案工作者對於中輟而需要安置的個案,必須先去瞭解當時安置機構的安置現況,俾能著手去開發資源機構。
2. 和資源內你認識的人維持固定的聯繫:個案工作者從開始開發資源機構起,便需要經常與其所熟悉的資源機構保持聯繫,並與該機構內所認識的個案工作者維持固定的聯繫。

3. 詮釋案主的問題及優點：由於案主經常伴隨著偏差行為，因而安置機構及學校經常會認為案主在處置方面將更為棘手，故個案工作者如何詮釋立法旨趣及說明本身如何配合執行，才能減輕安置機構及學校的疑慮，進而獲得其支持而願意接受個案。

4. 清楚瞭解資源的期望：個案工作者與安置機構、學校的連結是長遠的事情，故個案工作者必須充分且清楚地瞭解資源的需求與期望，並在法規、經費及人力的許可範圍內，主動協助其解決困難，也唯有如此，社會資源才不至於嚴重地耗損。

5. 和常用資源建立關係：個案工作者所建立的資源，往往是得來不易；如果長久不去維護它，往往會因聯繫不夠而逐漸被淡化彼此的合作關係。因此，經常與較關心案主議題的人聯繫、主動參與業務聯繫會報、舉辦互惠服務或觀摩訪問等，均有助於增強及維持與資源機構的長期合作關係。

6. 與常用資源訂定同意書或契約：當安置機構願意去接受中輟的個案時，由個案工作者所屬的機構與安置機構訂定同意書或契約，這個程序是很重要的。因為訂定同意書或契約，一則表示雙方在事情上有所共識，再則表明雙方的權利與義務關係，至此才算完成整個連結的程序。

二、協商（交涉）

中輟問題需要協商的對象，通常包括正式助人機構、所屬學校，以及非正式助人者等。根據Fisher與Ury的看法，協商過程大致可分為下列幾個步驟（王玠、李開敏、陳雪真合譯，1998；Ballew & Mink, 1996）：

1. 決定雙方的需求：當案主有復學需求，常與學校所能提供者的資源，兩者間無法契合時，才有需要個案工作者出面協商。個案工作者出面協商前，雙方的需求為何，個案工作者是有必要去瞭解的。例如：校方強迫案主自動休學，但案主想儘快回到學校讀

書，而校方卻認為案主行為欠佳，堅持不讓案主復學。

2. 找出共同點：如上述復學事件，校方只同意過一段時間再說。對於復學之請求，一天拖一天，遲遲不予正面答覆。

3. 創造替代方案：若上述復學事件延宕不決時，案家往往會強力請求校方提出正面的答覆。學校可能為了面子與規定，無法網開一面，讓案主復學。最後雙方在協商下，學校同意案主針對轉學、就讀補校，以及下學期再來復學等三種方式中，任選一種，學校才想加以配合。

4. 把人和問題分開：上述事例，也許案家聽從案主的意見，一直認為是班級導師與案主不合，才會導致班級導師不准其復學。此外，學校對於案主的偏差行為與復學等兩件事情宜分開處理。前者宜加強與個案工作者的聯繫；至於復學則應依相關法規規定來辦理為妥。

5. 將問題部分化：上述事件，最後案家針對前述之替代方案，選擇暫時寄讀於其南部親戚家附近的學校；學校因而也準備幫忙案主轉學。

上述步驟在運用時可以獨立或合併使用，以解決案主和助人者之間的僵局。

三、倡導

倡導可以說是協商的延伸，它只有在其他努力都失敗時才使用。有效的倡導方法，計有：

1. 直接果斷的需要：態度堅定，開口要求。上述情形，個案工作者可以建議案主直接向原就讀學校（限國中、國小）正式申請復學。

2. 運用專業知識：如果學校仍然不准案主復學的請求時，個案工作者宜出面請求學校依相關法規辦理。

3. 高層的權威：抗拒持續存在時，可越過學校而訴諸該組織的高層權威。例如：教育局（處）。

4. 運用申訴管道：例如：個案工作者如果與學校協商後，仍然無結果時，他（她）不妨親自或建議案主直接寫信給教育局（處）或各縣市首長，請其協助依法安排學校讓其就讀。目前申訴的管道很多，例如：各縣市首長與民有約時間、各縣市政府馬上辦處理中心或者市政專線電話（如臺北市1999），都是很好的申訴管道。此外，藉由強迫入學委員會的管道亦不失為良策。

5. 向外界權威呼籲：透過對該機構具有影響力的其他組織來反應。例如：案主復學的權益，受到嚴重的阻礙時，個案工作者也可以利用民意代表、媒體、會議，甚至發動社會運動，將此不當處置，予以公開化，期冀將問題明朗化後，以喚醒更多有識之士，加以重視。

6. 採取法律行動：個案工作者必要時可協助案主或案家，針對中輟復學乙事，提出行政訴訟，以資救濟。個案工作者對於案主及案家上法院進行訴訟時，宜事先協助案主及案家蒐集有關案主、學校及相關資料或記錄，以作為證據之用，這是很重要的事。

　　此外，「逆境少年及家庭支持服務計畫」，是衛生福利部於2021年新增的服務業務。該部於2012年雖有辦理「兒童及少年結束家外安置後續追蹤輔導及自立生活服務」（其後名稱修正為「兒童及少年結束家外安置後續追蹤輔導與自立生活服務」，但最早所服務的理念、服務對象、服務項目、服務方式、服務流程，以及所編列的經費，都未臻理想。因而衛生福利部（保護服務司）、社會家庭署、各縣市的社會局（處），先後多次分別出面邀集司法院、福利或教養機構，以及相關機關（構）前來開會研商。開會研商時，主辦機關不免要說明該項業務之立法意旨，以及目前實施的困難及期望，並囑請相關機關（構），予以必要的協助。最後再根據開會協商的結果，據以作為執行的依據。類此透過機關間協同一致，共同解決個案、機關（構）與資源之間的問題，對個案工作者而言，總算因制度面有所調整，而便於執行。可見，倡導往往與協調相輔相成。

四、協調

　　個案工作者可採用電話溝通、定期會議、固定報表的揭示等方式，來掌握或追蹤個案是否仍得到持續的服務。如果個案未能得到持續的服務或者服務輸送過程有問題，個案工作者亟需與相關資源提供者，進行協調。協調的方法，主要計有：1.與案主訂定契約；2.決定任務的執行順序；3.宜著重保持聯繫為主的監督；4.支持案主；5.促進其他助人者的工作；6.和自然助人者一起工作；7.個案研討；8.個案量的管理。

　　然而，個案工作者與機關進行協調時，尤應注意下列幾項工作原則：1.相信任何一方都是贏家；2.認定對問題的責任；3.體認有共同之風險；4.接受限制。

五、監督

　　個案工作者按計畫，透過定期追蹤，瞭解已提供服務的方式或進度，是有必要的。在實務上，監督的內容最好在契約中載明，並採取直接溝通的方式，較能符合實際的需要。如果有必要時，召開個案研討會，也是很常用的一種方式。

參、專業團隊與資源網絡

　　專業團隊係為滿足或解決多元的、複雜的服務需求或問題，所組成的工作團體。其成員係來自不同專業領域，但彼此透過專業分工、協調與合作方式，致力於共同確認的使命、宗旨或目標。專業團隊最主要的優點乃在於：1.避免服務提供的零散、重複，從而增進資源使用的效率，並提升服務輸送的品質與標準。2.有效善用各部門的資源及專業員工的技術，並發揮資源網絡的功能與員工的潛能（黃源協、莊俐昕，2009）。

　　專業團隊的組成，不僅包括內部跨部門的團隊，同時也包括外部跨機

構的團隊。拙見認為，唯有連結多個跨機構團隊，才能建構更完善的資源網絡。換言之，個案管理的運作，必須有了資源網絡的建構，才能產生良性的擴散作用；否則個案管理的運作將因沒有資源網絡的建構為其後盾，而使個案管理的運作難以脫離傳統的服務供給模式。由此可見，個案工作者如何掌握資源網絡的建構程度與運作方式，將攸關其個案管理之運作的良窳。

常見資源網絡的建構，計有個案研討會、聯繫會報、個案管理中心等，從專業團隊成員的來源來說，很明顯的特性，便是來自跨機構所組成的團隊。其中，召開個案研討會，有助於機構的互動和個案工作者的成長；而舉辦聯繫會報，則有助於資源分享與個案轉介與追蹤，且可以此來敦促公部門對福利服務輸送的關注。至於設置個案管理中心則有助於機構間之方案合作，以及複雜問題的解決（黃源協，2006）。

茲針對個案研討會部分，擬以某機構所召開逃家、逃學特殊個案之個案研討會（第1次）為例，加以簡述說明會中如何將資源網絡，具體而微的在實務中建構出來。由於此次個案研討會實施後，成效良好，乃做部分修改潤飾後，選做教科書案例之用。參加人員計有：家長、少年保護官、少年警察隊、國中老師及律師等十人。茲敘述如次（徐錦鋒，2006）：

一、現況

1. 輔導老師表示，案主國一出現間輟，國一下學期出現偷竊行為，進入司法處遇後行為改善許多。平時案主學習意願低，這學期曾因上課表現不佳而被老師處罰在教室外面上課。目前每週1次去訓導處或輔導室報到。針對案主，某協會願意提供每週2次的課業輔導。

2. 生教組長表示，案主自熟諳校內規範有限後，偏差行為越發嚴重，無法約束。案主因偷同學皮夾後學校通報少年警察隊移送所轄的少年法院，自司法處遇後案主知道有很多約束力量在觀察他，乃開始約束自己行為。最近案主放學後仍與兄長之朋友、學

長等不良友伴密切聯繫，並曾多次公然在校區鄰近飲食店門口和同校友人借錢。

3. 少年保護官表示，與案主接觸後，知道案主狀況不佳及案父母管教功能有限，目前案兄因傷害行為被裁定感化教育，這對案主而言有很大的影響。此外，在該機構介入後，對案主行為改變有很大幫助。案主目前在保護管束中，最長可執行三年，該機構與司法系統聯繫密切。案主如就學意願低落，可討論轉介至中輟學園就讀。

4. 少年警察隊小隊長表示，案主經常去的某撞球場已列入加強巡邏的重點場所。

5. 案母表示，針對案主的監護權，希望能訴諸法律，俾讓案父負擔案主部分的生活費用。

二、主席裁示

本案分工事項如下：

1. 案主由該機構之個案工作者負責輔導事宜，少年保護官擔任個案工作者，另各單位則保持聯繫，定期回報少年保護官有關案主的狀況。

2. 針對案主就學及行為處遇，各資源單位分工合作之策略與模式如下：
   (1) 學校方面：生教組長及導師每日按時登記案主出缺勤時間及在校表現、肯定案主正向行為、強化案主就學意願，並於每月五日前，將案主校內登記表交由該機構彙辦。
   (2) 該機構方面：該機構持續進行案主的輔導，並加強法令教育，避免案主誤觸法網。此外，該機構並協助家長運用社區資源單位如就業服務站、婦女服務中心，以協助案家解決其家庭經濟問題。

(3) 少年保護官方面：與該機構及學校保持聯繫，監督案主就學及生活常規情形；必要時予以提醒，甚至動用留置觀察為手段。

(4) 少年警察隊方面：必要時可由校訪組加強案主時常出入場所的巡邏。

第六節　社會資源運用的優點與限制

正如前述，社會資源的運用對個案工作者而言，是很重要的專業技術，惟其運用在實務上仍有所限制。茲將社會資源在運用上的優點與缺點，說明如後。

壹、優點

運用社會資源的優點，可歸納如下：

1. 它可以透過家庭、學校與社區之間的密切聯繫與配合，以擴展案主全面性的處遇計畫。
2. 當社會缺乏案主所需要的資源體系時，個案工作者就需要扮演方案發展和推動的角色，以協助案主創造和組織新的資源系統。
3. 個案工作者對於不是社會福利服務機關（機構）能力所及的服務範圍，可以予以轉介，俾能提供案主更完善的服務。
4. 社會資源可以紓解機關（機構）內部之人力與經費不足的問題。
5. 個案管理的運作因有資源網絡的建構為其後盾，個案管理的運作才能產生良性的擴散作用。

貳、缺點

國內學者認為，國內社會資源輸送的潛在問題，主要有下列數項（郭靜晃等人，2000；宋麗玉，2002；謝秀芬，2008）：

1. 不可近性（unaccessibility）：國內社會服務機構所提供的服務方案，往往欠缺考慮到案主需要性或方便性，去做規劃。譬如：居住於偏遠地區的人，往往可能因交通不便、資訊不足，甚至案主不知道政府或民間機構有那些可用資源、也不知道要去那裡申請等原因，而無法及時取得所需的社會資源。

2. 不連續性（uncontinuity）：目前國內社會福利機構之間，常見彼此間對於彼此的相關業務，不太清楚。不僅彼此互不聯繫、交換訊息，甚至拒絕接受轉介個案。最後淪為機構本身一昧自己做自己的事情，以彰顯自己的服務績效。或者為了工作的時效性與方便性，不去對計畫做整體規劃，因而常見機構想到那裡就做到那裡、想要怎麼做就怎麼做。此將導致提供給案主所需的服務，呈現片段、重複、遺漏、浪費等的現象發生。

3. 不公平性（inequity）：社會工作所服務對象是以社會脆弱者為主，但由於實務上仍無法兼顧全面性、整合性的福利服務輸送方式，以致所提供的福利服務無法送到真正需要幫助的服務對象。其結果導致福利服務輸送只能照顧到少數人；相對地，一些教育程度低或無能為力為自己爭取權益的脆弱者，反而被疏忽了。

4. 無責信性（unaccountability）：專業服務講求品質和責任，但實務上卻常見個案工作者往往忽略依照個案本身的需求，以及讓案主主動參與、自我決定之專業原則。個案工作者只會沿襲過去或傳統的做法，因而雖本意在於希望改善案主的現況，結果卻因個案工作者缺乏妥善規劃和品質的觀念，反而使服務的推動，形同無效性的資源浪費與專業的扭曲。

5. 忽略非正式資源：當個案工作者的處遇逐漸結合正式與非正式資源的同時，非正式資源的重要性逐漸被受到重視。當正式資源逐

漸完全或部分被自然助人系統取代時，社會福利服務系統，才開始發現在災難來臨時，正式資源並不能如自然助人系統，能即時回應需要並持續給予支持（曾華源、翁毓秀、趙善如、李自強合譯，2010）。再者，資源的介入計畫如未能斟酌案主之個別化、案主的優勢，均將增加社會成本的負擔。因此，晚近社會資源理論的發展，已朝向著重社會支持概念的發展，而且也特別重視非正式網路支持系統（宋麗玉，2002）。

參考書目

中文部分

王玠、李開敏、陳雪真合譯（1998）。個案管理。臺北：心理。

中華育幼機構兒童關懷協會（2008）。「安置少年自立生活方案：英國與國內經驗分享」2008國際研討會工作手冊。臺北：中華育幼機構兒童關懷協會。

宋麗玉（2011）。社會支持網絡、壓力因應與社會網絡處遇。收錄於宋麗玉等著，社會工作理論——處遇模式與個案分析，第十章，頁285-338。臺北：洪葉。

宋麗玉、施教裕（2010）。優勢觀點——社會工作理論與實務。臺北：洪葉。

李宗派（2000）。探討社會資源之開發與管理原則。社區發展季刊，89，54-56。

徐錦鋒（1999）。少年觀護網絡與社會資源。收錄於「你我關心、少年開心」臺北市少年犯罪防治更生研討會，頁17-23。臺北：少年輔導委員會主辦。

徐錦鋒（2006）。從觀護觀點探討中輟學生的輔導策略。學生輔導季刊，101，49-63。

徐錦鋒（2012）。少女懷孕的權利保障與法律議題。社區發展季刊，139，225-237。

張麗雲（1998）。社會網絡與社會工作。收錄於周永新主編，社會工作學新論，第二十五章，頁380-392。香港：商務。

梁偉康、黃玉明編著（1996）。社會服務機構管理新知。香港：集賢社。

郭江北（1989）。社會資源運用的原則與技巧。收錄於社會資源運用與社會工作，頁11-17。臺中：中華兒童福利基金會。

郭靜晃、曾華源（2000）。建構社會福利資源網絡策略之探討——以兒少福利輸送服務為例。社區發展季刊，89，107-118。

郭靜晃主編（2001）。社會問題與適應。臺北：揚智。

曾華源、翁毓秀、趙善如、李自強合譯（2010）。社會工作直接服務——理論與技巧（第八版）。臺北：洪葉。

曾華源主編（2013）。社會個案工作。臺北：洪葉。

黃茂榮（1990）。臺北市少年福利服務網絡之研究。私立中國文化大學兒童福利研究所碩士論文。

黃源協、陳伶珠、童伊迪（2004）。個案管理與照顧管理。臺北：雙葉。

黃源協（2006）。社會資源網絡建構與個案管理實務——以中部四區為例。社區發展季刊，115，65-77。

黃源協、莊俐昕（2009）。社會工作管理。臺北：雙葉。

黃維憲、曾華源、王慧君（1995）。社會個案工作。臺北：五南。

潘淑滿（2000）。社會個案工作。臺北：心理。

鄭麗珍譯（1990）。個案管理：體系與實務。收錄於中華民國社會工作專業人員協會主編，個案管理，第三篇，頁18-40。臺北：中華民國社會工作專業人員協會。

謝秀芬（2008）。社會個案工作。臺北：雙葉。

英文部分

Ballew, J. R., & Mink, G. (1996). *Case management in the human service*. Springfield, IL: Charles, Thomas.

Cowger, C. D. (1994). Assessment of client strengths. In Saleeby, D., *The strenghths perspective in social work practice* (2nd ed.). Boston: Allyn & Bacon.

Davies, M. (2000). *The Blackwell encyclopedia of social work*. Oxford: Blackwell.

DuBois, B., & Miley, K. K. (2010). *Social work: An empowering profession* (6th ed.). MA.: Allyn & Bacon.

Hepworth, D. H., Rooney, R., Rooney, G. D., Strom-Gottfried, K., & Larsen, J. (2010). *Direct social work practice: Theory and skills*. N.Y.: Brooks Cole.

Payne, M. (1995). *Social work and community care*. London: Macmillan.

Rapp, C. A., & Goscha, R. J. (2006). *The strengths model: Case management with people with psychiatric disabilities* (2nd ed.). New York: Oxford University Press, Inc.

第六章
社會個案工作理論與實務

許臨高、黃韻如、莫藜藜、張宏哲、徐錦鋒、曾麗娟

第一節　心理暨社會學派（The Psychosocial Approach）

許臨高、黃韻如

壹、前言

「心理暨社會」一詞在社會工作的發展史上，早期是一般性的名詞，但隨著時間的發展，它不但成為社會工作代表性的專業名詞之一，也是最能區別社會工作及其他專業實施方法與功能的一種理論概念（李保悅，1980）。該學派經過幾位學者的努力，尤其是哥倫比亞大學Hollis教授的發揚光大，成為當今美國最具影響力的社會個案工作理論。在臺灣的臨床社會工作中，根據廖榮利教授的看法，它是許多臨床社會工作實施的基礎（廖榮利，1987）。

心理暨社會學派在當時被稱為「診斷派」（Diagnostic Approach）強調要依研究（study）、診斷（diagnosis）和處遇（treatment）的「診斷程序」，提供對案主的服務，而與當時強調運用機構功能（use of agency function）、助人過程中社會工作者與案主間關係、不同時間階段之運用，以協助增強案主意志力的「功能派」分庭抗禮（李保悅，1980；Hollis, 1990；張振成，2001；曾華源，2002a；曾華源等，2006）。

心理暨社會學派的起源，可追溯到社會工作的鼻祖Mary Richmond所著一書《社會診斷》（*Social Diagnosis*），然而能有系統地闡明此派理論觀點，則是1937年Hamilton的「個案工作基本概念」（Basic Concept in Social Casework）。1950年代的心理暨社會學派明確提出「人在情境中」（person-in-situation）的概念，其成為透視問題的重要觀點，以及社會工作主要的核心概念，之後也成為生態系統所依循之觀點。對於社會工作專業而言，「人在情境中」不只是一個重要的思考觀點，亦是一個具體可操作的預估工具，包括人、情境、人與情境交互關係等三個面向（Hollis & Woods, 1981; Weiss-Gal, 2008；曾華源等，2006）。

Goldstein（1995）指出此學派的概念受到各種不同理論，例

如：心理分析理論（Psychoanalytic Theory）、自我心理學（Ego Psychology）、客體關係理論（Object Relation Theory）、自體心理學（Self Psychology）、危機理論（Crisis Theory）、角色理論（Role Theory）、認知理論（Cognitive Theory）、學習理論（Learning Theory）、系統理論（System Theory）、區位觀點（Ecological Perspective）等的影響，其亦反應出社會工作深受外借理論的影響。此外，本學派亦從人的生命發展、同性戀發展、女性發展、性虐待、離婚、種族、文化等，探究這些因素對人格功能的影響，本學派可以說是集百家之大成（Hollis, 1990；曾華源，2002a）。

心理暨社會學派有明確的理論觀點和工作階段，對於處置問題技巧之分類相當清楚，乃治本取向，具高度適用性，但處遇時間相當長而會影響服務成效之明確性。此學派強調要降低案主早年生活經驗對當前社會生活之影響，重視情緒經驗和自我控制的關係，透過個人覺察改善個人人格成長、增強自我功能和人際關係互動模式，此學派認為環境改變對於人格尚未成熟者的行為型態有深遠影響。總而言之，此學派最顯著的特質是對「發展」與「改變」所採取之「開放」態度，此種態度使得該學派原有之理論擴大，且更加充實及富彈性（李保悅，1980；曾華源，2002a；Goldstein, 1995）。

貳、基本假設

心理暨社會學派對人類行為的假定有以下七點（Hollis, 1972; Turner, 1996; Woods & Hollis, 2000；曾華源，2002a；曾華源等，2006）：

1. 在某種範圍裡，人類的行為是可以被瞭解和預測的。
2. 個人行為並非內在因素所決定，要瞭解及預測人的行為必須從個人、環境和兩者間的互動來加以瞭解。
3. 人類行為改變會受到生理、心理或情境等不同媒介和方式的影響。由於人所生活的環境是一個系統，系統內的成員透過互動彼

此相互影響，並產生連鎖反應；面對外在人際互動及生活環境的要求，人會尋求各種方法加以因應。

4. 人性本質是好的、自由的，且深受其過往歷史的影響。因此，想要瞭解一個人目前的行為，必須瞭解這個人過去的生活經驗。

5. 個人對於影響其目前功能的過去經驗和潛意識，常無法有充分的瞭解。只有在特別的環境，或依賴具有特殊技術的人，才能發現受其個人潛意識影響的經驗、態度、情緒和記憶。

6. 欲瞭解人的行為，除注意當事人是如何對他人反應，所呈現出外在的行為外，亦應重視其對環境的知覺、內在認知經驗和心理感受。個人對環境的認知，包括對環境的期待與事實二部分的統整。

7. 人格在個人發展的過程，主要是受其內在驅力和自我的成熟度，以及個人與環境互動等因素所影響。個人在出生時，即具有獨特的本能驅力和攻擊性，透過與環境的交互作用，形成獨特的人格特質和行為方式。如果案主的人格發展是呈現開放的體系，其自我是可以改變和不斷地成長。

參、核心概念

心理暨社會學派的理論觀點，綜合學者的觀點，簡要介紹如下（Hollis, 1990; Payne, 1997; Woods & Hollis, 2000; Turner, 1986; Kondrat, 2002; Weiss-Gal, 2008；張振成，2001；曾華源，2002a；曾華源等，2006）：

一、強調「人在情境中」

1. 「人在情境中」為此學派一個很重要的概念，用此概念來說明人和其周圍環境的交互影響。該學派強調要瞭解一個人，必須從人、情境及兩者的交互關係著手。

(1) 人的面向

    A. 「人」是指個人內在的心理體系，以人格發展和自我功能為主體。而人的自我功能是內在個人因素與外在壓力知覺的結果。

    B. 關注在個人的生理、心理和社會的問題。個人內在與社會生活並重，並不偏向任何一方，但十分重視過去經驗對人所帶來的影響。

    C. 重視個人適應不良的診斷程序。認為個人問題是社會角色的扮演失敗，造成生活系統混亂，導致問題的嚴重性。

(2) 情境面向

    A. 所謂「情境」主要是指重要的環境，而「環境」是指個人生活的社會網絡及物質環境。環境不僅包括有形的實體，亦包含經由人際關係所顯現的社會心理實體，其會帶給個人機會、滿足、挫折及剝奪。

    B. 該學派所指的情境空間面向，主要是著重於「微視面」的情感性支持體系，例如：近距離的人際關係，特別是直接接觸環境當中的重要他人，如案主的家人、朋友與親近的同僚等。

    C. 該學派所指的情境時間面向，主要是重視「過去」，其對於人如何看待環境有相當程度的影響力。

(3) 人與情境交互關係面向

    A. 在人與情境的交互關係中，案主為環境的客體，自我功能為該學派界定人在環境中的核心要素。

    B. 童年環境經驗會影響到個人認知的形成，自我功能的展現。換言之，環境影響個人，個人必須修正自我功能以適應環境。

    C. 人與情境的關係是線性關係。

2. 在人與環境互動的體系中，任何部分的改變將導致其他部分的改變，在不斷地交互影響和模塑的過程中，而達到平衡的狀態。

二、對「人的成長與發展」的看法

強調人類之生理和心理雙重需求，以及人類的心理面和社會面的整合力量。該學派認為人的成長與發展是受到生物、心理及社會三方面因素（bio-psycho-social），以及此三因素交互作用的影響。

三、對「人的行為」之觀點

1. 人的行為，乃是個人內在的心理事實（psychological reality）和所處的社會脈絡（social context）相互作用的結果；而協助的目標，主要在調整個人的人格體系並配合環境的改善，進而增進案主人格成長與適應。
2. 主張人的行為受過去經驗所影響。人在情境中的行為，可以由生理、心理與社會等三層面來分析和提出處遇計畫。

四、自我功能與適應問題

在對案主問題的界定上，此學派認為人之所以會發生適應的問題且陷入困境，主要是來自社會適應失敗與自我功能不良。以下分三方面說明之：

1. 個人早期（兒童時期）未被滿足的欲望，或未被解決的情緒需要或衝突，尚深藏於個人潛意識中並持續至成人時期，造成對情境不合理的需求，這種情況常會干擾當前情緒生活和社會適應。
2. 來自目前生活或環境的壓力：目前的社會環境壓力太過強烈，以致早期的情緒問題被激起而產生偏激的反應；或當前的生活情境無法提供一個能讓人發揮，且令人滿意的個人和社會功能的必要機會。

3. 不成熟或不適當的自我與超我：受損的自我和超我功能，例如：
   過度抑制的自我防衛機轉或嚴格的超我功能等，其產生多源自於
   遺傳或發展上的不足與缺陷。當這些功能不均等或低度的發展，
   將會造成當事人情緒上的反覆無常，及可能造成對他人過度索求
   以滿足自己不成熟或無法實踐的需求。

五、重視工作者與案主之間的專業關係

1. 確認這種關係發展與運用程度，將決定案主受助的功效。Woods和
   Hollis（2000）認為工作者與案主之間的關係是心理暨社會治療的
   基石，它是最有力的工具之一。
2. 在工作者與案主的助人關係中，常會涉及到情感轉移與反情感轉
   移的現象，工作者若忽略了這個現象，將會造成治療時的困難與
   問題。

六、尊重個人的「重要性」及「價值」

1. 堅信增進人類物質與情緒的福祉及潛能發展是很重要的，強調個
   人的責任及參與自己事務決定的基本價值與必要性。
2. 該學派認為有些信念，例如：個別化、接納、不批判的態度、案
   主自我決定、表裡一致、保密及能控制的情緒反應是很重要的工
   作原則。能否達成工作目標，有賴工作者是否可以遵守這些信
   念。

七、強調力量之間的平衡（the balance of forces）

1. 此學派認為要提供有效的服務，必須要使人格系統，和與人格互
   動的環境間建立一個平衡狀態。

2. 為使案主可以充分發揮其社會功能，工作者是否能協助案主在其人格系統的本我、自我及超我三個力量之內部及其彼此間，維持一個良好的均衡，將是一個重要的關鍵點。

　　總言之，此學派特別強調，在助人過程中社會工作者要接納案主，以案主為中心；在對案主評價與反應時，應去除自身的偏見；承認案主自決的權利，並鼓勵其自我導向價值之實現；瞭解案主之自我導向必須受到某種程度的限制，以免案主本人或其他的人受到不必要的傷害；相信人的行為有自發性且各具潛能，會經由適應和改變外在環境來掌控自己；在改變的過程中，案主越主動，社會適應則越佳，因此，社會工作者促成案主主動的意願與傾向，乃一重要的助人課題（廖榮利，1987）。

肆、實施過程的目標、原則與程序

一、目標

　　心理暨社會學派關注的重點是在改善人際關係和生活環境。在治療時則是兼顧一個人成長過程中的生理、心理和社會三層面的因素，以及其相互之間的交互作用。該學派工作的主要目標（Hollis, 1972; Woods & Hollis, 1990; Turner, 1996；高劉寶慈等編，2001；曾華源，2002a）如下：

1. 減低案主的焦慮不安及功能失調的現象。
2. 改善環境以解決當前的問題，修補或維繫社會系統以恢復個人的社會功能。
3. 促進人們健全的成長，增強案主的自我適應及生活功能，增進案主自我實現和滿足感，以獲得心理暨社會適應的平衡與滿足。

二、原則（Woods & Hollis, 2000；潘淑滿，2000；高劉寶慈等編，2001）

1. 彈性原則：心理暨社會學派實施的程序是有彈性的，配合工作者對案主瞭解程度，和「人與情境」的改變，隨時視情況需要加以修改，並採用新的計畫或策略。
2. 個別化原則：強調每個案主均有其獨特需求、能力、人際關係和處境，應針對個別情形，持續作完整及適當的瞭解、需求研判與診斷，擬訂與執行正確的處置計畫。
3. 重視個人早期生活經驗的原則：工作焦點是放在案主目前和過去生活功能與環境互動的關係。必須要瞭解影響案主性格的因素，以及案主幼小時的生活經驗與目前行為的關係。
4. 重視專業關係的原則：專業關係的程度可以決定案主接受協助的功效。唯有當案主能在被協助的過程真正感到安全，才有可能使案主充分表達被壓抑的感受和扭曲的認知，透過情緒疏導，使案主有機會瞭解過去不良經驗對其所造成的影響。
5. 參與原則：重視案主參與問題研判和建構處置計畫的過程，換言之，工作者把其所瞭解的反應給案主，並鼓勵案主也把自己的需求與期望、對問題的察覺及所理解的觀點說出來，共同列出問題處理的優先順序，以逐步達成處遇的目標。
6. 協助案主改變自己來影響環境：解決問題的焦點，不是以直接滿足案主需求來協助案主，而是協助案主改變自己來影響環境。

三、實施程序

　　心理暨社會學派的實施程序，大致可分為五個階段：初期接觸與會談前的準備（anticipatory preparation）、初期接觸與會談（initial contact and interview）、心理社會研究（psychosocial study）或預估與診斷性瞭解（assessment and diagnostic understand）、處遇、結案等五部分

（Hollis & Woods, 1981; Woods & Hollis, 1990；潘淑滿，2000；高劉寶慈等編，2001；曾華源，2002a）。

（一）初期接觸與會談前的準備

一般而言，工作者在初次面對案主或案家前，通常都會有一些案主或案家的資料，其有助於工作者為初期和案主或案家接觸與會談前做的準備。這些準備可分以下兩部分：

1. 認知上的準備（cognitive preparation）：主要是基於工作者對案主及其情況的想法，例如：工作者要與一個剛遭土石流摧毀的家庭成員會談，在尚未與案主碰面時，工作者也許會想到這個家庭可能需要住屋的安置，以及在那裡可以提供這樣的資源。
2. 情感的或同理的準備（affective or empathic preparation）：是指如何站在案主的立場設身處地為案主著想。例如：因屋頂漏水卻沒錢修理，必須住在一間下雨天就得到處以水桶接水的屋子中，案主會有什麼樣的感受？

事實上，工作者的這些準備是假設性的，當真正看到案主時，應視其情況作一些必要的修正。此外，工作者的專業和生活經驗都會引導其個人針對案主的感受、人格特質或環境等層面，就「隱藏」在其中之意涵，迅速「捕捉」或是進行暫時性的推論，以補充工作者從案主所蒐集到的資料。例如：不需要案主本人告知，工作者可以從初次會談中觀察到案主是一位拘泥形式、一板一眼的人，或是案主試圖與工作者保持距離。儘管如此，此時所有對案主情況的判斷仍屬假設，需要進一步由案主或相關人員等獲得證實。

（二）初期接觸與會談

初期接觸與會談階段不僅要界定問題，同時也要蒐集有助於解決問題的相關資料，此外也要協助案主瞭解到在往後的會談中，其需要針對那些事項多作一些思考和討論。

當工作者第一次與案主見面時應該注意接待的禮儀，就如同招待一位來訪的客人，要使其有賓至如歸之感。向案主傳達對其的尊重、願意提供協助的意願和熱忱，以減少初次會面案主的尷尬與焦慮。其次要確定機構是否可以提供案主所需要的協助？會談的期間多久？每次時間多長？如果無法提供案主所需要的幫助可進行轉介，但必須說明理由。

在初步蒐集資料的過程應瞭解案主前來求助的原因，共同討論並初步確定需要解決的問題、案主的長處和內在資源、相關的人際和環境的支持網絡，以及案主的弱點和困難。此外，透過初次的會談與互動，工作者可以觀察案主的人格特質，例如：開放、拒絕、敵意、自我防衛等，也可以透過案主對問題的回應，初步瞭解案主的自我功能、因應挑戰的能力和方式等。另外，也應注意助人者與受助者之間是否有差異，例如：性別、語言、年齡、國籍、種族等，而這些不同是否會造成案主的困擾？如果會，應予以立即性的處理。

綜合以上所述，可以發現初期的接觸與會談的重要性，其主要的目的為：

1. 建立助人者與受助者之間的信任關係，以減輕案主的焦慮、恐懼、罪惡感和無價值感等不舒服的感覺。
2. 初步蒐集案主個人問題、家庭背景、生活經驗等，瞭解案主對其困難的看法和其求助的動機。
3. 評估機構是否能配合案主之所需，工作者能力是否能對案主提供幫助。
4. 協助案主決定是否要繼續與工作者接觸。
5. 擬訂共同的工作契約，決定服務期限。

總言之，工作者宜在一個不受干擾、布置十分溫馨的會談室與案主進行初次的會談，期望在這次會晤中，讓案主感受到一位稱職具專業能力的工作者將會和其一起面對挑戰。此外，最好也能在這初次會談中，能初步對求助問題有共識，並對這些不論是屬於個人、人際或環境的問題，及其所涉入的案主情緒，透過「探討—描述—宣洩」技術，讓案主得到初步的

釋放。工作者也可以運用「直接影響術」提供建議，例如：「下一次如果有可能帶您的先生一起來會談，將有助於我們的討論，您以為呢？」有時候運用「反映術」問問題的方式，亦可協助案主對事實有初步的省思，例如：「您是否認為花這麼多的時間去當志工，可能會導致您的女兒和先生覺得您忽略他們？」

（三）心理暨社會研究或預估與診斷

1. 持續的探討和資料蒐集

在第一次會談後，社會研究和診斷性的瞭解及處遇將持續進行。每次的會談都會對案主情況有新的瞭解，工作者也會面對不斷在改變的處遇過程，像是意義的改變、感受上的改變及新事件持續的發生，且隨著信任感的增加，案主會透露更多的資料，會使得工作者對案主逐漸有全貌的瞭解。

蒐集資料的方向，主要包括兩個部分：(1)案主對其困難所在的說明；(2)工作者想要瞭解問題是什麼？問題怎麼發生的？面對這些問題案主的動機、能力和機會又是如何？此外，在資料蒐集的過程，工作者應注意以下四點：

(1) 不僅是瞭解案主的問題，更重要的是問題和困難中的細節和內涵。例如：案主向工作者表示其太太是一個花錢如流水的人，此時工作者應繼續詢問以下的特定問題，「您可不可以以一個最近發生的事件為例，幫助我瞭解究竟她是如何使用金錢？」從這樣的問話中展開了對案家財務管理的討論，「您的太太是否也認為自己花太多錢？她對您對金錢的使用看法如何？」讓工作者瞭解夫妻二人對金錢使用價值觀上的差異，也可能透露出太太認為案主太小氣。

(2) 工作者應誘導出案主面對治療情境的反應並持續地加以觀察。這些觀察將會清楚地呈現案主對他人的需求與期望，案主的自我和超我的功能，以及案主人格特質和人際風格。例如：案主對工作者問題的反應與回應是什麼？是否會對某些情境或話語極度的敏感？工作者支持案家某成員的觀點是否會令案主擔心？案主對

工作者的問話、說明和反應之理解程度為何？案主對工作者是友善？敵意？或保持距離？

(3) 在進行資料蒐集的過程不可忽視案主的生理、心理健康狀況。例如：用藥情況，是否有酗酒或濫用藥物的情形？是否患有心理疾病？

(4) 應經由各種管道蒐集資料。除了與個案會談，工作者亦可透過聯合會談、家庭訪視，以及與任何其他案主的重要關係人等蒐集資料。

2. 診斷性預估

心理暨社會學派強調對案主心理社會資料或其成長與發展歷史進行調查，也強調對每位當事人依個別情形作完整及適當的瞭解。所謂「診斷性的預估」是透過在會談過程中所蒐集到的資料，配合對案主問題掌握程度的不同，不斷地加以整理、歸納和分析，持續修正的過程。

診斷性預估主要在瞭解：案主的問題是什麼？造成其問題和適應不良的主要因素為何？案主的情緒狀況、身體健康、童年經驗、家庭關係、價值觀念及自我概念為何？可改善或修正的程度如何？案主希望改善的部分是什麼？動機如何？案主的長處和限制為何？

由於該學派強調「人在情境中」，是以要協助案主與其自己作「此時此地」的現實接觸，所關心的重點是當事人意識層面的部分。事實上，案主前來機構接受協助時，往往有其個人所認為的困難或理由，也許會跟助人者的觀點有所出入，工作者應正確的預估所蒐集到的資料，確定問題形成因素及其相互間的關係，並將資料類化。預估與診斷性要項與內容，包括以下五點（Hollis & Woods, 1981; Woods & Hollis, 1990；曾華源，2002）：

(1) 確認案主待助事項和問題

工作者透過會談，研判案主家庭成員之間的互動關係，以及案主個人與系統間的互動，並與案主討論共同確定那些問題有待解決。

(2) 研判案家生活系統和心理動力關係

人際互動特性與型態常是整個家庭行為特質的呈現。工作者對案主所作的診斷性瞭解要包括案主、案家成員和重要他人之互動關係，以及案家

的社會功能之強弱，例如：案家個別成員之自我功能、防衛機轉、超我功能、各種衝動欲望之特質等。此外，亦包括可以增強或改善案主、案家及其環境的問題與社會功能之資源。

(3) 瞭解案主過去生活經驗與行為特質

案主過去的生活史將會洩露其重複行為模式產生的原因。工作者需要評估案主個人的生活歷史、行為特質、智力水準、學校學習經驗、自我功能與自我強度（ego strength），即理解力、判斷力、衝動控制力、自我理想（ego ideal）、現實驗證（reality testing）、與他人關係之成熟度等的表現，成長背景文化環境因素，以及成長中是否曾經驗到傷害身心的特別事件。以上各項因素對個人解決問題的應變能力、情緒適應和人際關係，都會有所關聯。

(4) 考量案主的自我評估

儘管工作者在對人類行為和關係的瞭解上受過專業訓練，但是他（她）是無法只憑一己之力就能正確地對案主的困難作預估。所以，案主對自己問題的評估在處遇過程是重要和必要的，理由有三：

A. 事實上，案主是最瞭解自己想法和感受的人，案主對環境的感受，案主是否感到疲倦？過去案主是否接受過什麼幫助或受到什麼傷害等事情只有案主最清楚，是以工作者尊重案主的自我決定是預估（assessment）過程的基礎。

B. 工作者對案主想法和意見的信心與鼓勵，可以增強案主的動機和自尊。

C. 案主成為自己的專家是很重要的，唯有如此，才能真正幫助他們發展出改變自己、為自己作決定、作新的選擇，以不同的方式和他人相處，以及找到問題的解決之道等的能力。

總言之，為達成工作目標，工作者必須考量案主如何看待自己的問題？其希望如何解決？考慮案主的價值與偏好，協助案主作新的選擇和改變，可以增強案主自信，奠定未來獨立處理問題的能力。

(5) 依工作者專業知識將案主情況加以分類

依據案主個人特質、感受、思考、行為型態或問題性質與結構加以判

斷，確認該如何增加案主對工作者的信任度，以及提供服務程序結構化之程度。並依專業知識將屬性相同的特性加以類化，一般可分為健康部分、有問題部分與需臨床診斷（clinic diagnosis）的部分。「健康部分」對於當事人適應問題產生之處理與調適會有具體影響；「問題部分」會指出困難在那裡？需要進一步處置的主要面向（major dimensions）？「臨床診斷部分」則是經由心理社會調查，從研判事實與觀察資料中診斷歸納而得。

3. 個案服務計畫

服務計畫必須以能減低當事人的焦慮不安及失功能的情況，改善當事人適應能力、社會功能和生活環境，增進當事人自我力量（ego strength）和自我實現等為目標；考慮案主家庭成員是否需要進入服務或配合處遇？服務提供的期間多長？機構的功能與工作者的專業技術和成熟度，能否配合服務計畫之執行等要素，來擬訂個案服務計畫的內容。

（四）問題處遇

心理暨社會學派處遇方向與策略，分為直接減除個人壓力和間接處理環境壓力二大類。此學派認為個人適應問題來自內外在壓力之間相互影響，因此解決問題就是減除這些壓力，一方面協助案主改善環境，另一方面也在環境中改變案主自己，以調整案主和環境間的互動。

治療主要程序有直接處遇程序（direct treatment procedures）和間接處遇程序（indirect treatment procedures）兩大類（李保悅，1980；Hollis & Woods, 1981; Woods & Hollis, 1990、2000；高劉寶慈等編，2000；曾華源，2002a）。一般而言，直接治療法常與間接治療法合併使用，以得到相輔相成之功效。

1. 直接處遇程序（direct treatment procedures）

對案主直接治療有四種主要形式，其可分為非反映式（no-reflective）及反映式（reflective）兩種溝通動力（dynamics of communication），其中支持性的技術、直接影響的技術，和探討、描述與宣洩的技術屬於「非反映式」（Hollis & Woods, 1981; Woods & Hollis, 1990、2000；曾華源，2002a）。

(1) 支持性的技術（sustaining procedures）

工作者有意圖給予案主情感的支持，透過直接向案主表達工作者對其的信心，或是向案主表現出有興趣與同情的傾聽，以減低案主的焦慮，增加案主的自尊與自信，讓案主產生得到幫助的感覺。工作者必須注意問題性質與服務對象的不同，而運用不同程度的支持性技術。以下簡要介紹各個技術的運用情況及使用時的注意事項。

A.接納（acceptance）：「接納」是在所有處遇過程中，經常被工作者使用的技術之一，工作的重點不是助人者向受助者所採取的行動表達意見，而是持續向案主傳達善意，不論是否贊同案主的意見和行動。特別是針對具有自責、羞愧、生氣或害怕等感受的當事人，工作者運用「接納」向其傳達正向及理解的態度是非常重要且有效的方式。

B.再保證（reassurance）：這是支持性技術中除「接納」外，常用的另一個技術。例如：面對一位已經在處遇過程中逐漸覺察到自己何以會對某學生有強烈的憤怒感的老師，工作者向案主傳達其對案主感受的瞭解，以及會引起案主有如此情緒產生原因之覺察。
在使用這項技術時必須慎重，過度運用將會造成案主誤以為工作者只是為了想和案主建立關係，或是工作者無法忍受案主的焦慮所用的一種方式而已。此外，在案主準備和工作者一起探討造成某種行為出現的原因時，工作者宜避免給予案主「再保證」，否則案主會因為舒適自在而不覺得有必要去瞭解引發困擾的行為及其所帶來的影響。

C.鼓勵（encouragement）：工作者表達對案主能力展現上的欣賞、未來目標達成上的信心，以及對案主能成功的完成任務所表現出的欣喜。「鼓勵」的技術很適用於孩童或是缺乏自信卻需要面對困難任務之挑戰，或是已經歷一段時間的焦慮不安，越來越缺乏信心的成人。「接納」和「再保證」等支持性技術，常會與「鼓勵」配合使用。
一個缺乏安全感的人通常越容易敏感覺察到虛假空洞的鼓勵，懷疑鼓勵的語詞只是一個手段而已，會迅速降低對工作者的信任。所以在使用鼓勵時，工作者不只是需要很實際地評估案主的能力

如何，另一方面也要敏銳地意識到案主本人對其自己能力的看法。

此外，當案主實際上並未具備某種能力，或是尚未作好準備去執行一個特定的計畫，過度地運用鼓勵技術，將會促成案主的自我懷疑而非減輕苦痛，也可能造成案主感覺自己生活在工作者的期望中。

另，當案主未能成功地完成某項任務時，必須以清楚的言語和明確的行動讓案主知道工作者不會因其失敗而感到挫敗、失望，仍會如往常一樣對案主的問題有興趣，並對案主的能力有信心，願意繼續協助案主面對困難，尋找其他的解決之道。

D. 實質伸援（reaching out）：當個人或家庭對外界有很大的焦慮和不信任感，但同時又需要很強的支持時，此時就需要工作者主動給予比語言更能讓案主實質感受到的或具體的東西，以展現助人者對案主的關懷和樂意協助的態度。例如：贈送孩子喜愛的小禮物或小點心，把孩子放在工作者的膝上，或用手臂環繞在一個受挫的少年肩上等。至於某些成人案主，工作者若能站在案主的立場，主動予以一些實質協助將易贏得案主的信任。例如：針對街頭遊民、及老殘、失能的案主等，提供食物、衣物、醫療、金錢及住宿等具體的幫助。此外，針對處於危機狀況下的案家進行短暫期間的經常性訪視；於必要時延長或增加會談的時間與次數；運用電訪以減少老殘案主往返的奔波等，只要工作者的行動是有助於表達對案主的關心且也是案主所需要的協助，那亦是支持性技術其中一種形式的呈現。

E. 非語言的支持（nonverbal sustainment）：工作者以臉部和身體表達出同理的傾聽，透過臉部表情和身體姿勢的改變對案主所說和所感受作回應。此外簡短的回答，例如：「是的」、「我知道」、「我瞭解」，或複述案主句子的最後一兩個言詞，都足以表示工作者持續的專注。另外，對案主的接待是否謙恭有禮？等待室是否令人感到舒適溫馨？工作者是如何向案主打招呼或問候的？這些亦屬於非語言的支持性技術。

F. 次級支持（secondary sustainment）：支持性技術可以成為鼓勵、反映術、探討或直接影響技術的副產品（by-product）。舉例來說，有時工作者不瞭解案主所表達的意見是什麼？此時，工作者可以簡單地回應，諸如「我不太能確定你所說的是什麼意思」，並要求進一步的探討，直到案主意見能被明確清楚地詮釋為止。在這個過程中，主要的運用技術是探討與宣洩，但它同時也表達了工作者對案主的興趣和持續的專注，從這個角度來說其意味著對案主的支持。

G. 聯合會談中的支持（sustainment and conjoint interview）：在聯合會談中有關支持性技術的運用，就如同為個別服務一樣的重要，但在運用時宜特別小心，因為對某一位會談的參與者進行接納、鼓勵或再保證的同時，可能會造成另一位成員不一樣的感受。例如：工作者同理一位受創的太太，可能意味著工作者對那位飽受太太責難事件肇事者的先生之不贊同；或支持配偶中的某一位，會引起另一位伴侶的妒忌。

(2) 直接影響的技術（procedures of direct influence）

代表工作者對案主所應採取的行動，提供專業的意見與立場。直接影響各項技術介入的程度不同，分屬於一條連續線。直接影響技術必須小心地運用，一般都以支持性的技術作為後盾，否則將會與社會專業倫理中的「自我決定」原則相衝突。直接影響技術的成效如何，需依賴案主與工作員之間關係建立之程度。

A. 忠告或陳述意見（giving advice or stating an opinion）：此技術是工作者認為案主可以考慮採取的行動，位於連續線的中央。例如：一位案主表示辦公室裡不少的同事獲得加薪，猶豫自己是否該向公司要求加薪。工作者表示在此情況下，案主應去向公司主管請求加薪，爭取自己的權益。

B. 建議（making a suggestion）：這是以較弱的方式陳述與前者相同的意見。例如：工作者向案主說：「有時人們會直接去請求加薪」。這樣的說法傳達了工作者處理這個問題的傾向，但卻留給案主拒絕如此做的機會，且案主不會覺得如此做會和工作者的意

見相左。

C.強調（underlining）：仍屬於較溫和的影響方式。工作者只是針對案主已經思索準備要去採取的行動作加強。例如：案主表示要去找公司老闆要求加薪，而工作者點頭表示贊同。

D.堅持（urging or insisting）：相較於「忠告」是屬較強的技術，朝向連續線的另一方向發展。例如：工作者向一位母親強調讓其女兒上學是必須的，即使女兒對上學會感到害怕。這樣的處遇方式針對患有學校恐懼症的案主有其必要性，特別是問題出在母親想要滿足自己的需求，而將女兒留在身邊。

E.強烈警告（strongly cautioning）：這個技術更趨於直接影響連續線之尾端。當案主所採取的行動可能會造成嚴重的後果，或工作者未能有充足的時間和案主擬探的行動作充分且理性的討論時，工作者應嘗試運用積極的說服（active persuasion）的技術。例如：工作者警告案主說，使用不當的措辭和態度去向其老闆要求加薪時是很不明智的，因為結果可能會遭解僱。

但是如果案主並未聽勸且遭到工作者當初預期的不佳結果時，工作者必須要避免以任何可能會讓案主感覺被奚落的態度和案主剖析問題，例如：「我曾跟你說過……會有這樣的結果……」。恰當地處理方式是在案主表達失望、挫折的感受時，工作者也能適時表達對結果的遺憾，並能與案主以坦誠開放的態度進行反省，避免相同的情況重複發生。

另外，如果案主並未接受工作者的觀點，而自行作出決定且有效地解決問題時，工作者可以善用這個好時機鼓勵案主，例如：「你真的是比我更清楚自己的情況，不是嗎？」

F.實際干涉案主的生活（actually intervening in the client's life）：這是直接影響技術最極端的技術，例如：依照法庭的裁決將孩子由其原生家庭強行帶走。在運用這個技術時，必須要基於以下兩種情況：

a. 工作者必須要確定所採取的行動完全合法且非過度反應。

b. 行動計畫必須要有相關人士的參與、社區資源的配合與支持，

例如：法庭的介入。

使用這個技術時，工作者必須要帶著自信、堅定和善意而非懲罰的態度，使案主感受到工作者對這件事情處理上不可動搖的決心。

使用直接影響技術時，工作者常易犯許多錯誤，最常見的情況是因資訊蒐集的不足而給予一個錯誤的建議、忠告，或是非語言的一個不以為然的反應等。以下提供一些避免工作者給予案主錯誤的建議，或取代案主為自己作決定的能力之防護措施（recommended safeguards）：

- 探究案主尋求工作者忠告或建議的原因，如果可以盡可能協助案主表達他（她）的期望。
- 選擇適當時機，向案主說明不告訴他（她）該如何去做的理由。
- 確定給予案主忠告是基於案主的需要，而非滿足工作者的需求。
- 盡可能從會談之初就鼓勵案主獨立思考問題，不論是從主觀因素或從客觀角度去評量其所處的情況，界定欲達成的目標，尋找解決困難的方法。總而言之，協助案主朝向「反映式的討論」解決問題。
- 如果可能，以「直接問問題」的方式來替代「給予忠告」。
- 一般而言，在給予案主忠告時，比較適當的方式是：建議他（她）如何執行一個決定，或達成一個目標。換言之，宜避免告訴案主該作什麼決定或訂定什麼目標。

(3) 探討、描述與宣洩的技術（skills of exploration, description and ventilation）

「探討」與「描述」是會談中的一種最基本而常用的技術，前者是指詢問、探究；後者是指當事人對其所看到的或所經歷的事情之說明，主要的目的是為了協助案主瞭解其本身的困擾，尋求解決問題的方法。至於「宣洩」則是指將與事實相關聯的情緒顯現出來，其目的是協助案主表達其受抑制的感受，包括忿怒、憤恨、罪惡、焦慮、恐懼、悲傷、痛苦、羞恥等，使其緊張的情緒獲得某種程度地鬆弛，且配合支持性技術的運用而更能減輕案主的焦慮與罪惡感。有時宣洩技術也常在作反映式討論時配合使用，以增加案主的洞察力。總而言之，「宣洩的技術」常與「支持性的

技術」及「反映式討論的技術」一起運用。

(4) 反映式討論的技術（procedures of reflective discussion of the person-situation configuration）

是以發展或增進案主的洞察力（insight）為目的，可以分為以下三種：

A. 人與情境反映式討論（person-situation reflection discussion）：主要的目的是在協助案主對其所處情境本質之瞭解、案主自己對情境的反應、該反應與情境間之相互影響所產生的行為，對他人或自己實際或潛在可能產生的影響。其可分為以下六類型：

a. 第一種形式是案主針對他人及外在情境的思考，此種反映式討論的形式可以稱之為「外部反省」（extra-reflection）。工作者要面對的一部分是案主的理解（perception），另一部分是對案主經驗或知識可能的解釋。舉例來說，「您想這可不可能是您的媳婦表達其挫折的方式？」

b. 第二種形式案主針對自己的行動所產生的結果，此結果對他人所造成的影響，以及其他各種能配合案主需要的各種資源和機會選擇之考量。此類型反映式討論是界於外部反省和內部反省（intra-reflection）之間，或兩者皆具。舉例來說，「當您在孩子朋友面前責罵她時，她有何反應？」或「您有沒有注意到每當您的岳母來訪時，您就會向太太發脾氣？」

c. 第三種形式相對於協助案主在對外部觀察時能有較正確的理解，這個類型的反映式討論聚焦在增加案主對其自己反應、思考和感受本質的認識。舉例來說，「您是否認為自己對您的媳婦有負面的反應？」或「您想自己是不是對那件事情反應過度了？」有時也包括對案主所謂「隱藏的」感受或反應，需要案主本人作內部反省。舉例來說，「明確地說，我覺得您常會出現一種情況，那就是您明明在生氣，卻不承認。」

d. 第四種形式是協助案主努力去覺察造成其有此反應的原因，包括：外在刺激及內在思考的歷程，去發覺採取某個行動或有某

種反應的原因是基於外在因素或是當事人對外在刺激所產生的感受。舉例來說，「我有一個印象，那就是當男友與您約會有一點遲到，會使您很生氣，對嗎？」

e. 第五種形式是與自我評估有關的反映式討論，也許是與其超我有關，例如：對或錯、自我形象（self-image）、原則、思想和偏好等與當事人「價值觀」有關的反省。換言之，協助當事人由評估的立場去反省自己的行動、感受和思想。舉例來說，「您是否認為您對自己有過高的期望？」或是「以下那一個選擇對您而言具有更大的意義？是在應徵的過程中獲勝，得到這份高薪的工作？還是與小美一起開店，繼續保持良好的合作關係？」

f. 第六種形式是協助案主瞭解與處遇過程或與工作者有關的反應，主要是聚焦在案主對工作者、對治療本身、或對機構的規定與要求之反應。舉例來說，「我知道您很生氣我不替您出主意，不過我希望您能瞭解我只能協助您剖析這件事可能採取的所有行動之利弊得失，而最後的決定得由您來作決定。」

B. 心理動態反映式討論（pattern-dynamic reflection discussion）：主要的目的是在協助案主進一步去發覺他（她）的感受、態度和行為之內在的心理根源，瞭解自己的人格特質及思考的方式和情緒的表達對他人所產生的影響，使案主覺察到自己不適當或有害的心理型態及傾向，以減少它們對案主目前適應的影響力。

例一：工作者協助一位母親注意其在管教兒子和女兒態度上的不一致性，「不知您是否有注意到當您對女兒作要求時毫無問題，但卻無法對兒子作出相同的要求？」這樣的討論使案主意識到自己受其父母的影響，以致其對男女性別間有期待上的差異。

例二：面對一位與先生相處有困難的太太，「我奇怪你是那麼地瞭解您的子女，但卻完全無法理解您的先生。」這個問話使案主覺察到不願減少與先生的衝突是因為害怕與先生的親密關係。

C. 人格發展反映式討論（development reflection discussion）：主要的目的是在協助案主覺察其某些特質或行為是受到早年發展經驗

之影響，促使其能加以適當的控制，以免妨礙目前的生活功能。

例一：面對一位被其成績表現不佳的孩子所煩惱的母親，「您以前在學校唸書時成績表現如何？」

例二：面對一位對工作者具有敵意的案主，「您想您對我那麼生氣，是否是因為害怕我對您的批評就像您父親對您的批評一樣？」

在從事反映式討論時，支持性的技術也是很重要的一環。一般來說，在準備用「心理動態」或「人格發展」反映式討論技術之前，工作者都會採用大量的解釋、疏通的技巧或「人與情境」反映式討論技術。

2. 間接處遇程序（indirect treatment procedures）

間接處遇程序是針對案主的環境作改善或修正。環境改善術（environmental modification）所指的是工作者考慮案主利益後，直接採取行動改變環境。主要技術包括運用直接處遇技巧，影響案主環境中有關係的重要他人、重要系統及重要環境等方面的工作。一般而言，工作者只有在環境壓力已超過案主目前所能掌控，且案主無法在短期間透過工作者的協助而產生改變，只能由工作者來協助修正環境，例如：安排因家暴嚴重受創的外籍配偶入住庇護所，接受保護；或只要去除環境壓力，即可使案主社會功能發揮更好，例如：小華家日前遭受嚴重變故，小華必須照顧年幼弟妹，導致小華無法正常上學，功課嚴重落後。工作者將小華弟妹暫時安排寄養，並請志工協助指導小華課業，小華情況逐漸趨於穩定。以上兩種情況，才會考慮使用環境改善術。

（五）結案

心理暨社會學派很重視結案工作。助人關係結束，意謂著案主個人必須獨立面對未來的各種挑戰。面對結束，有些案主會很高興完成目標，對未來充滿希望、樂觀和抱負；但有些案主會出現失落、失望或表示還有一些期望並未實現，產生否認、憤怒、哀傷、孤單、恐懼、失望等負面情緒。工作者除要注意自己面對結束情境之感受外，更要注意案主有無退化行為的反應，要依案主的個別情況，為結案預先作不同期間及不同程度的準備，並提醒案主結束期限。

伍、理論適用之實務情境

目前心理暨社會學派的實施，有短期性也有長期性治療，服務對象由個人擴展到夫妻、家庭和團體；在問題探討上，更加重視社會變遷和案主需求，關注各種婦女族群和受壓迫團體成員之發展、角色、長處和因應策略，以更務實和充權的介入方式提供協助，並針對社會工作特殊人口群等的服務對象，例如：家庭暴力、兒童虐待、性侵害、物質濫用、愛滋病人、遊民和慢性精神病患等提供服務（曾華源，2002a）。

陸、實例討論（黃韻如）

「起來，你們不可以在這裡聚會，不可以這樣！」警察這樣驅離的。

「這裡很多外勞，講話都聽不懂，路過要小心一點！」家長是這樣交代的。

「他們看顧老人家的時候，怎麼可以聚在一起聊天，老人家輪椅都停在一起，好可憐！」路人看到是這樣說的。

「奇怪，來我家工作是不能笑一點嗎？怎麼臉都臭臭的。」雇主是這樣說的。

Tina是臺灣眾多的外籍看護工之一，為了家計她必許從印尼（外籍勞工輸出國），來到臺灣（外籍勞工輸入國）工作，她的工作是照顧失能長者，並且因為24小時在家裡，因此煮飯打掃雖然不在她的業務範圍，但是似乎好像也成為她需要協助的範疇。

Tina來臺灣六年了，在印尼家鄉小兒子也7歲了。換言之，在生下孩子後，案主為了家庭經濟來到臺灣工作。這六年時間，僅能靠著週日上外籍勞工參與較多的教堂，透過宗教的力量尋求心靈的慰藉。但是，看著雇主家裡也有一位5歲的小男孩，常常讓她想到自己的孩子。而雇主因為擔心外籍勞工常常需要照顧長者日常生活起居，包含排便等衛生問題，而不

願意讓她靠近小男孩。在一個服務外籍勞工的宗教團體接觸下，發現Tina常常在教會哭，也常常悶悶不樂，除了跟同鄉相遇時偶有笑容外，都很憂愁。

【案主理解的心理事實】

Tina在印尼，與先生結婚十四年，生了兩個孩子，老大女兒13歲／老二男生7歲，在生第二個孩子前先生為了家計，在阿拉伯國家的餐廳工作，定期匯錢回家，然而，在工作六年後，因為不小心產生職災的燙傷，必須暫時休養。也因此，在印尼家鄉開個小雜貨店，只是收入實在不好。在家族討論後，決定由案妹一家協助照顧小孩，案主隻身前往臺灣工作，成為自己及案妹兩家的經濟支柱。

然而，工作六年的時間，僅返回印尼一次一個月，其他時間為了雇主要求，也為了賺更多加班費，因此犧牲返鄉時間。可是，對家鄉的思念與日俱增，而大女兒在進入青春期後，開始對家庭需要為了生活而分散兩地，產生不理解。某次，視訊想跟女兒聊天，女兒對Tina的妹妹說：「我跟她又不熟，要說什麼？」兒子則說：「我收到車車了，謝謝！」隨即結束視訊。也因此，案主雖然期望對話，但是每次對話後，卻又很傷心。

【理解個人】與【社會脈絡】

在全球化的經濟環境中，人在環境中（person in environment）變得更為複雜，不論是移民移工到臺灣，或者是臺灣部分前往中國工作的臺商家庭。對於環境的定義，可能都需要包含現在所處環境及勞力輸出國之多元思維。然而對案主此時此地（here and now）環境中議題的處理，仍然是很重要的議題，而所有的助人工作還是從建立關係開始。

以Tina的案例來看，首先需要同理的是Tina的思維與困境。Tina是這樣陳述自己的故事。

Tina表示自己國家就業機會不太好，不論是到先生之前去的阿拉伯區域工作或自己來臺灣工作，收入都可以超過母國工作的3倍以上。但是六年來，發現自己跟家人關係越來越遠，雇主家看似「家」，但是「不是家」，總是擔心她會照顧不好，一坐上沙發就會有希望她能夠協助的家

務。跟照顧的爺爺24小時在一起，總有好多焦慮，包含擔心他突發的疾病、擔心他移動時跌倒、擔心他深夜需要下床，會疏忽掉……，好多的焦慮與不安，而我說的中文，爺爺好像也聽不懂。雖然，他會說一些華語，但是電視中的影片／新聞，對Tina而言都像是另一個世界的訊息，感覺好孤單。

假日除了教堂外，就是匯錢回家／買買家人可能需要的東西寄回去，最後身上所剩的也不多了。同鄉的聚會，通常只能找車站及公園，但是卻常常感覺很多的界線，不同國籍的移民移工也有自己的聚集地，我們印尼勞工聚在一起，也感覺臺灣人對我們有異樣眼光，離我們有段距離。但是，遇見一起來自印尼的朋友，總是一種溫暖。

在Tina主觀經驗中，心理環境是她的家鄉，但是她的情緒及壓力所要面對的環境是此時此地（here and now）的臺灣。因此，在現階段如何協助Tina應是面對她所處工作環境，才能讓她與所處的環境有好的互動交流，也可以讓她在心理與社會產生一定平衡。

從雇主的角度，確實也能夠瞭解及可以被預測的，因為會花錢僱請外勞來幫忙，畢竟是因為家庭照顧責任超乎原有家庭成員的負擔，因此，如果可以請雇主多少幫些忙，當然最好。然而，雇主家庭又正好是一個封閉系統的工作環境，也因此，Tina不敢也沒有能力為自己多發言，也是可以理解的情境。從相對角度，雇主也不一定不願意理解受雇者的辛苦，只是語言與文化的隔閡，讓彼此的理解，多了一些阻礙。

【處遇的目標及重點】

1. 傾聽跟理解Tina：這是最基本的，畢竟決定來臺灣工作，家鄉的家庭故事、目前壓力及困境，都是Tina自己的。
2. 大社會環境對移民移工的不友善：確實是這個雇主國應該強化的，越來越多的媒體跟文章，對他們有些更友善的建議及報導，應該讓Tina理解，例如：臺鐵對回教外籍人士提供穆斯林禱告室／部分媒體對於移民移工困境的報導與理解（選擇有英文或其理解語言的版本）／臺鐵或一些移工較多的城市，也提供不同語言的指示路標。不過，也確實需要更多的宣導。

3. 理性跟Tina討論雇主家的工作現況：休假狀況、居住及睡眠環境、主要壓力、次要壓力、需要的資源、可以培養的紓壓方法等，這涉及到決定是否需要為Tina倡權。

4. 增強Tina的權能、重要性、價值：包含透過書信寫下自己每天的心情，跟兒女保持交流，讓他們知道這樣長期隔離下媽媽的心疼及壓力。進一步擬訂返鄉計畫，包含問問Tina這樣的賺錢收入，應該多久才足夠，是否有個期限？她對家族的犧牲，能否讓家族也在印尼有些新的發展，讓她可以早日返鄉？等。畢竟，長期的犧牲可能為自己帶來更沮喪的生命經驗。

5. 假日休假除宗教外，提供外勞想要的休閒：例如：一起看家鄉的電影或電視、一起唱唱家鄉歌曲、一起吃吃家鄉料理等，強化移工紓壓的管道。

 ## 第二節　問題解決學派　　　　　　　莫藜藜

壹、前言

問題解決學派（problem-solving approach）的社會個案工作乃由心理暨社會學派（psychosocial approach）分支出來，又採借功能學派（functional approach）的實施觀點，成為一種綜合模式的社會個案工作。1957年，Perlman提出問題解決學派的基本意涵，認為個案工作是一種「協助解決問題」的服務，因為要處理的個人問題複雜，且必須進行一連串的行動，所以有必要將行動予以分段進行。Perlman並於1973年進一步定義：問題解決學派的社會個案工作是一個運用社會福利機構的過程，透過機構的協助使得個人更有效的處理他們的問題，進而發揮其社會功能。

從Perlman開始的問題解決學派就有所謂「四P」的說法，即「Person」指求助者、「Problem」指所遭遇的問題、「Place」指社會服

務機構、「Process」指問題解決的過程；也可以說，此學派包含四個重要元素：當「個人」帶著「問題」前來「機構」求助，需經過專業人員協助的「過程」，以期增強個人解決問題的能力，並提供問題解決過程所需的資源，才得以解決其困難。

問題解決學派後來逐漸發展出一些新的問題解決理論，例如：我們檢驗問題解決過程中的各部分，有如一個系統中的各分子，因此就強調系統理論（system theory）在問題解決學派中的重要性。後來，又有人認為優勢觀點（strengths perspective）在問題解決學派中應該被突顯出來，尤其後來特別在處理個人與其家庭問題的「以問題解決為基礎（solution-based）」的個案工作。

本節將先提出問題解決學派的基本假設，然後檢視問題解決學派的社會個案工作之理論核心概念與演進，接著介紹處遇的原則與過程，最後提出案例討論。

貳、問題解決學派的基本假設

問題解決學派乃綜合傳統個案工作而形成的模式，是整合過去個案工作的知識與行動的新途徑，此學派的基本假設有四個，說明如下：

一、人類生活是一連串問題解決的過程

人的一生其實就是一連串解決問題的過程，從每天早上起床，從出生到死亡為止，處處需解決所面臨的問題，以獲得快樂、酬賞、安定或適應的生活，而儘量避免痛苦、懲罰或不能適應的情形發生。生命本身也是一個問題解決的過程，當一個欲望滿足了，另一個欲望可能立即出現，等待處理。所以生活中有一連串的問題必須解決，例如：每天早上，就決定要不要出門，如何解決早餐問題或使用什麼交通工具？等一連串的活動待決定，也待執行。當人每天自覺或不自覺地做出無數決定時，便是不斷地學著去適應各種情境和所遭遇的問題，也是不斷地在練習其解

決問題的能力，以及「自我功能（ego function）」與「社會功能（social function）」的發揮。

二、個人的行為有其目的和意義

問題解決學派是強調發揮自我功能，將「自我心理學」轉化為行動的原則，且認為人會受到環境的影響（系統理論與生態理論），但是個人也有其能力（案主的優勢條件）來處理自己的問題。如果個人一時無法應付自己的問題，可能是因為他缺乏動機、能力或機會，去運用適當的方法減除問題。

Perlman（1973）認為，個人的行為在獲得滿足、避免挫折、維持穩定，而個人的行為是否能滿足其福祉，端賴其性格結構和功能，這是一種生理、心理和社會環境持續互動之下的結果。個人在不斷發展的過程中，個人的行為是在其個人期望與社會文化規範下所形成和被評斷。

個人之所以會來到機構尋求協助，通常是個人在經驗某種壓力而發生問題時，因為來求助而成為社會工作機構的案主（client）。雖說，社會工作的目的在協助案主解決問題，但與其說是案主的問題，不如說是案主的需求（needs），這樣較不具威脅和攻擊性。另外，Perlman（1973）曾提到案主因為有「欲望（wants）」，才想要滿足需求或解決問題。如此，我們可以解釋為：個人因為有欲望，而產生了想改變的動機，亦即：需求是案主有所缺乏，而欲望表示案主「想要的東西」，欲望當中包括了需求；當有欲望或需求時，可視之為求助的動機或解決問題的動機。當社工能指出案主想要的東西，就表示社工聽到和理解了案主的欲望和目標。

三、問題解決是成長和改變

個案工作所處理的問題，通常都是在影響一個人的社會功能範圍內。Perlman（1973）認為個體任何一部分的問題，都會有其連鎖反應（chain reactions）。一個人要處理的任何問題都包括有主觀和客觀認知

成分，且外在和內在問題是同時存在的問題，而這些問題是互相影響的。由此可知，Perlman當初的概念中已包含了系統理論和生態理論的概念，不論案主帶來的問題性質如何，不能忘記案主與問題是相依並存，互相影響的。

因為問題解決學派的社會個案工作，主要任務在協助案主有效且滿意地解決他所不勝負荷之社會角色、社會任務或人際關係方面的問題，在實務中也產生一些誤解，即一般人認為「有能力的人不會有問題」。事實不是如此，我們文化中對「危機」的看法，往往說那是危機，但也是轉機。因為任何人都可能遭遇問題，生活中有問題不代表是個人的錯誤或軟弱，反而可能是成長和改變的機會。

四、社會機構是一種表達社會責任的組織

公立或私立的社會福利（工作）機構聘用社工，執行其服務社會的相關業務，達成其機構的服務目標。而社工代表其服務機構，對案主的特定問題的解決提供協助和服務。同時，社工不只是代表她／他的服務機構，也代表她／他所屬的專業。Perlman（1973）將社會福利機構理解為主要機構和附屬機構。主要機構（primary social agency）指的是一個專屬的，主要提供社會福利服務的機構，如家庭扶助中心、老人福利服務中心；附屬機構（secondary social agency）則指附屬在其他性質的機構內之社會福利服務單位，如醫院社會工作部門。

因此，為了從事社會福利，每一個社會機構都針對其服務的對象發展出一些服務方案。每一個社會機構都有一定的組織和任務，並且發展一些服務的規則和程序。每一個社會機構都是一個能適應、能改變、能被理解的組織。而每一位在機構中的工作人員，無論說話和做事都代表機構功能的發揮。

總之，瞭解了四個基本假設之後，再從問題解決學派的「四P」元素來看，所謂「個人」，我們稱其為「案主」，是指男人、女人、小孩或任

何人，發現自己遭遇困難，想要得到幫助，或別人發現他需要幫助，使他產生了求助動機。所謂「問題」是因某些需求、障礙、累積的挫折和失能所引起的情況，使得個人無法適應環境或有效的解決之問題。至於「機構」，則是處理個人與其家庭問題的社會福利或服務機構，特別是因個人與個人、個人與家庭，或個人與團體、社區之間的問題，由機構中的社會個案工作者協助處理。最後是「過程」，即「社會個案工作的服務」，透過社工與案主建立的專業關係，幫助案主發展有效處理問題的能力。因此「過程」中最重要的是社工及其專業服務，再結合前三項元素，即社工瞭解案主的特質、問題性質和機構可發揮的功能，然後「立即」採取行動。

參、問題解決學派之理論核心與演進

瞭解了問題解決是人們一般生活中朝向完成目標的過程，也是一個社會工作實務的過程之後，再來看問題解決學派理論的演進，可分為以下幾個部分：

一、Dewey和問題解決

Dewey（1933）提出，解決問題的行為是基於人們想減輕困難而來的思考；而為了有效地解決問題，必須循著一理性的程序，否則我們的行動將面臨更多的錯誤。他提出問題解決的五個步驟：(1)確認困難；(2)定義特定困難；(3)提出可行的解決方法，然後更進一步瞭解問題；(4)從多個解決方法中選擇最可行的方法；以及(5)執行解決問題的方案。

Dewey可說是最早提出問題解決概念與方法的人，但是Dewey的問題解決步驟中沒有「評估結果」的有效性。社會工作服務中的問題解決，則有包括評估的四個步驟，即：(1)初步接觸；(2)預估需求；(3)採取介入的行動，以及(4)評估成效。因為問題處理之後要確定其是否有效，再以修正的方法，繼續改善問題，至達到滿意的程度。

二、傳統的解決問題理論

　　如前之定義所述，最初Perlman的理論中包括了自我心理學和發展心理學，強調個人的性格結構和自我功能在問題解決過程中的重要性；而個人是在不斷發展的過程中，亦即每個人在其生命週期的各階段必須不斷地完成其任務；而個案工作的過程中，是以支持和堅固案主的自我功能為首要。

　　筆者發現Perlman亦有強調人際關係與專業關係的理論，因為在其《社會個案工作：一個問題解決的過程》一書中的第六章，即是以一個專章來探討個案工作者與案主的專業關係，認為人與人之間不可或缺的關係一定會帶著情感交流的；而個案工作的關係像所有成長性的關係一樣，包含接納、期待、支持和激勵。至於專業關係則是有目的、有意識的發展，以達成目標，亦即個案工作關係有其治療的價值。個案工作關係始於案主分享他的問題，然後社工感受到案主的情境，並展現其專業才能予以協助。但是個案工作關係也有其干擾因素，例如：案主不容易信任他人、案主的情感轉移，或個案工作者的反情感轉移等。

　　另外，筆者也認為問題解決學派具備了「有計畫的改變」，因為第一步是確定和釐清問題性質。第二步開始至整個過程皆是透過事實為思考的依據，來作選擇和作決策，皆是有計畫改變的過程。最初Perlman（1973）看到的問題解決有三個部分：(1)調查或事實搜尋；(2)以目標導向方式整合事實資料；(3)以行動來執行「共同的協議」。筆者認為，與心理暨社會學派個案工作最不同的是，問題解決學派特別強調與案主合作的過程。

　　因此，問題解決學派此時似乎揚棄了佛洛伊德學派（Freudian）的潛意識說法，而擷取其理性意識（conscious rationality）的說法。因為Perlman（1973）認為要瞭解個案工作的過程，必須瞭解其問題解決的過程。首先要移開阻擋案主解決問題的障礙，亦即案主的問題無法解決，則考慮下列可能的原因：(1)案主缺乏所需的資源或工具嗎？(2)忽視或錯認問題性質嗎？(3)案主身心受創，變得無能力嗎？(4)問題發生後，案主

一時失去理性，變得情緒失常嗎？(5)問題延續了很長一段時間，案主已經習慣受困於問題？或者是(6)案主從來沒有發展出有效的方法來解決問題？等。

後來，Pincus和Minahan（1973）則提出其問題解決的五階段，包括：(1)接案和接觸；(2)資料蒐集和預估；(3)計畫與訂契約；(4)介入和監督；(5)評估和結案。他們與Perlman都是較傳統的問題解決學派，其他人在之後繼續發展出一些更複雜的問題解決學派的理論和方法。

三、系統理論與生態理論的運用

由於系統與生態理論將在本章第三節介紹，在此不擬詳述，只將問題解決學派與其中有關的概念加以探討。在執行問題解決任務時，強調的是連續進行的任務過程，亦是回饋的過程，以及影響因素和結果同時並存的任務過程。系統理論強調環境因素及回饋系統的影響，而傳統的問題解決學派也包括系統內回饋的概念，現在更強調造成問題原因的多元因素，以及生態系統的觀點。例如：Perlman（1973）認為個人任何一部分的問題都會有其連鎖反應，個人要處理的任何問題都是外在的和內在的問題同時存在的，而且是互相影響的。同時，案主問題的複雜性和動態性，使得案主和社工必須在其中選擇可處理的部分。另外，Christensen、Todahl和Barrett（1999）則認為，當診斷案主的問題時，通常要包括微視面的（如個人性格特質）和巨視面的（如社會經濟因素）問題等。

再者，社工在進行問題解決處遇之時，強調要運用系統之優勢，特別是社會資源的運用。但是有時，案主和社工共同承諾要做的事，後來可能產生一些變化，因為受到機構突然發生的限制、社會經濟條件的變化，以及個人、家庭或社區條件產生變化等的影響。這些都提醒社工不只瞭解問題需要從生態觀點而已，甚至在處理問題上都受到生態系統的影響。例如：近年來臺灣發展的「高風險家庭服務方案」，就希望社工能早期發現，再從生態觀點瞭解問題的發生和可運用的資源，早期進入家庭服務，以預防家庭破碎或悲劇的發生。Kasiram和Thaver（2013）在提出「家庭

與社區的問題解決模式」中，也特別強調微視系統的干預，和運用社會支持系統的概念。

Woehle（1999）提出新的生態系統典範，對傳統的問題解決學派做了部分的修正，他特別提醒社工要注意：(1)應充分的使用「預估（assessment）」，不論是繼續進行式的預估，或偶發情境的預估；(2)按嚴重性情境因素或策略因素，排出問題的優先順序；(3)問題解決限定在明確的執行方案；以及(4)優先考慮可行的、具優勢條件的方案。這些應是那些只能提供短期服務的社工機構，可參考的作法。

四、優勢觀點和增權策略

從上述的發展，已逐漸看到「優勢」這兩個字。近年來，在社會工作的教科書上也紛紛出現「優勢觀點（strengths perspectives）」和「增權策略（empowering strategies）」。持優勢觀點的社工，深信每一個人都有其潛能，都具有一些技巧與其環境中的資源，社工可以找到並確認案主的優勢，並進一步協助其發揮，以增進其社會功能。另一個焦點是增權策略，是協助受到壓迫或權益被剝奪的人們，能對自己的生活困境表達意見或積極參與改善的行動。因此，社會工作中的增權是指讓這些個人、家庭或社區增強其原有之力量，讓其更有能力除去加諸在其生活上的種種不利因素，而脫離困境。

而從問題解決學派的源頭與此兩者比較，我們發現Perlman（1973）也曾指出個案工作過程的主要內容是增進案主的因應能力，包括：(1)透過治療關係提供情緒支持及對問題的認識；(2)透過有系統的討論，使案主發展出解決問題的方法；(3)提供機會和協助案主進行問題的解決。由此看來，Perlman已有增權之概念，尤其在她的書中（1973: 193）確實用了「增權（empower）」二字，只是未將之形成理論而已。

後來，Saleebey（1996）指出，問題解決學派仍留有將問題看成是病態（pathology）的傾向，如此容易使案主只在病態系統中認識自己。他認為應看重個人的能力，加上環境的協助。但是Saleebey可能誤會了，因

為Perlman原有的概念中並未將問題看成是個人病態，她也是認為個人是有能力的，因為Perlman特別以一個專章來討論「案主的工作能力和個案工作的目標」（該書第十二章），內容包括：

1. 從案主尋求個案工作協助之動機中，瞭解案主的意願（willingness），即看到案主是否有潛力完成目標，採取行動，從「想要（wanting）」到「願意（willing）」去實現目標。筆者認為，這應是認為案主是具有「優勢」的條件和能力。

2. 具體瞭解案主運用個案工作協助之能力（capacity），包括：(1)情緒（emotion）能力，表示案主能運用他人的協助，與他人建立關係並表達情緒。(2)智能（intelligent）能力，表示案主能看到或理解問題的情況，以及他的處境，還有他的溝通能力與注意力等。(3)身體（physical）能力，表示身體健康和體能情況許可，以執行問題解決的行動，不能因為精神上願意但身體虛弱無力，也就是心有餘而力不足。筆者認為，這三種能力的描述，應可視之為對案主的「優勢條件」之瞭解，以作為「增權」的考量。

3. 評價案主的動機和能力，由於許多時候案主的缺乏動機和能力是問題解決過程中首先要移除的障礙，而且社工要做的是刺激和支持案主運用他現有的能力（his present powers）。筆者認為，這也是強調社工必須對案主的「優勢條件」之瞭解，以作為「增權」的考量。

另外，社會工作實務中擁護優勢觀點的人，例如：Weick（1992）曾批評問題解決學派的根本是在問題的焦點，而輕忽案主的優勢，事實上他們也誤會了。問題解決學派的核心觀點是案主想要解決問題的欲望（wants），而在第一階段的問題解決就採取「目標導向」了。當個人與情境互動之問題發生時，注重的是案主的優勢條件、環境的優勢條件和社工的優勢條件。在第二階段的問題解決，也包含有系統地瞭解優勢條件，俾達成目標。至於之後的階段，如：Chapin（1995）、Rapp（1998）、Saleebey（1992、1996）等所言，應以優勢觀點擬出工作計畫。

五、問題解決學派為其他模式奠定基礎

筆者發現，在實務領域中後來廣為社工運用的任務中心模式和危機干預模式都與問題解決學派有相似之處。雖然近年來，在個案工作的教科書中似乎較少再提「問題解決模式」此名稱，但在論及個案工作方法時，似有一趨勢是將整個社會工作的直接服務都看成是在問題解決的模式中，例如：王文娟（2013）在其「社會個案工作方法」一文，對個案工作的定義只提及Perlman以問題解決學派的概念來瞭解其意義；然後她提出的理論有三個模式，其中兩個即為任務中心模式和危機干預模式。

（一）任務中心（task-centered）模式

主要是結合個案工作之功能學派、問題解決學派與危機干預等三類模式，其工作過程為：先確定目標問題所在，進一步分析與診斷問題產生的原因；之後，再確定受助者為緩和其問題的嚴重性所欲採取的行動；最後訂出個案工作的期限，宜在一定期限內達成任務。

任務中心個案工作之運作程序可分為三個階段：訂定契約階段、執行契約階段，以及結束契約階段。其基本假設是：(1)每個人都有解決問題的能力。(2)主要的改變媒介是案主本人。這也像傳統的問題解決學派一樣，相信案主的能力（或稱優勢觀點）。而Epstein（1988）跟著Reid（1978）的任務中心模式，整合了對任務和時間控制的概念，強調任務的達成和問題的減輕。也就是說，要求在一定時間之內完成當初同意進行的問題解決方式。為進一步瞭解，請參閱本章第五節。

（二）危機干預（crisis intervention）模式

在助人專業中，危機處理是一種短期的治療方式與過程，對於處於危機狀態的人所提供之快速與短暫介入的專業服務。其理論體系主要建立在自我心理學和心理動力之基礎，專門用在短期內個人心理與社會功能失去平衡之案主，藉以影響個人人格之調適能力與社會功能。其主要概念有：危機事件的定義和類型、危機與壓力的關聯、危機與調適、壓力事件的評

估、受助者意願與動機，以及短期處遇模式。

　　一般來說，社會個案工作的危機干預，主要目標有二：(1)增加個人危機調適能力；(2)回復個人危機調適能力。因為危機干預的個案工作方式是專為處在壓力和危機中，急需被協助之人所設計的短期治療，希望儘速的找出可以著手的重點，加以調適處理。由此可知，危機干預的個案工作講求高度的工作效率和效果，強調能力的增加和問題的解決。

　　至於危機干預個案工作之介入策略，包括：(1)探求各種可能減輕或解決壓力問題之選擇；(2)協助案主選擇一種有效的壓力調適方式；(3)確定危機干預之策略；(4)運用此危機干預方式來減輕壓力；(5)學習有效的調適策略。由此導出與問題解決學派相似的工作原則，例如：(1)即時接案與處理；(2)主動採取行動；(3)有限之工作目標；(4)懷抱希望與期望；(5)提供支持系統；(6)以問題解決為目標。為進一步瞭解，請參閱本章第六節。

（三）以問題解決為基礎（solution-based）的模式

　　「以問題解決為基礎」的個案工作概念是受到社會工作理論和實務的影響（Germain & Gitterman, 1996; Kemp, Whittaker & Tracy, 1997）。Christensen、Todahl和Barrett（1999）指出，此學派個案工作認為對人的問題應先有正確的瞭解，不論是對造成問題的原因和處理問題的計畫都要考慮環境的因素、案主的能力、家庭發展的階段和預防再復發的策略。而每一個重要因素都要透過案主和社工的共同努力，發展處遇計畫，這些都與傳統的問題解決學派一致。因為：(1)問題是在每天的生活中發生和處理；(2)問題的情況是可以測量的；(3)問題的處理是需要有責信的（accountable）；(4)針對高危險的行為來處理；以及(5)預防問題復發（relapse prevention）的計畫。

　　由上述可看出，此學派具有問題解決學派的核心概念，但有一特別不同的是在「預防復發」的理論。由於個案工作實務中發現有些個案一再回籠，出院不久再住院，遷出中途之家後不久又被送回來，或一再地因同樣問題又被轉介回來。因此「以問題解決為基礎」的個案工作強調，必須在

擬訂計畫時規劃預防再發生問題的相關措施，例如：如何警覺危險情況、如何避免危險的技巧，以及如何制止或逃開危險的技巧等。

肆、問題解決學派理論適用之實務情境

問題解決學派不只對個人的問題解決具有功效，對於多重問題的家庭亦頗具效用。以下討論問題解決學派的處遇目標、處遇原則、實施過程與步驟：

一、問題解決學派的處遇目標

Perlman（1973）認為，社會個案工作的目標是「適應（adaption）」，而不是治癒（cures）。因此，在考量案主的動機、能力和資源之後，機構的功能目標應在協助案主回復他先前的自我功能、社會功能和／或提升目前所能達到的功能。

如果目前案主的功能已受到永遠的損傷，無法恢復以前的狀態，則必須設法使案主在現有狀態中仍能適應，其生存方式仍能與一般常人相似。例如：罹患乳癌，如果必須切除乳房，則仍應設法恢復身體健康，快樂適應往後的生活。遭遇陌生人強暴後的受害者，如何倖存下來，重新適應自己及社會的生活。因此可知，問題解決學派的最終目標在培養及增強案主良好的問題解決態度及技術，以開展未來能適應、更富能力與創意的生活。

二、問題解決學派的處遇原則

我們已知，典型的問題解決社會個案工作是以四P的思考與行動邏輯，使得其目標明確，加上以區分段落，逐步達成目標。由於案主需具備三個重要條件，即動機、能力和資源，因此建議問題解決學派社工可在以

下四方面協助案主：

1. 社工應該去除案主自以為是「有問題的人」或是社會犧牲品的想法，然後引發案主之求助或解決問題之動機，鼓勵他選擇比較有效的處事辦法。
2. 社工應該肯定案主具有認出自己困難的能力，並減輕案主因無力感所帶來的焦慮、恐懼或逃避的行為。然後社工指引其方向，同時給予支持和安全感，讓案主冀望成功，將自我的活力投注於應該、必須或可做到的事情上面。
3. 社工與案主一起努力，激發案主的心智、情緒和行動之能力，並且經由重複練習，使案主的自我功能伸展（包括覺察、認知、理解、選擇、判斷和實行等多方面的能力），以應付現在和未來的問題情況。
4. 社工協助找尋可消弭問題之資源及機會，使得案主能夠比較順利地完成所應該做的任務，以減輕或解決問題。

三、實施過程與步驟

基於上述對理論演進的瞭解，今日應以整合模式的問題解決學派來探討實施的過程與步驟。運用問題解決學派的社工必須先正確地診斷問題，例如：問題於何時發生、那些人在其中、誰在何時做什麼、問題發生之前的事件、問題發生之前後的行為和想法等。社工也應採用「問題的焦點」模式，例如：問題必須清楚定義；個案計畫目標必須可行、可測量；相信案主是有能力的；案主的狀況可能超過已診斷的問題；尋找不同於慣常的解決方式等。

因此，Christensen、Todahl和Barrett（1999）認為，問題解決的過程包括：(1)確認問題類型；(2)瞭解高危險問題類型；(3)一步一步地朝向改變；以及(4)創造一個預防問題再發生的計畫。他們認為以上每一個部分都重要，而且彼此有關聯。所以個案工作在診斷和處遇時，要確認案主何

時在危險中，個人和環境中的人如何早期察覺警訊，而避免、制止和避開危險環境的技巧也是非常重要的任務。

Comptom和Galaway（1999）則指出，問題解決應分為四個階段：(1)與案主初步接觸，瞭解案主所陳述的問題，和發展初步的目標；(2)蒐集資料、預估問題、訂定解決問題的目標和行動計畫；(3)執行介入的行動；(4)評估成果。而從這四個階段看來，在第一階段和第二階段都有「目標的擬訂」，在初步接觸階段主要是案主的欲望，案主述說想要解決的問題，此可以增加其動機，尤其如果有強烈的欲望，其解決問題的動機會更強，也更易與社工建立關係。而蒐集資料階段的目標則表示案主與社工已共同確定要解決問題，這是在介入之前要有的目標。在案主與社工之一連串互動過程中，整合了感受、思考和行動之要素，朝向解決問題之目的，並達成協議之目標。

至於在問題解決過程之各階段所需的行動和技巧，筆者參考Comptom和Galaway（1999）的說法，再以本文所陳述之核心概念予以整合如表6-1。

表6-1 問題解決過程各階段所需行動和技巧

階段	所需行動	所需技巧
I、初步接觸階段	1. 申請協助。 2. 問題初步界定。 3. 根據案主的欲望，發展初步目標。 4. 協商資料的蒐集和繼續工作的方式。	1. 基於自我瞭解與案主互動，建立專業關係。 2. 運用眼、耳、心，積極傾聽。 3. 傳達同理、真誠、信賴和尊重。 4. 鼓勵案主表達自己的需要，並進行觀念澄清、聚焦、讚許、詢問、反應、提供訊息、面質、解釋、再保證等技巧。
II、預估階段	1. 探索、調查和資料蒐集。 2. 整理資料，思考可以處理的問題和目標。 3. 擬出行動計畫。	1. 蒐集資料的一套技巧：不只是與案主會談，而且要與相關人士會談，並做記錄；還有觀察、做測驗等技巧，以及參閱其他文件。 2. 具備瞭解問題的知識：例如：有關個人的成長與發展、多元文化的因素、個人的自我功能與失功能、與社會系統的互動等，以便分析和解釋資料。

階段	所需行動	所需技巧
		3. 具備將所蒐集資料整理分析，找出「問題焦點」的能力。 4. 有能力確認案主的優勢條件。 5. 有能力尋找可使用的資源，有助於採取行動。 6. 有能力將問題「部分化」，以選擇必須做的事情之優先順序。 7. 有能力產生替代方案，當需要時能應變。 8. 有能力讓案主一起參與決策。 9. 有能力確定「要解決的問題」。 10. 有能力發展特定行動計畫。
III、介入的行動階段	1. 執行問題解決計畫，作「有計畫的改變」。 2. 在改變的行動中持續支持案主。 3. 繼續執行、檢討和修正彼此同意的行動。	1. 運用一般社工介入的工作技巧。 2. 有能力聚焦在所要達成的目標。 3. 有能力將行動「部分化」，並逐步加以完成。 4. 完成計畫所需的溝通技巧。 5. 有能力支持案主，並運用案主的優勢條件。 6. 有能力促使案主參與行動計畫，並使案主「增權」。
IV、評估階段	1. 檢視完成的工作計畫是否如所協議地進行？ 2. 確定達成之目標，其內容有那些？ 3. 是否提出「預防復發」的策略？ 4. 提供結束或轉介時之服務。	1. 有能力促使案主判斷其計畫是否完成。 2. 有能力測量達成目標時所有的收穫。 3. 有能力面質案主「誰沒有做到什麼事情」。 4. 有能力接受並負責自己失敗的部分。 5. 有能力再確定問題、目標和服務計畫。 6. 有能力發展新的工作或預防復發的計畫。 7. 有能力妥善結束個案工作的服務。

資料來源：修改自Compton, B. R., & Galaway, B. (1999). *Social work process* (6th ed.). N.Y.: Brooks/Cole Co.

在初步接觸階段，社工假設案主曾設法處理其問題，但由於經常失敗，因此洩氣，所以社工要留意案主解決問題失敗的原因。例如：案主的

能力未充分啟發，他可能常說：「我沒有辦法」、「我做不到」；或者，在保護性服務的案主可能預期別人會指責他，而有所隱瞞，他可能表現抗拒，因為對發生的事要說出來覺得尷尬，因此想隱瞞，認為「這是我的私事，與你無關」；或者預期社工會罵他不小心，才會受到他人傷害；或者認為自己被冤枉或自責，因此不想說。總之，案主的症狀、行為或能力表現可能不只是我們所看到的部分。所以我們應找出案主曾經努力的每一個細節，也要確認案主偶爾的成功。同時，不要忘了集中在案主原有的能力方面，並鼓勵案主運用資源。案主能力的增進，可能是個案工作服務中最精緻的、最需要促使改變的部分，特別是要從案主專長的部分鼓勵他，使他產生自信。

當案主已經準備好討論需要面對的問題情境時，表示社工已經可以進入問題的探索與解決過程。在實際處遇過程中，案主由目前遭遇困境的現狀進入問題解決歷程，社工依發展順序逐一採取協助的步驟，並隨時檢視協助的效果。若該步驟已達成預期效果，或案主已具備足夠的條件，即可進行下一步驟的問題解決。假若某一步驟實施的效果不彰，案主沒有獲得應有的進展，社工就要回到前一個或幾個步驟，或繼續進行該一步驟，直到案主可以達成該步驟之效果為止。

由此可知，問題解決的過程不只是系統性、順序性和連續性的，也是累積性的，因為任何一階段的完成都需其前一階段完成後，它才能順利完整的達成目標。也就是說，問題解決過程像是一個螺旋形的過程，它是非線性的關係，並非直線型的；等第一階段完成，才能開始第二階段。例如：執行「介入的行動」時，不用等到「預估」完全做完；而預估也不必等資料蒐集完成，才能開始。Perlman（1973）也曾說過，問題解決是自案主和社工雙方第一次接觸就開始了。

伍、實例討論

以下的實例是整合幾個相似的案例而成，基於保護案主的隱私權，故相關資料儘量予以變造，也希望能顧到專業倫理。至於處遇方式可能不盡

理想，但儘量遵循問題解決學派的核心概念進行。

一、求助原因

案主是一位26歲的越南華僑婦女，和38歲案夫結婚三年，育有一子2歲。案主表示，案夫一直沒有固定工作，又愛打電玩，常用一些莫須有的理由毆打案主，說她偷藏私房錢，說她不好好操持家務等。案主若勸其要好好工作時，案夫就會說案主瞧不起他，然後毆打案主。如果案子夜晚哭鬧，案夫也會用皮帶抽打案子。

因為案主感到家庭經濟壓力大，只好到菜市場擺麵攤，案夫偶爾會來幫忙，但多數時候會質疑案主把賺的錢花到那裡去了。案主表示，案夫有時會在半夜趁案主熟睡之時，搥打案主的胸部，或用棉被蒙住案主的頭，令其無法呼吸。

案主表示想離婚，但因為還沒有拿到中華民國身分證，怕萬一離婚她會被送回越南，屆時再也見不到兒子。於是一直忍受案夫的暴力行為，打算拿到身分證之後，再和案夫離婚。案主被打時，有好幾次請警察至其家中瞭解狀況，但她說警察雖有警告案夫不可使用暴力，卻也無法進一步處理。

案主表示當她被打時，案婆婆及案夫的姊妹們也只是勸案主要忍耐；雖偶爾也會說一下案夫，但對案主而言似乎沒有什麼幫助。此次案夫再度毆打案主，案主再也無法忍耐，只好帶著案子逃了出來，求助婦女福利機構。

二、診斷與預估

根據案主對自己問題的陳述，社工進行資料蒐集，探索及整理資料，思考可以處理的問題和目標。在擬出行動計畫之前，社工對個案問題的診斷與預估如下：

（一）問題與需求

1. 婚姻關係問題

案主為一離鄉背井嫁到異鄉的女子，似乎婚前對案夫的情況瞭解不夠，感情基礎不穩。婚後除了面臨柴米油鹽之外，又隨即在婚後一年產下一子。因此，在妻子、媳婦、妯娌的角色適應之外，立即又需扮演母親的角色，想必其角色負荷相當沉重。

夫妻原就感情基礎不足，再加上婚後與案夫的相處又常發生衝突。兩人也似乎溝通不良，其原因可能與感情因素、語言和文化的差異有關。案夫不工作沒收入時，案主設法養家，但案夫可能缺錢花用而與案主吵架。半夜對案主騷擾施暴，可能是求歡受拒。

案夫可能在案主面前原就有自卑感，當案主要其好好工作時，刺傷其自尊心，認為案主瞧不起他，想藉打人來展現一家之主的威風。也可能案夫是擔心案主離開他，故而時時提防、事事限制，稍不如意動輒打人。

2. 家庭經濟問題

由於案夫不務正業，常常沒有工作、沒有收入；而案主受限於身分無法正式謀職，家庭經濟確有壓力。後來雖設法在市場擺攤賣麵，但收入有限，又受到與案夫的爭執、衝突或暴力行為的影響，無法持續經營生意。

如果案主住在婦女緊急庇護中心的短期內，經濟問題尚不用掛慮；但一回家，甚至如果如她所說要離婚，都會面臨生計無著之局面。

3. 人身安全與自我保護問題

由於在婚姻衝突中，案夫仍可能以任何他說出的或未說出的理由毆打案主，如果案主不知如何防備或應付，則其本身安全是一個問題。而由於案夫有時會因案子的吵鬧，也以暴力相向，所以案子的人身安全也是問題。

4. 身分與居留問題

由於案主是外籍配偶，案夫還沒有幫她申請身分證，目前她還不是中華民國的公民，她的工作權常沒有保障；而除非住在案夫家，她也沒有居住權或遷徙的權利。有關身分和居留的申請，都必須在一個合法的婚姻內去爭取和完成。如果案夫不支持，不為她申請身分證，她可能就一直是一個沒有自由遷徙或工作的人。

（二）案主個人的優勢條件

1. 她有求助與改變的動機：從案主的談話和行動中可看出，案主為她自己，也為她的兒子，有想要解決問題的強烈動機。
2. 她有一種不畏辛苦，肯努力的精神：案主想要協助丈夫、改變丈夫，她會告訴婆家的人有關他們的情況，是希望獲得婆家支持。她努力設法為家庭開源，去市場賣麵，希望補助家計。然後，受到暴力對待後，她會去報警，後來也尋求婦女保護機構的協助。

雖然案主個人有其優勢條件，但其他的資源包括保護性服務措施，以及有關協助外籍配偶的社會政策與措施等卻似乎仍不足。

三、計畫與處遇的討論

問題解決學派的社工會根據案主問題的急迫性，立刻提供協助。在初步接觸階段對案主提供申請協助及對問題初步界定，就案主目前狀況而言，自我保護和拿到身分證件是最迫切的需要。因此，根據案主的欲望發展初步目標，在案主離家到婦女福利機構求助時，社工先協助安置案主於婦女緊急庇護中心。之後，社工繼續資料蒐集，並討論工作方式，可能等取得身分證後，才開始後續的一些相關工作。

案主帶案子進住庇護中心一週後，想想為了身分證的順利取得，又回去與案夫同住了。於是社工只好在追蹤服務中與案主討論在家中的自我保護策略，以及如何維繫婚姻。

基於案主的自我功能和行動能力，如果案主願意嘗試再處理婚姻問題，社工運用增權策略與案主一起討論其如何與案夫的相處，例如：他們夫妻平時如何互動？他們常在什麼情況下吵架？請案主將吵架的過程詳細描述一次，讓社工知悉案主受暴的確實狀況，然後與案主討論此次受暴經驗。透過與案主討論的過程，社工與案主一起檢視一些從未發現或探討的問題。如果他們常因金錢有口角爭執，為避免因此又遭毆打，請案主少與案夫討論有關金錢的問題，或改變討論的方式。

又如：當案夫又無端藉故為難案主時，則與案主從兩方面來討論。如

果爭端由案主引起的，則案主要如何解決問題？如果爭端由案夫引起的，則案主如何來應付衝突？就案夫的暴力行為來探討，是否因擔心案主一取得身分證便要離開他，故而百般刁難案主；或因為擔心案主一離開他，他便一無所有，至少無人賺錢予其花用；或者因為案夫的人格不成熟，將案主視為其財產的一部分，當案主一挑戰其權威即盛怒不已；又或者他們夫妻之間的性生活一直無法滿足案夫，致使動不動就疑神疑鬼而限制案主的行動。

社工為了讓案主更有優勢，因此告知其相關之社會資源，包括提供法律諮詢服務或婚姻諮商的單位、如何聲請保護令、提供緊急生活補助的單位、外籍配偶的協助單位，以及就業訓練的單位等，以備案主需要時可以使用。

總之，社工先要有診斷問題的知識與技術，瞭解案主是否做好改變的決定（例如：是要離婚或繼續留在婚姻中努力），再協助案主談談面臨這些問題時，會採取什麼方法來因應，以培養案主的自助能力。社工不需要在每次案主前來求助時，就急著替案主找尋資源給予各種補助，或替案主考慮太多將來可能發生或面臨的難題。其次，社工要瞭解社會資源的發掘與運用，讓案主獲得真正所需的資源，能藉此改善困境或解決問題。同時，在問題討論中雖以增強案主個人的適應和因應能力為主，但仍加上對其家庭需求和環境條件的考量因素。但受限於此為家庭暴力個案，目前我們的協助系統仍是分別為受害者或加害者的服務，如一方社工是為受害者服務，仍無法進入案家與其他家庭成員（尤其是加害者的案夫）一起討論問題的解決。

結語

傳統的個案工作多專注在「個人」問題的處理，較忽略將個人（案主）與家庭（案家）的問題同時作處理。近代則已開始注意以家庭為中心（family-centered）的問題處理模式，例如：兒童保護社會工作、早期療育服務和高風險家庭服務方案等，都適合採用問題解決學派。其實，後現

代觀念的家庭定義，只要是兩個或兩個以上的人承認彼此的關係就像是一家人即可。這是非傳統的思維，且是因為在實務上有些案主並非與具血緣的人住在一起，當其發生困難時，只要承認他們是類似家人關係，也可以是提供協助之人。

　　回顧歐美社工發展歷史可知，當社工專業開始關注服務成效時，特別讚許問題解決學派的理性決策模式，尤其以短期處遇，與案主設定時間共同達成問題解決目標，是此學派的強項。但因人類的行為時常有不確定或非理性因素，故提醒運用此學派時，仍宜關注社工與案主的專業關係，同時仍以溫暖、同理和真誠的態度為其基礎。

 ## 第三節　生態系統理論（Eco-System Theory）

許臨高、黃韻如

壹、前言

　　自然科學界創立系統模型之同時，生物學界也提出生態理論的觀點，之後社會工作整合系統理論和生態理論發展出「生態系統理論」。生態系統理論關心生物實體之彼此關係，也關心生物實體與其環境其他系統彼此之互動關係。其改變了過去對個人問題的評估方式，重視個人所在的複雜網絡，認為案主所經歷的困境，並非個人的病態或性格的缺陷所致，強調要瞭解人類所處的環境或情境之優點與缺點，並作全面而整體之評估。生態系統理論是少數具有綜融性（generic）與折衷式（eclectic）特色的社會工作理論，在1970年代期間，得到社工實務界的矚目，並於90年代成為社會工作專業的主要觀點（Hepworth, Rooney & Larsen, 1997; Compton & Galaway, 1999；劉曉春譯，1999；鄭麗珍，2002）。

　　Bronfenbrenner（1979）使用生態系統觀點分析人類的發展，而「生態系統」這個名詞是由發展出社會工作實務「生活模型」（life model）的Germain C. B.和Gitterman A.（1980、1996; Gitterman,1996）兩人所提

出。由於生態系統（ecosystems）、生態的系統（ecological systems）、生態觀（an ecological perspective）和人在情境中（person-in-situation）均是在探討人和環境間的關係，所以這些名詞經常被交替地在使用（Hepworth, Rooney & Larsen, 1997; Compton & Galaway, 1999；劉曉春譯，1999；潘淑滿，2000；鄭麗珍，2002）。

生態系統觀點與1970年代起主導社會工作「人在情境中」的觀點有共通處，然而，生態系統理論修正社會工作對「人在情境中」的「情境」面失焦的問題。在情境的空間面向，提出微視、中介、外在與巨視等環境系統；在時間面向，提出放下過去、努力現在與追求未來，其提供社工實務一個整合性的知識體系（Hepworth, Rooney & Larsen, 1997；劉曉春譯，1999；鄭麗珍，2002；曾華源等，2006）。

Bronfenbrenner（1979、1989）認為每個人在一生中都不斷的與環境相依互動，且不斷的調適來維持其平衡狀態。每個人的發展都受到四個層級系統的直接或是間接的影響，這四個層級的生態系統是維持在一種動態平衡（equilibrium）的狀態，且沒有一個系統是全開或全閉的，而系統中的各項因素皆對個體具有影響力。換言之，生態系統理論主要是探討不同的系統層次，例如：個人、家庭、社區、國家等彼此之間的交流關係是如何對人類行為產生影響。其提出了許多實用的概念，提供一個瞭解人類行為綜合性的架構。雖然有些學者認為生態系統觀點不如專注在探討某一特定特質的理論（domain-specific theories）來得實用，但是，生態系統理論整合了解釋人類行為各種理論的長處，呼應了社會工作實務統整的趨勢，其已經成為社工界廣被接受的理論觀點（Bronfenbrenner, 1979, 1989; Germain & Gitterman, 1980; Allen-Meares, 1995; Wakefield, 1996a, b；關漢中譯，1999）。

貳、基本假設

歸納相關的文獻資料，生態系統觀點的假設包括下列幾項（Meyer, 1988; Greene & Ephress, 1991; Dorfman, 1996；周玟琪等譯，1995；潘淑

滿，2000；曾華源等，2006）：

一、人有與生俱來與其環境互動的能力

1. 一個人具有與其所在環境互動，以及和其他人發生關聯的能力，
   而此種能力是與生俱來的。
2. 個人的人格是透過個人和環境長期交流發展的結果，要理解個
   人，必須考量其所成長的自然環境及所置身的情境。
3. 人與環境互為主體。人是與環境系統互動中的一個主動、有目的
   之有機體，此有機體要與環境產生調和度，而此「調和度」為人
   與環境互惠的結果。

二、「問題」是「人─社會環境」互動過程所產生的一種「失功能」的現象

1. 所謂的「問題」是指生活中的問題（problems in living），是
   「人─社會環境」互動的過程中，所產生的一種失功能的現象。
2. 人有適應的問題是因為天時、地利、人和三者間不能調和所致。
3. 由於個體行為和生活事件是息息相關的，所以對問題的瞭解、
   評估與解釋，必須由生態系統觀點著手，就整體生活的空間
   （totality of life space）加以考量（Meyer, 1988; Dorfman,
   1996）。

三、個人的生活經驗是可以產生正向改變的

1. 人的發展是人群關聯性、生命週期、認同、自尊、角色、地位與
   棲息地等要素互動下的結果。
2. 為了協助案主能有良好的適應，社工人員可以透過案主生活空間

的各個層面進行干預，透過不斷地輸入適當的物質，如：資訊、食物、資源、情緒支持等，使個人能在一個具有滋養性的環境中成長，讓個體維持良好的生存和正向的生活經驗。

四、個體與環境間處於一種動態的平衡關係

1. 人與環境是不可分的，且處於持續的交流過程，環境會影響人，而人也會影響其環境。
2. 生命是一種不斷適應的過程，個體與環境不斷地交互適應，維持一種動態的平衡關係。

參、核心概念

生態系統理論整合Bertalanffy（1971）一般系統理論（general systems theory）的觀點，以及Germain和Gitterman（1980）生態理論（ecological theory）的概念，說明在社會環境及物理環境中，人類系統（human systems）的輪廓和所具有的功能（Miley, O'Melia & DuBois, 1998）。綜合相關學者的觀點，生態系統的重要概念，包括以下幾點（周文琪等譯，1995；劉曉春等譯，1999；關漢中譯，1999；鄭麗珍，2002；卓紋君等，2004；Rappaport, 1977; Bronfenbrenner, 1979; Germain, 1979; Germain & Gitterman, 1980, 1996; Hartman, 1983; Allen-Meares, P. & Lane, B. A., 1987; Brower, 1988; Greene & Ephress, 1991; Payne, 1991, 1997; Allen-Meares, 1995; Hepworth, Rooney & Larsen, 1997; Miley, O'Melia & DuBois, 1998; Compton & Galaway, 1999; Drumm, R. D., Pittman S. W. & Perry S., 2003; Schweiger, W. K. & O'Brien M., 2005; Swick K. J. & Williams R. D., 2006; Darling N., 2007）：

一、情境脈絡中的人類（Humans in Context）

1. 人集合了生物、心理、精神和文化等特質，是一個具有思想、感情和行為等非常複雜的生物實體。
2. 每個人都擁有一個複雜完整的系統，而這個系統又是其他較大團體的次系統，個體只是社會系統的一部分而已。
3. 每個系統都是獨特的，既是部分又是整體，各自擁有不同的特徵和互動方式。
4. 人並非擁有完全的力量，又非毫無力量，事實上人在其個人的生活事件中，扮演著積極主動的角色，而個人所扮演的角色又受其所處環境的各種力量和情況的影響。
5. 個人擁有與他人連結及建立關係的能力，其包含了生物的及心理的兩種依賴層面。個人與親友、鄰居、同輩等的互相支持，所發展出的非正式的支持網絡，可使個人免於受壓力之影響，以維持生理、情緒及社會功能的均衡運作。

二、聚焦在「交流」（Focus on Transactions）

1. 所謂的「交流」是指人與環境相互間的互動（reciprocal interactions），透過此種互動的過程會產生雙向的影響（two-way influence）。
2. 人和系統與環境交換資源是透過「交流」，而交流可分為兩種類型：「有生產力的交流」（productive transactions）是提供維持及改變系統功能能量的來源；而「不充分的交流」（deficient transactions）會妨礙成長，甚至可能威脅到個人基本生存權。
3. 生態系統理論提出環境與人互惠或交流的概念，認為個體與環境是相互適應（mutual adaptation）、相互轉換（transaction）。其主張人的一生其實就是一連串適應外在社會環境，不斷改變的過程。人在適應過程，不僅會調整自己去適應外在環境，同時也會

試圖改變外在環境來滿足個人的需求。

4. 人會持續塑造環境，也會被環境所塑造。換言之，個人會與環境中的其他人和系統間維持一種持續性的交流，透過此交流的過程不斷地彼此影響。

5. 系統和環境間的互動，是需求和資源間一種動態相互交流的過程。

三、生態系統觀的「環境」

1. Compton和Galaway（1999）認為所謂的「環境」，係指「環境－行為－人」三者合為一體、互相依賴，且會維持持續交錯的關係。

(1) 環境會對個人行為設限，亦會對人的發展提供機會。

(2) 身為社會工作者在檢視環境對案主所造成的影響時，必須審視三個「環境」層次：真正的環境（the actual environment）、案主所理解的環境（the environment as perceived by the client），以及工作者所覺察到的環境（the environment as perceived by the worker）。

2. Compton和Galaway（1999）指出，「環境」包括社會文化環境、物理環境、現世環境（temporal environment）與精神心靈環境四種。

(1) 「社會文化環境」包括個人、團體、家庭、社區、階級和文化等層面。

(2) 「物理環境」包含自然物理環境，例如：氣候，以及被建構的環境，例如：遮蔽物。

(3) 「現世環境」包括了時間和空間，由於人的生命是有限的且生存在某些被劃定的空間範圍內，所以時間和空間是具有決定性的環境特質。

(4) 「精神心靈環境」是指包含以所有文化支持的方式和機會，去

尋求有意義的生命。

3. Germain和Gitterman（1996）認為「環境」指的是物理環境和社會環境。

(1) 「物理環境」包括地理環境、自然生物所棲息的自然界世界（natural world），以及媒體、電腦等人為世界（built world of human structures）。

(2) 「社會環境」指的是人際間的社會網絡（social network），以及複雜的科層組織等。

4. Bronfenbrenner（1979）認為個人所在的「環境」可分為四個層次，包括微視、中介、外部、巨視四個生態系統，呈現層層相扣的巢狀結構（nested structures）。

(1) 「微視系統」（micro-system）指的是個體實際經驗到的親密人際關係環境，例如：案主的家庭、鄰居、學校、朋友、教會等，在此系統中的個人多透過面對面互動的方式彼此相互影響。

(2) 「中介系統」（meso-system）指的是個體所參與的各微視系統之間的連結或互動，例如：家庭與鄰居的親疏狀況、家庭與學校教師聯繫的程度等，這些系統的互動會影響個體的發展。

(3) 「外部系統」（exo-system）指的是個體並未直接參與，但卻會對個體產生間接影響的環境，例如：父母親的工作單位、社區發展協會、地方政府、學校的行政體系、社會福利服務的提供等。

(4) 「巨視系統」（macro-system）指的是較為抽象，但對個體、家庭、學校與社會均有相當影響的價值體系。例如：信念、習慣、價值觀、社會規範、意識型態和政策取向等

四、人類的發展歷經不斷進化變遷之過程（Development as Evolutionary Change）

1. 認為人類的發展是一種進化的過程，此種觀點說明了個人和其他人類系統會回應其內在和外在力量，進行變遷並保有某種程度的穩定性。

2. 隨著人在生理、心理和智慧上的成長，其所表現的行為會反應出人是如何回應其內在的改變（internal changes）。但是系統間的改變並非決定人類行為的唯一要素，其還受當事人內在的經驗（internal experiences）和環境脈絡的影響（contextual influences）。

3. 生態體系各部分之間的關聯是有次序的、有結構的、有定律的，且有決定性的影響，而系統概念可用來分析一個完整生態體系所包含的各種交錯關係。

4. 行為可依特定場所加以辨認，所有的評量與評估都應對未受干擾的環境體系進行直接觀察並加以確定。

五、良好的調和度（Goodness-of-Fit）

1. Germain（1979）強調有機體與環境中的平衡，其認為在個人與環境互動的過程，會經由相互的影響而達到最佳的調和度（goodness-of-fit）。根據他的論點，不調和（misfit）則會妨礙生理、心理、或社會的需求。

2. 自我或環境的改變，或兩者共同的改變，所形成主動改變過程，即所謂的適應力（adaptation）。當個人有良好的適應是因天時、地利與人和成功交流的結果；而不良適應則是個人需求和環境所提供的資源間無法配搭調和。

3. 協助案主解決問題，主要是改善人們和其所處環境之關係，使個人的需求和環境資源的供給能達到最佳配合的狀態，所以在助人

的過程中，必須重視內在與外在因素的互動關係。

4. Brower（1988）認為人在適應環境的過程中，會創造出一個「棲位」（niche）。「棲位」是指適合的場所，即人與環境相互依賴得以生存的一個舒適且獨特的地方。

5. 以一個多層面和多系統之全人的角度和概念，來探討個人的社會功能。個人的功能是否能充分發揮，生活適應是否健康良好，取決於個人與其環境間能否有最佳的調和度。

六、「失功能」的觀點（View of Dysfunction）

1. 特別注重人與其社會、物理環境間的關係。它隱含著人與環境之間的配搭有相對性的和諧與不和諧，而沒有所謂不適當的人，或不適當的環境。換言之，「不良適應的」（maladaptive）和「失功能的」（dysfunctional）名詞，在生態系統觀點中是不適用的。

2. Pardeck（1988）提出失功能的交流觀點（a transactional view of dysfunction），其將傳統聚焦在個人病理（individual pathology）處理，轉移到失功能的生態系統上的處遇；將問題的發生從以往對案主的責難，改為是否能有適當調和的交流脈絡中。

3. 當交流破壞了適應的平衡，就會產生壓力，並使我們的需求、能力及環境間的平衡狀態產生問題。而壓力來自於：(1)生活轉變（life transitions）：例如：發展性的改變、地位和角色的改變、生活空間的重建；(2)環境的壓力（environmental pressures）：例如：不平等的機會、冷酷而無反應的組織；(3)人際過程（interpersonal processes）：例如：剝削和不一致的期待。

4. 人的成長過程中，有許多任務需要完成，如果超過我們的能力可以應付的，就產生壓力。而實際的壓力事件必須是主觀能感受到，才會產生壓力感。基於生存本能，面對壓力事件，個人會採取有效的措施予以因應。如果因應失敗，則壓力依舊，個人的情緒或挫折感也會增加。

5. 個人需要環境提供適當的資源，並與環境發展出正向的互動關係，如此，人類的需求和任務才可能被達成。如果環境資源缺乏，或個人缺乏運用資源的能力，或是人與環境互動關係失衡，均可能阻礙當事人完成目標，而使人感到壓力或失衡。

七、改變的意涵（Implications for Change）

1. 實務工作者如何理解人類的行為，將會影響工作者如何為案主和其環境提供服務。生態系統社會工作實務取向一方面強調從環境層面，強化或建構社會支持網絡；另一方面主張從個人的角度，增進個人的勝任能力（competencies）以面對在達成目標時，可能會遇到的制度上或環境中的各種阻礙。

2. 生態系統社會工作實務提出多樣改變的可能性（multiple possibilities for change），其認為系統中的某一部分的改變，會創造出該系統其他部分的改變，最後造成整個系統的改變。換言之，改變人與環境交流系統中的任何一部分，將會影響交流系統中的其他元素。如果實務工作者能促進案主某個部分達成生產性的改變，那將會刺激其整個交流系統正向的改變。

3. 儘管生態系統觀點提出許多介入的可能性，但是社會工作者仍需審慎地考量如何著手引導案主改變，如何將改變聚焦在案主已經擁有的力量（strengths）和能力（competencies）上。

肆、實施過程的目標與程序

一、目標

1. 協助個人取得所需及運用資源的能力，發展及強化有效因應環境壓力的方法，改善個人及環境間的交流品質。

2. 改善個人所在的文化及物理環境條件，增進個人適應外在環境的
能力、滿足個人發展的需要。

二、原則

生態系統觀點運用在社工實務，其原則如下（Hartman, 1983; Langer
& Lietz, 2015；鄭麗珍，2002）：

1. 干預時，應從微視、中介、外部至巨視各系統層面上加以考量。
2. 問題的產生是源於多系統互動交流的結果，而問題的解決之道是
多元的。
3. 系統是由相互關聯和相互依賴等部分所組成，而系統的確定和分
隔是受其界限和規則所範定。
4. 界限和規則也創造出可預期的行為模式，幫助各個系統進行更有
效的運作。
5. 系統大過於部分的總和。系統中的某一部分的改變，會影響或造
成該系統其他部分的改變，最後可能形成整個系統的改變。
6. 介入處遇時，應從個人擁有的力量（strengths）和能力
（competencies）上切入。
7. 若個體與環境有好的調和度，可以導致其正向的成長和適應。
8. 工作者需要具備人和環境互動與交流時各種不同的系統知識，以
運用生態系統觀點評估問題。

三、實施程序

依據生態系統觀點，社會工作實務的處遇流程，可分為三個階段：
一、初始階段（initial stage）的建立關係、蒐集資料、界定問題、評量
生態及依生態系統評估架構進行預估；二、行動持續進行階段（on-going

stage）培養案主因應的技巧，以及建立正向的社會支持網絡；三、結束階段處理案主有關結案的失落感及評估助人歷程任務的達成度。綜合多位學者的觀點，提出下列三階段的介入（Eysenck, 1965; Germain & Gitterman, 1996; Pardeck, 1996; Hepworth, Rooney & Larsen, 1997; Miley et al., 1998; Langer & Lietz, 2015；劉曉春等譯，1999；潘淑滿，2000；鄭麗珍，2002；鄭青青等，2004；蔡文山等，2006）：

（一）初始階段（initial stage）

1. 建立信任關係

社工人員尊重案主的個別差異，遵守案主自決的基本原則，與案主發展良好的專業關係。在進行個案問題評估與提供服務過程，工作者應該儘量鼓勵案主參與整個過程。除此之外，工作人員亦需與案主系統周遭重要影響人員建立關係，以協助案主能與環境有良好的調和度。

例如：一位照顧五個孫子／女的祖母（案主），社工人員和她發展專業關係的過程中，得知案主本人有很強的意願要照顧這五個孫子女，但經濟負擔和情緒支持逐漸成為案主要面對的挑戰。社工人員檢視案主的生態系統，嘗試聯絡其他的親友、鄰里、教會的成員提供情緒上的支持；並協助案主向當地支持原生家庭照顧的社福機構申請服務，讓案主能定期有喘息的時間和機會；同時社工人員亦協助案主申請合法財務服務。

2. 進入案主系統蒐集資料、組織資料、詮釋資料

透過與案主、相關人員及其他重要系統的會談，蒐集過往各種報告資料，以對案主和其生態環境，有個較為清楚地瞭解。其次，剖析案主生活中重大事件及與重要他人等的關係；建構必要的資料基模，提出對案主問題界定上的假設和研判架構；與案主共同討論，找出其與環境不協調的來源及所擁有的長處。

3. 繪製生態圖進行生態評量

繪製的「生態圖」主要是以案主系統中，對案主或事件具有重大意義的個人或人際關係，以及案主與其系統互動具有代表性的事件為重心，正向和負向的行為或情感皆應包括在內。所謂「生態評量」是指運用生態圖描繪出個人與其所在環境之重要元素之間的聯繫情況，包括互動關係強

弱、交流關係是和諧或緊張，以及能量或資源的流向等，以進行後續的預估和處遇計畫之訂定。

4. 依生態系統評估架構進行預估

依據Miley等（1998: 236-237）所提出的「生態系統評估架構」，針對案主問題進行預估。這個架構提供了一個從生態系統的角度，由微視層面至巨視層面進行多面向的預估，深入剖析案主情況的指引（詳參表6-2）。社工人員根據相關人員等所提供的資訊評估案主個人的長處和能力，並告知案主或其他重要他人，以確定資料無誤。

例如：一位負責協助住院病人返家休養的醫務社工人員，為完成此任務，社工人員需瞭解該病人目前身心功能、情緒狀況、對即將返家的感受，以及返家後的生態環境是否能滿足其需求？是否能由家人或朋友獲得適當的支持？病人與潛在照顧者的關係？地方政府政策或是相關的福利機構是否可以提供適切的支持？必要時，社工人員可扮演倡導的角色。

5. 界定案主的問題和設定目標

對問題的界定會影響其未來社會工作處遇的方向。依生態系統理論的觀點，案主的問題被界定為個人與其環境資源互動上的不協調，包括因生活轉變、創傷、環境，或因人際問題所導致的壓力事件。所以助人重點放在運用適當處遇或倡導社會改革，以增進兩者之間有效地交流。

在完成預估工作後，案主和社工人員一起討論目標的訂定。目標設定可以是以正式方式呈現，雙方簽署文字契約；亦可以是較不正式的方式，包括口頭協議等。而處遇的重點是以人在環境中的觀點，社工人員不僅是改變案主，亦在協助案主和環境之間產生良好的調和度。

若以四大系統觀點來提供嫁入臺灣的外籍配偶服務可以介入處遇的部分為例，有關微視系統包括外籍配偶本人的生命經驗、生活適應、婚姻品質、健康衛生、家庭暴力、子女行為、夫家家人等；有關中介系統包括婆媳關係、親職角色、外籍配偶之間的同儕關係、外籍配偶與其原生家庭的關係、新臺灣之子的學習問題等；有關外部系統包括識字教育、兩性教育、婚姻仲介、大眾媒體、新臺灣之子參與社區的問題、社區設施、社區資源體系、工作機會及工作環境等；有關巨視系統包括女性主義、民族主義、外籍配偶原生國家與臺灣文化與價值的差異等。

（二）中間階段

1. 創造改變的觀點

社工人員針對案主生態系統中，最可能產生改變，或比較容易達成目標的系統層次上加以著力，提出需要改善的部分。有關干預方法的選擇及訂定，需獲得案主的同意。

2. 進行協調與溝通

運用生態系統觀點介入的過程，實務工作者在不同生態系統層次工作時，大致扮演與會者（conferee）、使能者、中介者、仲裁者、倡導者、監護者六個專業角色（Pardeck, 1996；鄭麗珍，2002）。由於案主的生態系統是動態的，所以社工人員的評量及干預行動也應具彈性，時時加以檢視，運用多元面向和多元系統的干預策略，介入各個層次系統的標的對象提供服務。

社工人員可以扮演案主生態系統中一個重要之他人，不斷地針對案主的各個生態系統，包括案主的個人次系統：生理的、認知的、情緒的、行為的、動機的次系統；案主的人際關係系統：父母子女、夫妻關係、手足關係、家庭關係、親戚關係、朋友關係、鄰里關係等；案主所屬組織、機構和社區等系統；案主所處之物理環境系統：房屋、建築物、空氣、水和社區環境等；不合理的制度和規定等，進行溝通、協調及倡導。

3. 再評量

如果干預過程進行並不順利，社工人員應進行再評量的工作，再次進入案主的生態系統之中，取得更多的資料，進行再評量的工作。

表6-2　生態系統預估架構表（Miley et al., 1998）

（一）確認焦點系統 　誰是系統的成員？該如何定義系統內成員關係的特質？ （二）系統內部 　1.結構面向：封閉或開放 　　家庭中有那些次系統？誰支持誰？成員間互相緊密關聯或各自獨立？ 　2.結構面向：權力結構 　　系統間的層級為何？系統內負責人是誰？誰作決策？誰強化決策？成員功 　　能是自主的或相互依賴的？

3.互動面向

　　*成員間如何溝通？直接與其他人對話，或者是習慣經由第三者傳遞？是否
　　提供對方建設性回饋？系統內行為的規則與規範是什麼？系統內每個人都
　　分擔責任嗎？

　　*成員心理健康嗎？成員有那些特殊的生理能力與需求？發展與成熟
　　（maturation）的議題如何影響系統功能？

　　*成員感受如何？成員如何思考？成員間是否開放的分享感覺？成員間是否
　　相互分享想法，並尊重其他人的回饋意見？對於其他成員來說，每位成員
　　的優點為何？

4.文化面向

　　*各種文化對家庭影響為何？文化優勢為何？文化差異如何影響到系統內的
　　關係？成員有那些優勢的信念及價值？文化差異影響到溝通嗎？

（三）系統外部

1.那些系統影響焦點系統的環境？

　　可以從下列系統層次思考：「家庭和擴大家庭的成員」、「朋友、鄰里與
　　自然支持網絡」、「鄰近區域、社區」、「組織團體」、「社會機構（機
　　關）」、「經濟系統」、「政府系統」、「警政、法律與規則」。

2.上述影響系統間如何相互連結？對生理環境有那些影響？系統中存在那些
　潛在資源是不容易接近的？

（四）系統內外連結

1.焦點系統的界線傾向於開放或封閉？那些訊息通過界線進入系統？系統對
　環境的貢獻為何？

2.系統是否從環境中取得必要的資源？什麼是外部系統固定提供的？那些外
　部影響傾向於破壞系統功能？

3.系統在與外部系統的關係中掌握權利嗎？或者被環境需求所打擊？有那些
　成員比其他成員跟外界有較多的互動？

4.系統對大環境的觀點為何？險惡的或友善的？大環境如何看待系統的文化
　認同？系統有辨識或被壓迫的危機嗎？

（五）從發展過程觀察系統的變化

1.這段時間生理、心理、情緒、認知、道德及系統的轉變為何？系統如何掌
　握這些改變？

2.那些關鍵事件影響到系統發展？系統如何因應關鍵事件？

3.系統彈性地適應成的需求？系統彈性地適應變遷環境的需求？

4.在過去歷程中，成員所喜歡的系統運作方式為何？

資料來源：Miley et al. (1998)（黃韻如整理編撰）

（三）結束階段

1. 處理案主分離的感受

結束過程會受時間因素、服務型態、關係因素，以及工作員和案主過去經驗的影響，社會工作者宜視情況，階段性處理案主負面的感受。

2. 結束專業關係

結案代表結束社工人員和案主，以及其生態系統中的重要關係人之間的專業關係和互動。

3. 評估

運用一些結構工具，經由社會工作者和案主的評估，研判介入的成效。

伍、理論適用之實務情境

生態系統理論成為社會工作綜融性核心知識，以及基本的助人取向之重要基石，並確立了社會工作評量與處遇的焦點（Siporin, 1980）。總言之，生態系統觀點之所以廣被社工界採用，有三個理由：

1. 生態系統理論擷取了許多解說人類複雜行為的理論之長處，其具整合的觀點。
2. 生態系統理論從個人、家庭、團體、組織、社區、國家等系統，和微視、中介、外部、巨視等層面，以及其彼此互動（interaction）和交流（transaction）的關係與連結來探討。
3. 明確地聚焦在人和環境是如何調適配合（fit），而非將問題發生的責任放在其中的某一方（Miley, O'Melia & DuBois, 1998）。

生態系統觀已經被廣泛地運用在許多實務機構及不同的案主身上，例如：自殺的青少年、寄養或領養的兒童、有特殊行為問題兒童、患有特殊疾病的案主、面對父母離婚的兒童、受虐的兒童、外籍配偶及其子女的適應與發展、逃亡的難民、酗酒者、施暴者等。

陸、實例討論（黃韻如）

「ㄟ，最近怎麼沒有看見小志？」一位一週進行一次高職學生團體的社工師問到。

少年們七嘴八舌，

「沒品的男生」、「敢來學校扁死他」。

「老師（學生還是習慣叫社工是老師），所有高中職大家都看過那個影片了吧！你沒看見嗎？」

「對啊！每個人手機都有喔！所以他們兩個都請假回家了。」

「你要看嘛？跟A片差不多喔！」

這是一個涉及網路犯罪及網路霸凌，發生在某高職的案例。

　　小志跟小雯是一對校園內的情侶，私下已經有性行為的互動。然而，小志的一群少年夥伴在社區中，發現另一群少年跟小雯也有親密的接觸。在告訴小志後，小志從手機拿出他們親密關係的影片，隨後，小志的好友小仁，表示要用影片向對方示威，請對方不要再接近小雯。

　　雖然，小志信任小仁，而且原先只有兩位才有的影片，在一次透過LINE的傳播後，就成為少年圈中無法終止且報復性的透過LINE到處傳送，以至於無法控制。甚至，社工也在不同便利商店中聽到不同校園的不同少年族群，討論著這個影片。

　　小志、小雯都是16歲的高職生，交往二個月，已經有親密關係，也在兩個人都同意的狀況下，拍下性行為過程作為紀念。當然，轉傳的過程中小雯並不清楚也未參與，但是因為影片在校園內到處流傳，也因此造成小雯跟小志雙雙在各種網路社群中，成為不堪與攻擊的輿論對象，影響兩個少年的生活。

一、資料蒐集

　　小雯在事發後，在父母親的保護下轉到外縣市就讀，也對小志提出相

關告訴，然而事發之後，在學校無法確保小志安全的前提下，建議小志休學留在家裡，父母親也不知道如何協助個案，成為社工所關注的焦點。

第一次家訪，觀察小志家庭環境跟家庭互動。

小志家是個小吃店，阿嬤在準備晚餐，案父為了生意，正在準備著材料，而案母緊緊貼著小志，陪他看手機、陪他聊天。社工說明來意後，父母親表示目前學校沒有人來關心，他們清楚知道事情的經過，只是對於未來該如何協助小志生活有點茫然。

案父主述，現在小志社區中的少年、學校中的同儕都一直在網路上「刪除他為『好友』」，然後平時來家裡進進出出打撲克牌跟聊天的朋友們，也都沒有出現了。取而代之，是一群群網路及簡訊放話，看到就要扁他的陌生少年族群，流言四起，真真假假、假假真真。所以，是危機也是轉機，因為案主不敢出門，也不願多說太多，只是喪失了歡笑，也不知道要做些什麼。學校希望他能轉學，因為學校學生輿論讓他們無法處理。

第二次家訪，帶了些簡單桌遊，讓家人跟少年一起玩，並進行會談。

案父表示，目前雖然案主有危險的威脅，但是就他對社區的理解，案主應該沒有立即的危險，也會主動要求家人陪他出門以協助保護他的安全。只是案父覺得孩子若暫時沒有讀書意願，讓他在家一直待著也不行，因為案主的作息越來越不正常。也因此，讓案主到家族的小店中協助工讀。

第三次以後，多半透過店家訪視及家訪，給少年多些鼓勵，也協助少年面對司法相關歷程。一年後，少年轉學就讀了。

二、理論背景

學校社會工作是非常強調生態系統的一個社工專業領域，主要原因：

1.學生在校園生活的時間占二分之一強，因此不論校園中同儕／老

師／學務／輔導等直接、間接相關的微視系統到中介系統，甚至教育制度等巨視系統，都影響少年生活。

2. 少年階段是一個非常重視同儕，且以同儕為主要核心的年齡層。特別是高職學生，因為部分高職對於學業要求較弱，補習或課後安親班等參與也較少，反而課後同儕活動、參與社區活動較為頻繁。

3. 以學校社工中「社區學校模式」為思考，可以瞭解，社區對於學生來說是重要的生態系統，特別是房價／學校學習風氣／地區文化／家長社經地位，都與校園有直接關聯。

三、預估及處遇

案主家系圖

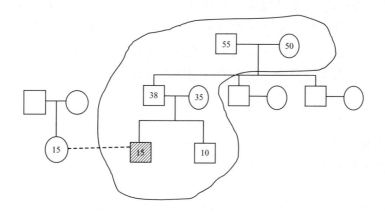

案主生態系統

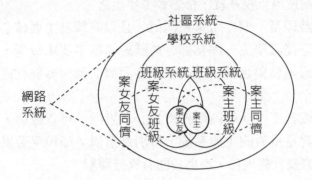

生態系統預估解析通常可以分為案主系統、家庭系統、校園系統、同儕系統、網路系統等多元生態系統，討論如下：

【案主系統】

案主因為思考未甚周全，拍攝跟傳播性行為影片，也因此涉及違法事件，進入司法系統。當然，在青少年兩性行為中，雙方家長對於少年拍攝影片是自願或是非自願，傳遞出去的合理性有很多爭議，男女雙方家庭意見不同，女方選擇提告，男生家庭選擇等待司法調查。

> 「少年仔本來就比較衝動，會玩的就是這樣，分分合合時間都
> 不長，只是拍這個就是自己找死⋯⋯不知道沒事幹嘛還要傳出
> 去，你自己想想看。」

因此當然，此時介入兩性關係的教育是很重要的一環，情侶間關係需要培養，更需要相互的信任，不需要透過影片炫耀主權跟確認關係，而這樣的處理對於相對一方是一種不尊重。同時，也因此協助案主重新反思同儕關係，包含原先以為的同儕漸漸遠離，加上家人及家族的協助，讓案主重新思考未來的發展。

【家庭系統】

在與案家的多次語言溝通中，以及觀察家庭成員間非語言訊息的互動，發現家庭對於少年的支持度及關係不錯。同時，由於家庭所處環境為傳統社區，也因此，案父對於威脅案主的少年族群及家長也有不同程度的認識。透過與案父會談瞭解他已經接觸過且也從中協助案主處理威脅的事項，但是案父私下跟社工會談說：

> 「少年仔應該讓他自己承擔，讓他驚一下也好，這樣才知道什麼該做、不該做。」
> 「那些少年仔的父母，我們也都從小長大，大家喬喬就好，都知道小孩的個性，只是現在網路讓事情變得比較複雜，傳的比較快，不知道少年ㄟ想啥。」

同時，案父認為透過這次的機會，也讓少年重新釐清正負向的同儕。透過白天工作的安排，也讓案主跟少年次團體的生活空間及接觸機會降低。然而，少年確實在校園及社區都有些偏差行為，也需要進一步重新思考家庭與少年間的關係。當與父親跟少年同時會談時，父親這樣告訴少年……

> 「你自己也看看，以前跟你一起玩的那些人，現在有人幫你說話嗎？」
> 「有啦！有幾個……」
> 「這才是真朋友，現在你可以整理一下誰可以當朋友、誰不行……白天去阿姨那裡幫忙，有事也有人幫你擋著，下班就回來，暫時不要去學校了，等你想上課再說。」

【校園系統】

從校園系統來看，需要透過這樣的經驗，進一步進行積極處理，包含宣導事件中，少年拍攝及傳播的相關法律責任、兩性關係中如何自我保護

隱私、後續無限上線的傳播就是一種網路霸凌等，並且更應該進行班級輔導工作，以處理學生彼此間的仇恨及重新建構後續友善校園環境等。

　　首先，導師要求班上同學應該學習將影片從手機刪除，因為保存與傳播都是違法的，必須刪除。同時，不管是男生或女生都一樣，兩性交往應該強調基本的內涵，請輔導老師介入班級有關兩性關係、性行為安全、自我保護隱私的輔導課程。針對，跟案主較為親密的同儕族群，則評估個別狀況，進行個別輔導。

【同儕系統】

　　網路傳播與霸凌事件，也影響到案主系統的關係霸凌，瓦解少年原有的同儕系統，是危機也可能是轉機。如果可以因此重整正向的同儕關係，是一種轉機。但是如果壓力沒有紓解，也可能讓案主依賴更強的少年群組作為後盾，那將可能造成案主同儕關係陷入更大的危機。因此，在第一次跟案父見面時，就提醒案父：

> 「爸爸要注意一下小志的心情，也要注意他的交友狀況，因為根據我們跟少年工作的經驗，小孩子常常會去找其他能幫他的同儕，去報復這些威脅他的人。但是小孩子找到的人，常常有可能讓事情更複雜。你有什麼想法？」社工說。
> 「其實這些少年我大概知道是誰？他們爸媽我大概也認識，我過幾天去找他們聊聊，跟他們家長拜託一下，孩子犯錯也是常有的事情。我會去喬一下。老朋友聊一聊，也請他們幫忙安撫一下小孩，也刪掉那些東西。」案父回覆。

【網路系統】

　　網路系統是一個現代社會中新興且不可忽略的系統。網路系統存在著看似隱密卻事實上非常公開的場域。資料一旦被傳布出去，就可能在網路上成為傳遞的訊息，不論是Facebook、E-MAIL、LINE或者是各種網誌系統。而這個案例的後段延伸就是明顯的網路霸凌，造成親痛仇快的狀況。因此，網路的失控可能也讓案主有背叛、無法控制的挫折跟懊悔，這樣的

失控也是始料未及的，需要進一步的協助與輔導。

　　許許多多網路霸凌都是「進得去／出不來」，從第一位使用匿名的描述或指責個案，接著就會在網路中傳播，然而文中常常沒有指名道姓，傳布出去後經由多元管道傳播，常常在一段時間後，又會重複出現。所以，造成案主短時間的轉復學都有困難，所以對於案主來說，暫時離開校園到職場，較能平復情緒。一年後，案主選擇轉到其他學校進修部讀書。

　　社工問：「為什麼選讀夜校？」

　　案主回答：「我跟爸爸討論過，夜校的同學比較是成年人，大家白天都會有工作，所以晚上上課比較不會有太多五四三。我白天工作也忙，晚上讀書要求比較不高，我應該也可以負荷。」

　　社工再問：「如果有人認識你，還有提到這件事，你要如何面對？」

　　案主疑惑的說：「我也不知道乁！我希望大家不認識，也不會看見。」

　　社工說：「這件事有可能再發生喔！網路世界是一個未知的世界，隨時可能出現你不想見到的過去，你可以接受嗎？社工老師以前曾經有一個學生被罵，後來兩年後，還有人轉那篇文章給我。」

　　案主陷入沉思：「喔！我想想」、「我也不知道」、「我可能會很生氣吧！因為都過去了，幹嘛再提」、「感覺很幼稚，也許我不會理他吧！」

　　社工說：「想想，要記得，不要衝動！我們都不希望發生，但是你有很高的可能性會面對這樣的狀況，可是你不能衝動，知道嗎？」

　　接著，開始跟案主進入角色扮演的學習，讓他思考各種可能的狀況，例如：自己在網路上看見，有人拿手機給他看影片，班上同學在討論他的過去經驗等。讓他也開始思考多元的應對方式，社工從旁理解他對那些情境會比較在意，那些情境他可以比較坦然接受，並邀請爸爸跟少年一起討論可以處理的情境。

第四節　認知行為學派

張宏哲

壹、前言

一、緣起的脈絡

　　認知、行為、和精神分析學派被認為是心理學的「革命」，精神分析學派又是主要學派的源頭，這些學派的健將都系出該學派，認知和行為學派也不例外，因為對精神分析的不滿，尤其是缺乏實證的支持。認知學派的緣起眾說紛紜，可以遠溯希臘斯多噶學派（Stoic School）和近代的康德（Kant）哲學，心理學則源自Kelly（Beck & Weishaar, 1995），50年代由Piaget帶動風潮。將認知理論應用在臨床情境成為認知治療學派的始祖，多數學者認為是Beck（Chand, Kuckel, & Heucker, 2022; Knight & Pachana, 2015），Beck（1995）本人也不諱言自己是創始者，其實Ellis理情療法影響頗大，Glasser、Lazarus、Bandura、Maloney和Meichenbaum等人的貢獻也不小。

二、行為學派的連結

　　「認知行為學派」和「認知學派」兩個語詞經常交互使用，其實兩個理論截然不同，前者強調認知對行為和情緒的影響，後者聚焦環境的制約（古典和操作性制約）或行為的塑造，和個體的自主想法或觀點無關。兩者的連結來自認知治療模式的發展過程，為了改變扭曲的認知或想法，加入行為改變技巧，以Ellis（1995）的理性－情緒療法為例，他除了服膺認知理論的主張，強調認知是影響行為的主要因素，同時也廣泛地運用各種行為改變技巧，例如：系統減敏感法、自我肯定訓練、模仿和角色演練等。可以確定的是「認知行為學派」是以認知改變為主，行為改變技巧

的運用為輔。本段以認知學派為主軸,附帶介紹行為學派的基本假設和技巧。

貳、基本假設

從表6-3可以看出兩個學派都認為人性原本就是一張白紙,沒有善惡之分,有關人後續發展的主張,兩個學派的差異頗大。行為學派認為環境強力主導人格的形塑;認知學派不否認環境的影響,但認為人有比較多的自主性,可以透過自我覺知能力或認知改變自己。兩個學派的基本假設簡述如下:

一、認知學派的基本假設

認知學派理論學者提出的假設基調是「認知是影響個體情緒和行為的主要因素」,說明如下:

(一)環境和個體自主性

在和環境的互動過程中,個體會把周遭人對自己的看法和態度內化,因而形塑個體的認知或想法,也塑造了人格。不過,個體具有自主性,可以透過改變這些想法來改變自我(Ellis, 1995; Beck, 2001)。

(二)失功能或非理性認知

Ellis(1995、1996)相信人具有理性思考的能力,人卻常以非批判的態度或習慣性的想法固守非理性信念。Beck(1995)則認為想法理性與否不重要,重要的是必須能夠因應環境,如果無法因應,就成為失能的思考,非理性或失能的思考模式都影響情緒和行為,甚至導致精神違常。

（三）對問題的覺知程度

和精神分析學派雷同，認知學派主張個體的改變關鍵在覺察內在非理性或失功能的想法，這樣的覺察涉及意識和潛意識的作用；前者認為多數的心理問題屬於潛意識層次，需要精神分析才能夠覺察；認知學派則主張人的意識可以直接接觸這些內在的心理課題，案主透露的訊息都是真實的經驗，不論是情緒症狀、意識想法、和當下的經驗，以及這些經驗之間的連結都屬於現實本身（Zeiss & Steffen, 1996; Sternberg, 2000）。

二、行為學派的基本假設

行為學派的主要假設是人的發展以學習為主軸，強烈的受到環境的影響，人出生就像白紙，環境在人的內在和認知的畫面上塗鴉（Ashford et al., 2017; Gray, 2007; Sternberg, 2000）。

（一）環境的形塑

對行為學派而言，與其說人和環境互動，不如說人是「被動地由環境制約」的產物，人的自主性很有限。

（二）問題的來源

問題或違常（如：焦慮和恐懼等負向情緒）是環境制約的產物，問題行為（如：哭鬧和暴力）則是懲罰的過度運用、不當行為被增強、正向行為不被增強或增強不足所造成。

（三）問題的覺知

行為學派主張個體對於環境制約和塑造的歷程的覺知很有限，不過，這種環境決定論的觀點後來有些修正，對於環境制約的經驗反思或思考也會影響學習。

表6-3　認知和行為學派的比較

派別	人性	自由意志	內外在影響和覺知程度	早期重要性	違常和問題	治療
行為 Skinner	中立（白紙）	外在決定論（環境）	環境塑造，個體覺知有限	中度重要	過度懲罰或控制，以及不當行為之增強和正當行為缺乏增強造成違常	塑造和增強正向行為、消除不當的行為
認知 Beck、Ellis	中立（白紙）	自由意志	環境影響認知，而認知可主導、形塑和改變環境，但改變有限	回顧過去可以瞭解人生經驗和意義對行為的影響，重視檢視當下認知	非理性或扭曲的認知，造成違常和問題	不健全認知的覺知和摒棄，重建健全的認知

整理自Gray (2007); Sternberg (2000); Zeiss & Steffen (1996).

參、核心概念

本段整理認知和行為理論的核心概念：

一、認知理論

對於違常的產生和治療違常的主張都聚焦在認知，說明如下：

（一）認知的ABC情緒理論

Ellis（2001，廣梅芳譯）認為環境中的事件（Activating event）引發人對自己和事件的認知（Believe，如：信念、想法、內在自言、心像），這些認知的結果（Consequence）是情緒反應，認知如果是理性的

或者合乎現實，情緒和行為就會健全，認知不理性可能會造成適應不良的情緒和行為，不理性的信念主要是來自三種強求的想法：「我一定要有很好的表現」、「我一定要受到別人公平的待遇」、「我的人生一定要順利，不能有挫折」。

（二）失功能的認知

Beck（Beck & Weishaar, 1995）認為理性或合乎現實的想法，不見得就能夠讓一個人適應良好，不理性的想法也不見得就會有問題，重點是個體的想法能不能發揮調適的功能（快樂、自信、與人相處等），認知扭曲、缺陷、或失功能都是調適不佳的想法，這些認知屬於「自動」的歷程，不必經由意識過程就自然而然出現。Chand等人（Chand, Kuckel, & Huecker, 2022）認為認知或想法的核心主題，是有關自我、他人、事務等；這些認知具有「系統性」，可以整理出類型，其中以下六種類型最常見：

1. 「遽下定論」：證據不足，甚至互相衝突，卻遽下定論。例如：有一天特別忙碌於孩子行為失序，這位母親就下了「我是個不稱職的母親」的結論。
2. 斷章取義：忽略顯而易見的資訊，只見到局部證據，遽下定論。例如：吵雜派對之中，一位男士因為女朋友湊過頭去想聽清楚旁邊一位男士的談話，便下結論說對方「不忠」。
3. 過度概化：從少數突發毫不相干事件萃取一些規則，廣泛地應用在其他情境，例如：經過一次約會不順，就認為「男人還不都是一樣，不會喜歡我，只會拒絕我。」
4. 判斷失衡：輕忽大事，如：母親得了絕症，兒子認為「只是小感冒，不久就會康復的」；或者誇大小事，如：一位學生說「如果考試的時候他不像其他學生一樣緊張，災難會降臨到他身上。」
5. 個人化歸因：沒有明顯證據，卻為事件承擔不必要的責任，忽略了自己之外的因素，如：朋友最近因為情感問題而心情不佳，打招呼的熱情不如以前，就下結論為「我一定做錯事，激怒了

他」，輕易解讀對方的心。

6.二分法：將經驗、人、事物、自我表現、自我價值賦予兩極化的評價，不是有就是無、非好即壞、黑或白，忽略了事物的多面特質。如：有一位學生自陳「我如果無法寫出最好的論文，我就是一個失敗者。」

（三）認知問題和精神違常

所有違常背後都有一套非理性認知在發威（Ellis, 2001）或認知系統性的扭曲造成（Beck, 1995），後者是指個體在處理日常事情資訊過程，對外在訊息加以扭曲，逐漸擴展到內在的感覺和情緒，不同的扭曲造成不同的違常，每種違常都有其獨特的認知內容，例如：憂鬱來自對自我、經驗和未來的負面看法；躁症是由於對自我看法的過度膨脹，對未來的過度樂觀；焦慮或恐慌都是對身心經驗或狀態的看法的扭曲；妄想則是對於他人看法和動機的扭曲；強迫念頭是對於安全的過度疑慮；必須以儀式驅除自認的威脅，則產生強迫行為；厭食來自過度怕胖；慮病症是對輕微症狀的嚴重解讀。

（四）認知重建

解決認知扭曲的方法是透過認知重建，也就是教導案主有關認知和情緒與行為之間的關聯，然後直接指出或挑戰案主非理性的認知（Ellis, 2001），或要求案主檢驗自己認知的方式，以及這些方式是否能夠真正在生活上發揮功能（Beck & Weishaar, 1995），然後教導新的認知或資訊處理的模式。

二、行為理論

以下簡述古典制約、操作性制約和相關的治療方式，由於社會學習理論（如：Bandura）針對行為學派進行修正，加入楷模學習，並強化認知的角色，本段也含括之（Gray, 2007）。

（一）制約學習

古典制約的過程是中立刺激（不會引起反射反應的刺激，如：鈴聲）之後，緊跟著非制約的刺激（可能引起生理反射的刺激，如：食物），會讓原本未制約的反應（如：流口水），轉變成被制約的反應，即使食物不出現，鈴聲也會引起流口水，稱為制約反應。緊張、焦慮、恐懼、嘔吐等不悅的感覺或問題，是透過這類的連結而習得。

（二）操作性制約

某種行為出現之後，只要伴隨著某種特定的結果（如：獎勵或懲罰），例如：獎勵會造成該行為的增強、懲罰可能造成該行為的減弱。當特定結果消除之後，行為的反應可能會減弱或消除。

（三）治療的方式

1. 嫌惡學習：在不當行為出現之後，施以懲罰（如：電擊）以便減少、削弱負向行為的強度，或者消除該行為。
2. 洪水和內爆法：為了消除或削弱負向行為或生理與情緒的負面反應（如：恐懼），將個案置於實境或透過想像的方式，讓一個人暴露於引起該反應的刺激中（如：蛇），減少個案對該刺激的敏感反應。
3. 系統減敏感法：為了消除引起不悅的反應（如：頭暈、嘔吐），針對前往化學治療途中可能引發不悅反應的關聯刺激，從引發反應的強度較弱者開始，逐一的透過放鬆技術，以親臨實境或想像實境的方式，練習放鬆，以減少這些刺激引發反應的效果。
4. 行為修正法：以循序漸進的方式，一次訓練一種行為，可以視情形增加行為的頻率或強度，只要有正向行為出現，就以增強物（口頭讚美、代幣、獎勵）強化正向的行為。
5. 社會學習：Bandura則認為個體不是被動的受環境制約，學習也不是被動的，學習可以透過角色楷模的觀察，或者對於自己達成預期目標的效能之信念。這些學習的原則也常被認知學派運用。

肆、處遇原則與步驟

本段的處遇原則和步驟仍以認知治療為主，行為治療技巧為輔。

一、處遇原則

（一）處遇關係

透過溫暖、支持、尊重、鼓勵和合作性互動，建立正向的處遇關係，讓案主感覺到自己的重要。接著直接挑戰案主低自尊的信念，成為和個案討論人際互動問題的素材，挑戰案主對人際關係的負面想法。如果案主把負面看法或感受投射到社會工作者身上，正好提供了檢視問題的機會。

（二）合作調查

認知治療建立在「合作」或「夥伴」關係（Beck, 1995; Ellis, 2001; Gallagher-Thompson & Thompson, 1996），社會工作者和案主合作決定處遇目標、互相回饋，共同蒐集案主想法、言行是否正向或適用的證據，針對暴露扭曲的想法，予以反駁，然後介紹新的思考模式，實踐新的行為。

（三）說明教導

直接指出案主非理性的想法引發的問題，或者教導ABC模式，使案主瞭解想法是情緒和行為的成因（Ellis, 2001），或協助案主將自己的想法轉成假設，蒐集自己言行的證據，進行一連串驗證，檢視這些假設是否適用（Beck, 2001）。接著教導和執行改變的策略，如：交代作業以監控自己的想法。

（四）蘇式對話

蘇格拉底式問話或對話是認知治療最常用的技巧，其目的不在批評或攻擊案主，而是透過問話和對話找出案主的扭曲想法，取得詳細資料，評估案主的容忍度和自省能力，檢視持續扭曲想法和失能行為的後果，探索解決方案，試圖找出因應方法（Beck & Weishaar, 1995; Ellis, 2001）。

（五）行為技巧

認知治療經常運用行為技巧，例如：「理情想像」要案主閉眼，想像可能發生的事件和可能引發的負面情緒，學習轉換到中性的情緒（Ellis, 2001），其他如：轉移注意力、安排日常活動、或放鬆技巧減少負面想法和情緒、角色演練或漸進式的任務練習和實作以面對焦慮情境、以家庭作業監控想法和情緒（Beck, 1995; Beck & Weishaar, 1995; Gallagher-Thompson & Thompson, 1996）。

二、處遇步驟

以下整合Beck（Beck, 1995; Beck & Weishaar, 1995）、Gallagher-Thompson和Thompson（1996）等人提出的處遇程序或步驟：

（一）初期會談

第一次或初期幾次會談主要目的如下：

1. 建立關係：問及案主對治療的想法和感受，釐清不切實際的期待，強調兩人之間屬於夥伴互相合作的關係。
2. 蒐集資料：相關診斷、過去問題、現在情況、對治療的態度和動機。
3. 分析問題：進行功能性分析，例如：問題的呈現方式、發生情境、頻率、強度、持續度和影響，再進行認知分析，例如：辨識案主想法、心像、或內在自我言談，檢視案主對想法和心像的控

制程度。

4. 減輕症狀：有些案主的症狀需要即刻減輕，有助於強化案主未來改變的動機。例如：面對自殺意圖案主，需直接介入減少無望感受。

5. 家庭作業：第一次會談後可以交代家庭作業，先從「辨識情緒和行為之間關聯」、「面對壓力時可以記錄自動想法」、「表格記錄每個想法頻率」，接著鼓勵案主決定作業方式和檢驗想法背後的特定假設。

6. 問題表單：初期會談可列出問題表單，表列常見問題、特定症狀和行為，再依問題嚴重度、改善可能性、出現頻率列出問題優先順序。

7. 技巧運用：針對不同的問題，選擇適當的認知行為技巧，並向案主說明理由，諮詢案主反應以確認：技巧運用的正確、有效和如何融入家庭作業以強化會談之外的經驗。

（二）中期和晚期

此時期的重點是從症狀轉到思想模式，說明如下：

1. 從初期著重在案主的症狀轉移到思想類型與模式，從檢視案主自動的想法來顯示想法、情緒和行為之間的關聯。

2. 當案主能夠挑戰干擾生活功能的扭曲想法時，可以進一步挑戰這些想法背後的假設。

3. 治療後期：越到治療後期，越需運用認知療法，尤其是涉及多重失能想法糾結的複雜問題，認知或邏輯分析在解決這類問題方面比行為技巧有效，必須協助案主檢視監控思考的邏輯和習慣，辨識這些想法的影響力。

4. 力道轉弱：隨著案主辨識問題、找尋解決方案、和家庭作業更積極主動，運用認知技巧解決問題能力增強，社會工作者轉為諮詢者，會談頻率漸減。

（三）結束

1. 治療期的長短依案主問題嚴重性和個案特質而定，由於認知治療屬於短期療程，如：憂鬱症需每週會談一次，約15-25次；輕微者每兩週一次，約十至十五週，隨著問題的解決頻率漸減。
2. 結案計畫：結案計畫在第一次會談便告知，焦點在於協助案主自己成為治療者，整個過程都有清楚步驟和規劃，也會監控成效。
3. 案主如果擔憂復發，強調挫折是正常的，其他人也經歷過，但可以成功面對。另外透過角色演練，預期生活中可能遇到的情境，演練因應方式；或者，強調治療目標在於學習有效的因應技巧，不是「治癒」，只能控制，必須不斷努力，以減少不當的期待。

（四）追蹤

在結案之後的一、兩個月，安排1次或2次的會談，目的在於協助案主鞏固所學習的新技巧，能夠應用到日常生活情境之中。

伍、理論適用之實務情境

本段討論認知行為療法，在實務情境應用的情形。

一、廣泛的應用

認知模式的應用極為廣泛，針對身體問題、精神疾病、上癮行為、親職關係和社會互動等問題，都有應用的空間，例如：憂鬱症和相關情緒問題、恐懼症、心身症、焦慮障礙、憤怒失控、失眠、賭博、酗酒、菸癮、慢性疼痛、癲癇、不良健康習慣和管教技巧等（Chand, Kuckel, & Huecker, 2022; Aftab, 2021），情境上則遍及個案、團體和家庭，案主群則橫跨族群、年齡、社會階層、性別和不同性取向的案主（Knight & Pachana, 2015）。

二、跨文化考量

　　跨文化的應用必須避免流於刻板印象，由於「理性」認知的定義容易反應主流文化的價值，輕易的將非主流文化的想法視為「不理性或扭曲」，很容易貼上不當的標籤，理論的應用必須具備文化的敏感度和因應個案特質和所處文化情境與思考模式，發展出符合個體的處遇計畫和方法（Aftab, 2021）。

三、結構性問題

　　有些個案問題確實是社會環境、政策、或結構造成的，例如：歧視、資源匱乏、或社會不公義，將問題的焦點只放在認知扭曲，很容易陷入「譴責受害者」或者以受害者為「代罪羔羊」的陷阱，忽略了結構性的問題，社會工作者必須對結構性問題具有充分的敏銳度（Chand, Kuckel, & Huecker, 2022）。

四、情境的考量

　　COVID-19疫情之下，限縮了面對面會談方式的可能性，遠距線上網絡的運用可以克服這類障礙，但是仍然不如前者來的直接。由於認知行為療法必須依賴個案在生活情境下的自我監測，完成諮商師給予的功課，電話網絡諮商和書本諮商（book therapy or bibliotherapy）比以前更為流行。美國最盛行的Dr. Burn （1999）醫師的書*Feeling Good: The New Mood Therapy*過去二十多年來極為風行，更登上最熱門的書籍排行榜，對於憂鬱情緒的療效也有實證證據的支持。不過，由於認知行為療法需要個案配合綿密的自我監測的功課，對許多個案而言，並非易事，家庭和社會網絡的支持協助完成這些功課，可能是必要的配套。另外，這類療法的運用也需要考量個案的發展階段和發展課題，以便更符合個案的需求，療

法的運用才可能具效能。

陸、實例討論

一、案例呈現

（一）基本資料

67歲的男性長者和64歲的配偶同住，兩人都是公務員。55歲左右退休，經常旅遊，享受退休生活，包括到美國探訪已經成家立業的兒子和女兒。夫妻兩人身體健康，極少生病，經濟狀況頗佳，關係緊密，相依為命，也比較孤立，少與親友往來，偶爾到長青中心參與活動。

（二）問題摘述

兩年前，案主發現配偶開始會忘記東西擺放的位置，常常在找東西，找不到就懷疑是他拿走的，他極力辯駁，卻無效，也開始變得很不高興，變得容易發脾氣，兩人經常爭吵。問題剛開始的時候，案主不以為意，以為那是老化的問題和跡象，隨著案妻的問題越來越嚴重，例如：她出門之後，找不到回家的路、變得比以前焦躁和坐立不安；以前喜歡出遊，現在變得退縮，偶爾會接受丈夫的建議，同意恢復以前常做的旅遊活動，丈夫很期待也很高興，但是卻很少成行。隨著問題越來越嚴重，先生建議太太去就醫，太太強烈懷疑先生是要害她，兩人的關係更為緊張。

在還沒有出現問題的時候，夫妻兩人儘量不打擾旅居美國的子女，經過許多事之後，丈夫決定請女兒回來協助，說服母親接受「健康檢查」，暗中連絡老年特別門診，經診斷為早發性阿茲海默症。女兒回美國之後，個案又開始拒絕就醫，認為丈夫聯合醫生想害自己，妄想的問題更加變本加厲，案主不勝其擾。後來，案妻吵著要搬出去自己住，女兒再度從美國回來，尋求日間照顧中心的協助，原先規劃先讓母親到日照中心，但是母親拒絕，最後同意入住長期照顧中心養護型機構的失智專區，案主試著去

探訪，但是都被案妻拒絕，只能採取暗中訪視的方式。

個案經過上述的艱苦過程和失落之後，原本鬱卒的情緒更為惡化，到醫院精神科就診，女兒在臺友人也介紹個案到老人中心參加活動，並接受獨居長者關懷訪視。

（三）預估（assessment）

1. 問題呈現：案主神色凝重、眉頭深鎖、言談緩慢、面容沮喪，雖然互動過程勉強擠出笑容，卻無法掩飾鬱抑的情緒。配偶還沒有入住機構之前，經常提心吊膽，無法安寧，現在反而可以安靜，卻沒有絲毫放鬆的心情。配偶入住機構之後，開始有不易入睡、睡了易醒、醒了不易再入睡、食慾減退的問題，以往喜好踏青、健行、旅遊的嗜好，也因為沒有伴侶同行而提不起勁，許多事情都覺得趣味索然，甚至感到人生乏味。

2. 生理狀況和失能情形：案主處在輕老年階段，健康情形良好，只是健康習慣開始變差，活動大量減少，加上食慾減退，睡眠品質不佳，必須依靠安眠藥，也讓個案消瘦許多。日常生活功能目前完全健全，能夠自我照顧，因為配偶不同住，失去以往的生活結構，生活起居和作息比較不正常。

3. 人格特質：案主個性沉穩，自律頗嚴，自我要求頗高，不輕易求助於人，雖然照顧失智配偶，偶爾會失控爭吵，大致上都能夠任怨任勞，不輕言放棄，也因為求好心切，心情起伏又不善抒發情緒，承受不少壓力。

4. 認知扭曲：評估過程可以看出案主的認知扭曲嚴重，案主認為自己沒有照顧好妻子，除了延誤就醫的良機，造成就醫的效果不佳之外，在照顧過程也曾經和妻子爭吵，沒有盡到照顧的責任，為此深感自責。

5. 經濟狀況：案主經濟狀況頗佳，公寓屬於自有，夫妻兩人的退休俸足夠養老，過去能夠經常旅遊，現在多了配偶入住機構的費用需要支付，他的退休金大致上能夠支付。

6. 社會網絡：案主夫妻的社交網絡原本就很單薄，退休前和同事的

互動原本就不頻繁，退休之後更為孤立，相依為命，形成一個很緊密的「兩人系統」。當妻子出現失智症狀，必須面對疾病診斷與照顧問題，最需要他人協助的時候，卻沒有奧援。

7. 引發因素：案主歷經配偶失智大約三年的歷程，失去了長期一起生活的至親，尤其是失智症造成配偶人格的改變，似乎變了個人，讓案主更難以因應，再加上配偶入住機構，使得原本就很單薄的網絡雪上加霜，這些重大的失落衝擊到案主的情緒。必須開始面對孤單的生活，又無法正常的探訪入住機構的配偶，似乎前景堪憂。

8. 病情評估：案主經過精神科醫師的診斷主要為憂鬱症，憂鬱（沮喪或空虛）的情緒超過兩個月，每次情緒低落都持續兩週以上，而且幾乎是每天，每天對於任何活動都不感興趣、食慾不振和睡眠狀況不佳、每天都覺得沒精打彩、自尊心低落，目前沒有自殺傾向。雖然案主強調自己的情緒問題是最近五個多月開始的，但從案主的描述和情況研判，其情緒問題應該可以追溯到更早的時間，或許原本輕微的症狀因案主缺乏覺知，也因為拒絕承認和接受治療，使得症狀轉為慢性，病情更加嚴重。

9. 求助動機：案主因為睡眠有重大變動，多次求醫，只願意服用安眠藥，拒絕接受社會心理的協助，對於參加老人中心的活動也缺乏動機。到養護中心探視配偶的時候，很期待她的症狀能夠改善，似乎心存希望，但是又有些超乎實際。

（四）計畫與處遇

1. 建立關係：案主社會網絡單薄，人際互動少，而認知治療必須立基在穩固和信賴的夥伴關係上，因此，處遇初期必須試圖和案主建立信賴和穩固的專業關係。

2. 釐清角色和期待：在會談初期有必要釐清雙方的角色，強調夥伴關係；透過關係的建立漸漸引介認知治療的方法，並瞭解案主的反應，同時釐清對於治療進展與可能遇到挫折，使得進展無法完全遵照所期待的步調，同時強調只要透過努力和耐心，終究可以

達到預期的效果。

3. 減輕症狀：困擾案主的症狀有必要即刻消除或減緩，案主同意透過藥物減緩情緒低落、食慾不振、失眠、失去以前的樂趣等困擾。由於案主容易感受到壓力，可以教導行為療法的放鬆技巧，協助案主減壓。

4. 協助解決問題：案主面臨民事訴訟，頗感困擾，需要法律諮詢以瞭解狀況，從案主的描述，被誣告的可能性極大，法律諮詢或可減少不必要的擔憂。

5. 解決問題：案主目前最主要的願望就是看到妻子的失智情形有進展，至少不會懷疑自己要害她，去養護機構訪視可以面對面溝通，恢復往日的信賴關係。因此，案妻需要持續的治療，案主也需要衛教，認識和瞭解失智症，學習和失智的妻子溝通的技巧。

6. 強化社會網絡：案主原先的網絡就很小，配偶入住機構之後，更為孤單，如何強化人際關係，擴充人際網絡對於面對未來的日子頗為重要。因應之道在於鼓勵案主參與老人相關的活動，例如：失智症家屬支持團體、老人中心、關懷據點等活動。

7. 治療技巧之運用

   (1) 哀傷治療：案主因為配偶失智，人雖然還在，但是已經不是往日認識的親人，原本完好的家庭突然破碎，因此，有需要走過哀傷的過程，除了抒發情緒之外，還需要找尋持續照顧配偶的角色，角色從家庭轉換到機構，協助個案從持續照顧配偶和互動過程，找尋兩人過去相處的蛛絲馬跡，建構配偶失智之後的意義。

   (2) 由於案主有嚴重的認知扭曲，認知療法的運用可以協助消除案主的主要問題，預計的會談次數約12-15次，並共同擬訂具體的會談目標和計畫。主軸在於釐清配偶失智症的發生並不是個案的責任，初期因為對於疾病的認識有限，無法早期發現、早期篩檢、早期治療和因應，並不是個案的錯。至於沒有盡到照顧的責任，導致病情惡化和配偶安置於機構，案主也需要不斷被提醒，那不是他的錯。有關「一個人一旦罹患失智症，一

個毫無盼望的疾病，代表一切無望，配偶形同逝去一般」的想法，以及「我以後只能自己一個人孤孤單單的過日子」這類不合理的想法都需要改變。

二、案例討論——理論與實務之應用

（一）運用認知治療的理由

　　認知治療在憂鬱症個案的臨床應用極其尋常，其中以Beck的臨床應用和研究最典型。對照之下，本案例案主的認知模式或主題符合Beck六個認知扭曲的類型，尤其是隨意歸因、個人化歸因、過度自責、和看法兩極化，自己要為「妻子失智症沒有提早發現和治療」負全責，忽略了許多無法抗拒的因素和對於疾病的不瞭解。

（二）老年族群應用的優勢

　　認知治療適用於任何年齡族群所面對的各類不同的問題或違常，老年族群的應用也不例外，其中以憂鬱的應用最廣泛，不論是年輕時候病發或老年期經歷生理、心理和社會層面的多重失落，導致情境性或反應性的憂鬱，都可適用。處遇的主軸仍是：共同找尋或挖掘案主扭曲信念、共同探討扭曲類型，以及評估這些信念的合理性或適當性，最後以更健全的想法替換。認知治療除了適用之外，還具有下列優勢（Gallagher-Thompson & Thompson, 1996; Zeiss & Steffen, 1996）：

1. 尊重老人的經驗：認知治療建立在夥伴關係上，強調以社交方式導引案主接受治療理念，在找尋認知扭曲過程，以生命回顧方式，讓長者感受到尊重，提供統整機會，符合老年期社會心理發展的需求。
2. 不強調案主必須具有洞察力或是病識感：對於許多沒有接觸過治療或處遇的個案，認知治療重視短程和具體的技巧訓練，不必具有「心理心」，有助於老人對治療的接納。

3. 不強調病態的評估和目標：老人可能會經歷多重失落，包括面對社會的忽略或偏見，強調病態或違常可能徒增他們的無力感，由於認知治療強調技巧的學習和認知的改變，處遇過程和目標擬訂都不重視病態的層面，有助於減少老人的無力感。

4. 任何地點均可進行：認知理念和技巧的教育是認知治療的焦點之一，這類教育不受地點的限制，任何地方均可實施，這對於因為功能差異而處在不同的照顧情境的長者而言，更具適用性。

（三）應用在老人的注意事項

認知治療在長者的應用上，需要注意的事項如下：

1. 評估老人認知和溝通能力：認知治療的主軸是教育案主有關該模式的理念和學習改變的技巧，個案必須具有認知和溝通的能力，長者的功能卻可能衰退，事先的評估有其必要。如果發現缺陷，可以透過多元溝通媒介，如：口語、視覺（書面、黑板呈現、表情和動作）和聽覺（錄音有助於回顧、理解、減少遺忘），溝通速度減慢、內容具體、不模糊、善用摘要、提供回饋的機會（Zeiss & Steffen, 1996）。

2. 聚焦：老人個案可能因為經驗豐富，喜愛分享，會談過程可能出現漫遊、無法聚焦的問題，因此會談需要結構和清楚的目標，必要時常溫和地請求案主重回主題或協助聚焦（Zeiss & Steffen, 1996）。

3. 考量長者的情境：老人個案可能不習於心理處遇，結構性的處遇環境安排與流程的實踐可遇不可求，非正式的互動和溝通是常態，認知療法的運用常只能在非正式言談中進行，如：經常提醒想法如何影響情緒和行為，舉具體事例，教導正向自言，佐以行為改變策略。如果個案的方式不易達成，可以嘗試在團體的情境中進行。

4. 配合長者的發展需求：Erikson社會心理發展理論界定的老年階段需要協助進行生命的回顧，走過生命週期的所有八個階段，包括重拾對周遭的信任關係、參與活動找到自主權、透過呵護支持的團體找到自我認定感、重溫往日和配偶的情懷、找尋生命還可以有所貢獻的活動和生命的統整（肯定自己的貢獻和接納自己覺得遺憾的事）（Kivnick & Wells, 2014; Erikson, Erikson, & Kivnick, 1994）。由於長者經歷多重失落，自我觀念和價值可能受到侵蝕，社會工作者一方面可以協助長者接受失能和不可改變的現實，另一方面可以協助老人體認和發揮仍存在的潛能。在自我價值方面，溝通過程可以將焦點放在比較不受外在因素改變的人格特質的優點（如：仁慈、樂於助人、樂觀、勤勞和不自私等）（Knight & Pachana, 2015; Hooyman & Kiyak, 2010）。上述這些處遇原則都和認知療法有共通之處，可以融合運用。

（四）限制

　　認知行為治療在老年族群的應用上可能碰到的問題並不多，Zeiss和Steffen（1996）對社會工作者還是有些提醒，例如：

1. 避免輕忽：將認知行為治療的技巧視為簡要的程序，忽略了評估、建立關係，以及擬訂具體的處遇計畫的重要性。
2. 不適用：認知治療模式不適用於缺乏病識感的長者，因為認知治療需要某種程度的覺知，尤其是強調認知在情緒和行為方面所扮演的角色的覺知，以及家庭作業的重要媒介，兩者都可能讓缺乏病識感的長者感受到強烈的挫折感。相較之下，行為療法比較不受病識感的限制，或許對於這類病患，可以增加行為療法的運用。

第五節　任務中心理論

徐錦鋒

壹、前言

　　「任務中心理論」（Task-Centered Theory）（TC）或稱「任務中心實務」（Task-Centered Practice）（TCP）是由William J. Reid（1928-2003）和Laura Epstein（1914-1996）所提出一個以案主為中心的短期處遇，此處遇方法側重於功能性任務。於1972年，由任職芝加哥大學社會服務管理學院（the University of Chicago's School of Social Service Administration）（SSA）的Reid與Epstein合著出版《任務中心的個案工作》（*Task-Centered Casework*）一書，書中強調該理論是一個有時間限制以及針對生活問題的處遇模式。該理論後來在芝加哥大學社會服務行政學院不遺餘力的推展下，逐漸被運用在社會工作實務中。此理論與其說是一種獨立的模型，不如說是一種可以輕鬆適應多種社會工作實施架構和實施環境的方法（Reid, 1992）。

　　「任務」（task）的概念，實與「問題」（problem）、「目標問題」（target problem）的概念，有所不同。該理論認為，「任務」可以界定為案主為緩和問題的嚴重性，所想要採取的行動。任務不僅代表案主所想要達到的直接目標，亦代表案主即將採取行動的概括說明，通常任務是由案主與個案工作者所共同訂定的。而「問題」則指案主生活的問題，是案主生活上常出現而又想改變的情況，也就是任何可經處遇的目標（object）（Naleppa & Reid, 2003；簡美華，2013）。案主生活的問題，如經案主明確同意為處遇服務中想要處理的問題，便稱為「目標問題」（Naleppa & Reid, 2003；簡美華，2013）。在該理論下，首先要與案主先確定三個目標問題；接著，個案工作者再與案主合作設計任務，以解決這些目標問題；最後，個案工作者和案主共同訂定一份合同，其中包含目標問題、案主和個案工作者為解決目標問題而要實施的任務，以及治療的總體目標（Michael S. Kelly and Marjorie C. Colindres, 2020）。

該理論亦認為目標問題與任務兩者，可以界定在同一層次上，甚至任務會比目標行為更明確（Reid & Epstein, 1972；白倩如、李仰慈、曾華源，2014）。更具體地說，個案工作者處遇案主生活問題的最終目標是在解決案主的目標問題，而解決案主的目標問題的手段是靠執行任務而來。

　　該理論在發展初期階段，深受Helen Harris Perlman（1957）與Elliot Studt（1968）兩人觀點的影響。Perlman認為生命是一連串問題解決的過程，Studt則主張案主的任務是個案工作服務的重心（Reid, 2011）。該理論從功能學派借用「有限時間」之處遇方式；從問題解決學派借用以「問題為本」之取向；從系統理論借用「部分─整體」之論調；從角色理論借用「社會互動」的概念；從學習理論借用「社會行為」的原則，乃建構整個理論的知識領域。

　　該理論也強調有時間限制、明確的目標、系統化的執行、時間的效率而節約經濟資源、著重有效協助案主達成目標為其主要特色（曾華源，1985；呂明璠，2002）。Reid主張該理論可以推展的主要原因如下（黃陳碧苑等，2001；Reid, 2011）：

1. 該理論可達到與長期處遇相同的處遇效果及預後功能。
2. 在長期處遇中，大部分的處遇效果往往在處遇初期時便已顯現。
3. 大部分處遇的實際歷程都是簡要的，而此理論在有限時間內集中為案主提供簡要的服務，頗具實務上的價值。

　　由於該理論的倡導者一直認為它是一種社會工作技術，既可以被視為一種心理治療，也可以被視為一種個案處遇。一般而言，如將此理論與焦點解決短期諮商模式、敘事治療等其他治療技術相互比較，不難發現它所強調的是臨床技能的應用，而不是個案工作方法。此理論從而吸引了一些個案工作者優先想成為治療師，退而求其次才是成為個案工作者的願望。尤其，上述兩種短期諮商模式借用了此理論的核心概念，譬如：尊重案主對問題的看法、幫助案主設定他們想要努力的目標等。儘管如此，這些方法的支持者很少明確承認他們從此理論得到很多的啟發（Kelly &

Colindres, 2020）。

貳、基本假設

　　該理論所著重的並不是在探究案主生活問題的歷史根源，也不是在改變案主的人格特質、態度與行為，而是主要基於下列幾項的基本假設（曾華源，2002；鄭麗珍、潘淑滿，2022）：

1. 個案之所以有問題是能力暫時受到限制，而非病理因素所形成：該理論認為個案往往是健康的、常態的、有自主性的、理性的和有解決問題能力的個人。個案的生活問題之所以發生，通常是因為暫時性之失功能所造成。
2. 解決問題之障礙來自環境或資源不足：個案的問題往往來自個人生活中的內在心理因素和外在環境因素之交互作用所形成。換言之，解決問題的障礙往往來自案主系統、環境或可用資源不足所導致。
3. 個人陷入問題困境時就產生改變之動力，同時個人也有適應問題之本能：個人會想辦法調和生活上的問題，但如問題減輕到本身可以忍受的地步時，想要改變的驅力就會減弱。甚至長期累積下來，問題的複雜化會使其難以決定真正需要的協助是什麼？
4. 個人有改變動力，但只想減輕困難到可以忍受為止，而非根本改變：當個案陷入困境時，會有改變的動力。但是，個案此一改變的動力，往往只是想要減輕困難，將問題降低至可以忍受的地步，而非做根本改變。
5. 個人瞭解到有問題，而且處於一種不平衡的狀態下，會促使個人採取行動解決：案主有改變的動機是解決問題的動力，而行動則是解決問題的手段。當案主陷入困境時，會有改變的動力，想讓自己早日恢復生活上的平衡狀態。

參、理論核心概念

一、理論基礎

任務中心理論係由不同理論所發展出來的。茲敘述如下（張淑貞，2001；謝秀芬，2002）：

（一）社會學習理論

強調案主可能因缺乏在特定情境下執行任務的技巧，因而個案工作者可透過示範、觀察、模仿，或將技巧部分化等方式，來影響案主的行動方式、目標的確認，以及任務、行為的演練。

（二）溝通理論

著重行為的系列性和互動性。行動通常是有順序性，一個行動會對另一個行動產生循環的影響。組織會形成為一個行動的社會脈絡，對個人給予標籤或歸類，或對某種個人存在集體的信念，例如：原住民。

（三）系統理論

強調環境及環境中特殊組織的影響力。社會系統影響或產生案主的信念、問題、行動，而案主的改變也會影響其他系統。系統理論外借「部分－整體關係」的觀點，強調案主與周圍環境互動的重要性和影響性。

（四）認知理論

強調案主的信念會影響其行動，信念也會在個案工作者與案主的互動中造成改變。信念就像槓桿的支點，有助於改變舊有信念。信念的內容，包括信念的正確性、範圍、一致性。茲說明如下：

1. 正確性：協助案主瞭解自己信念的正確性為何。
2. 範圍：個案工作者協助案主明確、具體地去認清信念的涵義或範圍。

3. 一致性：調和案主因不一致的信念所造成的扭曲。

（五）問題解決學派

強調以解決問題為主要取向，著重運作程序。由於早期社會工作教育著重以問題解決學派為主，所以問題解決學派對任務中心理論的運作程序有很大的影響。它將焦點放在問題的釐清上，並根據問題所形成的具體任務，將任務的執行予以結構化、步驟化。

（六）功能派個案工作

此學派影響對人的觀點。它主張案主的自我導向功能和個人行為受個人意志的影響，因而藉由機構、個案工作者與案主之間的專業關係，來強化案主的行動力，而有助於案主解決問題的能力。

（七）心理社會學派

強調個人的問題，也就是心理暨社會問題，案主是受其所處環境的影響。所以，個案工作者在預估案主的問題時，應同時考量案主的內在心理因素與外在環境因素的影響。

（八）行為取向

著重合同的使用。個案工作者應安排鼓勵案主完成任務的動機與誘因，並給予案主好的問題解決經驗，協助案主處理未來的問題。

（九）危機調適理論

著重處遇的時間限制，並強調密集性及短期性。此理論認為，所有的危機通常會在六至八週內獲得解決。

事實上，此理論背後的理論基礎，有很大部分是外借於自我分析理論。它透過協助案主使用解決問題的技能，以及維持個人的目標導向和專注，來建立個人的操控能力。亦即個案工作者為案主和重要他人提供有助於其解決目標問題的子任務；接著，逐一將各個子任務依序完成，終至問

題獲得解決。此外，此理論與危機理論在處遇上，也有許多共同的原則可作為實施的依循準則。

　　透過此理論的實施，將使個案在參與排定8-12次的短期處遇後，能在處理自己生活問題的動力和能力方面有正向的改變。

二、任務中心理論的內涵

（一）任務的定義

　　任務是一種描述「生活情境中對個人的需求」，也是案主所同意試圖去紓解的問題（呂民璿，2002）。更具體地說，任務係指案主為緩和問題的嚴重性，所想要採取的行動，此不僅包括案主所想要達到的直接目標，也包括案主即將採取行動的概括說明，而且任務通常是由案主與個案工作者所共同訂定的（張淑貞，2001）。任務可區別為一般性任務（general tasks）與操作性任務（operational tasks）兩種。一般性任務係指為處遇過程設定政策，而操作性任務（operational tasks）則為定出案主應該做的事（張碧琴譯，1995）。

（二）案主的定義

　　「案主」的涵義可以從案主的能力、案主的責任、案主的自願性三方面，予以詮釋（黃陳碧苑等，2001）：

1. 案主的能力：案主必須有認知的能力，且未脫離現實。案主不僅想要自主，而且有能力去掌握自身所面對的問題，從而選取目標問題。
2. 案主的責任：案主願意承擔為解決其問題而訂定的任務，亦即是個案工作者與案主在分析問題及訂定處理問題之計畫上，不可有不能協調的地方。
3. 案主的自願性：案主的自願性，包含下列三種涵義：
   (1) 強調案主在過程中參與和負責。

(2) 以案主的看法為主。

(3) 重視案主的自決權。

（三）問題的界定

1. 問題類別：該理論偏重解決案主的生活問題。案主的問題往往是其生活上常出現，而又想改變的情況。Reid將問題歸納為下列八個類型（張淑貞，2001；曾華源，2002）：

   (1) 人際衝突（interpersonal conflict）：係指兩個人在互動時所引起的衝突，通常是指與經常互動的特定人而言。例如：家庭成員之間的衝突，尤其是在無法接受他人的行為時，最容易產生衝突。

   (2) 社會關係的不滿（dissatisfaction in social relation）：係指個人對於問題本身或自己行為的不滿意，而不是指兩個人的互動關係不良。通常普遍出現在多數人的社交困難。

   (3) 與正式組織間的衝突（problem with formal organization）：係指個人與特定組織或機構間的衝突。例如：病患家屬與醫院間、學生與學校間的衝突。

   (4) 角色執行的困難（difficulty in role performance）：係指案主對於執行某種特定的角色有所困難，尤其著重與家庭的角色有關。

   (5) 難於決定問題（decision problems）：係指案主在面對特殊情況，需要做出決定時，難以做決定。例如：在社會轉型問題上，需要去調整生活或角色變化上的問題。

   (6) 反應性情緒壓力（reactive emotional distress）：係指案主對特定事件感受到有所困難的感覺。例如：案主面對突發事件，或不是個人能力所能控制時，會產生負面的情緒反應（例如：焦慮、緊張、沮喪、挫折，甚至茫然不知所措）。

   (7) 資源不足的問題（inadequate resources）：係專指因資源不充足，而對個人形成限制或障礙。例如：缺乏金錢、食物、住宅及工作等資源。

(8) 其他未分類的心理或行為問題：包括：習慣上的失調、成癮行為、恐懼反應、自我形象等問題。

2. 問題與任務：任務是問題的操作定義，案主完成有關的任務，問題就得以獲得解決。通常個案工作者介入案主生活問題的最終目標是在解決案主的目標問題，而解決案主的目標問題的手段是靠執行任務而來。所以說，就定義而言，任務會比問題更為明確（Reid & Epstein, 1972；白倩如、李仰慈、曾華源，2014）。
通常個案工作者在訂立任務時，宜斟酌注意以下幾點（廖榮利，1987；黃陳碧苑等，2001；曾華源，2002）：

(1) 案主的動機：案主的動機是解決問題最大的驅力，所以在訂定任務時必須考慮案主想做什麼、案主想做多少，去設計案主能夠及樂意承擔的任務。

(2) 任務之可行性：個案工作者宜認識並預估案主、案主問題、案主環境，以及幫助案主選擇更可行的任務。此外，個案工作者也要以積極、正向的態度，就案主的潛能及優勢去衡量任務的可行性。

(3) 任務如有不良後果之處遇：若任務會帶來案主的不良後果，或個案工作者本身否定該任務的目的，則個案工作者有責任讓案主知道該任務的不良後果、個案工作者的意見及立場。然後個案工作者再與案主討論並選擇其他較有意義的任務，或改向其他機構或個案工作者尋求扶助。

(4) 次任務及多元任務：單一任務可以分成好幾個次任務。次任務係指案主為完成其任務而需要作出的一連串行動。而當案主有超過一個目標問題、或當其需要完成多項任務才能解決其問題時，就有所謂多元任務的出現。多元任務可以在同一時期內加以執行，也可以按照先後順序加以執行。然而，在短期處遇模式下，個案工作者只能幫助案主去解決其有能力解決的問題。

(5) 開放式任務及封閉式任務：開放式任務係指不會因目標已完成而不必再繼續執行的任務；故採固定的結案日期，將有助於促成案主儘快完成其任務。而封閉式任務則指因目標完成，便告

結束任務，故採彈性的結案日期為宜。

(6) 並行性任務及依序性任務：並行性任務係指案主將其要履行的任務分成幾個部分，同時進行。例如：一個人吃早餐，可以一邊吃、一邊看報紙、一邊聽音樂。至於依序性任務則指履行一個任務之後，接續再執行另一個任務之意（曾華源、白倩如，2008；白倩如、李仰慈、曾華源，2014）。

(7) 任務可循多種途徑訂定：任務的訂定可循多種途徑，但是個案工作者必須徵得案主的同意。

（四）界定目標問題

界定目標問題時，所強調的是以案主的意願、期望或願意付出最大努力的部分作為出發點。因此，需考慮可處理的問題（accessible problem）、轉介過程中的問題差異、法定問題的處理三方面。茲說明如下（黃陳碧苑等，2001）：

1. 可處理的問題：可處理的問題必須具備以下四個條件：
   (1) 案主知道這個問題的存在。
   (2) 案主承認自己有這個問題。
   (3) 案主願意處理這個問題。
   (4) 案主有能力在會談以外，主動去嘗試處理此問題。
2. 轉介過程中的問題差異：不同的個案工作者或服務機構會對案主的問題有不同的認知，因而在轉介會談時，宜確認案主希望解決的問題及優先順序。
3. 法定問題的處理：法定的問題是不能妥協的，因此個案工作者不妨採取一個積極的態度，以減低案主與機構之間的歧見，但仍然不能對於案主的自尊，作出不由自主的傷害。

茲以確定目標問題與共同設定目標為例，加以說明如下：假設案主在私人成癮輔導中心會見了個案工作者，個案工作者經過個案評估和私人會談以後，兩人達成下列兩個目標問題的確認：

1. 吸食K他命藥物成癮。
2. 潛在的雙極型情感障礙（未確診）。

至此，個案工作者與案主已經確定了個案的目標問題為「吸食K他命藥物成癮」。在這種情況下，設定目標似乎很明顯在於戒掉K他命藥物成癮，並尋求進一步轉介進行雙極型情感障礙的評估。有鑒於設定這些改變目標需要更加具體可行，俾作為下一步驟擬訂和執行行動計畫的基礎。因此，此設定目標如果能邀請案主實際參與，並表達意見，對案主而言，往往是一種自我激勵的方式。也將使案主在個案工作者的指導下，可以去選擇自己想選擇的目標，以及更努力地去完成目標。

（五）目標與任務的連結

個案工作者的任務與處遇目標屬於手段和結果之連鎖（means-ends chain），或手段與結果的一體兩面，端賴事件如何建構。例如：案主想返家，不僅是立即性的處遇目標，同時也是探討和紓解案主與父親人際衝突問題之手段（曾華源、白倩如，2008；白倩如、李仰慈、曾華源，2014）。所以說，事件為未來努力期望之結果，可視為目標，但也可視為達成未來狀況之手段。

如果案主確認其問題可能是形成的原因，並且表示願意加以處遇此問題，此由一般問題便轉變成目標問題。目標問題較一般問題更具有「明確具體」的特性，通常可以呈現出問題可能的原因。個案工作者根據此目標問題，可以進一步與案主共同討論出一個或數個案主可以改變的目標。最後，個案工作者再根據案主可以改變的目標逐一列出一個或數個案主要做什麼，此即為任務。任務可以包括單一任務內所包含的次任務，或是多元任務，兩者在必要的時候都可以做修正。茲以親子衝突為例，說明一般問題、目標問題以及任務三者的關係，如圖6-1所示。

根據圖6-1顯示，針對「親子衝突」的一般問題，如先就「學習表現改善，能有滿意的成績」作為其中一項目標行為而言，可以進一步列出案主想要改變的目標，例如：「能按時完成作業」等。接著，針對「能按時完成作業」的這項目標而言，又可以進一步列出案主想要做的事情，例

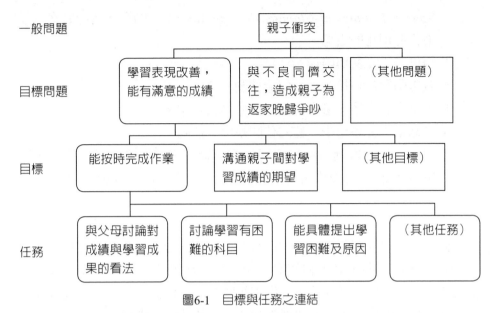

一般問題 親子衝突

目標問題
- 學習表現改善，能有滿意的成績
- 與不良同儕交往，造成親子為返家晚歸爭吵
- （其他問題）

目標
- 能按時完成作業
- 溝通親子間對學習成績的期望
- （其他目標）

任務
- 與父母討論對成績與學習成果的看法
- 討論學習有困難的科目
- 能具體提出學習困難及原因
- （其他任務）

圖6-1　目標與任務之連結

資料來源：白倩如、李仰慈、曾華源（2014）。復原力任務中心社會工作──理論與技術，第131頁。臺北：洪葉。

如：「與父母討論對成績與學習成果的看法」、「討論學習有困難的科目」、「能具體提出學習困難及原因」。上述三項案主想要做的事情，也就是上述所稱的「任務」。

　　對於前述案主的目標問題，如為「吸食K他命藥物成癮」；而其設定目標如為「戒掉K他命藥物成癮，並尋求雙極型情感障礙的評估」。緊接著下一個步驟，個案工作者便需要針對個案進一步研擬並執行以任務為中心的行動計畫。此處所指的目標是意謂「做什麼」，而以任務為中心的行動計畫則是意謂「如何做」。以下試著將上述行動計畫的實施與步驟，說明如下：

1. 確定並消除案主吸食K他命之藥物濫用誘因。
2. 採用歐吉桐、黃耀興、林曉卿合譯（2009）之《物質濫用的團體治療：改變階段的治療手冊》（*Group Treatment for Substance*

Abuse: A Stages-of-Change Therapy Manual）的單元活動方案，以進行個別化的處遇。

3. 提供志工支持與陪伴。
4. 教導學習放鬆技巧以及情緒控制方法。
5. 指定家庭作業，讓案主每日撰寫情緒日記。
6. 鼓勵案主從事至少一種的休閒娛樂或運動。
7. 消除任何阻礙進行精神病評估的障礙（沒有保險、高自費、該地區沒有網絡內提供者等），並將個案轉介給醫院進行可能的診斷。

　　此理論的處遇期間，至少六個月的一系列8-12次或更多次會談，每次50分鐘。在此期間，案主和個案工作者將定期評估案主在實現上述更廣泛目標方面的進展，必要時也會作出相關調整。例如：如果案主報告說情緒日記只會加劇他（她）的非理性想法和情緒波動，則個案工作者可能需要轉至另一種形式的自我評估或完全取消該步驟。

　　在服務對象是否能達到約定的會談次數和時間限制後，個案工作者必須評估其有效性。就像病患從醫療機構出院一樣，如果案主需要更多照料，則由提供者確定這種照料的性質並在適當時間轉介個案或病患。

　　對於上述個案的評估，實不應從「通過或失敗」的角度來看，因為這不能充分反應案主的獨特挑戰。例如：在解決案主的K他命成癮問題時，也許他產生了其他負面現象或副作用，以至於成癮問題開始惡化他本身的健康。很顯然，這不是未能解決最初的成癮問題，而是後遺症所需要解決的意外後果。

　　透過處遇的記錄和報告，個案工作者本身除了會不斷增長專業的知識之外，對於其實施專業的過程與經驗，尤其有效性的問題，也頗多值得其他個案工作者借鏡。這也就是為什麼此理論被社會工作者和其他工作者視為一種循證實踐的原因。

（六）個案工作者與案主的角色及職責

　　個案工作者對於案主向其提出問題之初期，就扮演著一個支持者的

角色。在工作初期，個案工作者可能需要有較大的引導性，一旦建構好任務，就要從這引導角色轉換成鼓舞者角色。換言之，所有直接與達到目的有關的工作，都由案主承擔，個案工作者只是幕後的鼓舞者；而案主的職責，即是履行及完成其任務。這職責要求案主儘量運用個人的內在及外在的資源，並可能要改變一些案主習以為常的待人處事方式以及學習一些新的行為，以完成有關任務。所以，案主是扮演著學習者和行動者的角色，為自己的問題而努力。

（七）服務安排

該理論的處遇原則是短期、簡要及著重結構化，服務安排亦受這些原則影響。此處所謂「簡要」，是指處遇歷程儘量短期以及較早確定處遇終結的日期。此外，由於個案工作者關注所有能解決問題之方法，所以環境處遇及與案主和有關人員一同進行的共同會談，亦是主要的服務安排。

肆、處遇原則與過程

一、處遇目標

該理論的處遇目標，主要有二項（張淑貞，2001；Payne, 1997）：

1. 協助案主解決其所關心的問題。
2. 給予案主一個好的問題解決經驗，以增進案主處理未來困難的能力，並提高受助的意願。

二、基本特徵和原則

該理論具有下列幾項基本特徵和原則（李國隆，2000；張淑貞，2001；Reid, 2011）：

1. 經驗取向（empirical orientation）：著重建立在以經驗取向為基礎。該理論所採取的處遇方法與理論，係根據最有用證據以及個案需求而建立。

2. 理論統整（integrative stance）：該理論綜合以問題解決學派、行為認知學派、認知學派，以及家庭建構理論等經驗主義的理論作為基礎。

3. 集中焦點於案主所認可的問題（focus on client-acknowledged problems）：著重以案主所關心和認可的問題為處遇重點。

4. 系統與脈絡（systems and contexts）：該理論認為案主問題的發生是受到許多相關內容的複雜系統所影響，所以問題的解決或是避免問題的再發生，都會促使相關內容的改變，而紓解案主的困擾。

5. 短期規劃（planned brevity）：該理論屬於短期處遇模式，故個案工作者的處遇次數每週有1-2次，全部處遇歷程約8-12次之內完成。

6. 合作的關係（collaborative relationship）：強調透過關心案主以及與案主共同努力的合作關係，進而激發案主發展處理問題的策略，以及培養解決問題的能力，而非協助案主想出有效的問題處理方式。

7. 有結構性（structure）：訂定一個處遇計畫，包括會談次數，以及建構出一個清楚地行動順序。

8. 問題解決的行動（任務）（problem-solving actions/task）：一個得到案主允諾所進行的問題解決行動（任務），才能帶來成功的改變。這種改變應該是在案主所處的環境中開始進行，因此其處遇重點便是協助案主奠定行動進行的基礎。

三、處遇之關鍵原則的應用

實務上，基於以任務為中心，在擬訂處遇時，宜注意下列三個關鍵原

則。茲以想幫助孩子學習騎自行車為例，加以說明：

1. 使用具體活動：讓孩子騎上自行車！即使你懷疑孩子缺乏獨立騎自行車的力量或平衡能力，孩子也可以通過騎自行車來改善他們的缺陷。
2. 在真實環境中執行任務：到外面教他騎自行車，而不是使用固定自行車。
3. 活動的分級用於讓孩子體驗成功：根據孩子的不同，你可以從控制轉向和車把（同時推動自行車）或騎向小坡（同時控制自行車和剎車的方向）開始。漸漸地，隨著孩子技能的發展，可以整合任務的另一個組成部分。

四、建立誘因和運作的基本原則（establishing incentives and rationale）

該理論將溝通架構分為系統性架構與反應性架構兩種。系統性架構，包括探索案主問題、確認目標問題任務行程、設定時間限度、實踐任務、有效的終結；而反應性架構，則包括提供案主回饋、鼓勵案主自我表達、讓案主感到被接納、使案主能瞭解與運用個案工作者的助力（曾華源，2002）。

個案工作者對於案主完成任務不清楚時，經常會斟酌讓案主瞭解完成任務的未來潛在利益。個案工作者增強案主真實利益的認知或指出案主尚未察覺的積極結果，對個案完成任務具有重大的意義，它將使案主更為積極投入。茲將有助於引發案主完成任務之誘因的溝通技巧，簡要介紹如下（李國隆，2000；黃陳碧苑等，2001；Reid, 2011）：

1. 預期的障礙（anticipating obstacles）：個案工作者在任務計畫過程中，首先要幫助案主認清任務中潛在的障礙，並訂定計畫以便防止或將障礙降至最低限度。個案工作者清楚敘述任務計畫，將

使案主思考任務可能缺乏的方法；若大量的障礙出現，不妨使用結構分析技術，以使任務可能被修正或有另外發展的機會。

2. 模仿和引導練習（simulation and guided practice）：模仿係由案主預演在特定的情況中的行為表現，它通常可以透過角色扮演來實施。個案工作者的鼓勵、示範及外化的瞭解（overt understanding），可促進案主在執行上及情緒上的嘗試。至於引導練習係指會談以外的練習，它可以促進案主評估及改進自己的行為表現，進而確信自己可處理獨力行動。

3. 問題和任務回顧（problem and task review）：個案工作者在訂立任務時需協助案主考慮不同的可行性及作出評估，然後以案主同意的任務及焦點去制定詳細的推行計畫。回顧在於使案主回顧自己的成就以及可改進之處，個案工作者根據回顧的結果會去斟酌下一步要做什麼。若案主的任務未能完成或只完成一部分，個案工作者也會和案主討論障礙，並策劃不同的計畫，以完成任務或運用其他任務完成活動。

4. 結構的分析（contextual analysis）：係指建構工作，又稱「結構化」（structuring）。結構的分析，包括個案工作者與案主互動中的溝通架構及方向、說明目標和治療之性質、對問題、任務、時間性等組織架構作溝通、清楚明確指出與任務有關內容上的反應等（曾華源，2002）。

5. 結案（terminating）：結案可以作為一種推動案主承擔責任、積極參與，以及自我檢討的驅力。結案也可以鼓勵案主發揮本身現有及潛在的能力。

五、評估

評估的目的在於確認行動的要件、行動阻礙的要素與不可改變的限制等。在評估的運用過程中，個案工作者應該嘗試瞭解並適當地評估案主的問題，以協助案主解決問題。通常個案工作者可由下列三方面去著手評估

案主問題（潘淑滿，2000）：

1. 評估案主需求的強度和方向：案主的內在需求與動機可能彼此間是相互矛盾與衝突的，勢必阻礙行動的發展。
2. 瞭解案主內在價值信念：案主的內在信念系統可能會影響行動的方法，因此，個案工作者必須謹慎評估個案的內在價值信念，並仔細評估可被改變與不可被改變的價值信念為何。
3. 協助案主瞭解信念之影響：個案工作者在提供服務過程，必須協助案主瞭解自己的價值信念是否正確以及看清信念的範圍，進而協助其瞭解信念不一致可能造成的扭曲與影響。

六、「任務計畫和執行程序」的執行步驟

任務中心理論在中期階段，最主要工作是在設定任務計畫和執行程序（Task Planning and Implementation Sequence, TPIS）（Naleppa & Reid, 2003; Blanca M. Ramos & Eleanor Reardon Tolsin, 2008; Anne E. Fortune, 2012；簡美華，2013）。根據Naleppa與Reid（2003）的說法，任務計畫和執行程序的主要執行步驟如下：

1. 案主和個案工作者一起腦力激盪發展替代性任務：在腦力激盪的過程中，個案工作者應鼓勵案主主動找出可能的任務，以及尊重案主的決定。
2. 任務中心理論相信個人之所以想要執行任務是因為有未滿足或想解決的問題：案主的改變有賴於案主的行動，所以個案工作者應該表達相信案主想改變的意願，並透過鼓勵的方式，激發案主改變的動機。
3. 選定可達成、可處理，以及問題相關的任務：亦即給予任務。Naleppa與Reid（2003）認為中間階段任務類型可分為三種：(1)以認知任務增加對問題的瞭解、想法及信念；(2)行為任務主要改變

案主的行為；(3)情境任務則是改變或改善案主的情境。個案工作者可透過探詢瞭解案主打算如何處理問題，以及已經嘗試過的方法，那些是有效的？

4. 案主同意任務：強調案主的責任與合同的執行，案主與個案工作者共同決定任務的優先順序為其先決條件。

5. 計畫執行的細節：案主選定任務以及同意任務後，個案工作者會依據案主的個別需要而決定執行的細節。所以說，案主同意任務是要等到計畫所有的執行細節擬訂後才算完全同意。所有的執行細節的討論，包括人員、時間、頻率、期間、地點，以及任務參與者的參與程度。任務參與者可分為參與者個別任務執行者（案主、主要照顧者、個案工作者）或分擔任務者（案主和主要照顧者、案主和個案工作者、主要照顧者和個案工作者）（Naleppa & Reid, 2003；簡美華，2013）。

6. 示範、預演和實境執行：該理論在執行任務的過程，也採用行為治療技術，並強調示範、預演和現場的實境反應。

7. 預期任何阻擋案主解決問題的因素、動機、認知、情緒問題、案主技巧、身體功能和外在系統等，皆可事先討論如何處理：通常個案工作者要預先準備並分析案主在完成任務時，可能面臨的所有難題及阻力為何。尤其當案主出現不尋常的恐懼和不安時，個案工作者的任務在於引導出案主有問題的情緒，辨識出案主認知的來源，並協助案主將其想法和感覺導向真實。

8. 檢視任務的進展和任務未成功的原因：任務無法達成的原因，諸如：期望不明確、未有機會執行任務、非預期的阻礙出現、案主缺乏適當技巧或案主缺乏動機（Naleppa & Reid, 2003；簡美華，2013）。

9. 回顧目標問題是否解決或減少：檢視處遇的進展，除任務達成評估外，尚包括短期、中期和長期目標的評估，以評估目標問題的減少或消失，並確認任務的有效性。

10. 評量新問題是否可被選為目標問題：案主如出現非目標問題時，個案工作者可能需要徵詢案主的同意，並與其共同決定調整或修

正目標問題。

11. 重訂合同的時間或次數：個案工作者應於每次會談時，提醒案主已進行的會談次數，或與其討論修正會談次數（Tolson et al., 2003）。

七、處遇程序

任務中心理論之處遇程序的劃分，不同學者間仍有不同的看法，茲列舉說明如下：

（一）處遇程序分為三個階段

潘淑滿（2000）認為該理論之運作程序，主要包括下列幾個階段：

1. 第一階段——訂定合同階段：該理論主要特色是「簡要」與「時間限制」，其處理程序開始於案主同意進行短期評估，當目標達成也就結束專業關係。而確定問題之步驟，包括下列幾項：
   (1) 步驟一：協助案主用自己的方式敘述問題，以確認潛在問題。
   (2) 步驟二：瞭解案主對問題的看法，個案工作者與案主形成初步共識。
   (3) 步驟三：面質不合理或不可能解決的問題。
   (4) 步驟四：先接納案主對解決問題之優先次序的界定，再提出那些不被案主接受或瞭解的問題。
   (5) 步驟五：視情況而定，必要時要求其他相關人員共同參與會談過程。
   (6) 步驟六：對於非志願性案主，宜謹慎評估其被轉介的主要原因。
   (7) 步驟七：需瞭解問題於何時、何地、如何發生等細節。
   (8) 步驟八：個案工作者需以書面方式，將問題明確化。
   (9) 步驟九：個案工作者需與案主共同設定目前問題之基線。

(10) 步驟十：個案工作者需與案主共同決定所想要改變的目標。

2. 第二階段——執行合同階段：個案工作者和案主根據合同階段所訂定之合同開始執行任務，執行工作內容包括：

(1) 設立記錄系統。

(2) 確認行動策略。

(3) 任務達成應給予獎賞，形成共識。

(4) 確定案主瞭解任務的價值，以及有助於達成目標的方式。

(5) 經由模擬或引導方式，協助案主透過學習過程學習相關之技巧。

(6) 分析阻礙達成行動之因素。

(7) 有計畫的完成任務。

3. 第三階段——結束合同階段：此階段案主及個案工作者的主要工作，包括下列幾項：

(1) 說明以前和現在目標行為改變情況。

(2) 與改變有關聯之相關成員參與評估。

(3) 規劃未來計畫。

(4) 訂定額外合同，以確保正確結束或設立新的問題或任務之過程。

(5) 明確結束專業關係。

(6) 朝向長期處遇的目標。

(7) 轉介其他機構接受其他服務。

另簡美華（2013）認為該理論之運作程序，主要包括下列幾個階段：

1. 初期階段：著重與案主討論轉介來此機構的原因、評量案主所認定的目標問題、形成處遇合同、發展和執行初期任務。初期階段的主要活動，包括下列幾個部分：

(1) 說明個案工作者的角色、目的、處遇過程。

(2) 獲取基本資料和家庭成員資料。

(3) 目標問題和優先順序。

(4) 探索目標問題。

(5) 擬訂處遇目標。

(6) 訂定處遇合同。

(7) 多向度評量。

2. 中間階段：當案主想要解決問題時，即是執行任務的中間階段。中期階段的主要工作為設定任務計畫和執行程序（TPIS）。上述任務計畫和程序之執行步驟的基本目標乃在於增權案主，其主要活動包括下列幾個部分：

(1) 發展任務。

(2) 建立動機。

(3) 選定任務。

(4) 同意任務。

(5) 計畫執行之細節。

(6) 示範、預演和執行。

(7) 預期阻礙。

(8) 檢視進展和任務未達成之原因。

(9) 回顧問題改善情形。

(10) 評量新問題（目標問題）。

(11)重新訂定合同之次數或時間。

3. 結案階段：通常是指最後一次會談。結案階段的主要目標是在於回顧問題、維持改變的計畫、檢視問題解決過程、討論對分離的反應和肯定案主的成就。此階段的主要活動，包括下列幾個部分：

(1) 回顧問題和評估目標達成程度。

(2) 強化處遇成果。

(3) 肯定案主的改變。

(4) 檢視問題解決技巧。

(5) 未來計畫。

(6) 處理對結案之反應。

（二）處遇程序分為四個階段

根據Reid的早期看法，認為該理論之運作程序，其主要包括下列幾個階段（李國隆，2000）：

1. 問題探索與詳述—評估（problem exploration and specification; assessment）：個案工作者在與案主的第一次會談中，雖澄清問題及探索焦點會放在案主需求上，但經過個案工作者指出案主所未意識到的潛在困難或這些困難未被注意所導致的結果以後，顯然目標問題可能應著重在個案工作者提供本身的知識和看法，並與案主討論後所提出的需求。因此，案主可能會改變其對問題的理解，或在非志願性案主中可能瞭解其有一些希望解決的困難。此過程的結束（通常是第1、2次會談），個案工作者和案主應對於想解決的問題需要達成明確的共識。

2. 合同（contracting）：亦即個案工作者和案主發展一個口頭或書面的合同。在合同中，案主同意和個案工作者共同為一個或多個明確陳述的、意識到的問題而努力。合同包含了案主與問題相關的目標陳述，也就是案主想達到何種的問題解決方法。案主甚至不需要較高的動機來解決問題，但案主必須至少同意為解決問題而努力。一旦合同形成，必須遵守這些條件。合同也包含一個限制處遇的評價，通常表達會談的期間以及每次會談的時間。惟在服務期間內，合同應該是可再研商、再改變的，俾能包括新的問題或更長的服務期間。

3. 任務規劃（task planning）
   (1) 任務計畫過程
       A. 確認可能的任務。
       B. 達成共識。
       C. 計畫執行的情況。
       D. 任務摘要。
   (2) 任務的執行
       A. 設立記錄系統，尤其合同中要求有系列的或重複的行動時。

B. 確認策略，確認完成任務的動機、誘因與獎賞。

C. 確定案主瞭解完成任務的價值及任務將如何協助達成目標。

D. 藉由模仿或引導式練習，練習完成任務的相關技巧。

E. 分析與去除障礙（動機、理解力、信念、情緒、缺乏技巧）。

F. 規劃工作者的任務：個案工作者的任務，包括：

　　a. 與案主以外的人合作，協助案主達成任務。

　　b. 安排引發成功的誘因。

　　c. 在案主技巧或資源不足時，與案主共同分擔以達成任務。

　　d. 在每次會談時與案主一起回顧已達成的任務及關聯性改變的分析。

4. 結束階段

(1) 描述以前和現在之目標問題的型態。

(2) 由個案工作者、案主及與改變有關的他人共同評估。

(3) 計畫未來及協助案主處理未來的問題。

(4) 額外的合同，使過程完整結束或建立新任務。

(5) 若案主與個案工作者或機構仍將持續接觸，要有一明確的結束。

(6) 朝向長期處遇過程或安排追蹤。

(7) 轉介其他機構接受其他服務。

其後，Reid（2011）將此理論之運作程序簡化成下列三個階段：

1. 初始階段：個案工作者與案主探索並同意目標問題，以及訂定合同。合同內容，包括工作焦點、期間、初始工作，以及初始策略。此階段主要內容如下：

(1) 討論轉介原因，特別是非自願個案。

(2) 探索與評估案主所認可目標問題及背景。

(3) 訂立服務合同，包括問題與目標的確立、處遇方法的說明、處遇期限的同意。

(4) 初期外部任務的發展與執行〔如中間階段(5)與(6)〕。

2. 中間階段：此階段的會談重點著重個案工作者的會談情形。個案工作者每次會談都依照相同的模式在進行，其焦點偏重在回顧任務、案主的反應，以及形成新的任務而有更進一步的改變，尤其提供會談結構的指導。每次會談所遵循的形式如下：

(1) 回顧問題與任務。

(2) 確定與解決（實際的）障礙。

(3) 背景分析。

(4) 每次會談任務（會談有二人以上）。

(5) 規劃外部任務

    A. 形成任務的可能性。

    B. 建立動機。

    C. 規劃任務的執行。

    D. 確認與解決（預期的）障礙。

    E. 指導練習、模仿。

    F. 同意任務。

    G. 概述任務計畫。

(6) 任務執行（2次會談之期間）。

3. 結案階段：係指最後1次或2次會談。在最後的會談，個案工作者與案主著重回顧問題的過程，並確認案主是否已經成功地使用問題解決策略，以及處理結案所帶來情緒反應。此階段主要內容如下：

(1) 回顧目標問題以及所有問題情況。

(2) 確認案主已經成功地使用問題解決策略。

(3) 討論留存的問題能夠做的，在第二階段被認可的策略是有用的。

(4) 結案反應之認可。

對於上述分類，有學者（Michael S. Kelly and Marjorie E. Colindres, 2020）則認為此理論第一個步驟是在成功定義目標問題；接著，第二個

步驟乃在建立目標，以便個案工作者於成功處理目標問題後，能使案主簽訂合同，此合同包括協助促進預期改變的時間表。再接著，第三個步驟是在經過幾次會談之後，案主和個案工作者分享他們同意執行的特定任務的結果。最後，第四個步驟是在於會談轉向在關注總體目標的完成情況，以及是否有另一個以任務為中心的目標設定過程是必要的，或者社會工作干預是否成功到足以考慮結案。

此理論可以對個人、夫妻、家庭和團體有效。前面兩個步驟側重於評估，其中包括列出目標問題並將其優先考慮為可實現的目標。然後將目標分解為更小的、更具體的目標（部分化），以及可能對實現目標有用的策略和任務。

（三）處遇程序分為六個階段

張淑貞（2001）、謝秀芬（2002）均認為個案工作者和案主是以一種合作的態度進行一連串的行動，其主要的進行行動，包括下列幾個階段：

1. 問題探索與詳述：預估

(1) 探索焦點在案主的需求上，個案工作者可指出案主未意識到的潛在問題或這些問題未被注意所導致的結果，故目標問題是個案工作者與案主討論後所共同決定的。

(2) 將問題以具體且可被改變的特殊情況作描述，亦即以案主可瞭解的說法詳細描述，並建立可被測量的改變對照基準。

(3) 問題的探索對預估來說是一種資料蒐集的工具。

(4) 個案工作者於預估時應審視相關知識理論，提出可能的解釋。

(5) 預估的目的是要確認行動要件、行動阻礙、不可改變的限制：

　　A. 任務執行過程必備的條件。

　　B. 行動阻礙意謂任務執行過程可能的阻力分析。

　　C. 不可改變的限制意謂對任務的完成不可改變的阻礙。

2. 確認問題

(1) 協助案主以自己的方式敘述問題，以確認潛在的問題，對問題形成暫時的共識。

(2) 挑戰未解決的或不合理的問題定義。

(3) 提出額外的問題，以呈現不被案主接受或瞭解的問題。

(4) 必要時尋求他人的參與。

(5) 若為非自願案主，評估轉介原因。

(6) 瞭解問題何時、何地發生的細節。

(7) 確認解決問題的阻力與助力。

(8) 以書面方式詳述問題。

(9) 對問題建立基線。

(10) 決定所要的改變。

3. 訂立合同

(1) 建立工作共識，詳述案主所定義的問題。

(2) 安排問題的優先順序。

(3) 界定所要的處遇結果。

(4) 設計第一階段的任務。

(5) 同意所擬訂的合同及工作時限。

(6) 以文字明確表達，避免認知上的差異。

4. 任務規劃與執行

(1) 任務規劃過程

    A. 確認可能的任務。

    B. 達成共識。

    C. 計畫執行的情況。

    D. 任務摘要。

(2) 任務的執行

    A. 設立記錄系統，尤其合同中要求有系列的或重複的行動時。

    B. 確認策略。

    C. 確認完成任務的動機、誘因與獎賞。

    D. 確認案主瞭解完成任務的價值及任務將如何協助達成目標。

    E. 藉由模仿或引導式練習，練習完成任務的相關技巧。

    F. 分析與去除障礙（動機、理解力、信念、情緒、缺乏技巧）。

    G. 規劃個案工作者的任務。

(3) 個案工作者的任務

    A. 與案主以外的人合作，協助案主達成任務。

    B. 安排引發成功的誘因。

    C. 在案主技巧或資源不足時，與案主共同分擔以達成任務。

    D. 在每次會談時與案主一起回顧已達成的任務，以及關聯性改變的分析。

5. 任務回顧與分析

(1) 回顧執行成效。

(2) 任務若已實行，則可再形成相同問題或不同問題的另一個任務。

(3) 若任務未執行或只獲得部分成效，則討論所發展的障礙。

(4) 設計不同的任務計畫。

(5) 關聯性分析任務達成的障礙和目標問題之改變間的關係。

6. 結束階段

(1) 描述過去和現在的目標問題。

(2) 由個案工作者、案主及與改變有關的他人共同評估。

(3) 計畫未來及協助案主處理未來的問題。

(4) 使過程完整結束或建立新任務。

(5) 若案主與個案工作者或機構仍將持續接觸，要有一明確的結束。

(6) 朝向長期處遇過程或安排追蹤。

(7) 轉介其他機構接受其他的服務。

(8) 強化問題解決的努力及案主所獲得的相關技術。

伍、理論的應用

    該理論的主要特色在於「簡要」與「時間限制」，是偏重短期處遇取向。由於此理論頗為實用且可行，已成為當前社會工作教育中社會工作理論的一個主流，但仍不免有一些實務上需要面對的限制。茲將其優點及缺點分別敘述如下（廖榮利，1987；張淑貞，2001；黃陳碧苑等，2001）：

一、優點

該理論的主要優點，計有：

1. 短期且簡要的介入：該理論是一種短期、有時限性的處遇模式。它不僅強調「短期且簡要」的介入，並且將解決問題的策略，聚焦在此時此刻的問題、期望及學習。此理論可以對個人、夫妻、家庭和團體有效。前面兩個步驟側重於評估，其中包括列出目標問題，並將其優先考慮為可實現的目標。然後將目標分解為更小的，更具體的目標（部分化），以及可能對實現目標有用的策略和任務。

2. 重視案主的同意與參與：該理論尊重案主的能力、驅力及潛能，並且認為讓案主自主才能滿足案主的期望，從而積極參與解決問題。

3. 案主的問題與任務相關聯：該理論係透過任務與行動設計，來幫助案主計畫與實現問題的解決，故案主所認可的任務對於案主問題的解決具有相當大的助益。

4. 理論多元化：該理論主張在不同的工作目標下，引用適當的理論體系，以達到最佳的治療效果。故此理論要求個案工作者對各種有關理論需有廣泛的認識，並能有快速且正確運用多元的預估與處遇。

5. 人與環境的關係：該理論強調人與環境的協調。此處環境係指實質的社會資源，以及案主的社會環境。因此對於案主在生活上所面臨的問題，必須從個人、環境，以及交互因素加以探討。

6. 專業訓練：該理論強調對於行為理論認識較少的個案工作者，也能運用此理論來處理較簡單的問題。所以說，此理論也能兼顧到廣泛運用現有人力資源的問題。

二、缺點

該理論的主要缺點如下：

1. 合同的提供造成案主和個案工作者間的假平等，等同於專業霸權的概念。
2. 無法有效處理因社會結構不公平，而帶來的不平等或社會問題。
3. 該理論之結構清晰，以及目標問題的取向，可能引發個案工作者原本應提供長期性服務，反而不恰當地使用此種理論取向。
4. 該理論看似簡單，實則複雜。所以，個案工作者仍然需要具有高度技巧及訓練方能勝任。
5. 對某些類型的案主不適用（張淑貞，2001）：
   (1) 並非要解決特定明確的問題，只想對一些問題作探索：該理論不適用於案主較希望能探究有關存在的議題，例如：關心自己的生活目標、身分、或誰願意談論關於壓力的經驗。因為此類型案主對於採取行動解決生活問題，並不感興趣。
   (2) 案主不能接受結構式的協助：例如：案主寧願用臨時、非正式的方法來獲得幫助，或是案主面對喧囂的環境，這樣可以不必被孤立，也不用跟著特定問題在進行著。
   (3) 案主想改變的問題無法藉由任務達成：例如：案主具有心因性的或是行動困難的問題，此類型案主不可能去確認與完成問題解決的任務。
   (4) 不希望被幫助的「保護」個案：該理論若運用在許多不想尋求個案工作者協助或最初勉強答應接受來自個案工作者的影響，均較難以使案主改變對問題的概念。
   (5) 當個案沒有意識到問題或問題涉及慢性心理障礙（例如：精神病）時，此方法效果不佳。
6. 用途和侷限性：此理論可以實施於任何規模的個案端系統，只要它們的問題可以被識別、優先排序，並適應可實現的目標。儘管建立在個案的資源和技能之上是干預計畫的一個重要方面，但此

理論並不強調個案的優勢。對於相信「命運」必須被接受的特定文化，此理論將更難以有效地應用。此外，此理論也難以應用於需要協商共享和互惠目標的多個個案端系統。

陸、案例運用

一、處遇時間

103年11月3日至105年3月2日

二、開案原因

小虎（以下稱呼案主）因經常逃學、逃家，以及其家庭功能不佳等原因，被列為兒少保護案件。

三、個案基本資料

案主曾於國小三年級至六年級期間，因案母重病，生活困難而經家人申請委託安置到進入國中一年級前為止。案主在安置機構返回家裡以後，案主並不習慣住在家裡的生活，因而經常晚歸或居住在朋友家裡。一直到國二上學期，問題情況更為嚴重，案父母乃商請某少年機構協助輔導。

案主與案父母一家三口，住在一起。案家的經濟狀況欠佳，住居環境也顯得非常髒亂。根據案主表示，家裡的環境整理，都是在案父有空時才會整理。案父平時忙於工作，對案主的管教均委由案母負責。案父目前在工廠擔任臨時工，工作狀況並不穩定。案父與案主彼此的關係，呈現疏離的情況。案主認為案父過度嘮叨，所以彼此間經常處在緊張的狀態中。案母因罹患乳癌，在家療養並需要定期到醫院回診。案母平時與案主的溝通

較好，關係也比較親密。然而，案母重病在身，實難以掌握案主的行蹤，以及約束案主的行為。案兄與案姊目前均分別在外地工作或讀書。案主與案兄、案姊之間的關係，也是呈現疏離情況。案主表示案兄曾動手打過他，所以案主不想再跟他來往。又案姊與案主也很少連絡。案兄、案姊與案主的血緣關係不同，案兄、案姊是案父前妻所生。

　　案主平時的交友狀況較為複雜，其所結交的朋友，不乏有中輟生以及成年人。開案初期，案主經常無故不到機構參與會談，而且其到校率也不高。根據學校的記錄顯示，案主經常中輟，以及經常深夜在外遊蕩，並進出複雜場所。案主也會吸菸、喝酒，並有吸食K他命的記錄。案主於今年初另犯竊盜案被少年法庭收容在少年觀護所約二個月期間，旋經法官裁定保護管束。

四、家系圖

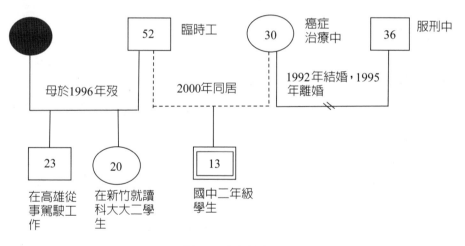

圖6-2　案主的家系圖

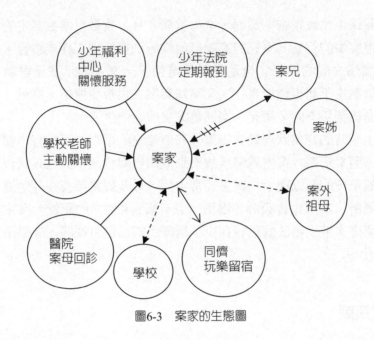

圖6-3　案家的生態圖

五、處遇過程

（一）問題

　　茲就案主、案家、社工員，以及少年保護官對於案主的問題、案家的問題的看法，簡略說明如下：

1. 案主覺察的問題

(1) 行為偏差問題（抽菸、喝酒、逃學、逃家、竊盜、吸食K他命）。

(2) 因竊盜事件在執行保護管束中，但案主擔心會被關。

(3) 很難與案父及家人相處。

2. 案家覺察的問題

(1) 案母癌症在身，難以照料家庭，亦無法約束案主的在外行為與交友。

(2) 家庭經濟不穩定。

3. 社工員認為案主本身的問題

(1) 案主無法依附家庭，以致疏離感較強。

(2) 案父母對於案主的偏差行為，因無法約束，所以演變成放任不管。

(3) 案主交友不良，出入複雜場所，容易耳濡目染。

(4) 案主經常遲到、無故不到校，或翻牆私自離開學校。

(5) 缺乏生活常規。

(6) 缺乏自我控制能力。

4. 社工員認為案家潛在的問題

(1) 非正式資源（自然資源體系）不足。

(2) 案父母的管教角色執行困難

　　A. 案父疏忽管教，以致無法與案主做親子間的溝通。

　　B. 案主與家人的連結力較為薄弱。

(3) 案家包括案兄、案姊都無法提供案主的非正式支持。

5. 少年保護官認為案主的問題

(1) 案主有偷竊、拉K的行為。

(2) 案主有渴望被愛的需求。

（二）目標問題的確認

上述案主或案家的問題，經案主同意作為處遇的目標問題，可以歸納如表6-4所示。

1. 案主經常逃學、逃家，以及交友不良。

2. 案主有偷竊、拉K的行為。

3. 很難與案父及家人相處。

4. 家人間很少互動，溝通也不好。

（三）排定優先順序

上述案主的目標問題，社工員讓案主選定前三項，並排定其優先順序，作為其目標問題，如表6-4所示。

1. 案主有偷竊、拉K的行為。

2. 很難與案父及家人相處。

3. 案主經常逃學、逃家，以及交友不良。

4. 家人間很少互動，溝通也不好。

表6-4　案主之優先目標問題、訂定目標與產生任務

優先順序	目標問題（主要目標）	探索目標問題	處遇目標（次目標）	目標的訂定與產生任務		
				短期目標	長期目標	操作目標
1	有偷竊、拉K的行為	案主自我控制能力較低。	防止偏差問題持續惡化。	案主：有事情要打電話與社工員、少年保護官聯絡；並不得吸毒。案父母：家人需要多加關心案主及陪伴案主。	案主：提高案主的自我控制能力，並避免偷竊行為的發生。	案主：偷竊行為一次都不能再發生。
		案家以及案學校均無法約束案主在外行為。	遠離毒品的危害。	案主：認識及瞭解毒品危害的常識。案父母：家人需要多留意案主的吸毒情形，並予以支持其戒毒。	案主：戒除毒品。	案主：吸毒行為一次都不能再發生。如有吸毒行為前，一定要請求家人或社工員協助避免吸毒。
		案主害怕被法院送去關起來。	避免進入少年輔育院。	案主：定期向少年保護官報到，以及	案主：完成保護管束的執行應遵守事	案主：不得有2次以上的勸導記錄，

優先順序	目標問題（主要目標）	探索目標問題	處遇目標（次目標）	目標的訂定與產生任務		
				短期目標	長期目標	操作目標
				遵守保護管束應遵守事項。案父母：家人需要督促案主按時報到，以及保持善良品行。	項，並避免再犯。	或者違反保護管束應遵守事項情節嚴重。
2	很難與案父及家人相處	案父平時工作心煩，加上案主行為表現不佳，案父很容易借題發揮。	教導案父如何心平氣和與案主談事情。	案主：需要學習如何自我控制情緒，以及心平氣和與家人溝通。案父：需要學習穩定情緒與少年溝通。	案主、案父：都能自我控制情緒，並理性表達意見。	案主：需要學習如何自我控制情緒，以及心平氣和與家人溝通。案父：需要學習穩定情緒與少年溝通。
		案父母不知道如何管教子女。	教導案父母有效的管教方法，重新建立親子關係。	案主：需學習與家人談話之傾聽與同理的技巧。案父母：需學習與案主之傾聽與同理的技巧。	案主、案父母：彼此之間的溝通有所改善。	案父母：需與社工員、少年保護官一個月1次的定期聯繫，並討論如何重新建立親子關係。

優先順序	目標問題（主要目標）	探索目標問題	處遇目標（次目標）	目標的訂定與產生任務		
				短期目標	長期目標	操作目標
3	經常逃學、逃家，以及交友不良。	1.案父時常嘮叨，案主與案父之間呈現緊張的狀態。 2.案主與案兄關係疏離，案主不想跟他來往。	穩定案主的情緒。	案主：主動告知家人自己的情緒狀態，並尋求支持。 案家：案父以及其他家人需要避免嘮叨式的管教方式，並能安撫案主的不良情緒。	案家：家人能成為案主之情緒支持系統。	案父母：如發現案主情緒不穩時，會由父母其中一人，主動與案主聊天及關心他。
		3.案主在家感覺沒有人陪伴，也覺得沒事可做，很無聊。	培養案主的正當休閒習慣。	案主：鼓勵案主單獨在家進行休閒娛樂，打發時間。	案主、案家：都能有共同時間歡聚在一起。	案主：例假日宜安排與家人共同看電視節目至少30分鐘。
			找機會與家人閒談。	案主：學習如何與父母閒談。 案父母：宜學習如何與子女閒談。	案主、案家：都能主動交談。	案父母：每天親子間至少主動閒談10分鐘。

優先順序	目標問題（主要目標）	探索目標問題	處遇目標（次目標）	目標的訂定與產生任務		
				短期目標	長期目標	操作目標
		1.家中缺乏玩伴。 2.覺得跟學校的同學在一起，不好玩。	主動從事家事。	案主：可練習如何整理家務。 案父母：教導案主如何整理家務。	案主：能主動幫忙及分擔做家事。	案主：例假日安排餐後洗碗或洗衣服至少各1次。
			結交好朋友。	案主：需要瞭解如何分辨好壞朋友。 案父母：注意案主交友情形。	案主：能主動與家人談論交友情形。	案主：併入閒談話題之一。
			鼓勵參加學校或社區的正當休閒娛樂活動。	案主：主動參加學校或社區的正當休閒娛樂活動。 案父母：家人宜多鼓勵案主參加學校或社區的正當休閒娛樂活動。	案主：能與學校的同學遊玩。	案主：每月主動參加學校或社區活動至少1次。

優先順序	目標問題（主要目標）	探索目標問題	處遇目標（次目標）	目標的訂定與產生任務		
				短期目標	長期目標	操作目標
4	家人很少互動，溝通也不好。	1.案父平時忙於工作，疏忽管教；案母癌症在身，難以照料家庭。2.案兄、案姊均居住在他縣市，無法提供案主的非正式支持。	教導如何進行家人溝通。	案主：積極參加家庭會議。案父母：學習召開家庭會議。	案主、案家：彼此間有正常的溝通管道進行溝通。	案家：家人間每個月可固定一天為家庭日，辦理聚餐及召開家庭會議。
			協助案家獲得經濟上的協助。	案主：案主需要學習如何照顧案父母。案家：案父需早日穩定自己的工作。案兄需修復與案主的關係。案姊需多與案主互動。	案家：建立案主的非正式支持系統。	案家：建立案主的非正式支持系統，必要時申請社會局或勞工局提供扶助。

資料來源：研究者歸納研究而得。

（四）訂定目標與產生任務

　　根據上述案主的主要目標與次要目標，社工員可以協助案主將目標分為短期目標、長期目標，以及操作目標加以訂定，並據以產生任務，作為案主改變目標行為之需。

（五）訂立服務合同

根據上述案主的主要目標、次要目標，以及操作目標，社工員已經可以明確化案主的目標。這些目標如經案主同意後，社工員往往會進一步說明案主與社工員雙方在處遇過程中的角色與責任。此時，案主與社工員所訂定的服務合同也正式完成。以下說明案主所同意改變的行為如下：

1. 案主方面

(1) 案主答應不再逃家、逃學、偷竊、拉K等，有事情會打電話與社工員、少年保護官聯絡。

(2) 案主答應接受社工員一個月各2次的定期會談、電話會談，為期一年；定期向少年保護官報到，以及遵守保護管束應遵守事項。

(3) 案主答應例假日，會安排與家人共同看電視節目至少30分鐘。

(4) 案主同意在保護管束期間不會有2次以上的勸導記錄，以及違反保護管束應遵守事項情節嚴重的情事發生。

(5) 案主同意每天親子間至少主動閒談10分鐘、例假日餐後會洗碗或洗衣服至少各1次。另，每月主動參加學校或社區活動至少1次。

2. 案家方面

(1) 案父母答應與社工員、少年保護官一個月1次的定期聯繫，並討論如何重新建立親子關係。

(2) 案父母答應，如發現案主情緒不穩時，會由父母其中一人，主動與他聊天及關心他。

(3) 案父母答應每天親子間至少主動閒談10分鐘。

(4) 案父母答應會督促案主按時報到，以及保持善良品行。

(5) 案父母答應家人間每個月會固定一天為家庭日，辦理聚餐及召開家庭會議。

(6) 案父母同意建立案主的非正式支持系統，必要時申請社會局或勞工局提供扶助。

（六）分析障礙（阻力、助力分析）

1. 阻力分析

(1) 案主的偏差行為較嚴重，且形成時間也較長。

(2) 案家之親子關係及手足關係均疏離，重新連結需花較長時間。

(3) 戒毒的難度較高。

(4) 交友較為複雜，導致受到不良朋友的影響力仍大。

2. 助力分析

(1) 案母對案主仍相當關心，願意儘量提供協助。

(2) 少年保護官的法律強制力，有助於案主早日平穩下來。

(3) 已有社會福利、醫療、司法等系統介入，可整合為完善的支持系統。

(4) 案主害怕被關進少年輔育院。

（七）提升案主、案父母完成任務的承諾

1. 案主部分

(1) 社工員與案主討論如何處遇之後，案主同意並訂定合同。

(2) 少年保護官向案主說明法律規定後，案主同意接受保護管束應遵守事項的規定。

(3) 案主害怕被關進少年輔育院。

2. 案父母部分

社工員與案父母討論如何處遇案主後，案父母同意並訂定合同。

（八）指導案主、案父母練習、模仿的技巧

社工員或少年保護官與案主會談時，宜儘量讓案主或案父母自行演練角色扮演所討論的議題。

（九）修正

1. 案主法律觀念較薄弱，需要商請少年保護官介入並予以協助。

2. 案父母經常無法參加親職教育課程，需要借助少年保護官加強親職教育輔導課程。

（十）任務回顧

1. 案主部分

(1) 案主有時定期會談會爽約，也會不接聽社工員的電話。

(2) 案主有時仍會逃家、逃學，但次數已減少很多。

(3) 未發現有偷竊以及拉K的行為。

(4) 案主偶爾會與案父母做短時間的交談。

(5) 案主與不良朋友的聯絡減少。

(6) 案主偶爾能接受家人的指示，從事打掃工作。

2. 案家部分

(1) 案父不習慣與案主交談。

(2) 案父已能不定期與社工員及少年保護官聯繫。

(3) 案父最近工作無著，很少工作。

(4) 案家難以召開家庭會議。

3. 社工員部分

(1) 案主行為表現仍然不穩定，仍然有必要持續接受兒少保護服務。

(2) 案主屬於不安全依附，擬安排案主進行短期處遇或治療。

(3) 繼續加強激發案主接受定期會談的動機。

(4) 繼續加強輔導案家接受親職教育。

(5) 繼續加強與案主、案父母、少年保護官，以及學校保持聯繫。

（十一）檢討與評估

1. 案主自我控制能力有所提高。

2. 案主偏差行為已見減緩。

3. 家庭會議的召開，對案家不易實施。

4. 運用學校老師的資源，仍嫌不足。

（十二）發展新任務

1. 社工員應該扮演個案管理者的角色，加強與少年保護官、學校等相關人員之間的聯繫，以加強對案主的外在控制力量。

2. 社工員可以試著參與案家家庭會議，提供案家協助與諮詢。

3. 運用學校老師的資源。

六、案例討論

任務中心模式在國外常被運用在少年福利工作、少年觀護工作，故此案例運用任務中心理論作為社會工作處遇的模式，頗有參考價值。此案例具有下列幾個特色：

（一）處遇流程清楚

此案例源於某機構當時在召開個案研討會時，提出研討，並經作者改寫而成。由於此案例當時仍在執行中，所以處遇流程僅記載從開始階段到中間階段。論其過程簡明易懂，頗具實務價值。其初始階段，包括：1.探索與評估案主所認可目標問題；2.訂定目標與產生任務；3.訂立服務合同。中間階段包括：1.確定與解決（實際的）障礙；2.提升完成任務的承諾；3.指導案主、案父母練習、模仿；4.修正。至於其後該個案仍需經過結束階段，才能正式結案。結束階段包括：1.回顧問題的過程；2.檢討與評估；3.處理結案所帶來情緒反應。

（二）具短期性和有結構性的處遇特質

在個案量大及資源有限的情況下，運用任務中心理論可以有效協助案主。由於該理論本身具有短期處遇的特色，亦較能符合處遇之經濟與效益的原則。本案例因案主仍然有些偏差行為無法完全改善，因而令人質疑是否用錯處遇理論或方法。事實上，處遇理論或方法本身是沒有對與錯的，問題在於個案工作者想用何種取向來協助案主解決問題。尤應特別說明此案例截至當時為止，仍然是一個不太穩定的個案，但依所訂的任務計畫和合同，逐步協助案主在有限時間內解決其問題，過程中亦依案主情況彈性修正任務及優先順序，個案將可能有較大的突破。故社工員需熟諳處遇模式，才能實質上有助於個案的處遇。

（三）容易擬訂處遇目標

　　該理論因強調目標的部分化，不僅對個案而言有較具體明確的目標，可以依循之。另作為處遇目標，更是可行的。故本案例以兒少保護與少年調查保護雙重的個案為例做說明，從中可以看出當社工員介入司法處遇個案時，如何以社會個案工作者的立場去投入。

（四）容易推廣應用

　　此理論是社會工作歷史上研究最多的所謂本土社會工作技術之一。雖然，隨著Reid的去世，似乎學者對進一步建立此理論有效性研究基礎的興趣已經有所減緩。但此種社會工作技術，旨在幫助案主和個案工作者在具體、可衡量和可實現的目標上進行合作。而且時間上著重在簡要（通常為8-12次），因此經常被實施於個人、夫妻、家庭和團體等各種社會工作實務環境中。

　　根據Doel與Marsh（1992）的看法，此理論近四十年的實踐和研究證明其有效性，以任務為中心的實踐可以理所當然地聲稱是社會工作最初的「基於證據的實踐」（evidence-based practice）（EBP）之一，儘管晚近對其有效性的研究相對較少表明該方法。但它本身已經越來越多地融入其他短期的社會工作技術中。而使用此理論的個案工作者盡一切努力，將案主包括在內並擬訂要解決的目標問題時，他們仍然保持作為主導此理論流程的權威者，而不是平等的合作者（Gambrill, 2006）。

　　許多社會工作實務環境都非常適合此理論的運用。尤其，在學校課程中能加以廣泛講授，俾能運用於微視（治療師和案主）、中介（管理人員和組織）和巨視層面（社區領導和社區）（Doel & Marsh, 1992; Michael & Marjorie, 2020）。

第六節　危機干預

壹、前言

　　危機干預（crisis intervention）是社會工作實務領域中經常會使用到的服務方式，中文的翻譯有危機處理、危機干預、危機介入等（謝秀芬，2010；簡美華，2013；方匯德等譯，2013），本書採用危機干預作為說明討論之用。

　　危機干預理論擷取相關專業的理論概念與原則融合而成，其所引用的理論包括人格理論、壓力理論、社會工作有關社區的理論、臨床心理學、精神醫學、護理學、公共衛生，以及短期治療、家庭治療等方法，具有折衷、兼容並蓄的本質，可以說是一種綜合體。此一特性讓危機干預理論在醫學、護理、心理學、社會工作、警界等不同的領域受到重視，並廣泛運用（Rapoport, 1970; Golan, 1987; Panzer, 1983）。

　　在危機干預理論發展的早期階段，社會工作者在社區心理衛生服務方案、自殺防治中心、家庭服務機構與醫療照顧體系中有卓越的表現。近來，兒童福利體系、學校、受暴干預中心、危機反應團隊與員工協助方案中的社會工作者，也廣泛使用危機干預來提供立即性的協助。

　　危機干預的含意有廣義與狹義兩種，廣義的危機干預採用公共衛生三級預防的概念，包含三個層面的預防工作：初級預防從個人與環境兩個層面著手，一方面企圖經由改善環境以減少人們面臨危機情境的機會，另一方面提升人們因應生活事件的能力，以降低所面臨的壓力事件成為危機的機會。次級預防努力降低危機情境的嚴重性，減少人們因為危機情境而造成長期的功能損傷與心理失衡。三級預防的目標為降低損傷或失能（disability）的程度，或避免功能受損的程度惡化，即針對危機所造成的傷害進行復健。

　　狹義的危機干預意指在緊急狀況出現時，提供心理、行為層面上的照顧，讓緊急狀況或失功能的狀況穩定下來，再使這些狀況減弱，接著協助

個體恢復到具有適應性功能的狀態（Everly & Mitchell, 2008）。是一個短期性的干預，聚焦於協助個人經歷危機之後將其功能回復到過去既有的程度（Langer, 2015）。具體地說，危機干預將重點放在協助當事人運用其內在與外在資源／支持，做出行為上的改變或人際調適，降低危機事件所引發的負向影響，發展出新的因應能力與資源，以便在未來可以有效因應危機（Roberts, 2005）。

　　本節採用狹義的危機干預觀點，針對危機干預的基本假設、核心概念、干預原則與過程，及適用的實務情境等方面加以說明，並配合實例說明危機干預理論在實務中的運用。

貳、基本假設

　　危機理論所強調的基本假設包括下列幾項（Roberts, 2005; Kleespies, 2009; Patterson et al., 2009; Greenstone & Leviton, 2011; Payne, 2014；曾華源，2009；謝秀芬，2010；簡美華，2013）：

1. 危機是每一個人在生活中都可能遭遇到的經驗。個人一生中可能會遭遇到的危機包括立即性的情境壓力（例如：離婚、得癌症等）、生長歷程中的危機（例如：結婚、退休等），或災難性事件（例如：車禍、地震、空難）等。
2. 危機的產生起因於個人在因應做法、社會支持與對事件認知等三個層面出現困難。當事人所採取的因應做法不適切、缺乏社會支持（或所擁有的社會支持不適切），或賦予事件負向的意涵或解讀，就很容易進入危機。
3. 在危機中的個人會出現情緒性失衡、社會解組、認知失調與生理症狀。處在危機中的個人會出現暫時性的強烈情緒（如焦慮、緊張、困惑、憤怒、無助等）、認知失調（否認現實、逃避等）、生理症狀（噁心、反胃、出汗、無法入睡等），以及社會解組（疏離自己、家庭或社區）。

4. 危機是一個具有時間性、發展性的歷程。這個歷程大約會持續四至六週，發展的階段大體可以分為衝擊期、焦慮增高期、緊急因應期及危機期等階段，每個階段都有其化解的契機，只要適當介入，就可以化解危機所產生的威脅與壓力。
5. 在失衡的階段中，個體會本能地努力奮鬥以回復生活的均衡。面對危機情境所造成的高壓力、混亂狀態，個人會盡各種努力，企圖恢復生活的均衡。
6. 處在危機中的個人對於協助的接受度高。當事人處在強大的壓力之下，已經耗盡自己所擁有的資源，身心交瘁，很容易受外來的影響。
7. 危機也是一個轉機。危機具有雙重的意涵，即危險與機會，它既是具有壓力的生活環境，也蘊含著機會，可以發展出新的、建設性的因應與心理成長。因此，危機也是一個轉機。

對於以上這些基本假設的認識，工作者在工作時可以有清楚的概念去看待危機事件及處在危機中的個人。

參、核心概念

危機干預的核心概念包括下列幾項（Corlshed and Orme, 1998; Roberts, 2005; Kleespies, 2009; Langer & Lietz, 2015）：

1. 危機干預所處理的問題，包括正常成長過程所面臨到的轉變與生活中所遭遇到的意外事件。
2. 危機干預的重點在協助當事人回復到正常（或危機前）的狀態，不強調人格的重新建構。因此，著重於探討各種可以降低壓力、平衡情緒、處理問題的方法，並將可行的方法實際付諸行動，而不試圖改變當事人的人格。
3. 當事人在危機干預過程中擔任重要角色。當事人在回顧、探究危

機事件發生的歷程，可以產生認知上的瞭解；運用社會支持網絡可以協助自己度過難關，並強化支持網絡之功能；擔負起某些處理危機的實際任務，可以讓自己免於崩潰。

4. 工作者的角色為提供資訊、建議，在必要的時候採取主動指導當事人，採取一連串系統性的步驟，教導當事人將問題的解決劃分成小的、可達成的步驟，示範如何採取有效的解決方法。

由以上的核心概念，可以對危機干預的著重點及工作者、當事人的角色有清楚的認識。掌握住核心概念，工作者可以在進行危機干預時有所依循，而確保服務成效。

肆、干預目標、原則與步驟

工作者在提供危機干預服務時，需要以具體的目標為依歸，清楚掌握處遇的原則，遵循干預的步驟，按部就班地進行各項干預做法，才能在短期間內有效處理危機事件。本小節針對危機干預的目標、原則及執行步驟作說明。

一、干預目標

危機干預著重於協助當事人度過現階段所面臨的危機情境，因此，其干預目標與一般服務目標有所區隔，其具體、限定的干預目標如下（Rapoport, 1970; Panzer, 1983; Dixon, 1987; Hendricks & McKean, 1995; Corlshed & Orme, 1998; Everly & Mitchell, 2008；曾華源，2009）：

1. 舒緩危機情境所產生的壓力與衝擊，減輕症狀及負向情緒。處在危機之中的當事人，會因危機事件的破壞性與威脅性而產生強烈的身心症狀及負向情緒，干擾其對危機事件的因應，因此，需要

加以處理，穩定因危機所產生的症狀，因危機而退化的心理功能、生活功能與人際功能等。

2. 瞭解危機誘發事件及其影響。透過描述問題、界定問題、重新組合目前的經驗等做法，協助案主對於情況產生清楚的認識，以便能夠掌握情境。

3. 規劃可採取那些行為以維持最大的自主性。協助當事人探索過去曾經使用過的有效因應方法，確認是否可以直接採用該方法，還是需要作調整。如果過去未遭遇過類似危機事件，則引導當事人思考所有可能的因應做法，找出可行的策略，以因應所面臨的情境，化解危機。

4. 發掘可運用的資源。探索當事人所擁有的重要他人可能提供的精神、實質上的協助，或社會上各種相關資源，來協助當事人度過危機。

5. 回復危機發生前的生活功能。運用各種方法協助當事人將受到危機事件影響而降低的生活功能，回復到危機發生前的水平。

除了上述的基本目標之外，在某些條件具足的情況下，工作者可以進一步朝下列兩項進階目標努力（Rapoport, 1970; Roberts, 2000; Roberts, 2005；曾華源，2009）：

1. 確認引發壓力的過去生活經驗與衝突

當事人所面對的情境可能引發其過去經驗所累積的高張情緒（例如：現在與先生緊張的婚姻衝突，挑動其小時候因父母爭吵而產生的驚恐）；也可能是因為過去未適當處理的衝突壓抑在心中，受到目前的情境所引發而再度浮現（例如：過去面臨人際衝突時內心充滿恐懼與害怕，為了人際和諧而將之壓抑，致使維持人際和諧與照顧內在恐懼的衝突拉扯一直存在，此衝突在目前危機經歷中再度浮現）。

在此情況之下，危機干預的目標為協助當事人回顧目前壓力與過去生活經驗的關聯性，以便處理過去未完成的經驗或未化解的衝突。

2. 引發新的思考、認知及感覺模式，並發展新的適應及因應

透過危機干預提升當事人的功能，而超越危機未發生之前的程度。若

能達成此目標，不但可以協助當事人因應目前所面臨的危機，還可以提升其生命能量，對未來生活適應有建設性的影響。

危機干預是否能夠達成上述兩個進階目標，所需要考量的條件有兩個，第一個條件是當事人是否具備正向人格特質，例如：對生命成長有強烈的動機、勇於挑戰；第二個條件是社會情境允許，例如：家人提供重要的經濟支持、情緒支持、督促當事人作行為改變；親密友人給予足夠的支持、陪伴。

二、干預原則

危機干預的原則包括以下幾項（Brewster, 2003; Roberts, 2005; Dattilio & Freeman, 2007; Hepworth et al., 2010; Greenstone & Leviton, 2011; Payne, 2014; Langer & Leitz, 2015；曾華源等譯，2008；謝秀芬，2010；方匯德等譯，2013）：

1. 快速進行干預

危機干預的有效性在於工作者能夠在危機的破壞性影響還沒有出現前設下停損點，化解危機。最好在需求產生後的數天（最遲不超過一週）之內對需求做出回應，並且由同一個工作者從頭到尾提供協助。

2. 主動掌握

由於危機干預時間上的急迫性，要立即主動掌握，以便穩定混亂的狀況，確認所要掌握的對象是誰、提供必要的運作架構。

3. 注入希望

展現出穩定與樂觀，讓當事人感受到在你的協助之下有可能度過這個強大的壓力與震撼，回歸正軌。

4. 建立關係、預估與干預彈性交錯進行

危機干預的模式理論上是遵循次第進行，但可視個案情況之需要，在建立關係的同時進行預估、先進行預估而後建立關係，或預估與干預同時進行。 例如：工作者在事發後的第一時間就接觸到案主，可以立即針對

危機狀況作預估（此時建立關係成為第二個步驟）。如果工作者在事情發生過後接觸到當事人，則可在建立關係的同時針對危機情況作預估。

5. 干預有時間限制，是短期的

危機干預的時程為六至八週的密集性處理，強調即時接案、快速處理。

6. 扮演積極的角色

工作者扮演積極、指導性的角色，協助當事人處理危機、找回（或建立、強化）其恢復均衡所需要的態度、能力或行為，但不將當事人的問題攬在自己身上（Dziegieliwski and Powers, 2005）。

7. 限定工作目標

危機干預鎖定在此時此地（here and now）所面臨的危機事件及危機狀態，協助當事人度過危機事件所引發的失衡狀態，恢復平衡。在干預過程中所引發的其他改變（例如：人格的成熟、人際功能的成長、改善與社會支持體系間互動狀況等），均只能視為干預所帶來的附加價值，而非干預的首要重點工作。

8. 提供實用的資訊與實際的支持

主動提供有助於問題處理的相關資訊，同時給予當事人足夠的支持。

9. 動員社會支持

瞭解並動員當事人所擁有、可運用的實質或精神上的社會資源，對於危機的化解有關鍵性的影響，因此，要瞭解、運用當事人所擁有的社會支持。

10. 鼓勵表達情緒、症狀與擔憂

讓當事人表達面對危機所產生的情緒、症狀或擔憂具有治療性功能，能夠舒緩其症狀、釐清情況。因此，在協助當事人處理危機事件的同時，必須引導、鼓勵當事人表達出因危機而產生的情緒、症狀或擔憂。

11. 支持有效的因應，讓當事人感覺到自己還是有能力的

以正向的態度激勵案主，支持、肯定當事人所採取的有效因應，重燃其希望與信心，覺得自己還是有能力的，可以重新出發來處理問題。

12. 提出認知方面的議題、對當事人的經驗作面質

針對與問題相關的認知和經驗進行討論或面質，調整當事人的看法與態度。

13. 必要時需使用藥物，避免醫療標籤

若當事人出現焦慮、憂鬱等症狀，需視情況需要配合運用藥物，以穩定症狀，協助當事人復原。協助當事人用藥的過程要避免醫療標籤，因為當事人的非常性行為是危機反應，而非心理失常的表現。

三、危機干預步驟

有關危機干預的步驟，學者們所提出的理論各不相同，例如：James 與Gilliand的六步驟模式（界定問題、確保當事人安全、提供支持、檢核各種可行做法、規劃行動計畫、獲得當事人的認定與投入）（Hepworth et al., 2010）、Roberts（2005）的七步驟模式（預估、建立關係、確認主要問題、鼓勵探索情緒、探索可行做法、執行行動計畫、追蹤）、Kanel的ABC模式（接觸並關懷、確認問題、因應）（Payne, 2014），這些模式雖然有各自不同的階段，但卻有共同關注的議題，包括安全性、相關資訊、精神狀態、緊急程度、資源等。

綜合相關理論及實務運作經驗，歸納出下列幾個步驟（Aguilera, 1994; Roberts, 2005; Hepworth et al., 2010；高劉寶慈、朱亮基，1999；賴倩瑜等譯，2000；曾華源等譯，2008；方匯德等譯，2013）：

（一）舒緩情緒、建立關係

處在危機之中的當事人，會產生高張、強烈的負向情緒，而無法冷靜思考，不但影響對事件的處理，對身心也有不利的影響。因此，危機干預的第一個任務是舒緩當事人的情緒。可採行的具體做法如下：

1. 表達瞭解、舒緩當事人的情緒

透過積極傾聽及同理等方法表達對案主的瞭解，運用示範平和行為（例如：安穩地坐下、用正常聲調表達、用比當事人更平靜的聲調說

話）、再保證（例如：對當事人說事情總會過去的）、鼓勵敘說、轉移注意力或運用幽默等會談做法，來舒緩當事人高張的情緒（Wiger and Harowski, 2003; Greenston & Leviton, 2011）。

如果上述這些做法無法舒緩當事人的高張狀態，就需要採取較強烈的做法（例如：重複某段話或用高分貝聲音說話）吸引當事人的注意、限制當事人的肢體行動，舒緩其情緒的高張，或提出怪異請求（例如：我可以看看那本雜誌嗎？）以分散當事人的注意力（Wiger and Harowski, 2003; Greenston & Sharon, 2011）。

2. 具體表白「強烈情緒是對壓力情境的正常反應」

透過再保證讓當事人對於自己的高張情緒感到安心。

3. 指導當事人進行深呼吸或肌肉放鬆

當事人顯現出強烈的緊張、焦慮等激動情緒時，引導其深呼吸或逐步肌肉放鬆，平穩當事人的情緒。

4. 在特殊情況下，運用藥物舒緩當事人身心狀況

如果當事人因為危機的衝擊所出現的焦慮、憂鬱情緒已超過正常的範圍，對生活造成干擾，必須考慮運用抗憂鬱或抗焦慮的藥物來協助當事人穩定下來。藥物所產生的治療效果，有助於當事人症狀的抒解及關係的建立。

5. 運用當事人的社會支持系統

動員家人、朋友或親密伴侶加入危機事件的干預之中，提升當事人承受苦楚的能量，也可以提供實質的協助，幫助當事人處理危機事件。這些做法都可以讓當事人感受到干預做法的有效性，而有助於關係的建立。

（二）進行預估

預估的重點有三個：危機情境的客觀情況、當事人的狀態，以及社會支持層面，以下分別說明：

1. 客觀情況的預估

客觀情況指的是引發危機的事件及其性質，此層面的預估包括兩個重點（Wiger & Harowski, 2003; Roberts, 2005; Payne, 2005）：

(1) 危機事件及其所引發的危險程度

危機事件的預估重點，在於瞭解促使當事人尋求協助的事件是什麼、其嚴重性、持續時間、發生頻率及暴力程度如何。

危機事件所引發的危險程度預估，包括致命性與危險性兩個層面：致命性預估包括是否需要醫療照護，危險程度的預估包括攻擊者是否在附近、是否有幼童處在危險當中、是否藥物或酒精作用持續影響、當事人是否想自殺或自我傷害等。

其中當事人是否想自殺或自我傷害，是危險程度預估的重要指標。如果危機所產生的衝擊或震撼已逼近當事人所能承受的臨界點，則當事人很有可能採取非常手段，做出傷害自己或傷害別人的事情。面對這樣的情況，就必須採取緊急應對措施，轉介至醫院，住院接受精神科的診斷與治療，避免當事人或相關人員受到身心上的傷害。如果危機程度尚未到達此一標準，則可依據危機處理的步驟進行協助。因此，需要透過下列問題進行預估：

A.當事人是否計畫要自殺或殺害別人？如果有的話，他要怎麼做？打算在什麼時候採取行動？

B.自殺方式是否明確具體？

如果當事人有自殺的企圖，工作者可以從自殺計畫的具體性（越具體越可能執行）、致命性（致命性越高，則危險性越大）、自殺方法的可及性（自殺工具越容易拿到，則危險性越高）及支持資源的鄰近性（資源越遠，則危險性越高）等四個方面，來研判當事人自殺的可能性（Wiger & Harowski, 2003）。

(2) 危機事件對生活層面造成的影響

預估重點包括：當事人的工作或生活受危機事件的影響情況、當事人的狀態對周遭的人所產生的影響、重要關係人對當事人目前狀態的看法，他們認為當事人應該做什麼等。

如果第一時間的處理者另有他人，則可以請第一時間處理者提供相關訊息（Rainer & Brown, 2007）。

2. 當事人狀態的預估

重點包括當事人的情緒、認知及行為等三個面向，以判斷當事人整體功能狀態（Rainer & Brown, 2007）。

(1) 情緒層面的預估

透過當事人所表現出來的情緒，可以瞭解整個事件中較麻煩的層面及其所造成的影響，發覺當事人的需求（Wiger & Harowski, 2003; Rainer & Brown, 2007）。

當事人處在危機情境中的情緒，大略可區分為憤怒／敵意、焦慮／害怕及悲傷／鬱卒等三類。當事人的情緒屬於那一類型的，其情緒強度如何，都是預估重點。

(2) 認知層面的預估

認知層面預估的重點在於瞭解當事人如何解讀危機情境對其所產生的影響，具體而言，著重於瞭解下列三點：

A. 引發事件對當事人的意義為何？是正向的，還是負向的？

B. 當事人對引發事件的看法對他的未來有什麼影響？

C. 當事人對引發事件的看法是合乎現實的，還是扭曲的？

當事人可能無法回想整個事件，因為事件衝擊太大而造成解離失憶，有些當事人則想要避免去討論事件極為衝擊的部分，這些現象都表示其認知功能受到影響。

(3) 行為層面的預估

行為層面的預估意指當事人面對危機情境所做的各項因應行為，即因應能力與表現的預估（Rainer & Brown, 2007; Cameron, 2008），重點包括：

A. 當事人過去是否遭遇過類似的危機？當時所採取的因應做法是什麼？

B. 當事人所採取的因應方法是建設性的，還是破壞性的？

C. 當事人以前是否運用過這個因應方法？

D. 當事人用什麼方法減低焦慮、緊張、沮喪等情緒？

E. 這一回當事人是否運用相同的方法來抒解情緒？

F. 如果當事人這一回未採用這些方法，原因為何？

G. 如果當事人這一回採用過這些方法，但是沒有效果，為什麼會這樣？

H. 現在，當事人認為有那些方法可以抒解壓力、焦慮？

透過以上問題的引導，可以瞭解當事人在危機發生前的因應功能及對危機事件的因應之性質（迎向挑戰、逃避、不回應）（Wiger & Harowski, 2003; Rainer & Brown, 2007），有助於擬訂有效之協助做法，強化其抗壓性及面對危機事件的能量（Cameron, 2008）。

3. 社會支持層面的預估

社會支持層面的預估重點，在於瞭解當事人有沒有社會支持系統、其社會支持系統中包括那些人、這些人對於當事人及其所面臨的情境有何看法、他們認為當事人應該怎麼做、可以提供那些支持或協助。

（三）規劃干預策略

規劃危機干預策略從兩個層面著手：一個層面是規劃工作者要採取的做法，例如：聯繫重要他人、蒐集相關社會福利、健康醫療資訊等，以便在必要的時候發揮功能，補足當事人無法做到的部分，協助當事人度過危機。

另一個層面是協助當事人規劃他可以採取的因應策略，這個部分的具體步驟如下：

1. 探索各種可能的因應做法。從找尋社會支持、因應危機情境及有助於降低焦慮、壓力的思考模式等三方面著手，具體列出當事人過去因應危機的做法，同時探討過去未使用，但目前可以考慮的其他做法，接著討論每一種做法的可能結果及當事人對每一種做法的感覺、想法（Meijers, 2007）。

2. 決定因應做法。挑選出當事人想要採取的因應做法。如果當事人無法做出決定，則要提出建議讓當事人參考。

3. 規劃具體細節。把原則性的事項或任務具體化，成為一件件可以做得到的、小的、具體的事情。如：「做好自己分內的事」是個

籠統的說詞，要把「分內的事」具體列出來，成為具體的小事情。

4. 分析、解決可能遇到的障礙。事先研判可能會遇到的障礙，協助當事人做好心理準備，以降低障礙出現時所造成的干擾或影響。

5. 簡要陳述執行計畫。進行完上述幾個步驟之後，簡要地陳述接下來要進行的計畫，讓當事人有整體的概念，清楚自己所做的規劃。

（四）執行干預

執行干預的重點可分為兩個：

1. 以危機處境為干預重點。這是巨視面的干預，工作者透過調整當事人的環境、會談重要關係人、動用重要他人提供支持與協助、運用相關資源等做法，掌握各個可以運用的資源，努力擴大當事人的支持系統，化解當事人的危機處境。

2. 以當事人為干預重點。這是微視面的干預，具體做法包括處理當事人情緒、認知及行為層面的反應（Cameron, 2008）：

(1) 情緒層面的干預

對當事人而言，能夠在一個接納、支持、保有隱私、不批判的氛圍中述說因危機所引發的情緒，具有相當大的治療效果（Rainer & Brown, 2007），因此，情緒層面的干預，是干預重點之一。有時候，當事人無法採行任何積極因應做法改變危機情境，情緒層面的干預就成為重要的焦點（Meijers, 2007），工作者要能用同理、支持的態度積極傾聽來回應當事人的情緒（Rainer & Brown, 2007）。

(2) 認知層面的干預

當事人對危機事件與情境的解讀，影響其情緒及所採取的因應做法（Roberts, 2000; Meijers, 2007），因此，需要針對其認知層面進行干預，協助當事人對於危機情境有一個理性、合乎現實的認知，具體做法歸納成三個步驟（Roberts, 2005）：

第一、發展對事件的客觀、真實瞭解（清楚知道發生了什麼事、這件事情怎麼會發生、有那些人牽扯在其中、事情發生後的結果是什麼）。

當當事人的認知具有破壞性或扭曲時，要呈現其認知，並挑戰其不適切的說詞（例如：我不可能再找到另一個工作、我不可能再找到一個人來愛我）。

第二、瞭解危機事件的意義，包括此事件與當事人之期待、生活目標或價值信念的衝突。

第三、重建具功能性的認知。如果危機事件無法處理或化解，則需要協助案主接納現實，改變對危機情境的負向信念、罪惡感或自我控訴的想法，發展與現實共存的觀點（例如：與妹妹共乘機車，妹妹因車禍喪生，當事人覺得是自己害死妹妹的，此認知為危機干預所要處理的重點）。

(3) 行為層面的干預

工作者一方面用鎮定的態度提供一個榜樣讓當事人學習，另一方面確認當事人既有的因應做法及其成效，與當事人討論接下來想要採取的因應做法，強化這些做法當中具有建設性的部分、溫和地挑戰或逐步轉化其破壞性（或稱之為非建設性）因應方式（Rainer & Brown, 2007）。

若要採取新的行為，則要做事先的演練，以提高處理效果。若當事人被高張的情緒淹沒，而影響到其因應能力的發揮，甚至採取對自己或他人具負向影響之行為，或慌亂不知所措，則工作者要用積極主導的方式來協助當事人（Brewster, 2003）。

工作者可藉由確認當事人的能力與資源，來激發當事人運用健康的因應作為（Brewster, 2003）。如果工作者熟悉問題解決學派的實作方式，如人際問題解決（Interpersonal Problem Solving, IPS）、短期焦點解決模式（solution focused），則可以採用其具體架構處理當事人之行為（Meijers, 2007）。

以當事人為重點的干預多透過會談來進行，會談取向從非結構式到高度結構式都可以採用。

（五）干預成效評估

執行干預做法之後，要針對當事人的狀況與危機情境進行評估，以瞭解危機狀況是否已解除、檢核干預成果是否符合原訂目標。衡量危機解除與否的指標包括：(1)當事人生活恢復平衡；(2)當事人認為自己已經可以

掌握情境；(3)當事人可以直接談論危機經驗；(4)當事人已經發展出因應危機的策略，包括行為改變、適當運用外在資源（曾華源，2002）。進行的做法可以用既有的量表為指標，直接觀察當事人行為表現，或請當事人自我評估（Dziegielewski & Powers, 2005）。

一般而言，危機干預的處置至此可能告一段落，如果條件具足，工作者可以再進行下列的步驟，將危機干預的功能作進一步的提升。

（六）預防性輔導

預防性輔導是在危機干預的結束階段所進行的具有預防意義的前瞻性輔導，目標為協助當事人預估將來可能遇到的危機、預想可採用的處理方法，以降低再遇到危機時可能受到的衝擊（Aguilera, 1994）。相關的做法包括：

1. 分析此次危機出現時，產生強烈負向情緒的原因。
2. 指出因應過程中有那些能力獲得改進、出現那些建設性的改變。
3. 探討避免類似危機再度發生的做法。
4. 預想未來再遇到類似危機情境可能會產生的需求、可運用的支持系統及其他資源。
5. 列出面臨危機時，需要處理的重要事項。

在此階段要表達持續的關切，向當事人保證萬一未來當事人還需要類似的協助，隨時都可以前來尋求協助。

（七）後續會談、輔導

危機干預有時候會成為當事人繼續接受後續輔導的前行經驗，在危機干預的過程中，當事人可能發現自己需要針對某些議題作深入的探討，或遇到其他事件，希望繼續接受輔導。在這種情況下，要為當事人安排常規性的會談，進行後續輔導。如果危機干預告一段落之後，當事人已回歸正常生活，不需要後續的輔導，則要進行一段時間的追蹤，以瞭解當事人在事件結束後的適應情況。

伍、理論適用之實務情境

一、運用現況

社會工作者在各個不同領域中進行危機干預協助，以國內而言，下列各個體系中的社會工作者經常需要為其所服務的對象進行危機干預服務：

1. 醫療體系

醫院中的社會工作者在急診室、精神科、燙傷病房、洗腎中心、外科病房等單位，針對病人及家屬進行危機干預協助。

2. 社會服務機構體系

政府公部門單位如縣市政府社會局（室）、社會福利服務中心，及其所屬之安老、育幼等機構，民間團體服務機構，分別以熱線、外展或機構服務等方式，為其所服務的對象提供危機干預協助。

3. 學校體系

校園中發生意外事件等危機時，學校輔導中心及社工師針對事件當事人、老師、家長、或其他相關人員進行危機干預協助。北投文化國小學童遭割喉身亡，學校體系即需展開危機干預服務。

4. 部隊體系

部隊體系人員會遭遇到的危機有兩種，一種是參與重大事件救災所引發的危機（例如：救援環境險惡、救援失敗、災難現場慘不忍睹等因素而身心受創），一種是部隊內部所發生的意外事件所引發的危機（例如：訓練過程發生意外或人員自殺，當事人或目睹現場的相關人員可能受到事件的衝擊而產生危機）。部隊各級心理衛生工作者為救援人員、意外事件當事人、家屬、目睹現場者，或相關人員等進行危機干預服務。海軍演訓誤發雄一飛彈造成漁船人員傷亡事件，讓海軍部隊面臨危機，即為危機干預服務要發揮功能的時候。

5. 社區

當國家、社會遇到重大天然災害（例如：921大地震、八八水災、2016南臺灣大地震等），或震驚事件（例如：北捷殺人事件、內湖女童

遭傷害事件），民眾生命財產、人身安全與社會安定需求受威脅、恐懼而處於危機之中，社會工作者為民眾提供危機干預服務。

不論那個領域，個案工作者提供危機干預的方式包括下列二種（Ell, 1996）：

1. 以個人為焦點的危機干預

針對遭遇危機的個人提供協助（例如：面臨離婚、疾病、失業等事件衝擊的個人），這些個人性的危機未構成周遭相關人員的衝擊，此種情況之下，以個人為焦點，進行個別危機干預。

2. 以整個家庭為焦點進行危機干預

當家庭中的某一個成員所發生的事件衝擊到整個家庭的均衡時，就以所有的家庭成員為對象進行危機干預。例如：父親的暴力行為、青少年企圖自殺、服役的士兵因感情事件自裁等行為對整個家庭造成衝擊，社會工作者以整個家庭為對象進行危機干預。

不論以那一種方式提供協助，社會工作者都會採用多重形式策略（multimodal strategies）（Ell, 2011），包括以心理、認知、行為為焦點的干預、結合心理與資訊的干預、環境層面的干預等。例如：居住性干預方案（residential treatment programs）結合結構性環境干預（提供短期安置）、密集心理危機治療（密集心理治療）及醫療服務等策略，對家暴受害者進行危機干預。這些多樣化的服務策略具有相同的目標：活絡環境資源，降低危機事件的嚴重性。

二、評論

（一）優點

危機干預理論在實務工作的運用上，具有下列各項優點（Rapoport, 1970; Hepworth et al., 2010; Langer & Leitz, 2015；彭淑華，1993；高劉寶慈、朱亮基，1999）：

1. 系統性的預估與干預步驟簡潔明瞭，使工作者可以在緊急情況中有具體的參考模式可以依循。

2. 對危機採取積極、正面的看法，不但致力於化解危機所造成的衝擊，也努力將危機化為轉機，能夠增強工作者與當事人的動力，並提升當事人之生活功能。

3. 同時在情緒舒緩及實際問題處理上給予快速、密集的協助，讓當事人在混亂中有暫時的依靠，又可以解決問題。

4. 強調個人在危機中反應與適應的差異性，在整體模式的運作之下保持彈性與動態性，可以隨當事人的狀況作必要的調整。

5. 強調主動迅速地因應當事人的需求，可以免除等候、申請等行政作業所造成的延宕，降低危機所造成的負面影響，提升協助成效。

6. 強調工作者的主動性、指導性及權威性，在某個程度上順應國人尊重權威的習性，在案主順從、配合度高的情況下，有助於協助的進行。

7. 強調危機發展階段的彈性，使得危機干預可以順應文化差異而調整。

（二）限制

危機干預模式在實際執行上難免會遇到下列各項限制（Rapoport, 1970; Panzer, 1983; Golan, 1978; Hepworth et al., 2010; Langer & Leitz, 2015；高劉寶慈、朱亮基，1999；曾華源，2009）：

1. 危機狀態難界定。當事人可能因為沒有表現出明顯的情緒性苦楚而被誤會未陷入危機之中，或當事人的危機狀態因其個人內在因素而起，因缺乏具體可觀察的引發因素而被忽略。上述兩種情況都會致使當事人無法獲得適切協助，如何適切判斷一個人是否處在危機中，具有困難度。

2. 危機狀態具有個別性。危機狀態的長短因個人的特質與價值觀、危機事件對個人的意義等因素之不同而異，使得每個人所經歷的

危機強度與各個歷程的時間各不相同，雖然一般認為危機持續的時間為四至六週，但是，有些生活危機持續相當久的時間，無法適用此一觀點。

3. 危機發展階段理論假設危機的發展有一個模式可循，此一觀點可能會視某些具有獨特發展模式的危機經驗為異類。

4. 危機的發展階段可能是相互重疊、未按照理論所提的順序出現，或未出現所有階段，每個階段的強度、持續的時間可能不一樣。這些複雜性使得工作者在進行危機干預時，對危機情況的瞭解與掌握有困難性。

5. 保密的原則可能讓工作者兩難。例如：當事人不希望長官或家人知道自己的情況，而造成工作者的兩難：相關人員瞭解情況可能有助於化解危機，卻違背當事人的意願。尊重當事人的意願有助於關係的建立，卻妨礙危機的化解。

6. 危機干預具有時間性，無法適用於需要危機干預，卻缺乏受助意願或防衛性重之當事人。

7. 強調快速、獨立決策及主動外展服務使得工作者面臨緊張的工作壓力，可能因處理過程的瑕疵而引發評論。

8. 危機干預綜融性之特質，使得其理論、概念或技巧有許多不同的見解與說法，造成實務運用上的挑戰。

9. 在實際執行上，可能因工作者個人能力或概念問題而造成障礙，例如：工作者在時間緊迫的情況下，因顧及相關運作規則而忽略當事人的個別化。工作者因判斷能力不足，而在需要提供長期性關係、增強個人功能或處理情緒性、心理性阻礙時，不當地進行危機干預。

10. 危機干預可採用不同學派的做法，而使得危機干預模式有效性的評估困難，例如：有些社會工作者採用短期焦點解決治療，另一位社工可能用認知行為理論。

11. 強調在限定時間內進行干預的做法，無法涵蓋所有需要協助的危機需求，例如：弱勢族群所面臨的長期性、結構性及社會環境威脅所引發的危機，以及因歧視或社會不公所造成的歷史性創傷。

陸、實例討論

一、案例呈現

（一）問題概述

　　案主五十歲，大陸籍人士，與案夫結婚後來臺，育有一子。案夫於案子七歲時因病過世，案主獨力撫養案子，在新北市開設一家按摩店，並購買一層老舊公寓，家庭經濟狀況尚佳，其教養方式強勢、主觀強，因此與孩子關係疏離。

　　近來念高三的兒子出現強烈情緒反應、拒絕上學、毆打案主、破壞家具、不讓案主出門，使得案主極度焦慮而報警處理，卻引發兒子更激烈的情緒與行為反應。除此之外，案主因為兒子的問題無法穩定開店，生意一落千丈，家庭經濟出現警訊。多重壓力之下案主情緒高張，出現歇斯底里的反應，社會適應與功能日漸下降，顯得退縮、無法做飯、不接電話。

（二）預估

　　案主的客觀情況、個人身心狀況及其社會支持等層面的預估如下：

1. 客觀情況預估

案主所面臨的客觀情況可歸納如下列四項：

(1) 兒子的醫療停擺：案子國二時遇到霸凌事件引發急性精神疾病發作，就醫後狀況穩定。高二開始抗拒就醫、服藥，使得身心狀況不穩定而引發情緒、行為、就學、親子互動等問題，卻不願意就醫。 案主不斷運用強制就醫系統企圖送案子赴醫院接受醫療，引發案子對醫療的反彈與抗拒，而使得其就醫議題懸宕。

(2) 人身安全的威脅：案主高度控制與重複要求的管教方式促發兒子暴力相應，案主運用外力強力介入管教議題激怒案子，促使案子採取更激烈的暴力反應，毆打案主、搗毀家具，使得案主的人身安全受到威脅。

(3) 經濟營收短缺：案子採取激烈行動將案主困在家中，導致案主無法規律開店工作，家中經濟來源不穩定，但尚未影響到案家生活所需。

(4) 與社會資源系統互動困境：案主為了協助兒子穩定就學，大量運用警政資源，並強勢主導，使得相關單位只能被動執行勤務，無法發揮有效的協助功能。

2. 案主身心狀況預估

經過面談之後，歸納案主面對危機事件所呈現出來的情況如下：

(1) 情緒層面：案主在兒子施暴或失控時高度焦慮不安、恐懼、驚嚇，不斷設想最壞的狀況而陷入極度憂愁的情緒當中，出現喊叫、大笑、躺在地上哭鬧等歇斯底里行為。

(2) 認知層面：案主對於外在的情境及自己的言行表現缺乏認識，無法理解其親子互動所累積、產生的問題，只關切如何讓問題消失。其次，其對相關系統提供服務的立場、角色、功能等運作機制缺乏適當認知，而對於各相關系統未能符合其期望深感懊惱，覺得各單位有失職守、力有未逮。

(3) 因應層面：案主對兒子問題的處理及與社會資源協調互動的因應能力均不足，其強勢主導的態勢造成親子關係的緊張與對立，與各單位之間的互動協調演變成各說各話、互相指責與怪罪的局面。案主在求助受挫之後企圖靠自己化解困境，固執、僵化地運用自己的思考邏輯與做法去處理兒子的問題，不但沒有成效，反而衍生新問題，堅持不下去時就再回頭尋求各單位的協助，這樣的運作模式讓案主與各單位的互動陷入惡性循環當中。

(4) 健康狀況的預估：當事人經歷高張的壓力加上睡眠不足，出現過度疲累、焦慮與食慾下降等狀況，但基本功能尚可，沒有接受醫療的必要性。

3. 社會支持系統的預估

案主的支持系統可分為家庭支持系統、人際支持系統、學校支持系統與社會服務系統四方面，預估情況如下：

(1) 家庭支持系統

案夫於十年前過世，案公婆認為案主剋夫，在案夫過世後便沒有往來，因此未能提供協助。案主有一個姪女，年紀略小案主，跟案主一樣嫁來臺灣，經常關懷案主，是案主重要的情感支持。案主在大陸所生的女兒與案子關係良好，經常利用電話、視訊等方式與案子聯繫，對案子十分關懷，是案子重要的情感支持。

(2) 人際支持系統

案主有一穩定往來四年左右的男性友人，兩人關係良好，但男友對於案子與案主互動的態度與方式有意見，曾經責怪過案子，而與案子關係不佳。其在案主面對兒子就醫、管教問題上所能提供的為情感支持，而非實質協助。

案主按摩店中有許多老顧客，案主會向這些顧客訴苦，熱心的顧客常會提供案主許多資訊，帶領案主接觸一貫道、基督教等宗教團體，惟案主參與活動帶有強烈的目的性，希望從這些團體獲得一些好處，因此，參加活動一段時間之後覺得對方無法滿足其期待時，便不再接觸。

(3) 學校支持系統

案子所就讀之學校知道案子的國中老師與案子關係良好，十分關心案子，便主動聯繫案子的國中老師，請老師關懷案子。老師義務撥空、穩定陪同案子就醫，並為案子啟動多項正式協助管道（進行通報、引進家庭教育中心資源與轉介學生輔導諮商中心等），但受限於案主的強勢與主導，溝通困難，所能發揮的功能僅限於陪伴與回診拿藥。案子願意在老師的陪同下回診，卻不願意服藥，因此病情不穩定。案主對於老師的付出沒有什麼感覺，反而認為自己與學校的溝通障礙肇因於老師向學校傳遞負向訊息。

(4) 社會服務系統

案主十分熟悉社區中可以運用的社會服務系統（警察系統、醫院、社區心理衛生中心、強制就醫系統等），多年來經常調動這些服務系統為其處理問題，十分熟悉聯繫做法，有時候其情況不符合要求服務，仍強勢要求，致使相關單位感到無奈。

以上正式與非正式支持系統的預估，顯示非正式支持系統（家庭系統與人際系統）不是案主倚賴的重點，無法發揮支持功能，案主著重於正式支持系統（學校與社會服務系統）的運用，但溝通協調方式不佳而產生資源運用的困境。

（三）擬訂干預計畫

　　社工師依據預估所得的發現，擬訂危機干預計畫：

1. 案子就醫問題的干預：案子的精神狀況為案主陷入危機的主要導火線，其精神恍惚、情緒不穩定，且有暴力傾向需要就醫，但缺乏病識感與就醫意願，因此擬啟動強制就醫機制。
2. 案主身心狀況的干預：針對案主的情緒、認知、行為等方面的問題採取諮商會談、教育訓練等干預做法。
3. 社會支持系統的干預：將案子的醫療視為案主支持系統的一環，透過案子穩定醫療的進展化解案主的焦慮與壓力。另外，釐清案主對支持系統的認知、期待、溝通等議題，協助案主用較建設性的態度運用資源。

（四）執行干預計畫

　　擬訂干預計畫之後，依據各項問題的輕重緩急，逐步採取干預做法：

1. 案子就醫問題的干預

　　啟動強制就醫機制，聯繫相關單位將案子送往平日就醫的醫院，提供主治醫師相關資訊，讓案子住院接受治療。

2. 案主身心狀況的干預

　　案子住院期間，社工師密集與案主進行會談，干預重點包括：

(1) 情緒層面：這是會談初期的重點，主要針對案主在教養案子及處理案子問題所遭遇的挫折、無力進行紓解，傾聽案主的困境、肯定案主對兒子的重要性、所面對的辛苦與努力。社工師的接納與瞭解，讓案主覺得被瞭解，憤怒、挫折、無助等高張情緒獲得紓

解而輕鬆許多。透過會談案主終於瞭解，自己的高張情緒固然是事實，但也是策略性的做法，目的是要促使案子與各個服務單位就範、依照自己的期待行事。

(2) 認知層面：認知層面的干預在情緒層面干預之後展開，重點包括探討、釐清案主與案子及各單位的關係。例如：案主的教養、互動方式對親子關係所造成的影響，以及案主對各相關單位的錯誤認知、期待所造成的惡性循環。協助案主瞭解相關資源單位的立場及使用資源該有的認知與態度，引導其瞭解自己需要負起的責任、修正態度。

(3) 因應層面：在案主對情境有較客觀的認識之後，會談聚焦於引導案主做出建設性的行為，重點有四項：第一、協助案主瞭解接受衛生所的諮商服務的重要性，前往接受服務。第二、協助案主修正自己與各單位互動時的態度與表現。第三、協助案主瞭解配合醫療的必要性，持續至醫院進行親子晤談，以修正母子溝通與互動關係。第四、聯繫在大陸的案女，讓案女瞭解案子的情況，請案女在案子出院回家後用視訊關懷案子，不安排案女來臺探視。

3. 社會支持的干預

社會支持的干預分兩個方向進行：

(1) 正式支持系統的干預：持續與醫師、醫院社工師溝通討論，建構跨系統的合作網絡，提供資訊作為醫療處遇的參考。

(2) 非正式支持系統的干預：著重於與案主討論可以運用那些支持系統、如何運用，最後決定由案主與在大陸的女兒聯繫，獲得女兒首肯透過視訊關懷案子，而使得案主覺得有一股支持力量在幫助自己。

（五）干預結果評估

本案例的危機干預所產生的功能如下：

1. 案主從與社工師相處的過程中，感受到被瞭解、接納、重視，並獲得實質的協助，發展出對社工師的信任，這樣的信任關係讓案

主感到安心。

2. 案主的壓力明顯降低，身心放鬆、笑容增加，不再出現歇斯底里的反應。

3. 案主改用較積極、建設性的態度運用社會資源，接受衛生所所提供的諮商輔導，學習用較理性的態度與相關單位溝通互動，雖然仍有慣性態度與行為表現，整體而言是有進步的。

4. 案主調整自己的親職表現，較能發揮作母親的功能。

以上這些正向轉變讓案主產生成就感與希望感，提升自我價值，生活趨於平穩。

二、案例討論：理論與實務運用

從上述的案例中，可以看到快速進行干預（危機干預原則一）與主動掌握（危機干預原則二）這兩個原則的重要性。危機出現時案家處在動盪不安的崩解臨界點之上，社工在第一時間點就進入案家，展開干預，在一片混亂中社工知道案主無力處理案子的就醫問題（甚至會弄巧成拙，讓事情更複雜），因此主動聯繫消防局緊急救護專線，安排救護車至家中載送案子前往醫院，同時主動聯繫案子就醫的醫院，在案子到達醫院前先讓醫護人員瞭解相關情況。這些措施具體展現出社工遵守主動掌握的原則，在案主無力處理危機情境時，主動採取必要的措施。

這個明快的處理行動本身就展現出穩定力量，後續的干預中社工除了提出不同的觀點挑戰案主之外，也提出具體的建議，並與案主一起討論這些因應做法的利弊得失與可行性等，讓案主清楚知道前進的方向與方法，而感受到一股希望（危機干預原則三），這對長久以來獨自面對挑戰，卻經常坐困愁城的案主而言十分重要。

社工的危機干預第一個動作是送案子就醫，而後才是與案主談話（同時進行關係的建立與預估），這個做法顯現出危機干預原則四（建立關係、預估與干預彈性交錯進行）落實在實務場域中的樣貌。

在干預過程中，社工扮演積極、指導性的角色（危機干預原則六），會主動告訴案主自己的觀察，站在案主的立場設想相關的事情，或提出建議、教導案主要如何與相關人員溝通互動，讓案主清楚感受到接受社工的引導是有建設性的影響，並且在案主重複批評學校、老師、救護系統時，提出不同的觀點質疑案主的說詞，雖然此舉讓案主不悅，但在多次進行之後，案主逐漸能夠承認自己強勢主導的無理及自以為是的觀點對於其與相關單位互動所造成的影響，這正是遵循危機干預原則十二（提出認知方面的議題，對當事人的經驗作面質）所發揮的功能。

在危機干預期間，雖然案主的問題複雜，且各個層面交織在一起（例如：案主與學校的互動影響到學校對於案子返回學校就讀的處理，案子就學問題形成案主的壓力），但與此次危機關聯性較低，因此，社工清楚將干預重點設置在案主的情緒、認知與因應行為上（危機干預原則七：限定工作目標），並且提供案主社區衛生所的諮商服務資訊，並協助案主持續接受諮商（危機干預原則八：提供實用的資訊與實際的支持）、在案主反反覆覆的抱怨、放棄、逃避歷程中，鼓勵案主表達情緒與擔憂（危機干預原則十：鼓勵表達情緒、症狀與擔憂）。當案主提到接受諮商的正向感受時，社工表達欣賞、肯定案主的努力（危機干預原則十一：支持有效的因應，讓當事人感覺到自己還是有能力的）。

干預進行四個禮拜之後，社工從案主的情緒、認知、行為表現等方面的評估認為危機已經化解，因而結束危機干預各項措施（危機干預原則五：干預有時間限制，是短期的）。

從以上的討論可以看到危機干預的原則與具體行動之間密不可分的關聯性，社工具體的做法中蘊含著各項原則。從實務經驗中分析勾勒出各項原則有助於對原則的瞭解，未來進行危機干預時能夠將干預原則化為具體行動，發揮干預的功能。

本案例中，社工除了達到危機干預的基本目標（舒緩危機情境所產生的壓力與衝擊，減輕症狀及負向情緒，同時恢復案主的功能）之外，也完成部分進階目標（引發新的思考、認知模式，發展新的適應與因應）。社工可以做到這一點主要是因為社會情境允許，雖然案主的社會支持系統薄弱，但其在四面楚歌、處處碰壁的困境之中，獲得社工的接納、關懷、

瞭解與鼓勵，這個唯一的支持體系發揮相當大的功能，不但舒緩案主的高張情緒與壓力，也開啟其心理空間，可以思考社工所提出的不同觀點與觀察。

針對案主個人的干預涵蓋情緒、認知與行為三個層面，這三個層面的有效干預奠基於清晰的預估、重點的掌握及技巧的運用。

面對案主歇斯底里的情緒發洩、無窮盡的抱怨與責怪，社工瞭解案主的情緒累積有其脈絡性，需要宣洩，這個瞭解使得社工不會被案主的情緒所勾動，而能平穩、善巧的運用同理性技巧耐心地聆聽，這是案主少有的被關注、承接經驗，適切表達對案主的瞭解，使得案主焦躁不安的身心得以放鬆、安定。

認知層面的干預基本上遵循Roberts（2005）所提出的三個步驟：先協助案主發展對事件的客觀、真實的瞭解，讓案主跳出其原先自以為是的框架，用新的、客觀的觀點來看自己與兒子之間、與各相關單位之間究竟發生什麼事。其次協助案主瞭解危機事件對其而言具有什麼意義，接著再調整案主的認知、發展較具功能的觀點。這個歷程經過許多拉扯、辯論與抗拒，逐漸讓案主看到自己的錯誤認知、期待及所引發的行為，能夠完成這個干預，主要依賴同理性的挑戰（詳見第四章）具體處理了讓案主陷入危機的認知議題。

上述針對案主個人的危機干預是微視面的干預做法，社工所作的巨視面干預主要在案子醫療層面，積極參與案子的醫療，提供醫護人員案家的相關資訊、鼓勵案主參與親子會談，有助於提升案子的醫療品質，間接化解案主的壓力源。

本案例呈現出預估、干預與評估等三個步驟之間的密切關係，預估顯示本個案需要干預的重點在於案主本身而非其社會支持系統，因此社工著重於案主情緒、認知及行為等三方面的干預，而不企圖擴大其社會支持系統功能，干預之後的評估也以當事人各個層面的具體表現為衡量指標。這顯示出危機干預的架構提供社工一個清楚遵循的指南，在壓力性情境中有效運作、發揮功能。

第七節　優勢與增強權能理論觀點　許臨高、黃韻如

壹、前言

　　早期針對增強權能討論的文章，主要討論有色人種的婦女——黑人、拉丁裔及亞裔美人、印地安人，雖然前述的人口群有其差異存在，但是在地位及擁有的權力上是相似的。因其本身負面自我評價、與外在壓迫系統之間的互動所產生的負面經驗，或受外在環境的否認與行動阻礙所產生的無力感（powerlessness），直接且具體的影響這群婦女的生命經驗。而缺乏獲得社會資源的能力，是導致無力感的因，也影響無力感的果，其需要更多的經濟及生活輔助。即使生活並未陷入經濟困境，但是無力感仍然會造成她們較差的心理狀況及心理疾病高的比率（Solomon, 1976; Gutiérrez, 1990）。在臺灣也有很多類似情況，發生在新移民、原住民、經濟弱勢等家庭。

　　增強權能的名詞在社會工作領域中首次正式出現，一般認為是以Barbara Solomon 在 1976 年所出版的 *Black Empowerment: Social Work in Oppressed Communities* 中所提出的概念為基礎。這樣的概念隱含著對於在傳統助人工作中，「家長式干預作風」或所謂的「溫和的干涉主義」等做法的檢討（鄭麗珍，2003；趙善如，2008；曾仁杰，2013）。

　　從社會工作理論發展的歷史脈絡來看，早期傾向於「責備受害者」（blame the victim），多將問題歸因於個人缺陷，將工作焦點放在解決案主個人問題上，對弱勢群體採消極的救助措施，助人者和受助者的關係是處於不平等狀態。1970年後社會工作理論進入完全不同的階段，從系統理論、生態理論、生活模型、社會網絡干預模型的發展，強調全人的關照點（holistic view），著重系統之間的交互影響及交流關係，也開始強調生命歷程與特定時空下各系統之間的交流互動，強調雙重焦點（dual focus）。1990年後，隨著基變社會工作和女性主義社會工作等發展脈絡，增強權能／倡導／優勢觀點逐漸受到重視（Greene, 1999；引自宋麗

玉等著，2011）。

　　增強權能是後現代理論的潮流，採用建構論（constructivism），相對於實證主義（positivism）不相信世界僅存在一個單一的客觀事實（reality），而認為事實是在各個情境下人們互動過程中創造出來的，存在著多元的事實。因此，什麼樣的生活方式、社會價值、文化是好的？是對的？應該由社會助人者依照當時情境，跟案主共同討論出來，強調助人者與受助者兩者之間的平權，重視社會主流價值背後隱藏的權力不平等，強調助人者應該多在行動中反思（reflection-in-practice）（Greene,1999；引自宋麗玉等著，2011）。

　　相對於病理觀點以問題或病理的稱呼、使用悲觀與懷疑的用詞、案主和助人者角色地位及權力不平等、背景及脈絡的剝奪、抱持對疾病單一的因果論等，優勢觀點是一種思考和看待人的方式，其相信每個人皆有學習、成長和改變的潛能，強調探索和發現人的優勢和資源，而非問題（Saleebey, 2002b；宋麗玉等，2006）。

　　任何可協助人們因應挑戰的事物，皆可被視為優勢。Saleebey（2002）認為個人、團體、家庭和社區皆有優勢，即使在最不佳的環境中，也都充滿資源。強調人們不只是在成功中學習，也在打擊他們的困難和沮喪中學習；經由正向的生活經驗及負向的創傷或災難經驗，塑造和形成出個人特質和優點，其將成為助人者和受助者工作的能量和行動的來源。

　　優勢觀點和增強權能已經成為社工專業崇尚的價值，且是社會工作界普遍接受的理論依據，在臺灣社會工作實務的運作儼然成為一股潮流。合作式的助人模式是有效助人的必要條件。以案主的優點為基礎有助於合作關係的產生，是形成增強權能助人關係有效的途徑。在實務工作上的運用，或許會因服務不同的人口群而有所差異，但都認為服務對象是有能力的行動主體，著重在培養案主個人的自主感，著眼於發展案主自身的優勢，並透過相關資訊和資源的取得，以及嘗試解決問題機會的獲得，在助人者與受助者成為夥伴關係的前提下，改善阻礙其發展的生活和環境，以行使自我抉擇和行動的權力。有學者表示，社會工作領域，許多知識的探究與建構，往往只到 Know What，然而就實務工作者的需求來說，除了

Know What，更需要 Know How 的知識（曾仁杰，2013）。本章節將針對優勢觀點和增強權能，說明兩者基本假設、兩者之間的關聯，以及如何立基在此二觀點之下進行個案工作。

貳、基本假設

一、增強權能（Parsons, 1991; Lee, 1994; Chuang & Sheu, 2010；趙善如，1999；宋麗玉等著，2002；許臨高等，2008；莊瑞彰等，2010；曾仁杰，2013）

假設一：增強權能服務的對象經常是「權力」不足、資源最少的族群。

事實上，只要是較無控制權，或缺乏自信、自尊、歸屬感等，甚至缺乏對外在影響，都適用增強權能。權能可以透過社會互動增加，繼而衍生更多的個人及人際權能。目的在針對無權無勢的服務對象，進行一連串的行動介入，減少其無權感（powerlessness），使這些人變得更堅強、更有能力去參與及影響他們的生活。

假設二：源自於環境加諸於個人的壓迫和限制，是導致個人和環境之間的交流出現障礙，以致無法實現自我的重要因素。

假設社會中存有各種對資源掌握不同權力及控制力的團體，因為周遭環境的不友善與敵意，使個人經驗深切、全面且不同程度的無力感，周遭存在直接與間接的權能障礙，以致無法與環境交流、參與社會與政治，實現自己。

增強權能可以是目標，亦是過程，也是一種結果。在此情況下，社會工作的干預應著重於協助個人、家庭、社區去發掘及運用內在與周遭的資源，以增進與充實案主的權能。案主可以透過教育、參與和作決定，以及聚焦在自身優勢的增強權能過程，感受到個人擁有控制、自信、權力、選擇及自主等的能力，以達增強權能的目的。

假設三：助人者是幫助服務對象自己增強權能而非被增強權能，相信只有案主擁有改變的權力。

促使充滿無力感的個人或團體免於受到不利環境影響，促使受助者及其家庭主動挑戰其不利的環境，而非被動地由環境擺布，認為其不可能改變。這與傳統社會工作的思維有相當大的差異。

增強權能可以讓個人對於自己生活上掌控的「決策訂定」與「作選擇」，擁有「接近資源的機會與運用的能力」，以決定自己對外在環境及事情的結果能否產生影響。換言之，即使是生存在困難的環境中，受助者仍應被視為有能力、有潛能、有價值的個人；而助人者則被視為是一個可用來改變的資源，與案主建立一種協同的夥伴關係。

二、優勢觀點（Saleebey, 1997; Saleebey, 2002; Bell, 2003；賴俐均、宋麗玉，2016；宋麗玉等，2006；曾仁杰，2013；宋麗玉等，2015）

假設一：每個人都擁有能力與資源之優勢，以及學習、成長、改變之潛能。換言之，每個人都擁有個人或環境上的優勢，且勇於運用被激發出來的優勢。

優勢觀點對於人類潛藏智慧和能力有著深層的相信，即使是在最卑微和飽受摧殘的人身上亦然。對於人和其環境抱持一種信任，不是聚焦在問題，而是看到可能性（Saleebey, 1997）。Carl Rogers認為人們還有超越自己，成長發展的驅力和潛能，同時Maslow也表示人類較高層次的需求是自我實現和超越自我，正向成長的力量亦存在人的內在深處。

優勢觀點讓社工在生活場域中找尋資源與可能性，協助個案創造優勢，強化社工在資源發覺、取得與發展的技能，敏銳的協助個案發現與連結個人資源網絡，增進問題解決與達成目標的成功機會（Saleebey, 2009）。

假設二：優勢觀點視個案是自己問題的專家，所以要運用個案自己的想望來解決問題。

從哲學角度觀之，由道家陰陽的概念可見優勢與病理同時存在於個人的主體中，強調人可以決定自己要著重或者關照那一面，陰陽的概念乃是經由觀察自然界的各種對立又相關聯的大自然現象而得，如天地、日月、

畫夜、寒暑、男女等（宋麗玉等，2015）。

　　實務助人者發掘及運用案主個人內在或外在環境優勢資料，包括：1.生存問題（因應問題）：此類問題除可以發掘案主優勢外，亦可以提升其自信和轉化心情；2.支持問題：主要在瞭解案主的外在資源；3.例外問題：案主問題情境中的例外狀況，可協助案主不聚焦在問題，但意識到自己的優勢；4.可能性問題：協助案主想像現在和未來的可能性，進而建立目標和計畫的藍圖；5.評價問題：由案主對自己和他人對案主的評價中尋找優勢等。

　　假設三：社會工作者將自己的角色從專家轉化為合作者，尊重並促進個案的優勢發展。

　　優勢觀點認為言辭具有力量，正向的言辭能夠產生鼓舞人的效應。助人者必須要引導案主述說他們的故事，以及引導案主闡述每日的努力與成就，藉此讓案主發現並承認自己的優點，進而展現和感受自己的優勢。優勢觀點認為促成人改變的二個主要關鍵是「希望」和「可能性」，希望是想像可能性；視當事人為改變的媒介，除了擁有目標，亦能採取行動實踐目標；助人者和受助者是合作關係。採用優勢觀點的社會助人者，主要在於協助案主建立其目標，並能夠發現和運用案主自己的優勢，朝向實踐目標和夢想而前進（Saleebey, 1992; Saleebey, 2002b；賴俐均、宋麗玉，2016；宋麗玉等，2006）。

　　曾任新北市立三重中學校長王仁宏，以太極是非論來詮釋相同的概念——「黑中有白，白中有黑；黑大白小，白大黑小；黑白相間，曲線為界；論黑道白，圓滿為重。」人的優勢及病理有時是一體兩面，但是助人者要強調的優勢面或是病理面，全看助人者的觀點。

圖6-1　太極圖

參、核心概念

增強權能被優勢觀點視為是核心且十分重要的概念，Saleebey（2002a）認為增強權能是：「在處遇的過程中，協助個人、團體、家庭和社區重新發現和擴展其內外在資源的工具。」Saleebey認為案主之所以能夠擁有力量，是因為案主在適當的協助下「可以在自己的內在找到某些能量」（De Jong & Miller, 1995）。Rankin（2007）則認為增強權能之所以被放入優勢觀點中，是在協助的過程幫助人們應用優勢解決所面臨的挑戰。優勢跟增強權能，是同類概念的左右手，因為看到優勢可以增強權能，因為想要增強權能可以嘗試找到案主的優勢。

增強權能的社工模式中，強調社工人員應該更清楚知覺案主缺乏實際的權能。透過發展和增強案主個人（intrapersonal）、人際（interpersonal）、政治／社區（political/community）等三方面的力量，除有能力解決問題滿足需求，最重要的是能掌控自己，擁有較好的生活品質（周玟琪等譯，1995；趙善如，1999）。提升弱勢族群的內在資源，包括：自尊、自我概念、自我效能，強化個人對環境的掌握力及控制力，擺脫過去一昧視案主是有問題和沒有能力者，而強調重視案主本身具備的能力和優勢。協助案主的著力點在於發掘及運用案主的優勢來解決問題（宋麗玉等著，2011）。

曾經有一位婦女長期在受暴的環境中，雖然反覆求助但最後仍然回到夫家，每次總是以擔心年幼孩子的成長及監護問題，或是以個人缺乏經濟能力無法獨立為由。其中雖然社工願意提供婦女安置及經濟資源，但是她仍然沒有信心。後來社工人員協助提供該名婦女職業訓練課程，一方面減少婦女在家庭中的時間，另一方面開拓該名婦女的社交圈。一年期間，社工發現過程中案主求助與通報的次數逐漸減少，最後甚至降為零。社工詢問過去一年案主發生了什麼事？案主直接的回答，我現在賺的錢比我先生多，他敢凶我，我就會帶孩子搬出去。

我們可以說，增強權能是立基在優勢觀點下（strength-based）的一種工作方法。當社工以優勢觀點來評量（assess）案主之當下，可以藉由

增強權能的方式，將案主既有的資源、潛力、長處誘發出來，並思考如何成為日後展開行動的能源。總而言之，針對優勢的增強權能是提供了不同的態度和承諾，是要去重新找出和擴展求助者個人和社區的優勢；或者我們可以說求助者個人潛能只是尚未開發，只要觸發、拓展個人的優勢，能量就會源源不絕的湧出。因此，除了增強權能概念，社群（community）和集體成員關係（membership）的概念亦是優勢取向的核心，因為，優勢觀點其施行的過程不單僅聚焦在個人，其所提借的每一個概念都含括生態系統理論的精神（Saleebey, 2002；沈天勇等，2010）。

優勢觀點認為促使案主成長與改變的一項要件，便是要讓案主擁有正向的期待和希望；亦即，將處遇的焦點放在可能的事情上，並專注於更好的未來，其將有助於促使案主朝目標邁進。而運用優勢亦是一種增強權能工作的實務方法，相信個體若能夠看見和運用本身的能力、可能性和長處，便可覺察到其所擁有的權力和選擇，以及發現可能要面對的障礙和挑戰。若能有效連結其內外在的資源，就可展現其行動力，實現其希望和抱負。

增強權能觀點認為強調個人缺失與疾病的助人模型，是無法讓案主獲得權能和資源。所謂的「權能」（power）指的是一種能力（capacities），可以掌控自己生活空間與開展各種行動的動力。某個人增強權能不代表另外一個人的喪權，基本上不是你有、就是我有的對立場面，而是透過人際之間的互動互助所衍生的權能資源（Adams, 2003；宋麗玉等著，2002；粘容慈，2004）。因此，藉由推動和連結社區關懷、期待與正向的心理狀態、維持自主的感覺、對困境的控制感與復原過程，以及利用幽默、樂觀來回應壓力等，將可以協助個人消除痛苦，並獲得權能。

增強權能關注在案主的優勢，而非案主的問題和困難，強調拓展案主的優勢和才能。誠如優勢觀點認為每個人或其環境都有優勢存在，無論多不好的環境都有資源存在。處遇的焦點放在優勢可強化案主的動機；在各服務輸送階段傳遞案主「希望」，沒有希望不會有夢想，沒有夢想不會有改變；社工與案主兩者間平等的服務關係成為案主能夠進步的基礎。處遇過程要著重在案主本身的能力與資源，以及案主對他人的貢獻，如此不但

可以提升案主的自尊、促進案主打破孤立並擁有歸屬感，以及與他人合作的能力；強調自我管理及教育、促使案主參與每個層級的決策，並且成為自我照顧的專家（Saleebey, 1992；宋麗玉等，2006）。

宋麗玉等（2015）以增強權能為達成復原的「中介目標」。增強權能是一種增強個人、人際或政治力量的過程，以使個體能夠有行動以改進其生活情境。增強權能理論與實務係奠基在社區組織方法、成人教育技巧、女性主義理論及政治心理學等理論基礎上。因此，在運用增強權能的概念時通常不明確，且有不同的意涵。基本上可以區分三種類型：第一類型，從巨視層次明確定義增強，並視為凝聚政治力量的過程；第二類型，從微視層面，增強權能通常被認為是個人增強權力或自我控制能力的知覺，而無需從結構上做事實的改變；第三類型，則要討論的是巨視、微視層面的整合，如何從個體的增強權能而產生團體的增強權能，以及如何藉由增強團體的力量而增強個別成員的功能。

Rappaport（1985）認為，「增強權能係指提升個人生活中的性格、認知及動力，所表達的概念在於感覺層次、自我價值的層次、想要使周圍世界有些不同的層次，而這些能力都不需要購買，更不是稀有的商品，而是我們都擁有的潛力。」從這增強權能的定義，係從生態觀點（而非個人觀點）分析個人及社區現象，並相信能力是可以藉由增強權能的過程獲得，並不是稀有商品。而增強權能係聚焦在增強個體或社區現有的力量，提升自我控制並能影響他人的能力，主要的目標在於建立資源的公平分配。

Gutiérrez（1990）從第三個觀點探討增強權能這個概念，其認為增強權能相關文獻呈現在四個整合心理改變歷程，試圖將個體由失望及漠不關心的情境，提升出行動力：

增強自我效能（increasing self-efficacy），「自我效能」是指相信個人有能力「創造及管理生命中的事件」。雖然這個概念在部分增強權能的文獻中並未提及，但是所有學者都提到相似的現象，就是強調自我功能（ego functioning），發展自我權能、發展優勢、培養主動性及行動能力。

培養團體意識（developing group consciousness）包含培養對政策結

構如何影響個體及團體經驗的敏感度，並藉由重新定義因個體失能所產生個體、團體或社區問題，培養低權力個體應變社會上危急現象的能力。培養團體意識，有助於培養個體或團體、社區中的成員，共同分享命運的感覺，讓團體聚焦在問題的成因，而非改變內部主觀想法。

減少自責（reducing self-blame）與「提升意識」有緊密的關聯性，意即藉由將問題歸因於現存社會情境，讓案主從自責於所處的負面情境中解脫。因為自責將會產生沮喪及無動力的情緒，而減少自責將使案主降低缺陷感且更有能力去改變他們的情境。

假定個體有改變的責任（assuming personal responsibility for change），以抵銷因為降低自責所產生的負面結果。如果案主並不認為對自己的問題有解決的責任，則他們可能不會盡力去面對問題，以及尋求未來可能的改變。

張文隆（2020）認為「心理性增強權能」轉換到社會工作歷程，包含以下四大要素：

1. 生活的「意義」（meaning）：也就是案主在生命中對自己的期望，以及對生存的信念、價值觀、行為之間的契合度。
2. 生活的「能力」（competence）：是一種信心，相信自己擁有能力，面對自己生命中的困境或挫折。
3. 生活的「自決」（self-determination）：一種能啟動與調整自己生活的自主感，例如：能決定自己生活的步調等。
4. 生活的「影響」（impact）：可以對自己或對現存環境的影響力。

總之，透過增強權能的過程，個人能夠對自己的能力抱持肯定的態度，自覺能夠控制自己的生活，並能適時影響周遭環境中的他人，與社會體系資源的分配。受助者的問題泰半來自家庭功能失調、教育環境的不友善、社會的標籤烙印，以及權力結構的不平等，而增強權能的運用有助於受助者發揮自身力量，以改變個人的生活狀況。

Pattoni（2012）整理優勢觀點，有以下七個關鍵觀點：

1. 優勢基礎的觀點，強調個人與社區的能力、技術、知識、潛能。
2. 聚焦在優勢，不代表忽略挑戰，而是嘗試翻轉成為優勢。
3. 實務助人者運用優勢觀點時，需要與受助者合作，一起達成他們所想要完成的事情。在此種情況下，受助者可以成為正向支持力量的共同創造者，而不是被動的接受服務者。
4. 優勢觀點的實證是較為困難的，因為不同的人口群及問題範圍需要不同文獻基礎。
5. 優勢觀點的實務工作，可以廣泛的運用在不同的服務領域與人口群。
6. 部分實證研究建議，優勢觀點可以有效運用在物質濫用的處遇方案中。
7. 部分實證研究證實，優勢觀點可以改善社會網絡與強化福利服務。

總而言之，增強權能取向與優勢觀點兩者間存在有許多相似的特點，包括：兩者皆強調辨識與建立服務使用者的能力與固有的資源、在助人過程中實務工作者應去除專家的角色、兩者皆希望個體能夠掌控自己生活與生命中重要的決定，甚至成為自己生命的主人。而若要說兩者之間的差異，增強權能取向要比優點模式更強調要解決造成個體陷入困境的環境限制，或制度壓迫的問題。

肆、實施過程的目標、原則與程序

增強權能理論認為個人之所以無法實現自己，主要是源自於缺乏權能導致無力感（powerlessness）的結果，所以減少無力感是增強權能取向的一個重要的處遇焦點。從前面的討論，社工可以瞭解到缺乏力量對案主的影響，而如何善用受助者的優勢，增強個體權能是接下來所要探討的議題

（Gutiérrez,1990；曾仁杰，2013）：

一、強調助人關係（The Helping Relationship）的權力分享與社工反思

增強權能實務中的助人關係，奠基在共同合作（collaboration）、相信及分享權力。助人者必須視自己為使能者、組織者、諮詢者、或案主的同儕，以避免案主在接受專業人員或其他協助者於服務過程中複製無力感的經驗。而社工與案主的互動，應該包含真實、相互尊重、開放的溝通，以及不拘泥形式的特質，並相信即便社工已經在與案主合作的脈絡中，但並不能完全掌握案主問題的處理，應由案主於互動歷程中，發展出解決問題所需面對情境的洞察力、技巧及能力。社工不應將自己視為是知道一切的專家，而是協助案主運用其能力，為共同目標而努力（Boehm & Staples, 2004；曾仁杰，2013）。

二、工作的原則

Solomon認為「增強權能是社工藉由與案主或案主系統的工作歷程中，減輕案主於標籤團體（stigmatized group）中之負面評價，以及所產生的無力感。」而Solomon如同其他學者一般，將增強權能過程的焦點放在系統化的探索問題，並試圖發展出社區的替代結構，將反思（reflection）及行動（action）交互練習，以有助於培養系統化的探索能力。最後，藉由案主積極參與改變的歷程、分析他們自己的經驗及結果的探索，將有助於案主未來能力的發展（Gutiérrez, 1990）。

優勢觀點內涵包含復原、增強權能、生態觀點、社會支持理論，其強調六種工作原則：

1.人具有學習、成長與改變之潛能。

2.工作的焦點在案主之優勢而非病理。

3.案主是助人過程的指導者。

4.案主與個案管理者的關係是助人過程中的關鍵因素。

5.外展是較佳的工作途徑。

6.社區是資源綠洲。

其中，強調外展為最佳工作途徑，與生態觀點發展有密切關係，強調人的發展和行為受到所處生態的影響，如果案主能在所處環境中找到一個好的棲息地（habitation）及好的定位（niche），就可能創造人與環境之間好的適配度（goodness-of-fit）（宋麗玉等，2015）。

Rapp, Saleebey and Sullivan（2008）針對優勢觀點提出六個重要觀點，實務助人者可以運用下面的原則於實務工作中，包含（引自Pattoni, 2012）：

1. **目標導向**（Goal orientation）

優勢觀點的實務強調目標導向。任何理論取向都可以延伸優勢觀點的核心與關鍵，強調案主想要在生命中達成及設定的目標。

2. **優勢預估**（Strengths assessment）

首先聚焦的焦點不在問題或缺陷，而是個人理解那些案主內在資源可以支持他，讓他可以對抗困境及外在情境。

3. **環境資源**（Resources from the environment）

優勢觀點相信每個人所處的環境，都可以讓其擁有「給」出某些東西的能量，讓他人覺得自己是有用的，而實務助人者也可以運用這些優勢，讓案主有能力跟資源產生連結。

4. **運用明確的方法確認案主或環境的優勢以利目標的達成**（Explicit methods are used for identifying client and environmental strengths for goal attainment）

不同取向介入的觀點，可以運用不同方法，例如：問題解決取向的案主，應該在找到優勢前先協助案主確認自己的目標，並且同時進行優勢預估。

5. 專業關係是著重強化希望（The relationship is hope-inducing）

優勢觀點的工作基礎是要增加案主的希望感，進一步強化受助者跟人、社區、文化的優勢連結。

6. 有意義的選擇（Meaningful choice）

優勢強調合作的態度，因為案主是他們生命經驗的專家，助人者的角色只是去增加及詮釋他們的選擇，並且鼓勵他們自己作決定及選擇。

三、實務歷程與技巧

案主在接受處遇後的症狀更形惡化，根據曾仁杰（2013）初步之看法，可能的原因有二：或因過度傾向以問題與病理的角度來思考；或因未能掌握社會工作處遇的根本方向。社工往往急著要協助解決案主的問題，反而衍生出更多的問題，終讓案主與社工陷入眾多問題的漩渦中，疲於奔命或無法自拔。

總而言之，社工看待問題角度會影響問題處遇的方式或提供協助的重點，若從問題／病理學的角度，處遇的方向往往會過度聚焦在問題處理或症狀緩解，而忽略了其他對於個案而言更關鍵的議題。但若從另一個較為正向與優勢的觀點（strengths perspective）來看，案主的問題行為固然會帶來困擾，但其實也是一種生命力量的展現，案主想要成為自己生命的主人，希望擁有選擇權力，發揮自己的才能。

關於增強權能的實務做法，Lee（1994）認為社工的處遇策略主要是在增加案主的優勢，以便平衡案主在正式體系中的權能失利。社工所使用的技巧，包括：1.發掘與建立案主的自我力量（ego strengths）；2.增加適應環境的技巧；3.學習主導性的問題解決技巧；4.增強社會改革的集體性技巧；5.希望案主能夠逐漸地承擔起協助自己面對困境的角色（曾仁杰，2013）。

Miley & DuBois（1999）也曾提出一個社區取向的權能增強的工作階段，首先，社工與案主彼此展開對話，確立活動方向並形成夥伴關係；接下來，社工協助案主探索、辨識與創造可能的優點、資源與盟友；最後

發揮權能的影響力，並評估目標達成之狀況（曾仁杰，2013）。綜合以上，增強權能的工作歷程與技巧包含以下五項（Gutiérrez, 1990）：

1. **接受案主所定義的問題**（Accepting the Client's Definition of the Problem）

是增強處遇技巧的重要元素，而社工可以藉由此歷程掌握案主對情境的認定及瞭解程度。這個技巧也必須同時考量培養案主有權力及控制力的參與助人歷程，且不妨礙對新議題的探索，例如：個體與社區問題的連結等。

2. **檢視及提升現有的優勢**（Identifying and Building upon Existing Strengths）

藉由檢視及提升現有力量，增強權能的實務助人者可以瞭解案主目前的功能、功能的來源，以及個別或人際的權力來源。這個技巧有助於社工瞭解案主對抗不平等的社會結構壓制時的努力，而這努力是相當強的力量。

3. **著重案主情境的權力分析**（Engaging in Power Analysis of the Client's Situation）

是增強權能實務中的重要技巧。首先，分析案主無力感的情形（powerlessness），以及對案主情境的影響。第二個階段，則是確認案主情境中的潛在力量，其中，間接的技巧是社工透過與案主對話的歷程中，探索及確認案主目前所處情境的社會結構，而較直接的技巧，則是著力在案主對特殊情境的分析。這歷程主要希望透過案主與社工的互動，尋找出潛在能力的資源，例如：遺忘的技巧、足以影響個體社會的特質、過往的社會支持網絡及社區組織等。

4. **教導特殊技巧**（Teaching Specific Skills）

是促使案主更有力量的資源，包含：問題解決技巧、社區或組織改變的技巧、生活技能（如親職、自我防衛、找工作等）及人際互動技巧（如社交能力、自我辯護等）。而社工在進行此類教育工作時，應扮演諮詢、促進的角色，而非指導者的角色，特別注意避免複製案主過往經驗中的權力結構。

5. **為案主動員及倡導資源**（Mobilizing Resource and Advocating for Clients）

主要是指社工為案主蒐集具體的資源或訊息，在案主利益需求下進行倡導。雖然有部分學者認為，倡導可能導致無力感的增強，與增強權能的目標產生衝突，但是倡導也可以是與案主一起合作的歷程，並且學習新的技巧。而透過倡導及資源動員的歷程，可以提供案主群增強權能的資源。

在實務工作上，許多助人者亦常感到「無力感」、「挫折」，繼而開始懷疑自己是否真的能夠幫助案主？不僅形成專業上的自我懷疑，進而產生倦怠感（burn out）。然而，根本的問題來自於社工可能很難成為解決「病理化」案主的「助人者」，因為案主的生活情境及文化脈絡可能與助人者有顯著的差異，甚至是生活階層中從未交錯的平行線，如同犯罪學中所討論的日常生活空間理論的概念類似。

事實上，受助者所有困境的存在，不一定是多數在中產階層長大的社工所能理解的。因此，運用增強權能觀點除了能關照到受助者的主體性及特殊需要，亦能幫助助人者包括：社工師、心理師、諮商師、助人志工群等，藉由進一步理解環境脈絡及文化，找到對的策略，建立對受助者不同的認識，找到跟案主一起工作的方法，建立實務工作者的自信。

張文隆（2020）引用John C. Maxwell的一段話表示，唯有具安全感的領導者，才能將權力賦予別人。所以，當助人者想運用增強權能觀點協助案主時，要先聚焦助人者本身是否相信自己及案主的能力，才可能建立雙方對於達成目標的信心。

伍、實例討論

一、問題摘述

小強是個對於制式國中教育缺乏興趣的少年，八年級因為常常跟著

九年級學長遊蕩社區，參與勒索等校園事件，頻繁進出學務處，大小過不斷，因此被轉介給學校社工協助。

二、診斷與預估

學校社工找來小強，想瞭解他的處境，想理解小強如何定義自己的問題。

> 「我沒有怎樣啊！只是交朋友，班上同學很無聊，我上課也聽不懂。」
> 「是喔！那堂課最困難？」
> 「都難！」
> 「英文26個字母寫寫看，以後出國可能會需要。」

社工赫然發現，他會的字母不到一半。

然而，要進入資源班或其他補救教學的系統，似乎也很難，因為小強似乎被系統定義為「偏差行為」更勝於「學習困擾」，也因此並不歡迎也不認為小強需要這樣的補救教育資源。但是，學校系統也表示如果小強可以遵守校規，不會無故缺席，也不排斥讓他到可以學習的輔導方案中。

社工跟小強討論前述情形，小強表示 我不知道來學校可以幹嘛！我覺得看課本好累，我也不想去。

同時，這學期剛好八年級有個以學習「溝通」為概念的八週團體課程，學校社工邀請小強一起來，從團體歷程中看看小強可能的問題，以及可以幫得上他的部分。在不以學業為目標的前提下，小強願意來參加團體。

有一天，團體結束，所有參與團體的同學紛紛搶先離開團體輔導室，只有小強留下來，他將一個個海綿坐墊，像丟飛盤一樣，丟到某個角落，零零落落的堆積上去。

> 「小強，你好棒！幫老師收拾團體輔導室的坐墊！」

小強一臉驚訝，繼續「玩著」丟坐墊的遊戲，從一個角落，丟向另一個角落，像是發洩情緒，也像是在玩一種無聊的遊戲，不想離去，欲繼續逗留在輔導室。

　　「小強，左邊牆角應該是不錯的位置，可以幫我丟到那角落，並且稍微整理一下嗎？下堂課我們可以一起聊聊天。」

　　小強也順勢完成了。

　　接著，小強走到學校社工的旁邊，看到桌上盆栽凋零中。

　　「老師，你這個盆栽快掛了！你很遜ㄟ！」
　　「我有澆水啊！我也不知道怎麼會這樣！」
　　「老師，你水澆太多，但是要給它點陽光，不然會長不好！常春藤不難種啊！」
　　「你怎麼知道這是常春藤？」

　　從這裡，小強緩緩道來小時候在山上成長的經驗，原來小強在寒暑假都會到奶奶在鄉下的花園幫忙，也很習慣跟著叔叔一起照顧花圃的生意。因此，小強對於常見植物的照顧有專長。

　　在說明自己是如何不善於栽培花草後，詢問這位學生代為照顧的可能性？受到老師鼓勵和讚許，被注意到其優勢的少年，欣然答應。後因盆栽照顧得十分漂亮，社工老師又請求順便照顧其他的植物，緊接著辦公室的其他老師，也紛紛提出請求。

　　自此之後，小強因為照顧盆景，需要穩定到學校，同時，也因此減少跟著九年級學長閒逛校園的時間，隔離他跟校園負向同儕群體互動的時間，轉移了他偏差行為的機會。時間漸漸過去，老師們也發現小強的情緒與穩定度都增加了，因為園藝照顧讓小強靜下來，也因為老師們的稱讚，讓小強看見自己的優勢。

　　讓這位一度可能中輟的孩子，找到了想來學校的最大動力。而社工也

讓孩子覺察到知識學習對其日後盆栽專業技能和證照取得的重要性，逐步與其約定進入教室上課。這位學生就在優勢觀點的激勵，以及自我增強權能的過程中不斷地改變和成長。

接著，社工與小強就有更多可以工作的空間。

三、處遇計畫與討論

在與小強一起工作的歷程中，有幾個重要的階段與議題：

1. 助人關係的建立：小強若從傳統體制進行定義，他確實是個問題累累的少年，包含：缺曠課、打架、勒索、校園遊蕩等。然而，外顯行為只是冰山的一角，深層有更多待理解的個性特質與需求。唯一可以在一開始確認的是，他的學習能力跟程度並不好，而他也抗拒學習，且現有體制對於外顯偏差行為少年的學習方案較少。因此，建立關係以案主為主體的從旁觀察更為重要。

2. 接受案主所定義的問題：小強本身自覺對於學習也缺乏興趣，強迫他進入學習的方案中，可能讓他重複了學習失敗的經驗，也可能造成更多師生間的衝突事件。因此，短時間內先接受小強對於學習抗拒是必要的。

3. 檢視及提升現有的力量：透過團體歷程逐漸看見小強在個別特質上的優勢，包含：願意聽社工的請託「整理」海綿坐墊，同時，也發現他對於盆栽的觀察敏銳度，透過照顧盆栽的經驗與小強進行生命經驗的對話。也因為他的努力，讓周圍的教職人員看見他生命的優勢，給他鼓勵，形成生命中的正向經驗的交流與循環。

4. 強化案主增強權能的技巧：看到小強在園藝上的興趣，高職園藝相關類科就成為學校社工可以跟案主的導師及輔導老師建議的生涯輔導方向。但是同時，由於案主成績較為低落，就讀私立高職或夜間部可能性較高，因此，如何在八至九年級輔導歷程中努力強化案主自我效能，避免被負面同儕的影響，就成為學校社工的處遇重點。

參考書目

中文部分

王文娟（2013）。社會個案工作方法。收錄於古允文總校閱，社會工作概論（第二版），第二章。臺中：華格那。

白倩如、李仰慈、曾華源（2014）。復原力任務中心社會工作——理論與技術。臺北：洪葉。

呂民璿（2002）。社會工作個案研究——方法、探討與處遇。臺北：洪葉。

宋麗玉、施教裕（2009）。優勢觀點——社會工作理論與實務。臺北：洪葉。

宋麗玉、施教裕、顏玉如、張錦麗（2006）。優點個案管理模式之介紹與運用於受暴婦女之評估結果。社區發展季刊，113，143-160。

宋麗玉等著（2002）。社會工作理論：處遇模式與案例分析。臺北：洪葉。

宋麗玉等著（2011）。社會工作理論：處遇模式與案例分析。臺北：洪葉。

宋麗玉、施教裕、徐淑婷（2015）。優勢觀點與精神障礙者之復元：駱駝進帳與螺旋上升。臺北：洪葉。

李保悅（1980）。介紹心理社會學派個案工作理論。社區發展季刊，11，22-28。

李國隆（2000）。任務中心社會工作。資料來源：小丑工作室（home.kimo.com.tw/socialwork_tw/home.htm）。

沈天勇、許臨高（2010）。從優勢觀點探討隔代教養青少年家庭之祖孫互動。輔仁大學兒童與家庭國際學術研討會。

卓紋君等（2004）。從生態系統觀點看兒童虐待與救治之道——一個兒虐案例的分析。諮商與輔導，220，10-17。

周玟琪等譯（1995）。當代社會工作理論：批判的導論。臺北：五南。

高劉寶慈等編（2001）。心理社會治療法。收錄於高劉寶慈、區澤光編，個案工作：理論及案例，第一章，頁1-33。香港：香港中文大學。

張文隆（2020）。賦權：當責式管理的延伸實踐（修訂版），臺北：久石文化。

張宏哲、張信熙（2002）。家庭社會工作實務倫理議題：老人保護。收錄於徐震、李明政主編，社會工作倫理，頁273-291，臺北：五南。

張振成（2001）。臺灣臨床社會工作者建立助人關係經驗之敘說經驗。香港：中文大學社會福利博士論文。

張淑貞（2001）。危機處遇模式與任務中心模式之比較分析。資料來源：小丑工作室（home.kimo.com.tw/socialwork_tw/home.htm）。

張碧琴譯（1995）。危機干預與任務中心模式。收錄於周玟琪等譯，當代社會工作理論——批判的導論，第四章，頁 107-114。臺北：五南。

粘容慈（2004）。重新發現力量——高齡志工參與志願服務的增強權能經驗。臺北：國立政治大學社會學研究所碩士論文。

莊瑞彰、許臨高（2010）。建構充權取向團體實驗方案——以同儕關係欠佳青少年自我概念為例。發表於香港2010 聯合世界大會：社會工作及社會發展的願景與藍圖研討會。

許雅惠（2020）。婦女增強權能與社會參與。社區發展季刊，171，60-73。

許臨高主編（1999）。社會工作直接服務：理論與技巧（下冊）。臺北：洪葉。

許臨高（2011）。正面角度和激發權能的思維：以優勢觀點和充權取向談青少年輔導實務。2011兩岸四地學生輔導研討會—蛻變中的你我他，澳門街坊會聯合總會、澳門理工學院聯合主辦。

許臨高、蔡淑宜（2008）。從增強權能取向談社會工作專業之教學方法——以輔仁大學社會工作系的一位教師及一位助教的經驗為例。收錄於輔仁大學與中國人民大學文化、社會與心理學術研討會論文集，頁1-30。

陳姿樺（2016）。親密伴侶暴力經濟賦權實務發展——以「女人＄進自由」經濟賦權方案為例。「擁抱最弱勢的被害人：性別暴力服務策略與政策倡議——現代婦女基金會105年度婦女人身安全實務研討會」。2016/08/16。

陳姿樺、林嘉萍（2020）。經濟賦權方案推展影響：以女人錢進自由為例。社區發展季刊，171，93-105。

曾仁杰（2013）。增強權能之助人關係的形成歷程與策略：以優勢觀點為基礎的處遇模式。嘉南學報，39，185-201。

曾華源（2002）。社會工作任務中心取向。收錄於宋麗玉、曾華源等，社會工作理論——處遇模式與案例分析，第七章，頁189-216。臺北：洪葉。

曾華源（2002a）。社會工作社會暨心理學派。收錄於宋麗玉等著，社會工作理論——處遇模式與案例分析，第五章，頁123-151。臺北：洪葉。

曾華源（2002b）。社會工作任務中心取向。收錄於宋麗玉、曾華源等，社會工作理論——處遇模式與案例分析，第七章，頁 189-216。臺北：洪葉。

曾華源、白倩如（2008）。任務中心取向模式在高危機少年社會工作上之應用（初階訓練）講義。臺北：松陽基金會。

曾華源、李自強（2004）。社會工作直接服務——理論與技巧（第六版）。臺北：洪葉。

曾華源等（2006）。心理暨社會派、生態系統觀及增強權能觀對「人在情境中」詮釋之比較。東吳社會工作學報，14，63-89。

黃陳碧苑、廖盧慧貞（2001）。職務為主介入模式。收錄於高劉保慈、區澤光編，個案工作理論及案例，第四章，頁137-167。香港：中文大學。

趙雨龍（2003）。充權的概念探索：青年工作為例。載於趙雨龍、黃昌榮、趙維生編著，充權——新社會工作視界。臺北：五南。

趙善如（1999）。「增強力量」觀點之社會工作實務要素與處遇策略。臺大社工學刊，1，233-261。

趙善如（2008）。權能增強觀點、優勢觀點及後現代理論。載於簡春安、趙善如合著，社會工作哲學與理論。

歐吉桐、黃耀興、林曉卿合譯（2009）。物質濫用的團體治療：改變階段的治療手冊。臺北：心理。

賴俐均、宋麗玉（2016）。社工員運用優勢觀點的復元經驗及促進復元之因素。社區發展季刊，156，302-315。

廖榮利（1987）。社會工作理論與模式。臺北：五南。

劉曉春等譯、許臨高主編（1999）。社會工作直接服務：理論與技巧。臺北：洪葉。

潘淑滿（2000）。社會個案工作。臺北：心理。

蔡文山等（2006）。從生態觀點初探外籍配偶子女之生活適應與發展。教育與發展，23(3)，95-100。

鄭青青（2004）。外籍新娘及其子女教育之研究分析——生態系統論觀點。國立嘉義大學外籍與大陸配偶子女教育輔導研討會。

鄭麗珍（2002）。生態系統觀點。收錄於宋麗玉等著，社會工作理論——處遇模式與案例分析，第九章，頁251-284。臺北：洪葉。

鄭麗珍（2003）。增強權能理論與倡導。載於宋麗玉、曾華源、施教裕、鄭麗珍編著，社會工作理論：處遇模式與案例分析，頁407-440。臺北：洪葉。

鄭麗珍、潘淑滿（2022）。社會個案工作——理論與實務工作手冊。臺北市：雙葉。

謝秀芬（2002）。社會個案工作理論與技巧。臺北：雙葉。

簡美華（2013）。社會個案工作——任務中心取向。收錄於曾華源主編，社會個案工作，第十四章，頁433-462。臺北：洪葉。

闕漢中譯（1999）。兒童青少年社會工作。臺北：洪葉。

英文部分

Adams, R. (2003). *Social work and empowerment.* New York: Palgrave Macmillan.

Aftab, A. (2021). The past, present, and future of cognitive behavioral therapy: Q&A with Judith S. Beck. *Psychiatric Times*, October 5, 2021. https://www.psychiatric-times.com/view/past-present-future-cognitive-behavioral-therapy

Allen-Meares, P. (1995). *Social work with children & adolescents.* New York: Longman Publishers.

Allen-Meares, P., & Lane, B. A. (1987). Grounding social work practice in the theory: Ecosystems. *Social Casework, 68*, 515-521.

Ashford, J., Lecroy, C. W., & Rankin, L. (2017). *Empower series: Human behavior in the social environment: A multidimensional perspective* (6rd ed.). Boston: Cengage Learning.

Beck, A., & Weishaar, M. (1995). Cognitive therapy. In Raymond Corsini and Danny Wedding ed. *Current psychotherapies*, pp. 229-251.

Beck, C. T. (2001). Predictors of postpartum depression: An update. *Nursing Research, 50*, 275-285.

Beck, J. (1995). *Cognitive therapy: Basics and beyond.* New York: Guilford Press.

Bertalanffy, L. von (1971). *General system theory: Foundations, development, application.* Allen Lane, London.

Bronfenbrenner, V. (1979). *The ecology of human development: Experiment by nature and design.* Cambridge, Mass.: Harvard University Press.

Bronfenbrenner, V. (1989). Ecological systems theory. *Annals of Child Development, 6*, 187-249.

Brower, A. M. (1988). Can the ecological model guide social work practice? *Social Service Review, 62*(3), 411-429.

Burns, D. (1999). *Feeling good: The new mood therapy.* New York: Harper Co.

Chand, S., Kuckel, D., & Huecker, M. (2022). *Cognitive behavior therapy.* National Library of Medicine, 2022 January, retrieved from: https://www.ncbi.nlm.nih.gov/books/NBK470241

Chapin, R. K. (1995). Social policy development: The strengths perspective. *Social Work, 40*(4), 506-514.

Christensen, D. N., Todahl, J., & Barrett, W. C. (1999). *Solution-based casework: An introduction to clinical and case management skills in casework practice*. N.Y.: Aldine De Gruyter.

Chuang, J. C., & Sheu, L. G. (2010). *Group intervention for the self-concept of weak peer relationship's adolescents: The empowerment approach.* Paper presented at 2010 Joint World Conference on Social Work and Social Development: The Agenda Conference, Hong Kong.

Compton, B. R., & Galaway, B. (1999). *Social work process* (6th ed.). N.Y.: Brooks/ Cole Co.

Darling, N. (2007). Ecological systems theory: The person in the center of the circles. *Research in Human Development*, *4*(3-4), 203-217.

Dewey, J. (1933). *How we think*. N.Y.: Heath Publish.

Doel, M., & Marsh, P. E. (1992). *Task-centered social work*. London, UK: Routledge.

Dorfman, R. A. (1996). *Clinical social work: Definition, practice and vision*. New York: Brunner/ Mazel, Publishers.

Drumm, R. D., Pittman, S. W., & Perry, S. (2003). Social work interventions in refugee camps: An ecosystems approach. *Journal of Social Service Research*, *30*(2). 67-92.

Ellis, A. (1995). Changing rational-emotive therapy (RET) to rational emotive behavior therapy (REBT). *Journal of Rational-Emotive & Cognitive-Behavior Therapy*, *13*(2), 85-89.

Ellis, A. (2001). *Feeling better, getting better, staying better: Profound self-help therapy for your emotions.*廣梅芳譯，臺北：張老師文化。

Epstein, L. (1988). *Helping people: The task-centered approach*. Columbus, OH.: Merrill.

Erikson, E., Erikson, J., & Kivnick, H. (1994). *Vital involvement in old age.* Norton Company.

Eysenck, H. J. (1965). *Fact and fiction in psychology*. Baltimore: Penguin Books.

Fortune, A. E. (2012). Development of the task-centered model. In Rzepnicki, T. L., McCracken, S. G., & Briggs, H. E. (eds). *From task-centered social work to evidence-based and integrative practice: Reflections on history and implementation.* pp. 15-39. Oxford University Press.

Gallagher-Thompson, D., & Thompson, L. (1996). Applying cognitive-behavioral therapy to the psychological problems of later life. In Steven Zarit & Bob Knight ed. *A guide to psychotherapy and aging*, pp. 61-82. Washington, D.C.: American Psychological Association.

Gambrill, E. (2006). Evidence-based practice and policy: Choices ahead. *Research on Social Work Practice, 16*(3), 338-357.

Germain, C. (1979). Ecology and social work. In C. Germain (Ed.). *Social work practice: People and environment* (pp. 1-2). New York: Columbia University Press.

Germain, C., & Gitterman, A. (1980). *The life model of social work practice.* New York: Columbia University Press.

Germain, C. B., & Gitterman, A. (1996). *The life model of social work practice: Advances in theory and practice* (2nd ed.). N.Y.: Columbia University Press.

Gitterman, A. (1996). Life model theory and social work treatment. In Turner, F. J. *Social work treatment: Interlocking theoretical approaches* (4th ed.). New York: The Free Press.

Goldstein, E. G. (1995). Psychosocial approach. In *Encyclopedia of social work* (19th ed.), 1948-1954. New York: Free press.

Gray, P. (2007). *Psychology.* New York: Worth Publishers.

Greene, R. R. (1999). Human Behavior Theory and Social Work Practice (2nd ed.). New York, N.Y.: Aldine de Gruyter.

Greene, R. R., & Ephress, P. H. (1991). *Human behavior theory and social work practice.* New York: Aldine de Gruyter.

Gutiérrez, L. M. (1990). Working with women of color: An empowerment perspective. *Social Work* (1990-march), *35*(2), 149-154.

Hartman, A. (1983). *Family-centered social work practice.* New York: The Free Press.

Hepworth, D. H., Rooney, R. H., & Larsen J. A. (1997). *Direct social work practice: Theory and skills* (5th ed.). U.S.A.: Brooks/Cole Publishing Company.

Hollis, F. (1972). *Casework: A psychosocial therapy* (2nd ed.). N.Y.: Random House.

Hollis, F. (1990). *Casework: A psychosocial therapy.* N.Y.: McGraw-Hill.

Hollis, F., & Woods, M. E. (1981). *Casework: A psychosocial therapy* (3rd ed.). N.Y.: Random House.

Hooyman, N. R., & Kiyak, H. A. (2010). *Social gerontology: A multidisciplinary per-

spective (9th ed.). Allyn & Bacon: Boston.

Jong, P. D., & Miller, S. D. (1995). How to interview for client strengths. *Social Work, 40*(6), 729-736.

Kasiram, M., & Thaver, W. (2013). Community family therapy: A model for family and community problem solving and development in South Africa. *Journal of Family Psychotherapy, 24*, 155-172.

Kelly, M. S., & Colindres, M. C. (2020). Task-centered practice. *Encyclopedia of social work*. National Association of Social Workers (NASW Press) and Oxford University Press (OUP). 2022年12月11日擷取自https://doi.org/10.1093/acrefore/9780199975839.013.388

Kemp, S. P., Whittaker, J. K., & Tracy, E. M. (1997). *Person-environment practice: The social ecology of interpersonal helping*. N.Y.: Aldine De Gruyter.

Kivnick, H., & Wells, C. (2014). Untapped richness in Erik H. Erikson's rootstock. *The Gerontologist, 54*(1), 40-50.

Knight B., & Pachana, N. (2015). *Psychological assessment and therapy with older adults*. Oxford University Press, London.

Kondrat, M. E. (2002). Actor-centered social work: Re-visioning "person-in-environment" through a critical theory lens. *Social Work, 47*(4), 435-448.

Langer, C. L., & Lietz, C. (2014). *Applying theory to generalist social work practice*. Weliy.

Langer, C. L., & Lietz, C. A. (2015). *Applying theory to generalist social work practice: A case study approach*. Hoboken, N. J.: John Wiley & Sons, Inc.

Lee, J. A. B. (1994). *The empowerment approach to social work practice*. New York: Columbia University.

Merriam-Webster Inc. (2003). *Merriam-Webster's collegiate dictionary*, (11th ed.). Massachusetts, U.S.A: Merriam-Webster, Incorporated Springfield.

Meyer, C. (1988). The eco-systems perspective. In R. Dorfman (ed.). *Paradigms of clinical social work* (pp. 275-294). New York: Brunner/Mazel.

Miley, K. K., O'Melia, M., & DuBois, B. L. (1998). *Generalist social work practice: An empowering approach* (2nd ed.). Boston: Allyn and Bacon.

Naleppa, M., & Reid, W. J. (2003). *Gerontological social work: A task-centered approach*. New York: Columbia University Press.

Narayanan, P. (2003). Empowerment through participation: How effective is this approach? *Economic and Political Weekly, 38*(25), 2484-2486.

Pardeck, J. T. (1988). An ecological approach for social work practice. *Journal of sociology and social welfare, 15,* 133-142.

Pardeck, J. T. (1996). An ecological approach to practice. *Social work practice-an ecological approach.* U.S.A.: Greenwood Publishing Group, Inc.

Parsons, R. J. (1991). Empowerment: Purpose and practice principle in social work. *Social Work with Groups, 14*(2), 7-21.

Pattoni, L. (2012). *Strengths-based approaches for working with individuals.* IRISS Insights (16). Retrieved from http://www.iriss.org.uk/resources/strengths-based-approaches-working-individuals

Payne, M. (1991). *Modern social work theory: A critical introduction.* Houndmills: Macmillan.

Payne, M. (1997). *Modern social work theory: A critical introduction* (2nd ed.). IL: Lyceum Books Inc.

Perlman, H. H. (1957). *Social casework: A problem-solving process.* Chicago: University of Chicago Press.

Perlman, H. H. (1973). *Social casework: A problem-solving process.* The University of Chicago Press.

Pincus, A., & Minahan, A. (1973). *Social work practice: Model and method.* Itasca, IL.: Peacock.

Posner, K., & Appleyarth, M. & (2003). *The empowerment pocket book.* UK.

Ramos, B. M., & Tolson, E. R. (2016). The task-centered model. In Coady, N. & Lehmann, P. (eds). *Theoretical perspectives for direct social work practice: A generalist-eclectic approach.* pp. 273-291. Springer Publishing Company. https://doi.org/10.1891/9780826119483.0012

Rankin, P. (2007). Exploring and describing the strength/empowerment perspective in social work. *Journal of Social Work Theory & Practice.*

Rapp, C. A. (1998). *The strengths model: Case management with people suffering from severe and persistent mental illness.* N.Y.: Oxford.

Rapp, C., Saleebey, D., & Sullivan, P. W. (2008). The future of strengths-based social work practice. In Saleebey, D. (Ed) (2006). *The strengths perspective in social work practice* (4th ed.). Boston: Pearson Education.

Rappaport, J. (1977). *Community psychology: Values research and action.* New York: Holt, Rinehart & Winston.

Rappaport, J. (1985). The power of empowerment language. *Social Policy, 17*(2), 15-21.

Reid, W. J. (1975). A test of the task-centered approach. *Social work, 22,* 3-9.

Reid, W. J. (1978). *The task-centered system.* N.Y.: Columbia University Press.

Reid, W. J. (1992). *Task strategies: An empirical approach to social work practice.* New York: Columbia University Press.

Reid, W. J. (1997). Research on task-centered practice. *Social Work Research, 21*(3), pp. 132-137.

Reid, W. J. (2011). Task-centered social work. In Turner, F. J., *Social work treatment: Interlocking theoretical approaches* (5th ed.). N.Y.: Oxford University Press.

Reid, W. J., & Epstein, L. (eds.) (1972). *Task-centered casework.* N.Y.: Columbia University Press.

Reid, W. J., & Ramos, B. (2002). Intervención "centrada en la tarea", un modelo de práctica del trabajo social. *Revista de Treball Social, 168,* pp. 6-22.

Reid, W. J., & Shyne, A. W. (1969). *Brief and extended casework.* N.Y.: Columbia University Press.

Saleebey, D. (1992). *The strengths perspective in social work practice* (1st ed). New York: Longman.

Saleebey, D. (1996). The strength perspectives in social work practice: Extensions and cautions. *Social Work, 41*(3), 296-305.

Saleebey, D. (1997). *The strengths perspective in social work practice* (2nd ed). New York: Longman.

Saleebey, D. (2002). *The strengths perspective in social work practice* (3rd ed). New York: Longman.

Saleebey, D. (2002a). Introduction: Power in the people. In D. Saleebey (ed.). *The strengths perspective in social work practice* (pp. 3-17). Boston: Allyn and Bacon.

Saleebey, D. (2002b). The strengths approach to practice. In D. Saleebey (ed.). *The strengths perspective in social work practice* (pp. 80-94). Boston: Allyn and Bacon.

Schweiger, W. K., & O'Brien M. (2005). Special needs adoption: An ecological sys-
tems approach. *Family Relations, 54,* 512-522.

Siporin, M. (1980). Ecological systems theory in social work. *Journal of Sociology
and Social Welfare, 7,* 507-532.

Solomon, B. B. (1976). *Black empowerment: Social work in oppressed community.*
New York: Columbia University Press.

Sternberg, R. (2000). *Pathways to psychology,* (2nd ed.). New York: Harcourt College.

Studt, E. (1968). *Social work theory and implications for the practice of methods.* N.Y.:
National Association of Social Workers.

Swick, K. J., & Williams, R. D. (2006). An analysis of Bronfenbrenner's bio-ecologi-
cal perspective for early childhood educators: Implications for working with fami-
lies experiencing stress. *Early Childhood Education Journal, 33*(5), 371-378.

Tolson, E. R., Reid, W. J., & Garvin, C. D. (2003). *Generalist practice: A task-cen-
tered approach.* New York: Columbia University Press.

Turner, F. J. (1996). *Social work treatment: Interlocking theoretical approaches* (4th
Ed.). New York: A Division of Macmillan, Inc.

Wakefield, J. C. (1996a). Does social work need the eco-systems perspective? Part I. Is
the perspective clinically useful? *Social Service Review, 70*(2), 1-32.

Wakefield, J. C. (1996b). Does social work need the eco-systems perspective? Part II.
Does the perspective save social work from incoherence? *Social Service Review,
70*(2), 183-213.

Weick, A. (1992). Building a strength perspectives for social work. In Saleebey, D.
(ed.). *The strength perspectives in social work practice.* pp. 18-26. N.Y.: Longman.

Weiss-Gal, Idit (2008). The person-in-environment approach: Profession ideology and
practice of social workers in israel. *Social Work, 53*(1), 5-75.

Woehle, R. (1999). Variations on the problem-solving theme. In Compton, B. R. &
Galaway, B. *Social work process* (6th ed.). pp. 94-100. N.Y.: Brooks/Cole Co.

Wogaman, J. P. (2009). *Moral dilemmas: An Introduction to Christian Ethics.* West-
minster John Knox Press.

Woods, M. E., & Hollis, F. (1990). *Casework: A psychosocial therapy* (4th ed.). N.Y.:
Random House.

Woods, M. E., & Hollis, F. (2000). *Casework: A psychosocial therapy* (5th ed.). N.Y.:

McGraw Hill.

Zeiss, A., & Steffen, A. (1996). Behavioral and cognitive-behavioral treatments: An overview of social learning. In Steven Zarit & Bob Knight ed., *A guide to psychotherapy and aging,* pp. 35-60. Washington, D.C.: American Psychological Association.

第七章
社會個案工作
倫理議題

張宏哲

「社會工作」就是「知識、技巧、和價值的創意整合」（Johnson, 1994），這項定義雖然簡要，但也道出社會工作專業的精髓，顯示知識、技巧和價值三個要素缺一不可。雖然價值被放在知識和技巧的後面，卻是貫穿兩者和整個社會工作實務過程最重要的元素。價值就是社會工作專業的靈魂，也是知識和技巧運用的重要精神指引。

　　專業的價值觀被化約成可以遵守的專業倫理守則、規範或條文，專業倫理守則的重要性不言可喻。由於社會工作的服務對象具多樣性，可能遇到的臨床實務問題很多元，相關的倫理議題可能很複雜頗具挑戰性。在尋求解決倫理議題的過程之中，社會工作者或許會期待一些放諸四海皆準的解答，以便能夠一勞永逸，或者希望有類似「百寶箱」之類的資料可隨時抽取，即刻得到解答。只是這些東西並不存在，即使存在也常常無法切合實際，甚至容易誤導，因為實務工作的情境或有不同，案主的意向也非一成不變，各個機構或團隊的文化與價值觀本非畫一，社會工作者個人的價值考量也常常在倫理抉擇過程中扮演重要角色，倫理議題的解決常常需要Johnson提到的知識技巧和價值的創意整合，解決倫理議題的過程必須親身經歷，走過掙扎，最後淬鍊出智慧和創意的結晶。

　　雖然沒有「百寶箱」可以信手拈來，社會工作者也非毫無助力，如果能夠彙整各個實務工作領域或各機構碰到的實務或倫理議題，進行系統性地分類或模組化，再透過群策群力和集體的智慧，進行議題的研討，研議出可以參考的因應模組，倫理議題和因應模組可以不斷累積和更新，可以成為教育訓練和經驗傳承的寶貴資產。

　　本章的目的有四：

1. 釐清「倫理議題」的意涵。
2. 彙整文獻和實務遇到的倫理議題類型和因應原則。
3. 提供解決倫理議題的程序和步驟。
4. 以案例示範上述的程序和步驟的應用。

第一節　倫理議題的意涵

　　在彙整倫理問題的類型和討論倫理問題的解決步驟之前，有必要探討專業倫理守則的內涵與特質，然後釐清「倫理議題」、「倫理問題」和「倫理兩難」等幾個重要語詞的意涵，作為倫理問題案例類型的區分，以避免不必要的混淆。

壹、專業倫理守則的內涵

　　本段簡述專業倫理守則的意涵、專業倫理守則的條文和倫理的核心價值。

一、倫理守則意涵和功能

　　有關「倫理」一詞的意涵由於過去文獻已有詳盡的討論，本文不再贅述；雖然學者賦予的定義莫衷一是，但是，大致上和Webster大辭典的定義「一套有系統的道德準則或價值觀」或「道德與價值上的標準或行為規範」（Webster's Dictionary, 2003）的意涵相去不遠。

　　「專業倫理」（professional ethics）又稱「專業倫理守則」，有別於個體面對一般生活情境需要遵循的準繩，是專業團體針對其專業行為和專業人員與服務對象之間的關係所提出的價值標準與規範。

　　根據專業核心價值而訂定的專業倫理守則有其重要的功能，學者專家在這方面多有論述，多數學者的看法大同小異，此處呈現兩種觀點：比較常被提到是美國社會工作人員協會和Banks（2014）的看法，他的主要觀點有四：

（一）Banks的觀點

　　1. 成為社會工作者行動指引和行為判準，避免或防範實務行為的偏差。

2. 強化和導正專業權威的妥善運用，以避免濫權。

3. 透過倫理規範取得社會對社會工作專業的認可，也算是專業本身對社會的一種宣示。

4. 因為倫理規範的訂定與存在，社會工作專業內部的認同感得以凝聚，專業的發展得以持續。

（二）美國社會工作人員協會

National Association of Social Workers（NASW, 2021）列出六項專業倫理守則的主要目的，包括：

1. 倫理守則蘊含社會工作使命的核心價值觀。
2. 具有核心價值的倫理守則是社會工作者的實務指引。
3. 倫理守則提供衝突和混淆情境的思考方向。
4. 倫理守則是社會檢視社會工作者的責任的原則。
5. 倫理守則是新進人員建立專業認同的社會化準則。
6. 倫理守則可以用來檢視社會工作者不符倫理的行為。

二、守則條文和核心價值

本段對照我國和美國社會工作專業倫理守則條文，我國社會工作專業倫理守則於2008年由社會工作師公會全國聯合會訂定，2018年修訂；美國社會工作人員協會（NASW, 2021）的倫理守則在制定五十年之後經過多次修訂，最近一次修訂是2021年。表7-1對照兩國的條文顯示：兩國的倫理守則在主要價值和原則方面的差距並不大，比較不同的是：我國的倫理守則比較沒有提到身為專業人員的倫理責任。

表7-1　我國和美國社會工作專業倫理守則之簡述和對照

六大原則	倫理守則（美國）	倫理守則（我國）
對案主的倫理責任	持守對案主福祉的承諾；尊重案主自決權；尊重案主知後同意的權利；服務必須符合自己專業能力，否則必須謹慎；具備多元文化處遇的能力；處遇過程避免利益衝突；尊重案主的隱私權並遵守保密之原則；尊重案主取得記錄的權利和遵守相關原則；避免與案主的性關係；肢體接觸應有所規範；不得性騷擾；不得使用誹謗性語言；確保服務付費的公平合理；採取合理步驟協助缺乏決定能力之案主；努力確保服務中斷之後的持續服務；持守服務終止的原則	1.1基於社會公平正義，促進服務對象福祉。 1.2尊重服務對象自決權，除非法侵權和為維護社會福祉。 1.3明確告知服務對象有關服務目標、限制、風險、費用。 1.4與服務對象維持正常專業關係，不得有不當關係和利益。 1.5倫理衝突和利益迴避需終止關係需先告知和轉介。 1.6保守業務祕密，除非特殊情況時保密才受到限制。 1.7事先告知收費標準，符合法律規定，不收受不當餽贈。 1.8未經同意不得於社群或公開網站公開可識別之資料。 1.9運用社群網站或網路溝通互動時，應避免傷害權益。
對同僚的倫理責任	對同僚的尊重；持守同僚共有資料的保密責任；資料處理的謹慎；妥善處理同僚間跨專業的合作和爭議；提供同僚必要的諮詢；持守服務轉介的重要原則；避免和同僚有性關係以影響案主權益；不對同僚性騷擾；協助同僚處理個人問題以免影響處遇	2.1尊重同仁彼此支持互相激勵，合作增進個案福祉。 2.2無法服務需專業分工或轉介，並事先告知做好轉銜。 2.3同仁與服務對象爭議，應尊重其專業和服務對象權益。 2.4為保障同仁合法權益，應向各相關單位或機構申訴。
在實務機構中的倫理責任	提供符合自己能力的諮詢和督導；負教育和訓練責任；公平審慎的績效評估；個案記錄必須正確、講時效、與重保密和妥善儲存；設立確實的付帳與管理制度；個案轉介制度的落實；擔負行政工作責任以確保資源的充足和公平分配；強化延	3.1致力社會福利政策推展，增進服務效能，公平資源分配。 3.2應具備專業技能，不斷充實自我；盡力提供專業指導。 3.3服務記錄依法令規範，適時正確客觀記載、妥善保存。 3.4轉介應審慎評估可能利益與風

六大原則	倫理守則（美國）	倫理守則（我國）
	續教育與人力發展；持守對雇主承諾；組織和參與工會並在不違反倫理原則下處理勞資爭議	險，忠實提供諮詢服務。 3.5恪遵法律規範，忠實呈現成果，協助教育與人力發展；爭取公平合理的工作環境。 3.6在社工倫理規範下，參與權益爭取活動，忠實評估其對服務對象和社會大眾所衍生可能利益與風險。
身為專業人員的倫理責任	能力的強化、發揮、與依所能服務；包容不應歧視；個人行為不干擾專業任務；誠實、不詐欺和不誘騙；不讓個人問題影響專業判斷和表現；不詐稱或言行超越自己能力資格與機構授權之範圍；絕不誘導或操縱案主；不邀功	
對社會工作專業的倫理責任	專業的廉正（知識技巧和價值）之追求；專業廉正的促進；評估與研究的堅持與促進；堅守評估和研究的相關倫理原則	4.1包容多元文化和尊重多元社會現象。 4.2應注意自我言行對服務對象、機構、大眾的影響。 4.3提升專業形象和服務品質，重視工作價值和落實倫理守則，充實專業知識技術。 4.4致力於專業傳承，促進社會福利公正合理實踐。 4.5促進專業知能發展，進行研究和發表，尊重研究倫理。 4.6推動專業制度建立，發展社會工作各項措施和活動。
對社會全體的倫理責任	參與公共事務；參與社會和政治行動；促進社會福祉和正義；協助解決公共緊急事件	5.1促進社會福利發展、倡導需求滿足、促進社會正義。 5.2致力於社會公益的倡導與實踐。 5.3維護弱勢族群權益，協助受壓迫剝削欺凌者獲保障。

六大原則	倫理守則（美國）	倫理守則（我國）
		5.4與媒體互動涉及服務對象，應取得知情同意。
		5.5促使政府機關、民間團體、社會大眾履行公益。
		5.6面對社會安全緊急事件，應提供專業服務。

整理自：NASW (2021)；中華民國社會工作師公會（2018）。

上述這些專業倫理守則與規範的形成來自於社會工作的核心價值，這些核心價值形塑整個專業的所有理念和活動，舉凡專業自我使命與角色的思考、服務對象的選擇、和案主系統的互動關係、和同僚與社會的互動關係、服務方法的選擇、和倫理議題的解決等。Reamer（2006）歸納出社會工作專業的六個核心價值：協助需要服務的人（服務）、挑戰社會的不公義（社會正義）、尊重個體與生俱來的價值與尊嚴、體認到人際關係的重要性、社會工作者的行為值得信賴（廉正與責信）、專業能力的提升和堅守（只在自己能力範圍內執業），這六大核心價值呈現在表7-1的六大倫理原則（第一欄）：對案主、對社會、對同僚、對機構、對專業和作為專業人員的責任。

三、倫理守則條文形式

在社會工作專業倫理守則的內容和形式方面，徐震和李明政（2002）根據規範倫理學中義務論者的理論，將專業倫理規範區分為「消極義務」和「積極義務」。

（一）消極義務

消極義務是指倫理守則比較明確和具體的規範，有些是以禁止的語詞，有些則是以命令的語氣。

1. 「禁制」的口吻較常見，包括「不」、「不得」、「不應」、「不可以」、「不准」，甚至更強烈的「絕不」或者「無論何種情況下都不」等語調。例如：美國倫理守則中的「不得性騷擾」（1.11）、「不得使用誹謗性語言」（1.12）；我國倫理守則「與服務對象維持正常專業關係，不得有不當關係和利益。」（1.4）對照兩國社會工作的倫理守則，顯示我國倫理守則條文中的禁制語詞遠比美國的守則少。

2. 命令（command）通常是使用「應」和「必須」之類要求的語調，例如：美國倫理守則中的「應尊重案主自決權」（1.02）或「服務必須符合自己專業能力」（4.01）；我國倫理守則中的「應具備專業技能，不斷充實自我；盡力提供專業指導」（3.2）；「與媒體互動涉及服務對象，應取得知情同意」（5.4）。

如果將「消極義務」的「禁制」和明確的「命令」兩種語調加以比較，很明顯地「禁制」的倫理守則最為明確，並且也比較「絕對」，似乎要求社會工作者毫無保留地遵守；「命令」的倫理守則雖也明確，但卻沒有「禁制」的倫理守則來得絕對。

（二）積極義務

積極義務指的是社會工作者必須盡力達到某些理想但是沒有具體指出的境界，在社會行政、機構關係、對專業的責任、和對社會整體的倫理責任等核心價值方面，比較多的條文屬於這類義務，例如：我國倫理守則「促進社會福利發展、倡導需求滿足、促進社會正義」（5.1）、「致力於社會公益的倡導與實踐」（5.2）、「維護弱勢族群權益，協助受壓迫剝削欺凌者獲保障」（5.3）；美國倫理守則中的「社會工作者應致力達成與維持熟練的專業實務與專業功能的發揮」（4.01）、「社會工作者應致力於維持並提高標準的實務工作」（5.01）和「社會工作者應促進本土社會至全球的整體福祉，並增進人們及其社區與環境的發展」（6.01）。

任何專業倫理守則都有其限制，社會工作倫理也不例外。因為規範的訂定只能針對一般情況，無法針對特殊情況加以考量，執行可能出現困難在所難免；加上時空限制，常常更新修訂有其必要性，例如：美國社會工作

者倫理守則在2021年（NASW, 2021）的修訂加入自我照顧或保護的條文。

　　專業倫理因為只針對該專業情境訂定，和一般倫理、其他專業規範、和機構政策可能會有相互衝突之處，增加了解決倫理議題的難度。另外，如前所述，倫理守則充滿積極義務的條文，要實踐到何種程度，因為沒有明確規範，形同賦予社會工作者自行判斷的空間。值得注意的是這些條文雖然沒有很具體的責任目標，實務過程執意實踐和置之不理，必定會導致專業行為、活動和整體生活的差異。最後，倫理規範之間通常存在互相衝突或矛盾的問題（Reamer, 2006），如果再加入複雜的處遇情境和專業關係，則倫理議題的發生在所難免，這些現象都說明了倫理守則的限制，以及強化議題研討的重要性。

貳、倫理議題的區分

　　過去文獻有很多有關倫理兩難議題意涵的討論，在這些討論之中，學者普遍地將「倫理難題」或「倫理兩難」（ethical dilemma）視為：兩種或兩種以上的倫理規範之間的衝突，社會工作者必須在其中做個困難的抉擇（Reamer, 2006; Banks, 2014）。也有學者以「倫理議題」（ethical issues）或者「倫理問題」（ethical problems）指稱社會工作實務過程中碰到的所有倫理抉擇，例如：Banks（2014）不只以「倫理問題」指稱處遇上碰到的任何道德上困難的決定，甚至認為任何社會工作的活動因為涉及案主福祉與抉擇，因此都具有「倫理問題」的特質，雖然他也將「倫理兩難」的情境區分出來，但是將「倫理問題」的意涵過度延伸，也將「倫理兩難」議題包括在其中。

　　Reamer（2006, p. 79）則認為社會工作過程中主要的「倫理議題」（ethical issues）可分為三種：

一、無心犯錯

社會工作者無心之下所犯的錯誤，例如：保密資料不小心洩露或者言談之間不小心洩露案主的資料。

二、不當行為

社會工作者不當的行為違反了社會工作倫理規範，例如：剝削案主；或者與案主的互動關係超出了專業的界線，例如：曖昧關係。

以上這兩者和社會工作者的行為有關，不論是有意或無意，都違背了倫理的規範，毫無疑義。

三、倫理兩難

Reamer（2006）賦予的定義為：「當專業核心價值中對專業人員要求的責任與義務發生相互衝突的情形，而社會工作者必須決定何種價值要優先考量」，亦即涉及兩種或兩種以上倫理原則的衝突，比較難以解決，因此稱之。

除了Reamer提到的上述各種類型之外，還有一些情形常常被誤解為倫理兩難的困境，其實並不盡然，這些情形通常是和社會工作者與案主互動程度的拿捏有關。例如：社會工作者應否接受餽贈、接受餽贈的底線為何、如何處理餽贈物、應否在下班時間協助案主、這種協助的限度為何。這些情境似乎牽涉到兩種規範之間的衝突，例如：是否接受餽贈，接受則逾越專業界線；不接受可能引發案主的反彈，忽略多元文化案主的習俗，似乎有礙處遇關係的發展。但是這類議題似乎比較不具複雜性，容易處理，爭議的程度比較低，只要釐清處遇原則、運用實務的經驗、發揮處遇智慧，就可以迎刃而解，本文將這些事例均稱為「倫理問題」。此外，為

了簡化分類的類型，以避免混淆，本文將Reamer（2006）提出的三種類型的第一和第二類型統稱為「違背倫理守則事例」，保留他提出的第三種類型之名稱（「倫理兩難」）和意義，加上剛剛提到的「倫理問題」，一共有三種類型，下一節彙整這三種類型的事例。

 第二節　倫理議題類型之概述

彙整倫理議題的案例，然後將之整理成類型有幾個主要的作用：

1. 擴展視野：案例的彙整形同經驗的交流和分享，不論對同一領域或不同領域的社會工作者而言，都是經驗的延伸，對實務工作必有助益。
2. 提醒：透過違反規範事例的提出，使得社會工作者知所警惕，也因為暴露於許多倫理議題的案例，強化了社會工作者對倫理問題和議題的敏感度。
3. 有助於倫理議題的解決：倫理議題類型的整理是問題解決（problem-solving）的第一個步驟，因為透過彙整和歸類，社會工作者得以認識每個類型所牽涉到的價值之間的衝突，有助於釐清議題的主軸，可以減少混淆，加速問題解決的效率。

倫理議題案例頗多，詳盡彙整本非易事，加上社會工作實施的多元領域，則彙整的任務將永無止境。不過，案例彙整不需詳盡，只要能將一些共通性的案例議題整理成類型，再探討每種類型議題的解決原則，供社會工作者參考，就已經達到彙整的目的。

本節的主旨是透過文獻搜尋，將文獻中的案例整理出倫理議題的類型，由於有些案例屬於跨類型或是跨服務領域，例如：違背隱私權的案例幾乎可能發生在所有的服務領域，本段仍儘量將這類案例歸屬於某類型。由於受到文獻搜尋無法完備或者可能偏重於某些服務領域的影響，所以本節某些案例的呈現可能偏重某些領域，並不表示該領域違背倫理規範的事

件或議題的發生比較頻繁。由於篇幅的限制，本文只能在表格中列出和簡述這些案例，無法詳細敘述，有興趣者可以參考原作者的文章。

壹、違背倫理規範的事例

表7-2列出的違背倫理守則之事例（周月卿，2002；李明政、莊秀美，2002；Reamer, 2006；張宏哲，2021）具有下列特質：

一、處遇過程草率

這種情形發生在預估（assessment）過程，預估不完整，如果是因為案主抗拒和無法聯絡到案家，社會工作者又必須進行干預，則情有可原，否則草率進行干預，有損案主權益。也可能由於疏忽，沒有盡到充分告知的義務，或者提供的資訊不夠完整，便要求案主做決定，結果都可能損及案主福祉。另外，可能因為追求績效或減少繁瑣個案的糾纏，在方案規劃、執行、和案主互動等過程敷衍了事，操弄案主自主權，甚至操弄處遇的結果，導致案主權益受損。

二、處遇依靠直覺

許多社會工作者依靠直覺進行處遇，服務過程缺乏厚實的理論或實證的依據，雖然不像醫療照護的誤診可能導致生命的安危，這種依靠直覺的做法屬於草率的實務行為，除了衝擊到處遇的效能之外，也可能傷害個案或家庭的福祉。社會工作者需要透過系統性的步驟或流程，強化具有意識性的實務習慣，包括對個案問題的觀點、決定問題處理的優先順序、目標擬訂的脈絡和依據、處遇方法選擇的依據，以及處遇效能的監測和個案或家庭達成處遇目標的障礙的評估和排除。

三、保密措施不周

　　不論是資料保管的疏失、相關人員的忽略（談論場合不當、保管不當）、或處遇過程的疏失，都有可能因為洩密而損及案主權益。這種情形最常發生在個案研討會，主辦單位提供個案資料給與會的服務網絡單位，沒有將個案可辨識的身分和隱私去連結，個案研討結束資料也沒有回收，結果違反個案隱私權。

四、個人價值凌駕專業

　　宗教團體和機構接受公部門的方案委託之情形不在少數，宗教團體的投入和熱誠有目共睹，然而，社會工作者自我反省的程度如果不足，或者機構與個人認知均以宗教信仰和相關的價值為優先，則專業守則可能會退居次位，專業考量受到干擾，例如：案主宗教信仰和機構與社會工作者的異同，可能左右專業的互動關係卻不自知。

表7-2　違背倫理的事例

問題	領域	議題描述
未盡告知義務	家庭	社會資源未能滿足執法的需求，婦女不知道或得不到相關資訊和資源，或社會工作者沒有充分告知，就要求婦女做決定。
追求處遇捷徑	老人家暴	處遇方便勝過案主福祉：為了減少處遇上的繁瑣或者家庭協調上的困難，否定案主需求、要求案主調整需求、急促接受安置，加速結案。
保密問題	跨領域	資料管理和保存不周，缺乏管理與借閱辦法，不計場合輕易討論或喧嚷案主的資料（如：愛滋病診斷），或個案研討忽略案主隱私。
偏見	原住民	族群偏見的問題：社會工作者對案主的文化無知，或者堅持主流文化的價值，導致族群的偏見，影響處遇的過程。
偏見	老人	嬰兒化：對老人的偏見與認識偏差，待之如無能的小孩，甚至輕忽其需要。

問題	領域	議題描述
輕易介入	老人	實務過程中，因為老人失能或失智，以為案主無行為能力，輕易疏忽個案自主權，以家屬的意向為考量主軸。
自我意識掌控	跨領域	案主興趣與社會工作者興趣優先權：評估案主安置的去處時，社會工作者可能會以自身對安置機構的偏好或交通便利性來決定，忽略案主的需求或利益。
違背隱私權	老人家暴	二度傷害：老人在醫院驗傷過程，醫療人員或社會工作者在溝通過程，不小心透露案主身分。
個人價值為重	老人家暴	個人價值勝過案主福祉：為了家庭和諧的理念，忽略案主真正需求。
同僚忽略保密	跨領域	同僚將其他社會工作者的電話號碼透露給案主，造成不少困擾。
跨界線謀己利	青少年	社會工作者跨越專業界線，建立專業外的關係，甚至因為性吸引導致發生關係，或者透過專業關係獲取私利。
違反倫理法令	長期照護	服務人員和個案或案家私下勾結，服務人員領取服務費用，但常常缺席、遲到早退、虛報時數等。A個案管理單位疑似索取居家服務單位轉案的回扣。

五、對案主的偏見

由於文化（族群）、性別、階級、年齡等因素可能造成社會工作者和案主之間的隔閡，導致社會工作者的偏見或無知，可能有意或無意地反應在處遇的過程，例如：拒絕提供服務、無法和案主溝通、譴責受害者、該行動而未採取行動等，這些都可能損及案主權益（Wellin, 2018）。

六、不當行為

國內文獻比較少提起這類事例，Reamer（2006）則列舉許多，例如：忽略了知後同意、不當施壓以獲利、剝削、敲詐、詐欺、誘騙、濫用

職權、無故地遺棄案主、和案主或案家發展親密關係或有性方面的接觸等。

貳、倫理問題

表7-3列出「倫理問題」的事例，主要是和專業界線的堅守、指導性的處遇方式之運用、額外的服務、為了案主福祉隱瞞或欺騙、專業角色的衝突等情形有關，前三者或多或少和跨文化的議題有關（張宏哲，2021；Wellin, 2018；許臨高，2002a、2002b），分別簡述如下：

表7-3　倫理問題之事例

議題	領域	議題描述
送禮邀宴	跨領域	送禮邀宴：案主出於回報心意或為使服務更順利，送禮或邀宴，社會工作者若不接受，案主會認為社會工作者看不起他，影響關係建立，接受了又可能帶來日後專業互動上的困擾。居家服務單位依靠A單位個管派案，逢年過節會送禮給A單位個管。
借貸	跨領域	借貸關係：社會工作者在外展過程，面對少年因各種原因向社會工作者借貸的情況；長照情境的居家照顧服務員向案主、案家借貸。
專業界線	青少年	外展情境為了互動關係建立，專業界線容易模糊，案主將專業人員視為朋友、哥姊兄弟、夥伴，行為和期待可能因此超出專業界線。
指引性處遇	跨領域	基於族群文化習俗特質的考量，社會工作者認為使用「指引性」（directive）處遇模式比較適宜，指引性比較強的處遇，可能忽略個案自主意向。
額外投入	老人	同僚於上班之外的時間協助案主，可能造成有緊急需要時被視為不緊急的誤判，或者影響正常工作的投入，影響其他案主或同僚權益。另外，居家服務的場域，個案常有不合理要求，服務員也額外投入，形成服務不一致的困擾問題。
鼓勵依賴	老人	實務過程中，因為案主失能，需求較多，比較依賴，服務人力或資源又不足，為了滿足個案需求，社會工作者可能會因為過度投入而造成案主的依賴。
角色衝突	跨領域	不幸少女緊急暨短期收容中心社會工作者被賦予衝突的角色，既是少女的管理者和表現的評鑑者，又是輔導者，兩種角色難以兼具。（註）這種情形也發生在監獄的戒護（治）所，社會工作者也兼具輔導者和協助者的雙重角色。

議題	領域	議題描述
對不同案主對象之忠誠	精神	精神障礙案主情況穩定可以出院也想出院，案家要求繼續留住，誰的權益或意見重要。另外，精神障礙子女是唯一留下照顧年長父母的人，經常對父母精神暴力，但是照顧沒有替手，父母也不想通報，兩人互為相對人。
	兒少	兒童或青少年案主福祉和父母期待衝突的時候，社會工作者要如何平衡兩者權益？
	老人	在照顧安排的決定方面，老人和家人的意見若有衝突，誰的意見重要？專業人員經常會以照顧者或家屬的意見為考量的重點，忽略了老人的意見和自主性。
	老人保護	接受保護的個案過去是個施虐者，或者拋家棄子，如今年老力衰，生活無法自理，回頭要求子女善盡撫養義務，子女則抱怨過去受虐或被遺棄無人協助，現在又必須善盡撫養之責，過去的加害者現在竟然受公家機構保護，也有失公平，因此拒絕提供任何協助。

一、堅守專業界線

在和案主互動過程，案主可能因為文化習俗或者出於內心的感激，送禮和邀宴時有所聞，也可能出於自身需要，私自向社會工作者借貸。由於國人的文化習俗和西方不同，對於專業關係界線的堅守也不同，例如：美國文化中的專業關係界線似乎比較嚴謹，強調守時（定時開始與結束）、不送禮、和不接受邀宴等社會工作者和案主之間的距離，國人的習俗則不然，不接受可能有損雙方的互動關係。

二、指導性處遇運用

基於某些特定族群案主的文化考量，引發專家學者們（Ng & James, 2013; Sue & Zane, 1987）有關「是否選擇比較具有指導性的（directive）處遇方式」之討論，這些族群可能因為對於個案工作、社會工作處遇、或諮商協談中的「談話治療」的真正效果與作用有些質疑，或者與其自我決定不如仰賴專家的建議，導致部分專家建議針對這類文化中的案主使用暗

示性或引導性的語詞或處遇模式，例如：忠告和建議。

三、額外投入與依賴

因為資源不足，案主的基本需求無法被滿足，有些社會工作者選擇在工作之外的時間為案主進行「額外」或無償的服務，這樣做似乎是美德和善行，不過，這樣做可能造成界線模糊和個案依賴的風險。

四、工作角色的衝突

社會工作者有可能被賦予多重角色，這種情形可能發生在不幸少女安置機構（如：表7-3所示）、矯治機構、婦女中心（協助婚暴婦女）、或者其他機構，社會工作者有可能被賦予「評估者」和「協助者」的雙重角色，既要協助，又必須評鑑案主的表現，評鑑結果可能影響案主福祉（如：結束安置、縮短刑期、或者福利的取得），評鑑的角色可能會負面地衝擊和案主互動的關係。

五、對不同案主忠誠之衝突

這些案例都和案主與案家福祉或意見之間的衝突有關，衝突的對象主要是老人和家人、青少年和父母，衝突的焦點在於安養院的安置、成人家庭暴力、父母對青少年子女福祉的主張等，社會工作者必須在兩個處遇對象的意見或福祉之間做抉擇，這種對不同對象忠誠之衝突，雖然牽涉到社會工作者義務方面的衝突，但是和兩種以上的規範之間的衝突比較無關，所以歸類於倫理問題而非倫理兩難。

社會工作者很難避免文化習俗對專業關係的影響，仍然可以在尊重文化習俗之下，維持良好的專業界線（Zarit & Knight, 1996）。

參、倫理兩難之類型

本段整理倫理兩難議題的類型，這些類型主要是根據Reamer（2006），同時參考其他作者所提到的部分類型（鄭麗珍、江季璇，2002）加以擴充整理而成。多數作者只提到三個主要類型，包括保密與違反保密原則、案主自主與干預、和機構或科層組織與社會工作價值的衝突，Reamer（2006）提出的類型比較多。由於學者對於事例的分類、類型的名稱、和類型的意涵等常常無法一致，因此有三個相關的議題需要釐清：首先，由於本文有關「倫理兩難議題」的定義和過去學者賦予的意涵有些不同，有些被學者視為屬於倫理兩難議題者，例如：Reamer（2006）提及的社會工作者逾越專業界線以圖謀私利、社會工作者和案主有親密關係、和欺騙的運用等三種均屬之，本文重新分類之後，不再屬之，前兩者歸之於「違反倫理的事例」之類別，後者屬於「倫理問題」之類別。再者，Reamer（2006）將案例類型分成「直接」和「間接」實務工作，這種分類並非絕對，例如：資源分配的情境也常常發生在個案處遇的過程之中，勞資爭議對於工業社會工作人員而言，更是個案處遇過程中無法避免的問題，因此，本文也將這兩類含括在其中。

一、保密與保護權益或遵守法令之間的兩難

表7-4呈現保密與保護權益或遵守法令之兩難事例（張宏哲，2021；Reamer, 2006；許臨高，2002a、2002b；鄭麗珍、江季璇，2002；張宏哲、張信熙，2002）。社會工作倫理守則有關案主的部分，最重要的規範之一是為案主提供的資料保守祕密，或尊重案主的隱私權，不過，案主在提供資訊之時，可能透露自傷或傷人的訊息，為了保護案主、案家、或相關人士的安危，必須考慮是否持續保密或者違反保密原則以維護可能受到傷害的人（包括案主）的權益。此外，社會工作者可能被法庭要求作證，或者被有關單位要求提供案主相關的資料，社會工作者是否遵守法令規定或者答應其他單位或機構的要求，提供案主資料，違反保密原則？如

果必須提供資料，該有的拿捏是什麼？上述這些情景都構成了倫理兩難，社會工作者必須在保密和案主福祉或法令規定兩種原則之間選擇一個。

表7-4　保密與保護權益或遵守法令之兩難事例

領域	議題描述
跨領域	在會談過程中，案主透露想傷害自己或者第三者，社會工作者是否要揭露案主資料？
家庭	法院要求社會工作者作證有關案主照顧孩子之能力，可能損及案主監護權，是否據實以告？
兒少保護	淪落色情場所的不幸少女向社會工作者透露在法庭上作偽證，並囑咐社會工作者保密，社會工作者應否透露。另外，外展過程青少年透露違法事件或傷人意圖，是否揭露？
青少年	其他機構或者相關人士（法庭、學校、家長、警察）要求社會工作者提供案主資訊。
家暴	受虐案主在求助過程透露自己想要對加害者報復的意圖。
婚暴	面對法律要求公開個案資料時，與專業倫理保密原則抵觸。
老人	老人遭受肢體暴力，老人深怕失去照顧者或被照顧者報復，不想離開暴力情境，長照專業人員為了維護個案安全，需要通報，揭露個案和照顧者隱私，通報卻可能傷害衝擊專業關係。

二、案主自決與干涉主義之間的兩難

表7-5呈現的案例稱為「干涉主義」（Paternalism）、「父權主義」（Reamer, 2006）、或「家長主義」（鄭麗珍、江季璇，2002）等，用詞不同，意涵雷同，都是指稱Reamer（2006）提到的情境：為了案主的福祉或權益，必須對案主隱瞞資訊、說謊、甚至強迫介入或干預。從表7-5可以看出：這方面的案例多數和案主拒絕離開危險情境（例如：髒亂、易燃的居家環境或受虐的家庭情境）或拒絕接受處遇（如：機構安置）有關，其他案例則和「善意的謊言」有關，亦即在一些情況之下，似乎有需要欺騙和隱瞞實情，例如：為了確保方案進行順利或者不干擾參與的案

主，社會工作者可能會以「謊言」拒絕不適當案主（如：名額已滿），或者為了處理失智老人因為失憶造成的困擾（如：家人已經來訪視過，卻忘了，仍然要求社會工作者聯繫家人來訪），可能會以欺騙來安撫，這些做法的出發點都是為了案主的福祉著想。

表7-5　案主自決與干預之間的兩難案例

領域	議題描述
家庭暴力	案主若不安置會有被虐的危險，然案主不願離家，社會工作者應否干預？案家功能不彰，評估顯示案主不適合返家，案主執意返家，應否干預？
婚姻暴力	被害人不主動求助及被害人不願離開受虐關係，社會工作者怎麼辦？（案主求助自願性、自決、自主性）當事人認為家暴為家務事，不認為是違法行為時，社會工作者介入與否？
獨居長者	獨居且失能的老人案主確有機構安置的需要，案主卻拒絕，應否強制其接受安置。另外，獨居長者因堆積許多雜物，居所髒亂，並曾引發小火災，案主不願接受清除，是否加以干預？
醫務	案主被診斷罹患末期癌症或是失智症，家屬被醫生告知，但要求醫療團隊不得告知案主，以免案主無法承受，但案主有知的權利。
醫務	《病人自主權利法》的施行，個案可以預立醫療決定，家屬可能反對個案自主權的行使。
青少年	青少年的行為（遊走於法律邊緣，甚至已有觸法行為）可能為自己帶來負面結果，是否應該介入或干涉？
老人保護	老人請求保護，卻再三回到受虐環境，或者提出告訴後反悔，因為「家醜不可外揚」之想法，或者怕失去家庭的依靠，或者怕被報復。
青少年或老人	欺騙或說謊： 1. 外展過程，怕有些青少年加入服務方案會對方案或方案的參與者有不當影響，乃以「名額已滿」為由，防止其加入。 2. 日間照顧的輕微失智老人吵著要社會工作者打電話以便家人能夠帶他回家，社會工作者推託或欺騙之，並轉移其注意力。

三、專業價值和個人價值之間的衝突

　　每個社會工作者都有自身的價值觀，當社會工作者進入社會工作的領域和專業互動的情境之時，最理想的情形是「讓專業的歸給專業，將自己的價值觀留給自己。」不過，實務過程之中的社會工作者常常無法維持價值的中立，特別是：社會工作者的價值觀當中，不乏「對案主的最佳福祉」之觀點，相信自己也是為了案主著想。問題在於有些價值觀可能和專業倫理價值互相衝突，導致倫理兩難的情境發生，不加以處理可能損及案主權益。文獻裡有關「處遇過程之中，個人價值介入」的情形之記載並不多，僅有對墮胎和對多元家庭的看法等議題，這兩種議題的發生通常是因為：社會工作者基於本身的宗教信仰或價值觀反對案主的抉擇和行為（考慮或選擇墮胎、同志關係），社會工作者的著眼點也是出於對案主福祉的考量。

　　其實，社會工作者個人的價值可能常常在處遇過程中出現，影響處遇的進行，可是文獻卻很少提到，例如：「公平」和「效益」的議題，社會工作者可能會有「付出這麼多，案主卻一直抗拒，對我的付出公平嗎？」的感慨（效益考量）；家防中心社會工作者可能會有「老人案主過去是個施虐者，拋家棄子，現在卻回家，要求受傷害的家人撫養，或者要求公部門的資源介入，實在不公平」之嘆；婦女服務中心的社會工作者對於持續留在婚暴家庭的案主有「不平」或「愚蠢」之感覺，這些情形顯示：由於個人價值似乎「無所不在」，因此，不論試圖解決那一種類型的倫理議題，都必須將社會工作者個人價值的因素考慮進去。表7-6列舉相關的案例（Reamer, 2006）。

表7-6　專業價值和個人價值衝突之兩難案例

領域	議題描述
跨領域	社會工作者的宗教信仰或價值與專業價值相衝突之時，如何取捨？例如：案主想墮胎，專業要求社會工作者提供資訊協助案主決定，社會工作者本身反對墮胎，有意無意中，是否會影響案主的決定？

領域	議題描述
跨領域	社會工作者對於同志關係的看法和意見（個人價值觀）影響處遇的過程，例如：相信同志關係和多元家庭是罪惡和違常，必須加以改變，也可以改變。
跨領域	機構禁止社會工作者談及一些敏感的話題，例如：墮胎和同性戀，社會工作者本身的價值觀和機構立場相互衝突。

四、資源分配的議題

　　雖然資源分配的議題常常被歸屬於「間接服務」的領域（例如：Reamer, 2006），因為所牽涉到的問題常常必須透過法令、政策、或機構的層面才得以解決，只是「資源」的類別頗多，不只是財務方面，任何的服務都可以含括在內，包括社會工作者在服務上的各種投入和承諾，個案處遇過程之中，資源分配的情境無可避免，因此這類議題也屬於直接服務的範圍已經無庸置疑。表7-7呈現幾個相關案例（張宏哲，2021；許臨高，2002b；鄭麗珍、江季璇，2002），都是社會工作者必須決定資源配置的情境，只是這些案例中的「資源」並未有明確的定義，可能是服務，例如：出院準備計畫、居家服務、安置、人力、時間等。

表7-7　資源分配的兩難抉擇

領域	議題描述
兒虐	面對特殊個案，其資源是不足及有限的，社會工作者可能因機構資源不足或排擠，而面臨分配資源優先性的困擾。
醫務	應將有限資源用在出不了院的重殘病人，或是有潛力可以復能或者可以治癒者。
跨領域	民意代表介入或者政治力介入，施壓社會工作者優先服務被轉介的個案，應以之為優先，或是維持機構原有政策，以高關懷個案為優先？
青少年	有限資源之下，誰的福祉優先：一般青少年、偏差傾向少年、或者犯罪偏差少年。另外，是否將資源分配給資格有爭議的對象或者有爭議的方案？

領域	議題描述
獨老	獨居長者財務管理不當，甚至浪費，卻常要求社會工作者幫忙申請連結經濟補助資源。
長照	家庭功能不彰造成家庭主要照顧者孤立照顧，負荷過重，長照給付等級可能因此提高，社會工作者為其連結的資源也比較多，功能好的家庭可能就沒有這樣的福利。另外，長照情境可能會有服務使用者在照專評估的時候假裝失能嚴重，取得等級比較高的給付，有些個案被發現假裝之後，以悲情或向民代陳情，照專或A單位個管不敢調整等級。

五、專業價值與機構科層體制之衝突

　　表7-8列舉專業價值和機構體制規範之間的衝突案例（張宏哲，2021；Reamer, 2006；許臨高，2002a、2002b），社會工作場域仍以機構為主，多數的社會工作者受僱於機構，實務的過程除了必須遵守機構的規章和指令之外，有時還要完成機構特別交辦的任務。不過，不論工作的場域是不是在機構，處遇的過程常常是在團隊的情境之中進行，有時是自己機構的非社工專業人員，有時則是其他機構的專業人員，因此，和其他專業的人員互動在所難免。在這些互動的過程中，不論是自己的機構，或者其他機構，不論是自己的專業，或者其他專業，機構科層制度之下的規章、價值觀和效益主義對案主的權益（如：墮胎抉擇、勞方權益、或醫療品質等）可能會有所衝擊，夾在機構科層制度和案主福祉之間的社會工作者應該如何因應呢？當機構價值或其他專業的價值和社工專業價值產生衝突時，社會工作者面臨了倫理兩難的抉擇，該遵守機構規章或者專業倫理守則？

表7-8　專業價值和機構科層體制之間的衝突之案例

領域	議題描述
跨領域	機構評鑑準備過程，社會工作者被要求填補個案記錄的空缺，可能涉及資料造假的問題。另外，長照情境的支付碼核定，A單位個管可能為了自家居服機構的營收核給過多，居督員可能也出於同樣的考量，鼓勵個案和家屬多多使用不一定需要的服務。

領域	議題描述
婦女服務	機構價值或政策與專業的責任相衝突，如：機構反墮胎，禁止社會工作者與案主討論這類事情，但是社會工作者確有責任討論之，該如何？
兒虐	社會工作者的專業自主性在主管的權威下，容易形成服從行政倫理及專業自主倫理間的衝突。
工業	社工專業的價值與企業的價值相衝突，企業管理或經營主要是以追求利潤為主，社會工作則不盡然，兩者可能產生價值的衝突。另外，面臨勞資雙方權益上的衝突時，應該中立或者偏重那一方的權益？
老人	機構利益和案主的利益衝突時，孰利益優先（例如：養護中心住民出於性需要自願和其他異性院民發生性關係，違反院規，但院規似乎不合理）。
精神或醫務	醫療機構價值和政策以營利或經濟考量為重與社會工作對案主福祉的承諾相衝突，如：案主仍需治療、後送資源不足、出院計畫仍未妥善安排，醫院卻要求案主出院。
青少年	司法、警政、學校等人員的期待和要求與社會工作者和案家的期待有所不同，應忠於誰的福祉？
醫務	與醫師專業價值衝突： 1. 醫師重視延續生命，社會工作者重視案主的生活品質。 2. 醫生主導性強，社會工作者重視案主自決和參與（處遇全程）。 3. 醫生重視科學證據和資料，社會工作者尊重案主提供的資料。 4. 醫生比較不重視案主情緒反應，社會工作者重視案主情緒反應。 5. 案主堅持用盡方法搶救孩子生命，醫師認為浪費資源且救活機會渺茫，存活之後生活品質亦將嚴重受損，社會工作者站在那一方？
長照	個案很難照顧，為了連結居家服務單位，A單位個管選擇不告訴服務機構有關個案難照顧的問題，深怕沒有機構要接困難或經常申訴或陳情的個案。另外，困難個案得不到服務的問題，除了個案或家屬本身的問題之外，也可能是機構逆選擇案主。

六、專業價值和社會法令不足或政策不當之衝突

法令或社會政策方面的議題雖然常常被視為是間接服務方面的議題，但是由於個案工作與法令或政策密不可分，可能直接或間接地衝擊到社會工作處遇的每個環節，對案主的福祉也可能產生深遠的影響，又因為我國的一些福利制度發展的歷史較晚，難免有法令不周延、配套措施不完

備、或者法令的執行無法落實等問題，這些問題除了可能影響到實務工作之外，也可能和社會工作的專業價值直接產生衝突，社會工作者必須處理這類兩難的議題，可能還必須消極的迴避法令的執行，甚至違背法規為案主福祉著想。表7-9列出的案例主要含括「法源不足」（如：缺乏保護外籍新娘或同居男女家庭暴力之法令、原住民權益保護相關法令闕如）、「法令不夠完備」（保護令不足以提供保護、缺乏為了預防家暴允許相關人員介入之法令）、或者法令不適當，執行之後可能對案主的福祉助益不大，例如：青少年違法的收容或安置方面的措施，健保制度中的「總量管制」或「住院控制日」的規定。

表7-9　專業價值和法令與政策衝突之案例

婚暴	婚姻暴力在法律的定義下（家暴法規定）出現的問題：若兩人是同居男女朋友，則不在公權力介入範圍，社會工作者是站在法律基礎、機構要求、專業介入保護弱勢者觀點，來決定其行動。	周月清，2002
婚暴	外籍新娘受虐，社工價值責成社會工作者加以保護，但是介入又於法無據。	周月清，2002
婚暴	保護令徒具形式，缺乏配套措施：警察人員對加害人有偏袒之嫌，社會工作者的角色難以發揮。	周月清，2002
原住民	整體社會制度、社會權力架構、社會和機構文化、法令等對原住民權益的忽略、架構上的歧視、個體態度的偏見等，對社會工作理念之衝擊。	李明政、莊秀美，2002
青少年	外展過程碰到有違法（《少年事件處理法》或《兒童及少年性剝削防制條例》）的青少年，通報可能損及互動與信賴關係，況且通報後法律介入的結果並不一定有益於其福祉，但是仍然必須介入。	許臨高，2002a
醫療	健保制度「住院控制日」的政策之下，案主生理和心理狀況可能仍未準備妥當，但是卻必須出院，案主福祉和機構政策那一方重要？	
兒少保護	不幸少女逃家，淪落色情場所，法令規定將少女安置暨收容以保護及輔導，過程中，少女需短暫失去自由權及工作權，案主反彈，社會工作者應以案主權益為優先考量，還是堅持機構的立場及服務方式？	王明仁、孫海珊，2002

第三節　解決倫理兩難議題的架構和實例說明

　　本節回顧過去文獻有關解決倫理兩難議題的幾個模式，再從各種模式之中選擇一種最可行的模式，接著試圖融入其他模式的優點，然後詳細說明整合後的模式之架構或步驟。由於文獻之中多次出現規範倫理理論的討論，該理論的重要性在於提供社會工作者對於自己解決倫理議題的立場和取向的反省，因此有必要回顧幾個規範倫理的觀點。另外，將倫理規範依「緩急輕重」加以排序，可以成為社會工作者抉擇過程的重要參考，確實有助於消弭許多倫理兩難的情境，因此也在討論之列。最後本節將以一個案例示範上述架構的實際應用情形。

壹、解決倫理兩難模式之回顧

　　解決倫理兩難議題的模式頗多，美國的文獻中以Reamer的解決問題模式（2006）最常被提到，其他的模式包括五級倫理思考、三種導向模式、Holland和Kilpatrick的倫理判斷模式、倫理辨明模式、和兩個以決策流程與步驟為取向的模式。「五級倫理」和「三種導向」模式頗為相似，都是探討倫理抉擇的切入點，舉凡獎懲、社會規範和大眾福祉、案主福祉、機構政策、決策者自我良心等；Holland和Kilpatrick的「倫理判斷模式」也著重於抉擇的切入點，例如：過程或結果、個體或整體福祉、根據內在或外在權威；倫理辨明模式則告誡社會工作者不可只依賴直覺作判斷，因此建議將倫理抉擇過程提升到意識的層面；至於以決策流程為取向的模式所提出的步驟都和Reamer（2006）的「問題解決模式」大同小異，卻不如後者的詳細。由於問題解決的模式是社會工作實務的重要理論和技巧之一，學者甚至將整個社會工作處遇的過程都視為「解決問題的過程」，該模式提出的解決問題的步驟簡單易行、有條理、頗具解決問題的效率，在社會工作處遇的應用上極為廣泛，在解決倫理兩難議題的應用上也不例外，因此，特別討論如下。

貳、問題解決模式（problem-solving model）

本段簡述Reamer（2006）的模式，並將該模式以表格的方式呈現，對於解決倫理兩難議題不只有幫助，並且有助於記錄的保存。

一、Reamer的問題解決模式

Reamer（2006）將問題解決模式應用在解決倫理兩難的議題上，所列出的問題解決之原則、程序、或步驟如下：

（一）釐清倫理議題

解決任何問題的第一要務是必須釐清問題的本質，瞭解議題的重點，區分議題的屬性或者決定該議題是屬於何種類型，尤其在解決倫理兩難議題的情境中，更必須釐清有那些社會工作價值、責任或法令互相衝突。

（二）找出所有可能會被倫理抉擇所影響的個人、團體和組織

每一個倫理兩難的議題都可能牽扯到一些個體或組織，所有這些對象的福祉都不可被忽視，既然這些對象的福祉必須被考量進去，最理想的情形當然是在抉擇的過程中，每個對象都有被諮詢的機會。

（三）找出各種可能採取的行動和參與者，並評估利弊得失

可以透過腦力激盪的方式，條列出各種可能的解決方案，此時每個人的方案或建議都必須被尊重。此外，可以藉助於表格（如：表7-10），在左欄列出各項解決問題的方案，最上方一列則列出每個可能受到影響的個體，以便決定那個方案能夠滿足最大多數人的需求。

（四）審慎檢視每個方案之正反理由

檢視的過程必須考慮到相關的倫理守則和法令規定、社會工作者個人的價值觀、倫理規範的優先順序、規範倫理學各種立場之利弊、和社會工作實務的理論與原則等。

（五）徵詢同儕專家意見

為了避免偏見，社會工作者最好徵詢各類相關專業的專家之意見，必要時可以組成倫理委員會，成為常設、供諮詢的對象。

（六）抉擇並記錄抉擇過程

經過上述的步驟之後，必須選擇一個最可行方案，社會工作者並將過程加以記錄，經驗的累積將有助於未來解決問題的參考。

（七）監督評估結果

就像社會工作處遇的決定一樣，除了需要監控整個過程之外，還需要評估抉擇對案主所造成的衝擊，這種結果的評估（outcome evaluation）將有助於瞭解處遇的影響，成為未來處遇與抉擇的參考。如前所述，這類評估也是美國社會工作人員協會倫理守則的規範之一（倫理守則5.02）。

二、倫理抉擇步驟表

輔仁大學社會工作系的教師（2001）團隊基於Reamer提出的模式和步驟的實用性，責成郭瑞眞助教將之整理成為表格，作為教育訓練、討論和記錄保存之用，這類表格頗具實用價值，因此將之呈現於表7-10。

表7-10 社會工作倫理抉擇步驟表

案例概述

步驟一：釐清倫理的議題（寫下相關的倫理議題）。

步驟二：找出可能會被倫理抉擇影響到的個人、團體、組織。

步驟三：找出各種可採取的行動和參與者，並評估每種行動的利弊得失。

對象 解決方案	案主		同僚		機構		專業人員的 倫理責任		社會工作專業		大社會	
	利	弊	利	弊	利	弊	利	弊	利	弊	利	弊
	對案主承諾、自我決定、知後同意、能力、語文化與社會多元、利益衝突、隱私與保密、記錄取得、性關係、肢體接觸、性騷擾、貶語語言、服務的付費、缺乏決定能力案主、服務中斷、服務終止		尊重、保密、科際合作、同僚涉入爭議、諮詢、轉介服務、性關係、性騷擾、同僚之個人問題、同僚之能力不足、同僚之不合乎倫理的行為		督導與諮詢、教育與訓練、績效評估、個案記錄、付帳、個案轉介、行政、繼續教育與人力發展、對雇主的承諾、勞資爭議		能力、歧視、個人行為、不誠實、個人問題、虛稱、請求、自承功績		專業的廉潔、評估與研究		社會福利、公共參與、公共緊急事件、社會和政治行動	

方案一				
方案二				
方案三				
方案四				
方案五				

步驟四：考量相關的倫理理論、法律、倫理原則。

倫理理論	實務理論和經驗	相關法律／倫理守則	個人價值觀

步驟五：徵詢同儕及專家的意見，並記錄這些意見。

諮詢對象	意見

步驟六：做抉擇，並記錄抉擇的過程。

_____

_____

_____

步驟七：評估及記錄抉擇所帶來的結果。

日期	年 月 日	年 月 日	年 月 日	年 月 日	年 月 日
結果評估紀要					

參、倫理立場的回顧

一、規範倫理學的類型

在尋求解決倫理議題的過程中，社會工作者必須對自己的倫理觀點或立場有所瞭解，以便知道在倫理困境的抉擇過程之中，自己的取向、取捨或偏好，規範倫理學正好提供這方面的思考架構。由於規範倫理學家致力於將倫理理論應用在實際的情境，頗具實用的價值，因此，一些專家學者也將之應用在解決社會工作倫理兩難的困境上（Reamer, 2006）。本段簡述Reamer（2006）歸納出的幾個規範倫理學的觀點如下：

（一）義務論

對於義務論者而言，遵守倫理規範的義務是無庸置疑的，亦即：不論行為的動機或者目的有多堂皇，都不可以違反倫理原則，一般的倫理如此，專業的倫理規範也不例外（Reamer, 2006）。這個觀點的特質在於以嚴謹、毫無保留的態度看待倫理規範，不允許任何的僥倖心理或例外，甚至在得不到讚許、外界或機構奧援和有力的監控機制之下，也必須堅持到底，秉持「為倫理而倫理」、「為道德而道德」的精神，因此有助於對倫理規範的持守。堅持這種立場的前提必須是：有「放諸四海皆準」的規範存在，倫理規範本身毫無爭議，不具任何的矛盾和衝突，不會因為文化、價值觀、或情境的不同造成倫理標準的差異，這樣的前提可能不易成立。對於某些議題採不同立場的義務論者，也會對不同的規範有不同的堅持。

（二）目的論

相對於義務論者的「為了倫理而倫理」之立場，目的論者認為倫理規範的持守（Reamer, 2006）必須建立在為個別的他人帶來最大益處或者為最多數的眾人帶來最大的效益之上（利己除外），這種立場似乎比前者更具彈性，也為倫理兩難的情境提供了一個解決的原則。目的論又可以細分成兩類：一是「行為效益論」，指的是特定的行為能否帶來效益、帶

來多少效益、使多少人獲益，成為倫理抉擇的主要考量。另一是「規則效益」，指的是遵守某一種規則對行為帶來的效益，Reamer（2006）的著眼點似乎在於：遵守或違反某些規範對於案主和社會工作者互動關係可能帶來的長遠衝擊，此處的「案主」指稱的不只是一個案例之中的某一案主，其他聽到社會工作者違反規範的人都可能受到衝擊，影響所及甚至導致許多人對於社會工作專業人員的不信任。目的論的主要問題在於「何謂最大效益」可能任人解釋，無一定的標準，個人的價值觀、經驗和立場不同，導致規範的遵守可能因個體對最大效益的解釋不同而有所不同，結果可能造成亂象。

（三）負面效益主義

有鑑於倫理困境的抉擇有可能因為持守某些規範，但是卻違反了其他的規範，甚至傷害到個體，因此，「負面效益主義」的倡導者以「選擇最小的傷害」作為操作的原則，亦即：在倫理兩難困境之中，必須選擇其中的一條路的話，應該選擇不會造成任何人的傷害，不然的話，必須選擇造成最小或最少數人傷害的規範。這個觀點帶來的啟示是將倫理規範依其重要性加以排序，例如：免受傷害的原則必須優先於保密原則，這種排列成為解決倫理兩難議題的重要參考（Reamer, 2006），這種優先順序原則將於後面敘述。

二、情境倫理學引發的辯論

規範倫理學的觀點常常引起許多的討論，其中一些重要的討論主要是針對情境倫理學（situation ethics）所引發；在美國的倫理學界（尤其是宗教倫理學）的討論重點也是在於如何解決倫理兩難的困境，因此有值得參考之處。該類討論有兩個重要的議題浮現，一是有關倫理規範的訂定應該詳細到什麼程度，另一個則是有關倫理規範必須被遵循的程度。對於這兩項議題的立場和主張，主要有三種，分別代表三個不同的派別，簡述如下：

（一）情境倫理學

　　情境倫理學派是屬於立場較為自由或者觀點位於光譜的左端之學派，以Fletcher（1997）為代表人物，該學派反對訂出倫理規範的細則，認為情境是多元的，試圖訂出倫理規範的細則將不足以應付複雜、多變和多樣的情境，因此，只要持守倫理價值的大原則（例如：秉持正義、對人的關懷和愛心）便足以作為行動的指引，也比較具有彈性，但是又不淪為相對主義的過度鬆散，即使必須訂出倫理規範的細則之時，當相關的倫理規範互相衝突，必須在倫理兩難的情境中進行抉擇之時，情境倫理學家會以情境為考量，作出決定。而所謂的「以情境為考量」必須是仍然在倫理的價值或大原則的框架之內，例如：以上述「目的論」所遵循的「最大效益」或「最小的傷害」等原則，只要在這個框架之內，抉擇著眼點可以具有彈性。

　　準此，社會工作的專業倫理不需要細則，只需要粗略的大原則，其形式有如我國社會工作專業倫理守則多數條文，或者如美國社會工作專業倫理中的大原則、核心價值和該守則中的「積極義務」之類的條文。如果以情境倫理學的觀點來看，甚至可以更粗略地拿一般人對社會工作「愛心、關懷、利他」的印象作為社會工作者的座右銘便可，不需要任何其他規範了。

（二）律法主義

　　律法主義學派的主張（Grudem, 2018）和上述的義務論者的主張類似，認為不論在何種情境之下都必須持守倫理規範，不可因為情境不同而有所不同或者有例外之處。此外，為了強化倫理規範的遵守，該學派主張訂定詳細具體的規範細則，避免因為過度抽象或模糊造成混淆和無所遵循的問題。如前所言，這種立場比較缺乏彈性，在面對倫理兩難的困境之時，可能難以成為解決問題的指引，當然，其特色或優點在於遵守倫理規範方面的執著。

（三）折衷的觀點

處在情境倫理學派的過度自由和彈性與律法主義學派的嚴格和過度僵化的兩極之間，Wogaman（2009）提出折衷的方案，他認為：為了避免情境倫理學的過度自由，除了以核心價值作為最高的指導原則之外，有必要訂定一些比較具體的規範作為行動的指引，這些規範必須被遵守，因為輕易地違反規範可能造成行為標準的鬆弛和混亂的情形，但是這些規範也不必成為絕對或者不可違逆的細則，因為情境或倫理困境使然，可能必須違背某些規範以便持守其他的規範。Waggerman（1986）認為防止輕易違反倫理規範的機制在於所謂的「舉證的負擔」（burden of proof），亦即：若有人必須違反某些規範，他必須證明規範的違反有其必要，具有充分的理由，不是隨意的，舉證的負擔責成任何倫理抉擇過程的人如果違反某些規範，必須「三思而後行」。

三、規範的優先順序

由於倫理兩難的困境率涉到必須在兩項或多項規範與義務之間作個選擇，因此有必要將一些規範的優先順序加以排列，以利社會工作者抉擇的參考，而文獻之中，將倫理規範排序的作者以Reamer（2006）、Lowenberg和Dolgoff（1992）最常被提及。

（一）Reamer的排序

Reamer（2006）在處理相互矛盾或衝突的倫理規範時，認為如果能夠確立幾項主要的倫理規範的優先順序，將有助於倫理兩難困境的解決。雖然這種優先順序的確立並非絕對，但是沒有事先加以排序，社會工作者在面臨倫理困境之時可能會因為無所遵循而進退失據。Reamer（2006）整理的原則如下：

1. 避免傷害的必要前提：生命的安全重於個人隱私權。
2. 案主自決權（前提是行為或決定的結果被充分告知）重於自身基

本福祉，除非其他人的基本福祉（如：生存權）也被威脅。

3. 自由意志下社會工作者同意遵守的法律或機構的規定之義務凌駕個人價值或原則，否則社會工作者可以換工作或改變機構現有的政策。

4. 個人基本福祉的權利與法律或機構規定衝突之時，個人基本福祉的權利優先。例如：機構組織要社會工作者提供案主名冊時，可以指出其不合倫理之處。

5. 防止傷害之義務（如：飢餓）與提升公共利益的義務（如：居住、教育、社會救助）優於個人財產所有權之權利（如：徵收土地以便為弱勢族群建設生活所需設施）。

（二）Lowenberg和Dolgoff的排序

Lowenberg和Dolgoff（1992）整理的七項倫理規範的排序和Reamer（2006）的排序不同之處在於：前者針對七項規範排出優先順序，後者只針對五個組別中每兩項價值之間的衝突釐出先後，跨組別的價值之間的衝突則無解決之道。Lowenberg和Dolgoff（1992）倫理規範的優先順序排列如下：1.保護案主、案家生命；2.平等待遇原則；3.自決自主原則；4.最小傷害原則；5.生活品質原則；6.隱私保密原則；7.真誠原則。

肆、解決倫理兩難議題架構的應用──案例說明

本段以案例示範如何將上述的解決倫理兩難議題的架構，應用在實務的倫理抉擇上，案例的呈現將依Reamer（2006）提出的問題解決步驟。

案例概述

案主是一位34歲的男士，高中畢業，已婚，配偶33歲，育有一女（6歲）和一男（3歲）。案主目前在一家電子工廠當裝配員，太太在家照顧兒子，順便當保母貼補家用，家庭的經濟狀況尚可，依案主的描述夫妻感

情還算融洽。案主於近年來偶爾會瞞著配偶逛風化場所，後來案主自覺身體狀況不住，想進行性病和愛滋的篩檢，由於深怕面對負面的結果和結果曝光之後所帶來的問題，因而裹足不前，後來在友人的鼓勵之下，求助於醫務社會工作者。和社會工作者討論之後，案主決定以匿名的方式接受篩檢。篩檢的結果發現是「人體免疫缺陷病毒」（HIV+）的帶原者。案主拒絕透露詳細的身分資料，更不希望篩檢的結果被透露出去，雖然在工作者的催促之下，案主也拒絕向案妻透露自己的診斷，並且一再地囑咐絕不可以將結果透露給任何人，否則將失去聯絡。《人類免疫缺乏病毒傳染防治及感染者權益保障條例》規定，衛生單位必須針對愛滋帶原者進行監控和追蹤，並且將案主是帶原者的事實透露給他有親密關係的人，使這些人儘快地接受篩檢，也避免進一步地受害。該法也重視帶原者的權益，要求醫療人員必須克盡保密之責，不可將案主的診斷透露給第三者。由於案主拒絕透露詳細身分，更不願告知案妻、家人和周遭的人，其行為很可能會危及和他有親密關係的人（尤其是案妻），社會工作者面臨倫理兩難的情境。

步驟一：釐清倫理的議題（寫下相關的倫理議題）

本案的主要倫理議題是社會工作專業核心價值之間的衝突，包括對案主診斷的保密、保護案妻免受到傷害、社會工作者應遵守《人類免疫缺乏病毒傳染防治及感染者權益保障條例》有關保密的法令等，在案例類型方面屬於「保密與保護權益或遵守法令之間的兩難」。此外，似乎也牽涉到案主的自決（決定要不要告知案妻）與專業人員的干涉之間的兩難。

步驟二：找出可能會被倫理抉擇影響到的人、組織或團體

和本案相關的對象包括案主、案家、社會工作者、同僚、醫療團隊，決定披露案主的身分與否直接衝擊案主、案家，以及和案主有親密關係的人。社會工作者的抉擇影響現階段和往後處遇的方向，醫療團隊中的成員對於這類個案的處理方式和社會工作者如果有差異，互動關係也會受到影響。

步驟三：找出各種可採取的行動和參與者，評估每個行動的利弊得失

一種選擇是為案主保守祕密，其益處是案主可以避免因為透露診斷而影響和案妻的關係。此外，也可能避免透露之後被宣揚出去，使得案主受到各種職場上的歧視或者親友異樣的眼光，加上，社會工作者也謹守了專業倫理和《人類免疫缺乏病毒傳染防治及感染者權益保障條例》有關保密的規定。缺點在於案妻可能會受到感染，危及生命，案主也可能因為自己的行為而必須負《人類免疫缺乏病毒傳染防治及感染者權益保障條例》中「蓄意傳染給他人」的刑責，如果兩人計畫再生孩子或者意外懷孕，新生兒被感染而帶原的機率頗高。

另一種選擇是將案主篩檢的結果透露給案妻知道，其益處是可以保護案妻的福祉，可以促使案妻進行篩檢，以避免被感染，或者已經被感染但是可以提早接受治療，家庭也因為知道案主的問題協助其接受治療，並且考量日後必須安排的事宜，不論是兒女的照顧、家庭生計、往生的處理等。缺點在於可能損及案主和案妻的關係，導致家庭破裂。此外，也可能損及未來專業互動的關係，案主對專業人員的信任可能大打折扣，有可能使得案主不再尋求任何專業人員的協助。由於《人類免疫缺乏病毒傳染防治及感染者權益保障條例》有關保密的規定，透露案主病情可能有違案主被法律保護的權益。不論上述那種選擇，醫療團隊的意向可能會有不同，對於持守專業倫理或者法令的態度可能也不盡相同，例如：實務經驗告訴我們，常會聽到醫療團隊成員輕易地在辦公室或公眾場合透露案主的診斷，尤其是HIV+或AIDS，因此，過程之中可能會影響團隊成員之間的互動。

步驟四：考量相關的倫理理論、法律、倫理原則

在規範倫理理論方面，義務論者可能會認為欺騙他人、隱瞞實情、或危及他人之生命都是錯誤的行為。效益論者會「以那一種行動能夠為個體或者為最大多數人帶來最大利益」為考量，案主若隱瞞實情，對案主本身而言，或許可以避免聲譽的受損或者避免社會的偏見和歧視帶來的困擾，但是可能因此而延誤治療，造成「保住聲譽、危及生命」的後果，更因為

隱瞞實情而傷害和他有親密關係的人,因此依效益論的觀點觀之,舉發案主的身分可能帶來較大的益處。從規範效益的觀點來看,如果社會工作者舉發案主的身分,結果可能危及雙方的互動關係,使得案主不再信任社會工作者,其結果也可能導致許多人對於社會工作者的不信任,將有可能使得一些想要匿名進行篩選的愛滋帶原者望之卻步,其影響可能更為深遠。

在倫理規範的優先順序方面,Lowenberg和Dolgoff（1992）強調保護案主、案家的生命是最優先的原則,勝過自決自主原則和保密原則。此外,最小傷害原則也勝過隱私保密原則。Reamer（2006）也強調避免傷害的必要前提,亦即:生命的安全重於個人隱私權;另一個優先順序是「個人基本福祉的權利與法律或機構規定衝突之時,個人基本福祉的權利優先」,案妻的個人基本生存權利勝過法令規定的對案主診斷隱私的保密權。

步驟五:徵詢同儕及專家的意見,並記錄這些意見

可資徵詢的對象包括同一專業的同事、醫療團隊成員、督導、學者或專家。

步驟六:做抉擇,並記錄抉擇的過程

有關本案例的抉擇可以著重在案主、案妻、和與案主有親密關係的人的生命權,因此可以選擇透露案主的診斷。如果,透露之前可以先對案主分析選擇告知與否的優缺點,冀望其自我決定是否告知,若無效,則可以選擇告知,告知之前仍應該對案主說明原因,並且提醒有需要隨時可以尋求協助。

步驟七:評估及記錄抉擇所帶來的結果

做了倫理抉擇並且執行之後,可以評估所帶來的結果。在上述的案例之中,可能的結果包括案主選擇和社會工作者失聯,主管的醫療單位也無從追蹤,導致案主無法接受治療,危及自己生命,也傷害到和他有親密關係的人的生命。如果案主選擇告知有關單位或者接受治療,社會工作者應該照顧案主和案妻對服務的感受、對於疾病的適應、案家現在的功能、案

主和家人互動的關係、團隊成員對於倫理抉擇的看法和感受等，評估可以運用訪談、藉助於問卷，最後並將整個過程和結果加以記錄。

 第四節 解決各類型倫理議題之芻議

本節彙整過去文獻有關解決倫理兩難議題的建議，針對前一節整理出來的議題之類型逐一提出可能的解決方案，解決方案的提出主要是依據過去文獻、前一節討論的原則、和作者的看法等。本節處理的層面包括釐清那些倫理規範或價值相互衝突、那些相關人士的福祉可能受到影響（包括對處遇可能的影響）、規範倫理學相關的論點，最後提出解決的方式。不論是處理層面之選擇和解決方案的提出，主要仍是參考Reamer（2006）。值得注意的是這些解決方案並非一定最完備，也非毫無再議的空間，提出的主旨在於拋磚引玉，供社會工作者進一步研討之參考，因此，不必奉為圭臬。有關倫理兩難議題的解決，由於同一類型倫理議題中的案例可能因為情境和領域的不同，牽涉到的法令和處遇的考量也會有所不同，最完整的做法是針對每一個案例詳細討論，但是由於篇幅的考量，無法逐一討論，只能廣泛地說明解決的原則，作為讀者參考和引申的基礎。

壹、違反倫理之事例

前一節提到的「違反社會工作專業倫理規範」這一類型的案例，由於並未牽涉到倫理兩難的議題，也不是發生在可以折衷或者例外的情境當中，不論發生的過程或者產生的結果都可能使得案主的福祉、同僚權益、機構或專業的形象等受到損傷，因此，似乎不必多加著墨，只需要再次地高舉「為倫理而倫理」的旗幟。不過，值得思考的是規範的遵循不只可能受到專業人員個人動機、意願、意志和專業知識與技巧等個人因素的影響，例如：處遇過程讓個人價值凌駕專業價值、處遇過度草率和徇私舞弊等。此外，也可能受到機構和專業文化的因素之影響，例如：機構是否強

調專業責信和處遇結果的評估，將專業助人的過程提升到意識和應用所學知識的層次，減少以「直覺」指引處遇的壞習慣，並且提供必要的時間、資源和訓練？又如：保密常常牽涉到整體機構的配合，機構是否強化其在這方面的角色？此外，保密也牽涉到許多的其他管道，例如：案主系統、媒體、社區中相關的單位或機構，如何在每個環節之中，踐履保密的原則是社會工作者必須面對的挑戰。另外，機構和專業協會是否建立制裁違反規範行為之機制？整個專業是否致力於人員的教育，以防制對少數族群的偏見和歧視？社會工作者是否能夠出來為被制度化與結構化的歧視所傷害的族群倡導？服務方案的委託者和接受委託的宗教團體是否有意識和意志，使得方案的執行、對案主的服務和社會工作者的聘僱，不受到宗教信仰的影響？因此，消弭違反專業倫理規範的行為之努力不是僅止於個別的社會工作者，機構和整個專業都有責任。

貳、倫理問題

一、送禮議題

美國社會工作人員協會倫理守則之中，有規定社會工作者應「避免接受案主的禮物或服務以作為專業服務的報酬」（1.13b），因為如果接受，可能會造成利益衝突、剝削和不當地逾越專業的界線；可以接受的但書是：對服務而言具有重要性、案主不是處於被壓迫的情境之下、由案主主動提出（Reamer, 2006）。此外，接受餽贈的時候可以遵循下列幾個原則：貴重者必須拒絕、部分禮物可以當眾分享和回贈案主、表明不會影響專業關係或處遇的投入、探討餽贈的背後動機以便找尋適當回應方式。

二、專業界線的拿捏

由於國情不同，西方社會情境下的社會工作專業關係似乎比較嚴

謹、不具彈性，例如：以「先生」、「小姐」稱呼案主，強調會談必須準時開始和結束，嚴守專業分際的不接受餽贈、不借貸、不在專業的時間和空間之外與案主互動，這種關係模式在我國的情境可能不見得合適，例如：社會工作者如果不以「伯伯」、「爺爺」、「奶奶」、「阿姨」稱呼年長的案主，可能不容易和案主建立關係。在我國，不少處遇的情境裡，案主遲到可能是司空見慣的事，如果嚴謹持守「準時開始，準時結束，延後開始，仍然準時結束」的原則，恐怕有損案主求助的意願。此外，針對某些案主，例如：青少年和老人，為了強化專業關係，將錢借予案主、和案主在咖啡店會談、帶案主出去吃一頓飯、或者去案家閒聊一番等，雖然有些逾越專業關係，但是有助於互動關係，可能是難以避免的事。值得注意的是：必須謹守適當的限度，尤其必須審慎以避免轉移卻不自知，造成案主過度依賴、疲憊、甚至主客異位（專業關係應以案主為主體）等問題（Zarit & Knight, 1996）。

三、指導性介入

是否針對某些特定文化的案主進行比較具有「指導性的介入」之辯論至今仍無定論，如前所述，辯論的緣起在於：特定文化中的案主比較無法接受「談話治療」。此外，非指導性的處遇模式（如：羅哲斯學派）容易讓缺乏病識感的案主覺得混淆，失去求助動機，導致終止處遇，因此，這個倫理議題也牽涉到處遇模式的選擇。解決這個倫理議題需要考量兩個重點：一是即使最缺乏主見的人也有自己的堅持，不是他人可以輕易忠告或指引的，正如「反彈理論」（reactance theory）所強調，人人都有對於自主性或自由的基本需求，一旦感受到自主性被剝奪，可能會起而防衛，甚至反彈（Brehm, 1981）。反彈的方式可能是拒絕繼續接受處遇、消極抗拒（如：遲到）、維持表面關係等。另一個重點是有關跨文化的議題，雖然跨文化議題的應用情境在於：社會工作者與案主的文化不同之時。我國雖然比較沒有這種現象，但是由於社會工作的理念和處遇模式主要還是來自歐美，我國文化中的案主對於這些模式的接受度仍然有限，尤其是對於

處遇中所謂的「談話治療」更是不易接受,因此,「指導性的介入」便被提出,以便強化案主求助的動機。

不過,Sue和Zane(1987)認為重點不是在於使用「指導式」的處遇方式與否,而在於取得案主對於社會工作者的信任,其方式主要有二:一是對問題的看法、改變的策略和處遇目標,都必須和案主的文化價值與觀點儘量相互契合;另一是在處遇過程之中提供即刻的益處,例如:正常化(讓案主瞭解別人也有相同的經驗)、具體協助、技巧訓練(社交、抒解壓力)、問題解決、短期焦點取向的處遇模式的選擇等,俾使案主感受到效果,強化求助動機(Ng & James, 2013; Sue & Zane, 1987)。這些處遇模式的運用並不排除羅哲斯學派所強調,現今已經成為社會工作基本技巧的同理和真誠。這些技巧的運用有助於專業關係的建立,不論案主群的文化特質為何。

四、角色衝突

在某些機構的情境中,社會工作者可能被賦予多重的角色和功能,這些角色和功能之間可能產生衝突,例如:社會工作者原本就具有協助者的角色,如果又被賦予評鑑者的角色,後者可能影響協助過程的互動關係,因為評鑑的結果直接影響案主的權益(如:出獄、結束強制安置、假釋、監護權的判決等),可能引起案主的疑慮和潛藏的抗拒,導致助人的專業角色難以發揮,協助者的權威大打折扣,也可能因此損及案主的權益。解決之道有二:一是和機構協商,避免同時扮演兩種角色或多種可能相互衝突的角色;另一是在兩相衝突的角色改變下,協助的過程中,可以儘量減少案主的疑慮,其方式是區分兩種角色行使的範圍或情境,在處遇過程中,事先強調所透露的資料不會成為評鑑的依據或影響評鑑的結果。

五、對不同案主對象忠誠之衝突

每個機構通常都有界定服務的對象,從表7-3的案例看來,主要的案

主仍為老人和青少年，雖然老人的失能和青少年的未成年使得兩者都必須依賴家人或父母，但是服務的焦點仍是案主本身，他們的福祉應是主要的考量。社會工作者的角色如果有衝突，必須在處遇開始之時，釐清自己的角色。此外，也必須盡可能地為次要案主提供轉介或者可能的服務。再者，社會工作者也必須避免讓個人價值影響處遇的進行，例如：面對「過去拋家棄子現在反過來要求家人撫養」並且接受成人保護的案例，社會工作者可能會有「不平之鳴」，對叛逆或偏差行為的青少年可能無法接受，社會工作者在處遇過程必須慎重，同理案家的立場和感受至為重要。有關這類案例的處理方式，美國社會工作專業倫理守則提供的規範是良好的指引：「當社會工作者對彼此有關係的兩個或兩個以上的人提供服務時（例如：配偶、家庭成員），社會工作者必須向所有的人澄清誰才是案主，並說明社會工作者對不同個人的專業職責本質。社會工作者在面對服務對象間的利益衝突時，或許必須扮演可能衝突的角色（例如：社會工作者被要求在兒童保護個案的爭議中作證，或案主的離婚訴訟中作證）。社會工作者必須向有關人員釐清他們的角色，並採取適當的行動將任何利益衝突減到最低。」（美國守則1.06d）

六、案主資料提供之拿捏

提供案主資料給其他單位或機構的時候，社會工作者的掌控權因為情境不同而有所不同，例如：在法庭的命令之下，社會工作者比較不具掌控權，社會工作者或許可以向法庭陳述自己必須接受專業倫理約束和維護案主權益的責任，結果端賴法官對社工專業的瞭解和尊重的程度。相較之下，社會工作者必須轉介其他非法院方面的機構和進行個案研討的時候比較有掌控權，當然，在團隊合作的情境下，社會工作者的掌控權可能和其在團隊中的位階或者受尊重的程度有關，不論如何，社會工作者都必須努力讓其他專業瞭解自己對專業倫理的持守的責任，同時在提供資料之時，可以運用自己的判斷，只提供轉介所需或相關資料，隱藏其他重要資料；資料提供之後，仍必須向轉介機構重申保密的重要原則。更重要的是：任何案主資料的釋出，都必須經過案主的同意。另外，由於不同的專業對於

個案記錄要如何撰寫的規範和文化與原則可能有些差異，例如：社會工作者在政府方案委託過程常被要求維持詳細的個案記錄，諮商輔導專業可能認為社會工作者過度重視個案的記錄或者記錄過度詳細，在司法程序與法院調閱個案資料的過程容易讓個案隱私權受到傷害，兩個專業在這方面的落差可能導致團隊的不合，如何協調出一個雙方都可以接受的準則，考驗跨專業團隊的智慧。

參、倫理兩難議題

由於篇幅的限制，本段有關牽涉到的規範、衝突可能帶來的衝擊、和規範倫理學考量等主題僅以表格呈現，解決倫理議題的方案才以較詳細的文字敘述之。

一、保密及隱私權與保護權益或遵守法令之間的兩難

（一）牽涉到的規範、可能的衝擊和規範倫理學考量

衝突的價值與規範	受影響人士與衝擊	規範倫理學考量
1.「保密」。 2.「對案主福祉的承諾」。 3.「案主自決」。個案隱私權和為了維護法規和倫理守則而揭露之間的兩難。 4.「遵守服務機構規定」（我國）。 5. 專業人員「誠實、不詐欺、不誘騙」之規範（美國守則）。	1. 案主：保密尊重隱私，但傷及案主福祉（自傷），不保密則違反隱私權。 2. 案主周遭：不揭露案主傷人意圖，則損及案家福祉。隱瞞資訊取得服務，損及他人福祉。 3. 社會工作者：保密可維持互動關係，案主或案家福祉受損有傷專業形象，還可能受法律制裁。 4. 機構：（隱瞞資訊）損及和同僚機構關係。	1. 義務論：有些義務論者可能會以遵守法令和保護生命為重，有些則可能認為保密是不可妥協的原則。 2. 效益論：違背隱私，若為案主帶來較多益處，或為較多人帶來益處。維持和轉介機構的關係對多數案主有益。 3. 規則行為效益：違背保密原則，衝擊到日後案主與社會工作者專業的互動。 4. 規範的優先順序：保障生命原則重於隱私權和自決權。

（二）解決衝突的原則之初探

　　首先，從折衷學派的觀點來看，任何試圖違背倫理規範者有「舉證」的責任，其中一項重要的責任是證明自己已經嘗試各種努力，透過處遇技巧，首先瞭解案主想加害於人的確切性或者訴諸行動的可能性，若是很確定，下一個步驟是協助案主解除想加害於自己或他人之意圖，如果可行，隱私權也可以確保，可謂兩全其美。同樣地，在隱瞞案主實情，以取得服務的案例中，社會工作者是否已經努力試圖從正當管道取得，如果案主不符取得福利的資格，經濟狀況又在邊緣，社會局通常也有「專案專簽」的措施，或許可以不必隱瞞案主不符服務的資格之實情。

　　如果上述做法不可行，案主自傷或傷人的行動已經「如弓在弦」，則從倫理規範的優先順序觀點出發，「保護生命財產」或者「將傷害減至最少」當然重於案主的隱私權和自決權。只是為了將違背隱私權或者對專業互動關係的傷害降到最低，還必須有下列的配套措施或者但書，美國社會工作專業倫理守則有關隱私和保密的條文中，有附帶規定無法持守保密的情形，頗值得參考：「預防案主或可確認的第三者遭遇嚴重的、可預期的、即將發生的傷害時，或是法律所規定要求揭露而不需案主的同意。無論如何，社會工作者應揭露與達成目標最必要且最少量的保密資訊，而且只有與揭露目標直接相關的資訊才可以公開。」（1.07）此外，社會工作者應在公開保密資料前的合宜時機（通常是處遇一開始之時），盡可能的告知案主資料保密的限制以及保密可能產生的結果，以便由案主自己決定是否在處遇過程向社會工作者透露敏感的資料。

二、案主自決與干涉主義之間的兩難

（一）牽涉到的規範、可能的衝擊和規範倫理學考量

衝突的價值與規範	受影響人士與衝擊	規範倫理學考量
1.「對案主福祉的承諾」。 2.「知後同意」。 3.「案主自決」。 　尊重個案自主權或遵守法規和倫理守則之間的兩難。 4. 專業人員「誠實、不詐欺、不誘騙」之規範（美國守則）。 5. 醫療團隊其他專業人員之價值觀可能違背社工專業倫理。 6. 社會工作者個人價值：案主一再重返暴力情境，徒勞無功。	1. 案主：尊重自決或者依案家要求不告知罹病狀況，都可能傷及案主福祉。 2. 案主周遭：尊重案主自決，有些案例可能傷害周遭的人（如：髒亂、拒絕安置、治療、不告加害者使接受制裁），有些或許對周遭的人有利（如：哄騙失智老人、不向案主透露病情）。 3. 社會工作者：干預可能損及與案主互動、干預徒勞則可能造成不理案主或者過度勸阻。不干預可能傷及周遭人的福祉，因此有損專業形象。 4. 機構：介入可能損及機構和案主的關係，使案主對機構有負面看法。不介入若造成生命的喪失，則機構可能必須面對社會的批判或擔負起法律責任。	1. 義務論：對案主隱瞞資訊和說謊是不合倫理的。 2. 效益論：如果強制介入或隱瞞實情符合案主最大的權益，或者為較多人帶來益處，則可以接受。 3. 規範的優先順序：保障生命重於自我決定權和誠實不欺的要求。

（二）解決衝突的原則之初探

　　案主自決必須以知會同意（informed consent）為前提（鄭麗珍、江季璇，2002），亦即案主有權利被充分和清楚的告知有關自己問題或行為可能的結果，然後由案主作自願的決定。但是自決並非無限度的，許多專家學者也反對絕對的自決之做法，認為自決並非至上，可能受限於案主個人的能力，例如：資訊不足、理解能力有限、缺乏判斷能力、案主事先同意社會工作者的介入，也可能受限於外在條件，例如：法律、道德和機

構政策等，當案主可能自傷或傷人、處於立即危險、或者違反法令或政策均屬之（Reamer, 2006）。因此美國的社會工作專業守則有關案主自決的但書是「在社會工作者的專業判斷下，當案主的行動或潛在行動具有嚴重的、可預見的、和立即的危機會傷害自己或他人時，社會工作者可以限制案主的自我決定權」（1.02），此外，「一般而言，案主的利益是最優先的。但是，社會工作者對廣大社會或特定法律的職責有時也可能取代之，而案主也應被告知。」（1.01）所以，處遇之初，有必要告訴案主這兩個但書。這兩個但書和倫理規範的優先順序之排序相符，也就是：保護生命必須重於尊重案主自決。

當然，介入的重點在於社會工作者必須能夠提出明顯證據，證明案主生命處在立即危險的情境，問題是許多情境無法具體客觀或有效地決定危機的程度，所以不易決定介入的時機。當然，如果選擇介入，則案主的福祉必須是焦點，如果是為了機構或社會工作者自己的福祉，則流於「虛假的父權主義」（Reamer, 2006），因此，就如同折衷學派的主張，如果干預有理，仍須評估干預的動機、意圖和結果，也就是說干預者肩負著「舉證的負擔」。

此外，如果選擇尊重自決權，不代表社會工作者置之不理，社會工作者可能會覺得干預徒勞無功而不理案主，或者淡化案主受害程度，以減少「資源浪費」，實屬不當。選擇不介入之後，仍然必須充分告知可能的後果，提醒案主有需要之時，還是可以尋求協助。另外，還必須提供監控案主情況的機制，以確保案主安全，最後，也可以提供案主有關的資源之資訊，或轉介其他機構。另一個極端則是極力勸導案主離開受虐情境，用心雖佳，可能會徒勞無功。

三、專業價值和個人價值之間的衝突

（一）牽涉到的規範、可能的衝擊和規範倫理學考量

衝突的價值與規範	受影響人士與衝擊	規範倫理學考量
1.「對案主福祉的承諾」。 2.「案主自決」。 3.「知後同意」。 4. 遵守服務機構規定（我國）。 5.「對雇主和受雇組織的承諾」（美國守則）。 6. 社會工作者個人價值（反墮胎或者不贊成同性戀行為）。	1. 案主：社會工作者是否提供服務的決定直接衝擊到案主的福祉，也影響案主未來求助的意願。 2. 案主周遭：案主的抉擇可能和周圍人的意見相左，影響互動關係，也影響到胎兒的權益。 3. 社會工作者：是否提供服務影響專業效能、專業互動、和社會工作者誠信與真誠（能否表裡如一）。 4. 機構：社會工作者是否遵守機構規定影響機構的績效、機構和社會工作者的互動關係、和機構形象。	1. 義務論：對議題的立場不同則會有不同主張，如：保守者可能主張保護胎兒，反之，則認為案主有權決定。 2. 效益論：立場不同也造成不同判準，站在胎兒效益則不主張墮胎，反之，則認為不預期的懷孕生子反而必須付出更多代價，並可能犧牲生活品質。規則效益者則主張不將個人價值加諸案主，以免傷害到案主未來和社會工作者專業人員的任何互動。 3. 規範的優先順序：保障生命原則重於自決權。

（二）解決衝突的原則之初探

我國和美國的社會工作專業倫理並未特別針對墮胎和性取向的議題加以規範，專業協會也未特別表達立場，這類議題在我國引起的討論、爭議和衝突不如美國。由於其中又牽涉到一些難以解決的論爭，使得問題更為複雜難解，例如：受精卵或胚胎是不是生命？性取向的起因為何？是一種選擇？或者無可抗拒的生理因素使然？可以透過處遇或信仰的力量加以扭轉？值得注意的是：過去美國精神科協會出版的診斷和統計手冊中被視為是違常的同性戀傾向，在DSM-III已不再如此認定。此外，以美國社會工作專業文化的現況來看，對於墮胎似乎比較傾向於採取「案主自決」的立場（Reamer, 2006），對於案主性傾向的立場似乎也是如此，不認為社會

工作者的職責應含括改變案主的性取向。果真如此，則採取不同立場的社會工作者有必要將個案轉介。

上表第三欄列出的規範倫理的各種立場似乎對於解決這類倫理兩難議題的幫助不大，美國專業倫理的一些守則或許較有助益。例如：「社會工作者一般應堅持對雇主和受雇組織的承諾」（美國守則3.09a）。Reamer（2006）的倫理規範排序的原則之一也強調：自由意志下社會工作者同意遵守的法律或機構的規定之義務凌駕個人價值或原則，否則社會工作者可以換工作或改變機構現有的政策。其他可以考慮的相關守則如下：「社會工作者應致力於改進受雇機構的政策、程序及服務的效率與效果」（美國守則3.09b）、「社會工作者不應讓受雇組織的政策、程序和規定或行政命令抵觸社會工作倫理的實踐」（美國守則3.09d）、「社會工作者有責任確保雇主能瞭解社會工作者應遵循美國社會工作人員協會的倫理守則的義務」（美國守則3.09c）、「社會工作者不應從事、包容、促進或配合各種形式的歧視」（美國守則4.02）。

四、資源分配的議題

（一）牽涉到的規範、可能的衝擊和規範倫理學考量

衝突的價值與規範	受影響人士與衝擊	規範倫理學考量
1.「對案主福祉的承諾」。 2.「案主自決」。 3.「遵守服務機構規定」（我國）。 4.「對雇主和受雇組織的承諾」（美國守則）。 5.社會工作者個人價值（反墮胎或者不贊成同性戀行為）。	1.案主：社會工作者是否提供服務的決定直接衝擊到案主的福祉，也影響案主未來求助的意願。 2.案主周遭：案主的抉擇可能和周圍人的意見相左，影響互動關係，也影響到胎兒的權益。 3.社會工作者：是否提供服務影響專業效能、專業互動、和社會工作者誠信與真誠（能否表裡如一）。	1.義務論：可能會認為平等原則最重要，也可能會認為案主的需求是最重要的考量。 2.效益論：使最大多數人得到利益是最重要的考量，平等、需要、或照顧弱勢族群並非最重要的考量。 3.規則效益論：照顧弱勢族群的原則帶來的影響最為深遠，最終也將為這些族群和整體社會帶來最大利益。

衝突的價值與規範	受影響人士與衝擊	規範倫理學考量
	4. 機構：社會工作者是否遵守機構規定影響機構的績效、機構和社會工作者的互動關係、和機構形象。	4. 規範的優先順序：保障生命原則重於平等待遇原則。

（二）解決衝突的原則之初探

　　分配的議題原本就極為複雜，牽涉到的層面頗為廣泛，Reamer（2006）提及的「分配正義的原則」考慮四種標準，包括平等原則（又分：人人均分、分配程序—先到先服務之原則、隨機選取）、依案主的需要程度、弱勢族群的優先和補償、依案主的貢獻（過去或未來可能有的貢獻，尤其是付費的能力）。雖然只有四項指標，應該遵守那一個或者那些標準又必須依情境而定，複雜度並未稍減。我國分配的方式主要是以案主的需求為主要考量，或是以弱勢族群為優先，各種福利服務均有主要對象或者資格限定（如：低或中低收入），也有少部分是以人人均分的方式，例如：老人津貼。

　　在資源有限的情形之下，優先順序的考量是必要的，例如：在器官移植的情境下，Lowenberg和Dolgoff（1992）整理的七項倫理規範的排序或有助益，抉擇過程可以考量：保護生命重於差別平等的原則。當然，資源的有限更加突顯工作者在結合社區資源方面所扮演的角色的重要性。再者，由於經費的有限，社會工作者協助的個案數有日益增多的趨勢，在有限的人力、時間和精力之下，每位社會工作者也必須善盡個案管理的職責，針對個案的需要、危機程度、或緊急情形整理出優先順序，以便更有效地運用有限人力的資源。至於在政策的層面上，美國倫理守則的一些原則可以參考，例如：「社會工作行政者應在機構內外倡導為案主需求提供充分之資源」（美國守則3.07a）、「社會工作者應倡導資源分配流程是公開且公平的。當不是所有案主的需求皆能被滿足時，應建立一個沒有歧視、適當且固定原則的分配流程」（美國守則3.07b）、「社會工作者應參與社會和政治行動，確保所有人民都能公平的得到其所需要資源……。

社會工作者必須覺知政治角力對實務工作的影響，應倡導政策與立法的改變，以改善滿足人類基本需求的社會條件，並提升社會正義」（美國守則6.04a）。

五、專業價值與機構科層體制之衝突

（一）牽涉到的規範、可能的衝擊和規範倫理學考量

衝突的價值與規範	受影響人士與衝擊	規範倫理學考量
1.「對案主福祉的承諾」。 2.「案主自決」。 3.「遵守服務機構規定」（我國）。 4.「對雇主和受雇組織的承諾」（美國守則）。	1. 案主：社會工作者決定站在專業或者科層體制的一邊直接衝擊到案主的福祉，也影響案主未來求助的意願。 2. 案家：機構科層體制的政策影響案主，也影響到案家的權益。 3. 社會工作者：在有違案主權益或社工價值的科層體制之下，提供服務影響了專業角色的發揮、和案主的專業互動、和專業形象或誠信、真誠（能否表裡如一）。 4. 機構：社會工作者是否遵守機構規定影響機構的績效、機構和社會工作者的互動關係、和機構形象。	1. 義務論：對議題的立場不同則會有不同主張，如：保守者可能主張保護胎兒，反之，則認為案主有權決定。 2. 效益論：立場不同也造成不同判準，站在胎兒效益則不主張墮胎，反之，則認為不預期的懷孕生子反而必須付出更多代價，並可能犧牲生活品質。 3. 規則效益：主張不將個人價值加諸案主，以免傷害到案主未來和社會工作者的任何互動。 4. 規範的優先順序：保障生命原則重於自決權。

（二）解決衝突的原則之初探

前述「專業價值和個人價值之間的衝突」一段所提到的美國專業倫理的一些守則也可以應用在這個情境，這些守則包括：「對雇主和受雇組織的承諾」（美國守則3.09a）、「致力於改進受雇機構的政策、程序及服務的效率與效果」（美國守則3.09b）、「社會工作者不應讓受雇

組織的政策、程序和規定或行政命令抵觸社會工作倫理的實踐」（美國守則3.09d）、「確保雇主能瞭解社會工作者應遵循美國社會工作人員協會的倫理守則的義務」（美國守則3.09c）、「社會工作者不應從事、包容、促進或配合各種形式的歧視」（美國守則4.02）。此外，Reamer（2006）倫理規範排序的原則——「自由意志下社會工作者同意遵守的法律或機構的規定之義務凌駕個人價值或原則，否則社會工作者可以換工作或改變機構現有的政策。」

六、專業價值與社會法令不足或政策不當之衝突

（一）牽涉到的規範、可能的衝擊和規範倫理學考量

衝突的價值與規範	受影響人士與衝擊	規範倫理學考量
1.「對案主福祉的承諾」。 2.「案主自決」。 3.「遵守服務機構規定」（我國）。 4.「對雇主和受雇組織的承諾」（美國守則）。 5. 社會工作者個人價值（反墮胎或者不贊成同性戀行為）。	1. 案主：法令的不足或政策的不當，直接衝擊案主的福祉。 2. 案主周遭：案主的福祉又衝擊到案主家庭整體或周遭人的福祉。 3. 社會工作者：能否針對某些案主提供專業服務，和專業服務的效能深切地受到相關法規和政策的影響。 4. 機構：是法令的執行者，依法制定政策，法源不足或不當之下直接衝擊機構的服務。	1. 義務論：遵守現行法令是必須的，即使該法令可能有瑕疵。 2. 效益論：遵守法令與否端賴那一種抉擇帶來最大益處。最大益處似乎不易拿捏。 3. 規則效益：遵守法令為案主帶來了負面影響，導致案主的疏離和不信任。但是不遵守法令，有損專業形象和社會的信賴。 4. 規範的優先順序：保障生命原則重於遵守法令的規定。

（二）解決衝突的原則之初探

部分專業倫理守則強調社會工作者必須遵守社會和服務機構訂定的

法令和規定，原因無他，因為不遵守可能帶來社會的混亂，除非該法令可能帶來危害，可以考慮違背。前述的Reamer（2006）倫理規範排序的原則或有助於抉擇：「自由意志下社會工作者同意遵守的法律或機構的規定之義務凌駕個人價值或原則，否則社會工作者可以換工作或改變機構現有的政策。」此外，倫理守則中的「致力於改進受雇機構的政策、程序及服務的效率與效果」（美國守則3.09b）、「社會工作者不應讓受雇組織的政策、程序和規定或行政命令抵觸社會工作倫理的實踐」（美國守則3.09d）、「社會工作者有責任確保雇主能瞭解社會工作者應遵循美國社會工作人員協會的倫理守則的義務」（美國守則3.09c）、「社會工作者不應從事、包容、促進或配合各種形式的歧視」（美國守則4.02）、「對雇主和受雇組織的承諾」（美國守則3.09a）。必須為案主權益倡導，透過行動或機構聯盟促進法令的修訂，例如：最近幾個民間團體或機構組成的修法聯盟，採取的行動，極力促成對於不在法令保護下的婚暴受害者（外籍新娘、未婚同居男女、和同志）之服務，同時促成對婚暴加害者的「無令狀逮捕」。當然，在修法完成之前，在不違反現有法令制度之下，社會工作者也可以透過資源的結合，為不受法源保護或不被納入成為服務對象的案主服務。有關原住民的歧視方面，牽涉到的層面頗廣，舉凡就業、教育、聘僱升遷、司法等均有關係，除了在教育上強化民眾的瞭解和認識之外，如何為這些族群的權益倡導也是重要的一環。至於健保制度的缺失和改革牽涉到的層面也頗為複雜性，由於廣泛且直接地衝擊案主的福祉，社會工作者也必須關心和參與改革或修訂的行動。至於，青少年因為違法被收容或安置，除了參與倡導和修法行動之外，在法令還無法修訂或者正在爭取過程下，仍必須遵守法令配合機構政策針對青少年或違反性交易之少年予以安置，並試圖在安置過程，提供有益於案主的服務。

參考書目

中文部分

李明政、莊秀美（2002）。原住民社會工作實務的倫理議題。收錄於社會工作倫理，徐震、李明政主編，頁479-507。

周月清（2002）。家庭社會工作實務倫理議題。收錄於社會工作倫理，徐震、李明政主編，頁248-267。

徐震、李明政（2002）。社會倫理與社會工作倫理。收錄於社會工作倫理，徐震、李明政主編，頁31-62。

許臨高（2002a）。青少年外展工作者倫理抉擇之初探——以臺北市三個外展工作團體為例。收錄於社會工作倫理應用與省思，王永慈、許臨高、張宏哲、羅四維等主編，頁81-106。

許臨高（2002b）。中國文化與社會工作倫理——以青少年實務工作為例。收錄於兩岸四地社會福利學術研討會論文集，頁92-103。香港：財團法人中華文化社會福利事業基金會。

張宏哲（2021）。長期照護倫理議題。個人講義。

鄭麗珍、江季璇（2002）。社會工作倫理的基本議題。收錄於社會工作倫理，徐震、李明政主編，頁63-104。

輔仁大學社會工作系（1995）。「社會工作倫理研討會」實錄。輔仁大學社會工作系編。

輔仁大學社會工作系（2001）。教師團隊為舉辦「專業人員倫理討論團體」所成立的小組之討論會，團隊並責成助教郭瑞真小姐依據Reamer的模式建構表格。

英文部分

Banks, S. (2014). *Ethical and values in social work* (4th ed.). London: Macmillan.

Johnson, L. (1994). *Social work practice: A generalist approach* (5th ed.). New York: Allyn & Bacon.

Brehm, S., & Brehm, J. (1981). *Psychological reactance: A theory of freedom and control*. New York: Academic Press.

Fletcher, J. (1997). *Situation ethics: The new morality*. Westminster: John Knox Press, 1997年1月1日，176頁。

Hooyman, N. (2015). Social and health disparities in aging: Gender inequities in long-term care. *Generations*, winter 2014/15, pp. 1-9.

Lowenberg F., & Dolgoff, R. (1992). *Ethical decisions for social work practice* (5th ed.). Itasca, ILL.: Peacock. 萬育維譯（1998）。社會工作實務手冊。臺北：洪葉。

National Association of Social Workers (2021). Code of Ethics. https://www.social-workers.org/About/Ethics/Code-of-Ethics/Code-of-Ethics-English

Ng, C. T. C., & James, S. (2013). "Directive approach" for Chinese clients receiving psychotherapy: Is that really a priority? *Frontier Psychology*, 4(49), 1-13.

Reamer, F. (2006). *Social work values and ethics* (3nd ed.). New York: Columbia University Press.

Sue, S., & Zane, N. (1987). The role of culture and cultural techniques in psychotherapy. *American Psychologist*, 42(1), 37-45.

Wellin, C. (2018). *Critical gerontology comes of age: Advances in research and theory for a new century*. Routledge, New York, NY.

Grudem, W. (2018). *Christian ethics: An introduction to biblical moral reasoning*. London: Cross way.

Zarit, S., & Knight, B. (1996). *A guide to psychotherapy and aging*. American Psychological Association: Washington, D.C.

國家圖書館出版品預行編目(CIP)資料

社會個案工作：理論與實務／莫藜藜，徐錦
鋒，許臨高，曾麗娟，張宏哲，黃韻如，顧
美俐合著；許臨高主編. -- 四版. -- 臺北
市：五南圖書出版股份有限公司，2023.09
面；　公分
ISBN 978-626-366-416-6(平裝)

1.CST: 社會個案工作

47.2　　　　　　　　　　112012529

1JAA

社會個案工作
——理論與實務

主　　　編 — 許臨高（239.6）

作　　　者 — 莫藜藜、徐錦鋒、許臨高、曾麗娟、張宏哲
　　　　　　　黃韻如、顧美俐

發 行 人 — 楊榮川

總 經 理 — 楊士清

總 編 輯 — 楊秀麗

副總編輯 — 李貴年

責任編輯 — 李敏華、陳俐君、何富珊

封面設計 — 姚孝慈

出 版 者 — 五南圖書出版股份有限公司

地　　　址：106台北市大安區和平東路二段339號4樓

電　　　話：(02)2705-5066　　傳　　真：(02)2706-6100

網　　　址：https://www.wunan.com.tw

電子郵件：wunan@wunan.com.tw

劃撥帳號：01068953

戶　　　名：五南圖書出版股份有限公司

法律顧問　林勝安律師

出版日期　2003年 9 月初版一刷（共十刷）
　　　　　2010年10月二版一刷（共七刷）
　　　　　2016年 9 月三版一刷（共七刷）
　　　　　2023年 9 月四版一刷
　　　　　2024年 3 月四版二刷

定　　　價　新臺幣700元

經典永恆·名著常在

五十週年的獻禮——經典名著文庫

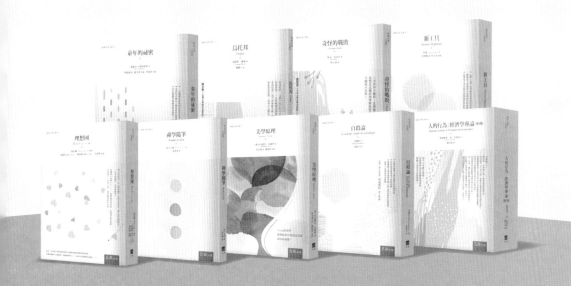

五南，五十年了，半個世紀，人生旅程的一大半，走過來了。

思索著，邁向百年的未來歷程，能為知識界、文化學術界作些什麼？

在速食文化的生態下，有什麼值得讓人雋永品味的？

歷代經典·當今名著，經過時間的洗禮，千錘百鍊，流傳至今，光芒耀人；

不僅使我們能領悟前人的智慧，同時也增深加廣我們思考的深度與視野。

我們決心投入巨資，有計畫的系統梳選，成立「經典名著文庫」，

希望收入古今中外思想性的、充滿睿智與獨見的經典、名著。

這是一項理想性的、永續性的巨大出版工程。

不在意讀者的眾寡，只考慮它的學術價值，力求完整展現先哲思想的軌跡；

為知識界開啟一片智慧之窗，營造一座百花綻放的世界文明公園，

任君遨遊、取菁吸蜜、嘉惠學子！